"十二五"国家重点出版规划项目
装备综合保障工程理论与技术丛书

型号装备保障特性
试验验证技术

徐 英 李三群 李星新 著

国防工业出版社

·北京·

图书在版编目(CIP)数据

型号装备保障特性试验验证技术/徐英,李三群,李星新
著.—北京:国防工业出版社,2015.11
(装备综合保障工程理论与技术丛书/于永利主编)
ISBN 978-7-118-10641-1

Ⅰ.①型… Ⅱ.①徐…②李…③李… Ⅲ.①武器
装备—军需保障—试验—技术—中国 Ⅳ.①E237-33

中国版本图书馆 CIP 数据核字(2015)第 288655 号

※

国防工业出版社 出版发行

(北京市海淀区紫竹院南路 23 号 邮政编码 100048)
三河市众誉天成印务有限公司印刷
新华书店经售

*

开本 710×1000 1/16 印张 23 字数 408 千字
2015 年 11 月第 1 版第 1 次印刷 印数 1—2000 册 定价 68.00 元

(本书如有印装错误,我社负责调换)

国防书店:(010)88540777 发行邮购:(010)88540776
发行传真:(010)88540755 发行业务:(010)88540717

《装备综合保障工程理论与技术丛书》
编著委员会

序

21 世纪以来,世界范围内科学技术革命的崛起,信息技术飞速发展并在军事领域广泛应用,有力地冲击着军事领域变革,战争形态逐渐由机械化战争向信息化战争演变,同时对装备保障能力产生的基本形态产生了深刻影响。认真落实习主席"能打仗、打胜仗"指示要求,着眼打赢未来基于信息系统体系作战,我军装备将逐渐形成以军事信息系统为支撑、以四代装备为骨干、以三代装备为主体的装备体系格局。信息化作战需要信息化保障,体系化对抗需要体系化保障。我军装备保障面临着从机械化保障向信息化保障、从单一装备保障向装备体系保障、从线性逐级保障向立体精确保障、从符合性考核向贴近实战考核转变等严峻挑战,未来信息化作战进程中的装备保障实践,对系统科学的装备保障基础理论与方法,提出了时不我待的紧迫要求。

伴随着军事技术和作战形态的发展要求,装备保障理论与技术不断创新发展。针对装备保障的系统研究,在国外始于 20 世纪 40 年代中后期,特别是 20 世纪 90 年代以来,随着"聚焦保障""基于性能的保障"等新的理念提出,以及相关工程实践的不断深化,装备保障工程在装备全寿命过程中的基础性、全局性的战略地位和作用得到了进一步强化。我国从 20 世纪 70 年代末开始引进、消化、吸收外军装备保障先进理念,运用系统科学思想研究装备保障问题,并在装备型号论证研制以及装备保障能力建设工作中不断应用,取得了大量的理论与实践研究成果,极大地推动了装备保障工程发展。经过 40 多年的研究与实践,装备保障工程在我军装备建设和军事斗争准备中的地位和作用不断升华,已经成为装备保障能力建设的基石,正在深刻地影响着装备保障能力和作战能力的形成与发展。装备保障工程既是型号装备建设的基础性工程,也是装备成系统成建制形成作战保障能力建设的通用性工程,还是作战进程中装备保障实施的重要技术支撑。

装备保障工程是应用系统科学研究解决装备保障问题的学科和技术,是研究装备全寿命过程中战备完好与任务持续能力形成与不断提高的工程技术。它运用系统科学与系统工程的理论和方法,从系统的整体性及其同外界环境的辩证关系出发,分析研究装备使用、装备保障特性与装备保障系统之间的相互作用机理,装备保障特性、保障系统的形成与演化规律,以及相关的理论与方法,并运用这些机理与规律、理论与方法,通过一系列相关的工程技术与指挥管理活动,实现装备的战备完好性与任务持续性以及保障费用与保障规模要求。装备保障工程技术包括装备保障特性工程、装备保障系统和装备保障特性与保障系统综合等技术。

为了积极适应未来信息化作战对装备保障提出的要求,我们组织人员对军械工程学院维修工程研究所十余年来在装备保障工程领域的科研成果进行了系统的总结,形成了装备保障工程系列丛书(共22本,其中有16本列入"十二五"国家重点出版规划项目),旨在为装备型号论证研制以及部队面向实战装备保障与运用提供理论和技术支撑。

整套丛书分为基础部分、面向型号论证研制关键技术部分和面向部队作战训练关键技术部分。

基础部分,主要从装备保障的哲学指导、装备保障作用机理以及装备保障模型体系等方面,构建完善的装备保障工程基础理论,打牢装备保障工程技术持续发展的基础,包括《装备保障论》《装备保障工程基础理论与方法》《装备保障工程技术型谱》《装备综合保障工程综合数据环境建模与控制》《装备保障系统基础理论与方法》《装备使用任务模型与建模方法》和《装备作战单元维修保障任务模型与建模方法》。

面向型号论证研制关键技术部分,主要从装备保障的视角出发,解决装备论证、研制过程中保障特性与保障系统规划、权衡和试验验证等问题,包括《装备保障体系论证技术》《型号装备保障系统规划技术》《型号装备保障特性与保障系统权衡技术》《型号装备保障特性试验验证技术》和《现役装备保障特性评估技术》。

面向部队作战训练关键技术部分,主要面向部队作战训练从维修保障需求确定、维修保障方案制定、维修保障方案评价和维修保障力量动态运用等方面构建完善的技术方法体系,为面向实战的装备保障提供方法手段,包括《装备作战单元维修保障要求确定技术》《装备作战单元维修保障力量编配技术》《装备作战单元维修保障资源预测技术》《装备作战单元维修保障建模与仿真》《装备作战单元维修保障能力评估方法》《装备作战单元维修保障力量运用》《装备作战单元保障方案综合评估方法》《基于保障特性的装备需求量预测方法》《多品种维修器材库存决策优化技术》和《面向任务的维修单元专业设置优化技术》。

着眼装备建设和军事斗争准备迫切需求，同时考虑到相关研究工作的成熟性，本丛书率先推出基础部分和面向部队作战训练关键技术部分的主要书目，今后随着研究工作和工程实践的不断深入，将陆续推出面向型号论证研制关键技术部分。

装备保障工程是一门刚刚兴起的新兴学科，其基础理论、技术方法以及工程实践的开展远没有达到十分成熟的阶段，这也给丛书的编著带来了很大的困难。由于编著人员水平有限，这套丛书不可避免会有很多不妥之处，还望读者不吝赐教。

丛书编委会

2015 年 11 月

前　言

装备保障特性是影响装备战备完好性和任务成功性的重要质量特性,是装备形成战斗力的基础。装备保障特性试验与评价是实现装备保障特性目标的一种有效的控制手段,对于在研制中把好装备保障特性质量关具有不可替代的作用和价值。

本书主要阐述装备保障特性试验与评价的基本理论与技术方法。在对相关概念进行介绍和比较的基础上,以系统科学理论为指导分析了装备保障特性试验与评价的全寿命工作及流程,分别对可靠性、维修性、测试性、保障性等装备保障特性试验与评价技术进行了阐述,并以装备固有可用度为代表,重点对装备保障特性综合参数的试验验证技术进行了探讨。全书涉及的装备保障特性工程化试验与评价技术可以为型号研制、装备试验等单位的技术人员提供参考,也可为研究生的教学提供服务。

本书第 1~4 章由徐英编写,第 5 章由李三群编写,第 6 章由李星新编写,第 7 章选自付康的博士论文,全书由徐英统稿。

本书在撰写过程中,得到了朱小冬教授、付康博士等的大力支持与帮助,在此表示衷心的感谢。另外,对参考文献的相关作者表示感谢。

由于作者知识和经验有限,加之时间仓促,书中难免存在疏漏与不妥之处,敬请读者给予指正。

作　者

2015 年 9 月

目　录

第1章 绪 论

1.1 装备保障特性试验验证的地位和作用

1.1.1 装备保障特性的地位和作用

装备保障特性是指与装备保障相关的设计特性及其综合体现,主要包括可靠性、维修性、保障性、测试性以及综合特性等。装备保障特性直接关系到装备是否可靠耐用、操作简便,是否易于维护、检测、修理,是否便于装卸、运输,是否便于燃油加注、弹药补充,以及装备保障资源是否配发及时,品种是否配套完备,数量是否经济合理等。它是装备作战效能的重要影响因素,近几十年来的高技术局部战争表明其重要性日益提高。

首先,装备保障特性直接影响装备的战备完好性和任务成功性,成为装备形成战斗力的基础;其次,在装备研制过程中,装备保障特性对改进产品的质量特性与改善装备费用效能具有举足轻重的影响。提高装备各种系统、设备和部件的可靠性,将减少故障发生的次数,有助于提高装备的战备完好性和任务成功性,保证装备快速出动和持续作战的能力;改进维修性、测试性和保障性,减少装备在地面维护和修理的停机时间以及装备再次出动的准备时间,提高装备的出动能力,同时还可减少装备战场损伤(简称战损)修理时间,提高装备再次投入作战的能力;缩小装备的后勤保障规模将减少使用和保障费,意味着可采购更多的装备,从而增加战斗力。

例如,美空军 F - 117 隐身战斗机由于在研制中重视隐身性能而忽视装备保障特性,致使 1982 年刚投入服役时,每飞行小时的维修工时高达 150 ~ 200 工时,平均一架飞机每 4 天出动一次,即出动架次率为 0.25 架次/天,几乎每 10 次飞行中有 9 次在飞行后要对低探测性系统进行维修,飞机能执行任务率不到 50%,毫无战斗力。

针对这些问题,美军进行了 8 年的装备保障特性改进,增加航空电子设备的维修口盖,改进发动机排气系统,使每飞行小时的维修工时下降到 45 工时。1991 年,改进后的 F - 117A 隐身战斗机在"沙漠风暴"行动中,为美军袭击伊拉克投下了第一批炸弹,36 架 F - 117A 隐身战斗机共飞行 1250 架次,6900h,投弹

2000t,成为美军主要的空中杀手,其战备完好率达到75.5%。

海湾战争后,美国空军第49维修中队,对惯性导航系统维修人员加强培训,改进了26种F-117A隐身战斗机显示器的检查程序;实施了激光陀螺/全球定位系统(GPS)改进计划和复合材料结构改进计划;采用机器人喷涂吸波材料,以及单一技术状态机队改进计划,把原采用7种不同吸波材料的机队统一到一种最优的吸波材料,从而减少50%的维修工时,每飞行小时的维修工时减少50%以上,而且大大减少备件供应,提高飞机出动架次率,改进飞机部署性。在第二次海湾战争中,飞机执行任务率达到89.3%,比刚投入服役时提高了39.3%,比第一次海湾战争提高了近14%。

F-22战斗机研制过程中开展了严格的装备保障特性设计,具有很好的自保障能力,飞机上配有辅助动力装置(APU),采用了机载氧气发生系统(OBOGS)和惰性气体发生系统(OBIGGS),从而不需要各种地面电源车、地面液压和气压车以及液氧车等地面保障设备;同时飞机上装备了综合诊断系统,大大提高了飞机自动检测和隔离故障的能力,减少飞机对地面保障设备的依赖,并尽可能地减少维护保养工作,显著缩小了后勤保障规模。

F-22战斗机与F-15C战斗机相比较,飞机的维修人力和后勤保障规模缩小1/2左右,每架飞机的直接维修人力从16.3减少到9.2;部署24架飞机的运输量从15架C-17大型运输机减少到7架C-17大型运输机;维修人员从391人减少到221人;保障设备从580台减少到207台;备件补给项目从393项减少到265项。

国内外的统计数据显示,使用和保障费用占装备寿命周期费用的60%~70%,提高装备的装备保障特性水平能减少故障发生次数和维修次数,而且故障容易检测、维修,提高维修工作效率,减少维修人力,降低对备件供应、保障设备和器材、维修人员的技术等级要求和培训要求,进而降低装备的使用保障费用。根据美国陆军装备系统分析局(AMSAA)运用该中心开发的分析工具,对美国陆军正在研制中的未来作战系统(FCS)的费用做出估计,使FCS的使用可用度A_o达到95%~99%,需要增加投资5000万~1亿美元,而这一投入将使FCS服役7年内的使用和保障费用节省100亿~200亿美元。

以美军F-15C和F-16C第三代战斗机与F-22和F-35A第四代战斗机为例,F-22战斗机、F-35A战斗机把装备保障特性作为与隐身特性一样重要的特性,采用综合诊断(ID)与故障预测和健康管理(PHM)系统、自主式保障(AL)系统、基于状态的维修(MBC)、两级维修方案和高加速寿命试验等先进的装备保障特性技术,使飞机的装备保障特性水平得到显著提高,F-22战斗机、F-15C战斗机和F-35A战斗机与F-16C战斗机相比较,MFHBF(平均故障间隔飞行时间）分别提高了 1 倍左右，MMH/FH 减少了 1/2 左右，20 年一个中队（24 架）飞机的使用和保障（O&S）费用分别减少了 7 亿和 5 亿美元。

有关 F-22 和 F-35A 战斗机的装备保障特性数据是军方提出的目标值和装备保障特性设计分析中得到的数据，在飞行试验和服役中并没有达到，特别是飞机的维修时间、人力和费用的数据相差很大。

1.1.2 装备保障特性试验验证在型号研制中的作用

装备保障特性是产品的固有特性，是设计出来的、生产出来的、管理出来的。其中设计最为重要，只有把装备保障特性设计到产品中去，才谈得上生产过程和使用过程的保证。如果在设计阶段装备保障特性存在隐患，到生产阶段之后发现问题后再考虑，势必花费更多的时间和代价，有的问题则根本无法解决，带来"先天不足，后患无穷"的局面。统计表明，在产品从论证、研制直到使用、报废的全过程中，由于可靠性、维修性、保障性（RMS）等缺陷带来的经济损失和消耗是以数量级的变化增长的。

装备保障特性试验验证是实现装备保障特性目标的一种有效的控制手段，是贯穿装备寿命周期的一系列工作。若不在研制中把好装备保障特性关，尽管其研制初期可能投入较少的费用，但是产品研制后期的费用以至整个使用阶段的保障费用将大大增加。由于装备保障特性水平低，造成花费大量资金研制生产出来的装备交付部队后，可用性低，保障费用高，甚至长期形不成战斗力的教训是很深刻的。在装备研制过程中，保障特性试验验证主要有以下几方面的作用。

1. 及早发现问题和消除风险

装备保障特性试验验证是发现装备研制问题和消除风险的有效手段。据美国军方统计，在装备研制结束时，其全寿命周期费用（Life Cyele Cost，LCC）已几乎完全被固定了，其后各种决策的作用微乎其微。当方案阶段结束时，LCC 已固定了 70%，全面工程研制之前，LCC 已固定了 85%。因此，试验越充分，发现装备存在的保障特性缺陷越早，问题就越容易解决，所需费用越小。

通过试验验证，可以及时发现和了解装备保障特性设计方面存在的缺陷，以便在系统生产与部署前使这些问题得到解决。反之，试验验证不充分将导致有缺陷的装备被部署到部队，给作战部队执行任务带来许多问题，直接影响部队战备训练任务的完成。美国国防科学委员会（Defense Science Board，DSB）于 2000年指出：从长远看，在试验验证方面节省经费和时间将使项目总费用大大增加，并导致难以按期交付作战部队合格的装备。

2. 检验关键技术和改进方案

验证可以检验装备研制中采用的关键技术和设计方案的正确性及适用性，评估装备达到保障特性指标要求的程度，为装备研制的系统工程管理与决策提供反馈信息。

通过试验验证，找出系统能力的不足以及造成不足的原因，为发现和改进装备研制中的保障特性缺陷提供支持。围绕"如何才能暴露系统保障特性的弱点"尽早开展验证工作，有利于系统研制过程的推进，将"质量"设计到装备中。

3. 辅助装备采办决策

验证可以评估装备的保障特性设计技术性能、规范、技术成熟度的达到状况，以确定当装备用于预期的用途时，是否是使用有效的(Operational Effective)、适用的(Suitable)和可生存的(Survivable)，可以为装备转阶段评审及项目成熟性评价及时提供所需的决策信息。

美国法律规定，重要的武器装备在进行大批量生产前，必须由美国国防部验证机构向国会提交验证报告，其中保障特性水平的验证结果是报告的重要组成部分由美国国会审查批准后，方能进入批生产阶段。

4. 为建模与仿真提供验证数据

建模与仿真(Modeling and Simulation, M&S)在国防采办中的应用已日趋广泛，贯穿了武器装备的全寿命周期。例如，M&S已大量用于装备论证与效能分析、研制、训练等。但是，如果M&S的可信性得不到保证，就会影响M&S应用的质量。装备保障特性试验提供的信息可为保障特性建模与仿真提供校验数据，支持对M&S的校核、验证与确认(Verification Validation and Accreditation, VV&A)，识别出模型需要进一步修正的地方，提高模型的可信度。

5. 保证交付部队装备的质量

经过试验验证活动，特别是定型试验，由权威机构和试验基地对装备保障特性进行严格和全面的考核，可以检验装备是否在其寿命周期内可靠、易于使用和维护，消除部队在使用装备方面承担的各种风险。例如，对战术导弹一般应进行运输安全跌落试验，这样就可以保证导弹在搬运或吊装过程中不慎从一定的高度跌落时，不会发生爆炸等重大安全事故，因此，试验验证是保证装备质量的重要前提。

1.2 基本概念

1.2.1 验证

GJB 1405A—2006中定义"验证"(Verification)为：通过提供客观证据证明

规定要求已得到满足的认定。可包括下述活动:变换方法进行计算;将新设计规范与已证实的类似设计规范进行比较;进行试验和演示;文件发布前的评审。通常在装备研制早期多采用仿真或比较分析的方法,但当产品性能的最终验证不能用试验完成或试验费用过高时,也会采用仿真的方法。

1. 装备保障特性验证的对象

装备保障特性的验证对象,指型号研制任务书或合同中提出了保障特性定性定量要求的各层次产品,可以是"零部件""单元",也可以是"单一装备"(简称单装)甚至"装备系统"。

2. 装备保障特性验证的考核内容与时机

考核内容是指研制总要求或合同要求中的保障特性定性定量要求。本书所述的保障特性主要是指可靠性、维修性、保障性、测试性和综合性要求等。

我军的保障特性验证往往仅指定型阶段、部署和使用阶段的验证性试验与评价活动。但是,军方如果等到定型阶段再开始进行保障特性的考核,即便发现问题,更改的难度也很大、成本也非常高。因此,应当将验证的时机前伸,从方案设计开始就展开验证活动,可以说保障特性验证活动应当贯穿装备全寿命周期各阶段。

3. 装备保障特性验证的方法

装备保障特性验证的方法主要包括:①试验类方法,如实验室试验、外场试验、演示试验等,均为实物或半实物试验;②分析类方法,包含评估、类比分析、数字仿真分析方法、核查分析等方法;③综合验证方法。

综上所述,保障特性验证活动具有考核内容综合性(不能用单项指标认定保障特性的好坏)、验证时机连续性(贯穿全寿命周期各阶段)、验证方法多样性、组织关系复杂性(涉及多方组织实体)、验证方案关联性(很少单独安排专项试验,尽可能结合其他性能试验)等特点。要实现经济有效的验证目标,必须要以系统工程思想为指导,做好事前规划(包括各组织层次从上至下,各寿命阶段从前至后的多角度规划),做好各方协调。

1.2.2 试验

试验(Test)一般是指为了察看某事的结果或某物的性能而从事的某种活动。

在科学试验活动过程中,为了检验某物或某事的性能或结果,一般是以一定的试验条件和试验方法进行试验,经过试验获得的结果与原状态进行比较,以评定某物或某事的质量与结果。这个活动美军称为"试验与评价"(Test and Evaluation,T&E),但是在我军实际工作中,常常将装备"试验"直接理解为"试验与评价"。

《军事装备试验学》对"试验"的定义为:为获取有价值的数据资料(信息)而采取的任何步骤或进行的任何活动,其目的是验证和评价实现武器装备研制目标的进展情况,对武器装备(包括系统、分系统及其部件等)的战术技术性能和作战使用性能进行评定。

类似地,《常规武器装备试验学》对"装备试验"的定义为:按照科学、规范的试验程序和批准的指标要求,对被试验武器装备性能进行考核的活动;用于对武器装备的部件、分系统或系统的战术技术性能以及作战使用性能等进行评估。从而验证武器装备的部件、分系统和全系统设计思想与检验生产工艺是否满足设计要求,为确定被试品能否满足设计要求提供科学依据。因此认为"试验"的概念是"试验与评价"的简称。

验证是以试验、分析、核查等活动的输出结果为依据,与既定要求进行事后比对、认定的活动。目的是要了解与获取在研系统及其使用过程的信息,而不是简单得出"通过"与"不通过"的结论。试验并不是我们确定装备设计、制造是否满足既定要求的唯一途径,手工和计算机的分析通常比试验更经济,而且不会增加型号的研制周期。但是,分析的方法不能消除对试验的需要,分析通常可显示并指明设计中具有风险或不确定的方面,然后通过试验进一步展开研究或确认。试验是验证活动获得信息的最主要、最常用的一种手段,鉴于此,本书对试验的验证方法做重点介绍。

1.3 我军装备试验的分类

我军装备试验有很多分类标准,如按照试验对象层次分类,可分为装备体系试验、装备系统试验、装备试验、分系统试验、部件或组件试验和零件试验;按照试验主体分类,可分为承研承制方的试验、使用方的试验和第三方试验机构的试验等。下面对常见的几种分类方式进行介绍。

1.3.1 按照试验的性质分类

我军装备试验按照试验性质的不同,通常分为科研试验、鉴定试验、设计定型试验、生产定型试验、生产交验试验等类型。

1. 科研试验

科研试验有时也称为科研摸底试验,是在装备研制过程中由装备研制生产单位进行的部件、单机或系统试验。科研试验的主要目的是对研制采用的新方案、新技术、新材料、新工艺等进行试验与鉴定,检验装备设计方案、工艺方案、所选材料与元器件的正确性和成熟性。

科研试验包括在研制生产单位的实验室或试验场进行的试验和在试验基地进行的试验,科研试验获得的信息也可以用作装备定型的参考依据。

在研制生产单位进行的科研试验主要是为了掌握和评价装备研制情况,帮助改进工程设计以及试验与评价装备是否满足技术规格而进行的,包括实验室试验、仿真试验、部件与分系统试验、条件要求不高的系统试验以及简易的外场试验。

在试验基地进行的科研试验是在装备工程研制的最后阶段为验证设计方案的正确性,检验各分系统之间的协调性、评价装备战术技术性能是否达到技术规格要求,在接近实际使用条件下进行的试验。通常这类试验由装备研制方提出申请,由装备研制管理部门负责安排计划,由试验基地按合同要求和试验大纲负责实施。试验结束后,试验基地向研制生产单位提供相关试验报告。

例如,导弹武器系统的研制性飞行试验,其主要目的是检验导弹总体设计方案的正确性、系统工作性能以及分系统之间的协调性。研制性飞行试验结果分析的重点是弹上各系统的工作性能、飞行中出现的问题,并为是否可转入定型飞行试验提供依据。

2. 鉴定试验

鉴定试验是指由装备定型管理机构或相关管理部门授权,对技术简单或一般的装备研制项目进行的试验与评价活动。其目的是评价被试品是否满足规定的要求。

鉴定试验与定型试验在本质上没有大的差别,按鉴定试验对象的不同可分为三种:①对已定型的军事装备,由于转厂生产或恢复生产,为鉴定其产品是否满足原战术技术指标要求所进行的试验;②对已定型的军事装备,若其结构、生产工艺、材料等方面有重大变动,为检验其是否满足原战术技术性能和改进效果所进行的试验;③对小批量生产或技术简单的新型军事装备,为检验其战术技术性能所进行的试验。

3. 设计定型试验

设计定型试验是在装备完成试样研制后,对申请设计定型的装备,按照设计定型要求进行的试验与评价活动。设计定型试验通常由装备研制部门会同军代表和军队其他相关单位向装备定型管理部门提出申请,经审查批准后,由装备定型管理部门指定的试验单位按照批准的设计定型试验大纲实施。

设计定型试验包括基地(国家或军队认可的试验基地、试验场或其他试验中心)试验和部队试验。基地试验主要考核装备的战术技术指标;部队试验一般在基地试验完成后进行,主要考核装备的作战使用性能和部队的使用适用性。设计定型试验是一种十分严格、全面系统的试验考核,因此,设计定型试验是消除装备研制技术风险的重要环节。设计定型试验的结果将作为装备能否通过设计定型并转入生产定型阶段的重要依据。例如,导弹武器系统的设计定型飞行试验主要是全面考核导弹总体设计方案的正确性、飞行性能和各系统之间的协调性,并按作战使用要求,对主要战术技术指标进行考核和鉴定。

设计定型试验大纲通常由承担试验任务的单位拟定,并且与装备研制单位协商后,报装备定型管理部门审批。装备定型管理部门负责组织对设计定型试验大纲进行审查,通过后批准实施。设计定型试验大纲确定的主要依据是:装备的研制总要求和研制任务书,相关的国家军用标准(简称国军标)、军兵种标准和其他试验标准,装备的实际研制情况及试验条件。

4. 生产定型试验

装备的生产定型试验是针对已通过设计定型的装备,在批生产前进行的试验。参加生产定型试验的装备应当从小批量试生产的批产品中抽取。其中,部队试用应按照经装备定型管理机构批准的部队试用大纲实施。

5. 批抽检试验

批抽检试验主要包括以下两种类型:

(1)对通过定型的批生产装备,评定该批生产产品是否满足规定的要求而进行的抽样检验试验。例如,导弹武器系统的批抽检飞行试验就是为了检验导弹武器系统批生产后质量的稳定性而进行的试验。完成批抽检飞行试验后,该批次导弹就可以装备部队使用。

(2)对于经过长期储存的装备,为检验其性能质量是否符合规定的要求所进行的抽样检验试验。

6. 验收试验

验收试验是针对从国外或国内市场上直接采购的装备,为检验其是否满足采购合同要求而进行的试验。

7. 作战使用试验

作战使用试验是为验证装备的战术效果和使用适用性,在接近真实的使用条件下,由使用装备的典型部队人员在一定的战术编成下进行的试验。作战使用试验通常可以结合部队训练或演习进行。

1.3.2 按照装备保障特性的内容分类

按照装备保障特性的内容分类,主要分为综合参数的试验、可靠性试验、维修性试验、保障性试验、测试性试验等。

1.3.2.1 可靠性试验的类型

可靠性试验是指为了对产品的可靠性进行调查、分析和评价而进行的试验活动。可靠性试验的目的是发现产品存在的缺陷,确认产品的可靠性水平是否满足要求。因此,不要认为可靠性试验只是为了对产品做出接收、拒收或合格、不合格的结论,另一个重要的作用是通过可靠性试验发现产品的可靠性问题,采取有效的措施予以纠正,从而提高产品的可靠性。

1. 按照试验目的分类

可靠性试验按照目的可分为可靠性工程试验与可靠性统计试验两大类,如图1-2所示。

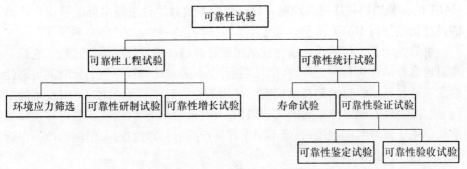

图1-2 可靠性试验的类型

1)可靠性工程试验

可靠性工程试验的主要目的:通过对产品施加适当的应力,暴露产品在设计和工艺方面存在的缺陷,并采取纠正措施排除,改进设计,实现故障归零,提高产品的固有可靠性水平。可靠性工程试验一般由产品的研制单位组织进行。据国外文献报道,如果一个装备系统达到了可靠性工程试验的要求,就有60%的机会符合装备系统使用时的可靠性要求;反之,则只有18%的机会达到使用时的可靠性要求。因此,研制阶段的可靠性工程试验不仅对于确保系统可靠性的成熟性十分重要,而且还可以降低装备在使用中达到可靠性要求的风险。可靠性工程试验主要包括环境应力筛选、可靠性研制试验与可靠性增长试验等。

环境应力筛选(Environmental Stress Screening,ESS)是指向产品施加一定的环境应力而进行的试验,目的是加速暴露产品存在的内在缺陷,并予以排除。因此,环境应力筛选是一个工艺过程。典型的环境应力包括随机振动和温度循环。

可靠性研制试验是对产品施加一定的环境应力和(或)工作应力,以暴露样机设计和工艺缺陷的试验、分析和改进过程。典型的可靠性研制试验方法有可靠性强化试验(Reliability Enhancement Test, RET)和可靠性增长摸底试验。

可靠性强化试验也称高加速寿命试验(Highly Accelerated Life Test, HALT)。HALT 由 Hobbs 工程公司提出,是一种采用步进应力的加载方法,依次一步一步地使产品经受越来越高的单一或综合负载应力,找出产品设计缺陷和薄弱环节,并加以改进的过程,可以使产品越来越健壮,并最终确定产品耐应力极限。常用的应力包括温度应力、振动应力和电压应力。产品一旦发生失效,就要通过分析研究,对在这种应力下的产品进行设计补偿。首先为每一个应力重复这个过程,然后再在组合应力(如温度和振动的组合)下进行试验。只有达到了产品正常工作条件以上的设计安全余量限时(产品的破坏限),才能结束 HALT。因此,HALT 的试验周期往往难以预测。最符合成本效益的做法是尽可能早地在产品的设计初期进行 HALT 试验。

可靠性增长摸底试验是根据我国国情开展的一种可靠性研制试验。它是一种以可靠性增长为目的,但没有增长模型,也不确定增长目标值的短时间可靠性摸底试验。其试验目的是在模拟实际使用的综合环境应力条件下,用较短的时间、较少的费用,暴露产品的潜在缺陷,并及时采取纠正措施,使产品可靠性得到增长。由于试验时间较短,一般不用于评估产品的可靠性指标,但能为产品以后的可靠性工作提供信息。

可靠性增长试验是暴露产品的薄弱环节,有计划、有目标地对产品施加模拟实际环境的综合应力及工作应力,以激发故障、分析故障和改进设计与工艺,并验证改进措施有效性而进行的试验。可靠性增长试验,不仅应当发现产品中存在的设计缺陷,而且要使产品的可靠性按计划增长,并对产品的可靠性水平进行定量评估。进行可靠性增长试验时,产品置于受控的模拟使命任务剖面的环境中,发现设计缺陷,找出失效模式和失效机理,采取相应的纠正措施,改进产品设计,并验证措施的有效性,使产品的可靠性确实得到增长。

2)可靠性统计试验

可靠性统计试验包括寿命试验与可靠性验证试验。

寿命试验(包括截尾寿命试验)方法是基本的可靠性试验方法。在正常工作条件下,常常采用寿命试验方法去估计产品的各种可靠性特征。但是,这种方法对寿命特别长的产品来说,就不是一种合适的方法。因为它需要花费很长的试验时间,甚至来不及做完寿命试验,新的产品又设计出来,老产品就要被淘汰了。所以,这种方法与产品的迅速发展是不相适应的。经过不断研究,在寿命试验的基础上,找到了加大应力、缩短时间的高加速寿命试验方法。高加速寿命试验是用加大试验应力(如热应力、电应力、机械应力等)的方法,加快产品失效,缩短试验周期。运用高加速寿命模型,估计出产品在正常工作应力下的可靠性特征。

可靠性验证试验的目的主要是确定产品的可靠性是否达到了要求的可靠性水平。军工产品的可靠性验证试验一般由军方组织进行,可靠性验证试验可分为可靠性鉴定试验和可靠性验收试验。可靠性鉴定试验的目的是确定研制的产品的可靠性是否达到了设计的要求,可靠性鉴定试验一般由军方研制管理部门或装备定型管理部门组织进行。可靠性验收试验的目的是确定要交付部队使用的产品是否符合规定的可靠性要求,一般由军方订货单位组织进行。

2. 按照试验场地区分

按照进行可靠性试验的场地分类,分为实验室可靠性试验与外场可靠性试验。

实验室可靠性试验是指在实验室内进行的可靠性试验。实验室可靠性试验的优点是试验条件是受控的,试验条件可以模拟实际使用条件,也可以采用指定的试验条件。但是实验室可靠性试验难以完全反映产品实际使用中多种条件的综合作用,一般只能模拟主要的实际使用条件(温度、湿度、振动、电应力等)。对于大型产品,由于实验室空间有限,通常难以完全在室内进行。

外场可靠性试验是指在外场进行的可靠性试验。外场可靠性试验的优点是试验条件为真实的使用条件,试验结果能真实地反映产品的可靠性水平,而且可以进行大型装备的试验。但是,外场可靠性试验一般需要较长的试验时间,试验条件难以控制。

1.3.2.2 维修性试验的类型

整个装备系统级的维修性试验按照阶段可分为维修性核查(Maintainability Verification)、维修性验证(Maintainability Demonstration)与维修性评价(Maintainability Evaluation)三类。对于不同类型的装备或低层次的产品,其试验与评价的阶段划分则视具体情况而定。

1. 维修性核查

维修性核查的目的是检查与修正用于维修性分析的模型和数据,鉴别设计缺陷和确认对应的纠正措施,以实现维修性增长,促使满足规定的维修性要求和利于以后的验证。

维修性核查的方法比较灵活,可以通过少量的维修性试验、典型维修作业的演示、对时间进行测量以及其他可行手段进行核查,应最大限度地与其他相关试验相结合,应最大限度地利用研制过程中通过各种试验所获得的维修作业数据,并应尽可能地利用成熟的建模与仿真技术。

此处需要说明的是，"核查"一词译自英语"Verification"一词，目前通常译为"验证"，为了避免应用中可能引起的混淆，仍按 GJB 368A—94《装备维修性通用大纲》和 GJB 368B—2009《装备维修性通用工作要求》中的说法，称为"核查"。

2. 维修性验证

维修性验证的目的是全面考核装备是否达到了规定的维修性要求。它是一种严格的检验性试验，通常在设计定型阶段进行，其验证结果应作为装备得以定型的依据之一。进行验证试验的环境条件应尽可能地与装备的实际使用与维修环境一致或接近，其所用的保障资源也应尽可能地与规划的需求相一致。

此处还要说明，按严格的意义讲，应将英语"Demonstration"一词理解为"演示性验证"，不同于目前译自"Verification"一词的"验证"。

3. 维修性评价

维修性评价的目的是确定装备在部署后的实际使用、维修和保障条件下所达到的维修性水平，判定在进行维修性验证过程中所暴露的缺陷的纠正情况。

维修性评价应在部队试用或实用过程中进行，实施的维修作业应是直接来自实际使用中的经常性作业，参与的维修人员也应是来自实际使用现场的人员。进行评价所用的装备则应是实际部署的装备或与之等效的样机。此外，还应将从评价试验中获取的数据与在外场使用与维修过程中收集到的数据结合起来，用于进行评价。

1.3.2.3　保障性试验的类型

保障性试验是指为确定装备保障性设计及保障系统对预定用途是否有效和适用，通过对装备及其保障系统进行试验，对试验结果进行分析，将试验结论与设计要求和设计规范进行比较，以评价装备保障性及保障系统设计及使用效果，并提出改进措施的一系列工作。

保障性试验是获取保障性相关定性或定量信息的手段，可以是针对实际系统开展的实物试验，也可以是针对虚拟系统开展的仿真试验。这些定性、定量信息的获取除了依赖试验手段获取外，还可以通过分析的方法确定。保障性评价则是在获取相关保障性定性或定量信息的基础上，对这些信息进行审查和分析，然后做出保障性是否满足设计及使用要求的决策过程。

1. 按阶段分类

按照阶段分类，保障性试验可分为保障性研制试验和保障性使用试验。保障性研制试验是在整个装备采办过程中为工程设计和研制提供协助，验证装备是否达到保障性要求而实施的试验。其主要针对军方提出的保障性要求进行。

在装备研制的不同阶段,应将试验工作集中于保证保障包中所有关键的要素都能得到试验。

保障性使用试验是对武器系统、设备或装备在部队真实的条件下进行的现场试验,从保障的角度验证装备的使用适用性等是否满足用户要求。保障性使用试验应由独立的试验机构负责,要进行多件试验,要建立实际的或战术的环境与使用预案,严格限制承包商介入,应使用部队新近接收装备训练的人员和能代表生产状态的受试品进行试验。

2. 按试验内容分类

按照试验内容分类,保障性试验可分为保障资源的试验、保障活动的试验和保障系统的保障性试验。

保障资源的试验主要针对人力人员、保障设备、保障设施、技术资料等保障资源特点,采用适用的方法给出定性、定量的评价结果。

保障活动的试验主要是对关键的保障活动,如充填加挂等使用保障活动、训练与训练保障、包装、装卸、储存和运输和供应保障等,按照事件→活动→作业层次进行实际的试验测试,给出针对每一项关键保障活动定性、定量的评价结果。

保障系统的保障性试验主要根据装备的设计特性和保障资源配置情况,对资源总体规模或保障系统特性(如平均保障延误时间等)进行考核,或建立相应的仿真模型,进行保障系统特性的仿真试验和定性、定量评价。

1.3.2.4 测试性试验的类型

1. 测试性核查

测试性核查是承制方为实现产品测试性要求、贯穿于整个研制过程中的不断进行的分析与评定工作,是产品研制试验的组成部分。测试性核查的目的是通过检查、试验与分析评定工作,鉴别设计缺陷,采取纠正措施,最终满足规定的测试性设计要求。

测试性核查的方法比较灵活,应最大限度地利用研制过程中各种试验(如利用样机或模型进行的各种研制试验、合格鉴定、维修性和可靠性试验等)所获得的故障检测与隔离数据,必要时还可采用注入故障方式获取需要的测试性试验数据;还应尽可能利用各种成熟的建模与仿真技术,以及维修性核查资料、相似产品经验教训等,开展测试性核查工作,以便尽早发现设计缺陷,改进测试性设计;还可以通过对故障模式及测试方法分析、测试性预计等测试性设计与分析资料进行核查,发现问题采取改进措施,提高测试性。

2. 测试性验证

测试性验证通过对注入或模拟故障的检测与隔离试验,验证产品测试性是否符合合同规定的测试性定量要求和定性要求。订购方在合同工作说明中应明确以下事项：

（1）测试性验证的目的和作用。

（2）测试性验证试验的时机和场所。

（3）选用的测试性验证方法。

（4）测试性验证的指标及相关的置信水平或风险。

（5）需提交的测试性验证报告等资料项目。

3. 测试性分析评价

对于难以用注入故障方式进行测试性验证试验的产品，经订购方同意，可用综合分析评价方法替代测试性验证试验，即用分析评价方法确定产品是否满足规定的测试性要求。通过对有关测试性信息的分析和评价，确认是否将测试性设计到产品中去了，依据收集到的故障检测与隔离数据，估计故障检测率（Fault Detection Rate，FDR）和故障隔离率（Fault Isolation Rate，FIR），从而判断测试性设计是否可达到规定要求。

测试性分析评价可利用的信息包括：各种研制试验过程中自然发生或注入故障的检测、隔离信息、虚警信息，试运行数据，测试性核查资料，低层次产品测试性试验数据综合、同类产品测试性水平对比分析，测试性预计、测试性仿真或虚拟样机分析、测试性设计缺陷分析等。所采用的测试性分析评价的方法、利用的数据、评价准则和评价的结果均应经订购方认可。

1.4　美军的试验与评价分类

美国国防部的试验与评价（Test and Evaluation，T&E）主要分为研制试验与评价（Developmental T&E，DT&E）、使用试验与评价（Operational T&E，DT&E）两大类型。还有特殊类型的几种试验与评价，例如，多军种试验与评价、联合试验与评价、实弹试验与评价、核生化武器试验与评价和核防护与生存能力试验与评价等。

1.4.1　研制试验与评价

1. 研制试验与评价及其作用

研制试验与评价的主要目的是试验与评价系统的工程设计和开发过程的完备性，降低系统的设计风险，评价技术规范的满足程度，确保系统满足设计规范。因此，研制试验与评价对应的评价也称为技术评价（Technical Evaluation）。

研制试验与评价的主要任务包括：识别研制技术风险，试验与评价系统的能力水平,评估关键技术和方案的可行性,对技术进展做出评价。研制试验与评价的结果也可用于预计系统装备部队后的军事效能。

通过有针对性地选择高风险部件或子系统开展研制试验与评价,可以减少系统的研制风险。对于军方研制管理部门来说,研制试验与评价也是用于确认系统的性能是否符合规定的要求、评估系统是否具备开始外场试验条件的主要手段之一。

2. 研制试验与评价的组织单位

系统的研制试验与评价贯穿于整个系统的寿命周期,研制试验与评价工作主要由装备承包商及军方研制试验与评价机构组织实施,军方使用试验与评价机构则主要对研制试验与评价进行观察。

研制试验与评价在早期阶段主要由系统的承包商或研制单位进行,在后期阶段则主要由军方研制试验与评价机构进行。军方研制试验与评价机构可以利用研制单位的研制试验结果,以提高军方研制试验与评价的效率。通常在签定研制合同后,承研单位应当提交一份研制试验计划。经过批准后,该计划的内容就可以集成在军方研制试验与评价机构的试验计划中。通常,军方研制试验与评价主要侧重于对系统高风险区域的试验评价、评估系统设计的充分性和对需求规范的满足程度。

在系统全寿命周期的各个阶段,各相关单位会安排大量的研制试验与评价活动。因此,应当对这些相关活动进行统一的协调与规划,制定集成试验计划(Integrated Test Plan,ITP),以利于充分利用试验资源、减少重复试验。项目管理办公室应当在研制单位和军方试验与评价机构之间的相互沟通方面发挥重要作用。

3. 各采办阶段的研制试验与评价

在项目的早期,研制试验与评价可以辅助系统概念、技术及设计方案的选择。军方试验与评价机构也参与这些研制试验与评价,目的是了解相关信息,用于需求分析、采办决策和评审。

在工程研制阶段,研制试验与评价的主要任务是评估技术方案、识别技术风险、评估技术风险是否处于可接收的水平。通常这个阶段的研制试验是在承研单位进行,可以采用建模与仿真技术。在进行系统集成研制时,还要对部件的接口、系统能力等进行评价。

美国陆军在对先进攻击直升机(Advanced Attack Helicopter,AAH)进行研制试验时,对各个设计方案都进行了 90 多个小时的飞行试验,包括 30mm 火炮和 2.75 英寸(1 英寸 = 25.4mm)火箭的发射试验。通过试验,获得了系统可靠性维修性方面的数据。

为了判断系统是否具备了进入初始小批量生产(LRIP)的条件,应当通过研制试验与评价活动及评价系统的技术性能,包括效能、可靠性、维修性、兼容性、互操作性、安全性与保障性、人机工程等,目的是确认系统的所有重大设计问题已得到解决。

为了判断系统是否具备了开始进行初始使用试验与评价(IOT&E)的条件,还应采用工程样机(EDM)或初始小批量生产的产品进行研制试验与评价。美国陆军在 AAH 的研制试验中,在承包商所在地进行了 3 架工程样机的飞行试验,在陆军 Yuma 试验场(Yuma Proving Ground)进行了 1 架工程样机的飞行试验,目的是确认在进行使用试验与评价前,所有的问题已得到解决。同时,使用试验与评价机构的人员观察了研制试验过程并进行了结果分析。

在做出批量生产决策之后,研制试验与评价主要是评价对于已发现问题的纠正措施的有效性、装备部队后的保障性、系统升级或改进后系统的性能、面对新的系统威胁时的有效性等。

4. 设计极限试验

设计极限试验(Design Limit Testing,DLT)主要是试验与评价系统在处于设计极限运行状态或极端环境条件时仍然可以提供充分的性能。设计极限试验应基于系统的使命剖面进行,应当注意使系统处于最恶劣的环境中,但是也要注意不应使系统在超过设计极限的条件下运行。

5. 生产与合格试验

生产试验的主要目的是试验与评价制造过程的有效性(Effectiveness)和系统设计的可生产性(Producibility),以降低生产风险。通过生产试验,可以评估承包商的制造技术和能力是否能以可承受的费用生产出期望的产品。需要注意的是,美国军方的研制试验与评价机构、使用试验与评价机构并不直接介入生产试验活动,而是由项目管理办公室的制造与质量保证(Quality Assurance,QA)部门、国防部国防合同管理局(Defense Contract Management Agency,DCMA)的代表监督或实施。

合格试验(Qualification)主要是试验与评价系统的设计与制造过程。产品合格试验(Production Qualification Tests,PQT)是一种正式的系统级的研制试验,目的是试验与评价系统设计的完整性(Integrity),为进行批量生产决策评审提供决策支持。军方通过 PQT 确认:产品的设计是稳定和完整的,产品的保障是良好的,能够有效地开始批生产,生产出的产品满足用户需求和需要的性能,满足安全方面的需求。PQT 还用于试验与评价先前试验发现的系统缺陷的纠正措施的有效性,必要时应进行极端环境试验。

PQT 通常在完成系统集成后和在批生产决策之前进行,试验用的产品应是根据建议的图纸与规范生产的批生产之前的产品(如试生产件、生产样品等)。有条件时,PQT 应采用初始小批量生产的产品进行。PQT 的内容包括试验与评价合同中规定的产品可靠性与维修性。系统的实弹试验与评价(LFT&E)、保障性试验与评价(Logistic Demonstration and Evaluation,LD&E)等可以与 PQT 结合进行。

首件试验(First Article Test,FAT)主要是试验与评价批量生产时制造过程、设备、生产流程的有效性,FAT 的试验样品一般是从第一批批生产的产品中随机抽取。当制造过程、设备和流程发生显著变化时,应当再次进行 FAT。

产品验收试验与评价(Production Aceeptance Test and Evalualion,PAT&E)用于试验与评价交付的产品是否符合采购合同的规范和要求。PAT&E 的另一个作用是进一步试验与评价:与批量生产前的模样产品相比较,产品保持了同样的性能。

PAT&E 通常在主承包商的所在地进行,由项目管理办公室的质量保证部门组织,有产品用户代表参加。例如,由美国 Rockwell 公司生产的 B-1B 轰炸机的验收试验是由美国空军与 Rockwell 公司的质量保证部门人员共同完成的。对每架飞机,首先,审查其所有的制造和地面试验结果;然后,由双方共同组成试飞组,对每架飞机进行了至少 10h 的试飞,试验与评价所有的机载系统。对发现的问题进行纠正,并经过再次试飞试验与评价。当一架飞机通过了所有的试验项目后,就验收交付美国空军,其试飞文件也将作为交付文档的一部分。

1.4.2　使用试验与评价

1. 使用试验与评价及其作用

根据美国法律(10,USC),使用试验与评价(Operational Test and Evaluation,OT&E)是在接近真实作战条件下的外场试验,目的是确定由典型用户使用时武器装备的有效性(Effectiveness)和适用性(Suitability)。在 OT&E 中,关注的重点是在给定的技术性能条件下,在接近真实的使用或作战环境(面对敌方威胁)中,武器系统的使用效能和适用性。例如,通过 OT&E,确定战斗机是否具有空中优势、完成作战使命的概率、在一定范围内能捕获目标的能力等。

OT&E 对应的评价也称为使用评价(Operational Evaluation)。OT&E 不包括基于计算机建模与仿真、系统需求分析、设计规范等手段进行的使用评估(Operational Assessment)。

OT&E 的主要作用包括:①评估装备满足使用效能、适用性和生存性需求的程度;②与现有装备系统对比,评估新装备的优点和不足;③评估关键的使用问题,如装备执行任务程度、后勤保障、对其他系统的影响等,特别是系统在处于敌方对抗环境(Counteizneasures Environment)时的性能;④找出在批量生产前需要纠正的严重性能缺陷;⑤评估条例条令、编成、操作规范、使用训练和战术的满意度。

美国国防采办大学(DAU)出版的《试验与评价管理指南》认为,最为重要的作用是,在系统研发过程中,提供了一个独立的关于系统满足用户需求进展情况的评价。

美国国防采办专家指出,使用试验是仅有的在实际条件下进行的全系统试验,主要用于确定与基准系统相比较,新系统在完成各种使命时的局限。例如,在什么样的情况下,系统会表现得更好。使用试验不以发现重大的设计缺陷为主要目的,设计缺陷应主要出研制试验来发现,使用试验应更多地作为一种试验与评价性试验。进行使用试验的前提是系统设计是相对成熟的,并且所有影响系统性能的因素都是已得到充分认识的。

2. 使用试验与评价的原则

美国国防部使用试验与评价局(DOT&E)认为,装备的 OT&E 应遵循以下原则:

(1) OT&E 人员应尽早介入装备采办过程。

(2) 在试验之前应尽可能有效地采用建模与仿真(M&S),应考虑使用 M&S 支持 OT&E 的进行。

(3) 加强试验单位与部队的合作。OT&E 应与部队训练与演习最大限度地相结合,以减少试验费用。训练可以提供 OT&E 需要的试验环境,OT&E 能使训练内容更加丰富与复杂。

DAU 出版的《试验与评价管理指南》指出,OT&E 应遵守以下三条理念:

(1) 充分(Adequacy):试验数据量与试验条件的真实性必须足够充分,能够支持对于关键使用议题(Critical Operational Issues,COI)的评价。

(2) 质量(Quality):试验计划、试验事件的控制、数据的处理必须能支持清晰与准确的试验报告。

(3) 可信(Credibility):试验的实施和数据的分析处理必须不受外部因素和个人偏见的影响。

3. 基于比较的评价思想

美国国防部强调,采办项目的最终目的是:提供的装备应满足用户要求,在完成任务能力与作战支援方面有可度量的改进与提高。DOT&E 认为,这是进行装备 OT&E 的重要准则。根据这一准则,为了应对装备系统日益增长的复杂性以及难以清晰表述需求的问题,DOT&E 提出了关于 OT&E 的新思想:OT&E 应基于对现有系统与新系统在完成任务能力方面的直接比较,而不是仅依据对技术规范符合性的度量。

基于比较的评价在其他方面也有作用。过去,常常出现新系统难以满足规范要求,但是通过与现有系统在完成任务方面的比较,就可以对新系统做出有价值的使用评价。F-22 战斗机的初始使用试验与评价(Initial Operational Test and Evaluation,IOT&E)是这方面的典范。

为了评价 F-22 战斗机的护航能力,分别用 F-22 和 F-15 战斗机护航以评价完成攻击任务的水平,将试验结果进行对比后,就得到相对于 F-15 战斗机来说,F-22 战斗机护航能力可测度的改进。另一个例子是 M270A1 多管火箭炮系统,该系统虽然没有满足发射后在给定的时间内行驶的时间要求,但它却能提供远优于现有系统的作战及生存能力。

4. 批生产前的使用试验与评价

批生产前的 OT&E 主要包括如下几种类型。

1)早期使用评估

早期使用评估(Early Operational Assessment,EOA)是从概念细化(CR)或技术开发阶段(TD)开始进行的,EOA 也可能延续到系统集成阶段。EOA 主要是在研制阶段预测与评估装备潜在的使用效能与适用性。EOA 一般是用经验数据、试验模型、代用品、建模与仿真、演示模型等进行的。

在概念细化与技术开发阶段,EOA 的主要目标是:辅助评价不同的备选方案的能力缺陷和使用效能,支持对装备军事价值以及对部队的影响、装备的可承受性(Affordability)及全寿命周期费用(LCC)的评估。

2)使用评估

使用评估(Operational Assessment,OA)是指对装备进行的系统级的使用性能评估。OA 通常从系统集成阶段开始,一直持续到小批量生产阶段。OA 可以使用多种数据,包括使用工程研制模型(Engineering Development Model,EDM)或预生产件(Pre-Production Articles)试验得到的数据、通过模型与仿真得到的数据等。

3)初始使用试验与评价

IOT&E 是在小批量生产阶段,由典型的使用人员操作装备,采用代表性的生产件在接近真实的场景下进行的。

IOT&E 的主要目的是评价装备的使用效能与使用适用性,特别是应关注在系统能力生产文件(CPD)中规定的关键性能参数(KPP)、试验与评价总计划(TEMP)中给出的关键使用议题(COI)。

IOT&E 由独立的 OT&E 机构组织进行,主要用于支持批生产决策,即跨越小批量生产(BLRIP)决策。系统的承包商一般不能参与 IOT&E 过程(除非在真实作战时承包商也会参与）。IOT&E 的结果将由 DOT&E 直接向美国国防部长和国会报告。

IOT&E 的主要内容包括：

（1）系统的使用效能与适用性。

（2）系统的生存性。

（3）系统的可靠性、维修性和综合保障。

（4）系统的人力与人员、培训和安全需求。

（5）系统的使用编成和部署。

（6）系统的训练与保障需求。

（7）系统进入批量生产的条件。

根据美国国防部的国防采办管理框架，各军种应在里程碑 B、C 处提供 OT&E 报告，并且在全速生产决策评审（Full Rate Production Decision Review，FR-PDR）点提供 IOT&E 的报告。

4）后续使用试验与评价

在批生产决策点后进行的 OT&E 称为后续使用试验与评价（Follow – on Operational Test and Evaluation，FOT&E）。通常，FOT&E 在与 IOT&E 类似的战术环境下，用已部署到部队的装备进行。进行 FOT&E 所用的试件量相对较少。

进行 FOT&E 的主要目的如下：

（1）评价系统升级或改型的影响。

（2）完成延迟的 IOT&E 活动。

（3）评价对在 IOT&E 中发现的缺陷所采取的纠正措施的效果。

（4）评价系统的可靠性、保障性等。

（5）评价采用新战术或面对新威胁时装备的性能。

（6）评价在过去 IOT&E 未评估过的性能。

5. 合格使用试验与评价

合格使用试验与评价（Qualification Operational Test and Evaluation. QOT&E）是美国空军采用的一种 IOT&E 类型。QOT&E 主要是为了评价针对现有装备进行的小的改进的效果。当没有专门的研发项目资助时，QOT&E 可以作为 IOT&E 的替代。

例如，A – 10 飞机是美军的一种近距空中支援飞机，主要承担对敌地面部队的攻击任务。由于其使命扩展到空中自卫，A – 10 飞机加装了 AIM – 9 空空导弹。为了评价 A – 10 空空自卫系统的使用效能与适用性，美国空军就进行了 QOT&E。

美军 IOT&E 类型和采办周期之间的关系，如图 1 – 3 所示。

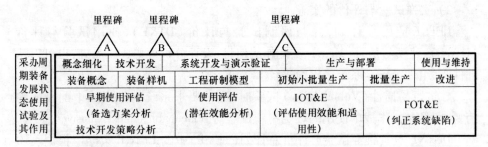

图1-3 美军IOT&E类型和采办周期之间的关系图

1.4.3 特殊类型的试验与评价

1. 实弹试验与评价

1）实弹试验与评价的作用

1987年,美国国会通过的《国防授权法》要求重要武器装备系统在进入全速生产阶段之前,必须进行实弹试验(Live Fire Testing,LFT),进行实弹试验与评价(Live Fire T&E,LFT&E)的项目由DOT&E指定。按美国法律的规定,DOT&E选择的LFT&E项目如下:

（1）项目涉及人员且需要在设计上为人员提供防护的系统。

（2）常规弹药及导弹项目。

（3）计划采购量大于100万发的常规弹药。

（4）对重要系统进行了大的改进,可能会对生存性及杀伤力产生重要影响。

进行LFT&E的主要目的是,在采办项目进入全速生产前,评价系统的易损性与杀伤力(Vulnerability/Lethality)。

LFT&E的具体任务如下:

（1）为决策者提供在真实作战环境下,考虑受到敌方打击时,系统使用中人员伤亡、系统易损性和杀伤力等方面的信息。

（2）评估战损后的恢复(Recoverability)能力和修复(Repair)能力。

（3）进入全速生产阶段前,发现系统的设计缺陷,并得到纠正。

（4）评估对于重要系统的重大改进对其生存性及杀伤力产生的影响。

如果采办项目要求免除进行全系统级的LFT&E,必须在里程碑B前向美国国防部提出申请,说明试验费用难以承受或无法进行实弹试验,但同时应提出其他替代评价方案,例如,进行子系统级的LFT&E、建模与仿真、实战数据分析等。

2）实弹试验与评价的实施

LFT&E 应尽早计划，并与研制试验与评价（DT&E）、使用试验与评价（OT&E）、建模与仿真（M&S）、实际作战信息、设计分析等集成。另外，也可以从部件级、组件级到全系统级逐级进行 LFT&E。

在进行易损性（Vulnerability）试验时，通常要求系统携带实战中配备的弹药，特别是包括作战中使用的燃烧物和爆炸物（Flammables and Explosives）。

DOT&E 负责批准试验与评价总计划（TEMP）中的 LFT&E 策略。根据美国相关法律，在 LFT&E 中应重视对人员的生存性评价，一般采用期望的伤亡数字（Expected Casualties）表示。即便武器系统平台已经不能生存时，也需要考虑人员的生存性。

2. 多军种试验与评价

美军的多军种 T&E 是由多个军种共同进行的 T&E。当多个军种采办同一个系统、或某一个军种采办的系统与其他军种的系统有密切关联时，就可以进行多军种 T&E。一般指定一个军种负责牵头和项目管理，并负责报告的统一编写。

进行多军种 T&E 时，各个军种的性能指标、战术、条令、武器配置和使用环境都不一定相同。通常，各军种对于多军种 T&E 的要求、目的都有所不同。某一个军种认为的系统缺陷，另一个军种可能并不认为是缺陷。因此，各相关军种都应参加 T&E 的计划、实施、报告与评价。

各个军种的使用试验与评价单位（OTA）可以按各自的格式要求，负责各自的独立评价报告（Independent Evaluation Report，IER）。牵头的军种需要综合各军种的要求，编写向里程碑决策者（Milestone Decision Authority，MDA）上交的 T&E 报告。

1.5 装备保障特性要求

1.5.1 战术技术参数与指标

1. 参数与指标的概念

GJB 2240—94《常规兵器定型试验术语》指出，战术技术指标是对确定研制的新型武器装备从作战使用和技术性能要求提出的指标和相关要求，是新型武器装备研究、设计、试制、鉴定和定型的主要依据。

由装备总体论证单位提出，并经装备管理机关批准向装备研制单位下达的装备研制总要求及研制任务书，对装备应具有的物理特性和功能、技术性能、战术性能等方面都提出了具体的要求。这些要求主要是根据装备的作战和使用需求提出的,有的用定量的形式表示,有的用定性的形式描述。通常统称为战术技术性能和使用要求。

对战术技术性能和使用要求达到程度的度量称为战术技术参数。对某一项战术技术性能和使用要求,可以用多个战术技术参数度量。例如,导弹武器系统的维修性可以用平均维修时间、最大维修时间等多个参数度量。在有的文献中,将对战术技术参数具体要求达到的水平称为战术技术参数要求(或指标)。例如,某导弹的飞行可靠度指标不小于 0.99。鉴于目前在术语使用方面尚没有统一的标准,各种定义在实际应用中混合使用的现状,如不做特别说明,本书中对"指标"与"参数要求"等概念不予严格区分。

一些代表性装备的主要战术技术性能参数如下:

(1)火炮:射程、射击精度、射速、弹种、威力等。

(2)制导武器:射程、命中精度、毁伤能力、飞行速度、控制性能、制导性能、抗干扰性能等。

(3)弹道导弹.射程、落点精度、毁伤能力等。

(4)坦克装甲车辆:火力性能、速度、最大行程、装甲防护能力等。

(5)水面舰艇:吨位、排水量、续航力、自持力、速度、抗沉性等。

(6)军用飞机:飞行速度、飞行高度、加速度、作战半径、最大航程等。

(7)工程装备:军用工程机械的作业能力,渡河桥梁器材的通载、渡送能力,伪装器材的被发现概率等。

(8)探测(跟踪)雷达:探测范围、探测(跟踪)精度、距离和角度分辨力、抗干扰性能等。

(9)电子战装备:侦察频段、测频精度、侦察空域、作用距离、干扰功率、干扰频段、频率引导精度、方位引导精度、引导时间、干扰距离等。

(10)指挥控制系统:信息处理能力、系统反应时间、目标指示批数、目标指示精度等。

2. 参数与指标的分类

1)使用参数与指标

装备的使用要求是指从用户需要的角度来描述的对于装备的要求。使用要求常常包含了设计与研制单位无法控制的因素。例如,由于管理延误对于装备修复时间的影响。

描述使用要求的参数称为使用参数。使用参数是考虑了装备的使用要求、使用条件以及指挥管理方面的因素而提出的参数。使用要求参数规定的量值称为使用指标。使用指标通常包括门限值与目标值。

门限值(Threshold)是指系统最低可接收的参数值,系统的性能如果低于该参数值,将使系统的作战效能无法得到保证。因此,门限值是为满足用户使用要求而必须达到的最低水平。门限值应尽可能用量化的方式表示,只有可以通过试验得出其是否满足时,门限值才具有实际意义。

目标值(Objectives)是指期望装备达到的使用指标。装备达到这一要求时,应具有较高的效能。通常,达到目标值意味着系统性能比只达到门限值时具有明显的提升。有时目标值也可以与门限值相同。

对于装备的验证来说,一般不考核装备的目标值。美国国防采办大学出版的《验证管理指南》(Test and Evaluation Management Guide)认为,装备验证关注的重点是,能否满足在批准的能力文件中规定的门限值和关键的使用议题方面的要求。

由于某些因素是装备研制单位所不能控制的,使用参数通常不能直接用于研制合同中的参数要求。

2)合同参数与合同指标

合同参数是以使用参数为依据,通过合理的参数转换,在装备的研制合同或研制任务书中明确其要求达到的参数。

描述合同要求的参数称为合同参数,其要求的量值称为合同指标。合同指标包括规定值与最低可接收值。

最低可接收值是合同或研制任务书规定的必须达到的指标。最低可接收值代表了用户的最低要求,是进行战术技术指标考核的主要依据和装备定型决策的主要判据。

规定值是合同或研制任务书规定的期望装备达到的指标,代表了用户的期望水平,是装备研制单位进行装备设计的依据。

3)关键性能参数

装备的关键性能参数(Key Performance Parameters,KPP)是指对于装备的有效军事能力来说最为基本的属性(Attributes)或特性(Characterisfics)。关键性能参数也可以理解为装备成功完成任务最必需的能力和特性,如导弹的威力、最大射程就属于导弹的关键性能参数。

1.5.2 装备保障特性要求及分类

目前,我军装备保障特性要求并未形成一个统一的分类,本书分为综合性要求、可靠性要求、维修性要求、保障性要求和测试性要求等。战备完好性和任务持续性参数的评价,需要利用计算机模拟:装备任务执行过程、装备预防性维修过程、装备故障过程、修复性维修过程和保障资源使用与供应过程等,涉及可靠性、维修性、测试性、保障性等多种设计特性,为此本书将这类参数作为综合参数来单独评价。本书将分别对可靠性、维修性、保障性和测试性验证技术进行介绍,保障特性综合要求以装备固有可用度试验技术为例独立成章予以阐述。下面分别对保障特性要求进行详细介绍。

1. 综合性要求

(1)战备完好性要求,如使用可用度等。

(2)任务成功性要求,如任务成功度等。

(3)持续性要求,如飞机再次出动准备时间等。

2. 可靠性要求

可靠性要求是进行可靠性设计、分析、试验和验收的依据。正确、科学地确定各项可靠性要求是一项重要而复杂的系统工程工作。可靠性要求可以分为两大类:第一类是定性要求,即为了获得可靠的产品,对产品设计、工艺、软件等方面提出的非量化要求。用定性方法进行设计与分析,用检查或分析的方法进行评价。第二类是定量要求,即规定产品的可靠性参数、指标和相应的验证方法。用定量方法进行设计分析,用增长或验证方法进行可靠性验证,从而保证产品的可靠性。

1)定性要求

主要的可靠性定性要求见表1-1。

表1-1 主要的可靠性定性要求

序号	要求名称	目 的
1	制定和贯彻可靠性设计准则	将可靠性要求有使用中的约束条件转换为设计条件,给设计人员规定了专门的技术要求和设计原则,以提高产品可靠性
2	简化设计	减少产品的复杂性,提高其基本可靠性
3	余度设计	用多于一种的途径完成规定的功能,以产品的任务可靠性和安全性
4	降额设计	降低元器件、零部件的故障率,提高产品的基本、任务可靠性和安全性
5	元器件零部件的选择与控制	对电子元器件、机械零部件进行正确的选择与控制提高产品可靠性,降低保障费用
6	确定关键件和重要件	把有限的资源用于提高关键产品的可靠性
7	环境防护设计	选择能减轻环境作用或影响的设计方案和材料,或提出一些能改变环境的方案,或把环境应力控制在可接收的范围内

（续）

序号	要求名称	目　的
8	热设计	通过元器件选择、电路设计、结构设计、布局来减少温度对产品可靠性的影响，使产品能在较宽的温度范围内可靠地工作
9	包装、装卸、运输、储存等设计	通过对产品在包装、装卸、运输、储存期间性能变化情况的分析，确定应采取的保护措施，从而提高其可靠性

2）定量要求

典型的可靠性定量要求见表 1−2。

表 1−2　典型的可靠性定量要求

参数类别	参数名称	类别		定　义
		使用参数	合同参数	
基本可靠性	平均故障间隔时间（MTBF）		√	在规定的条件下和规定的时间内，产品的寿命单位总数与故障总次数之比
	故障率 $\lambda(t)$		√	在规定的条件下和规定的时间内，产品的故障总数与寿命单位总数之比，有时也称失效率，当产品寿命服从指数分布时 λ 为常数
	无维修工作时间（MFOP）	√		产品能完成所有规定的功能而无需任何维修活动的一段工作时间，在此期间也不会因系统故障或性能降级导致对用户的使用限制
任务可靠性	任务可靠度 $R_m(t_m)$	√		产品在规定的任务剖面内完成规定功能的概率
	平均严重故障间隔时间（MTBCF）		√	在规定的一系列任务剖面中，产品任务总时间与严重故障总数之比
耐久性	首次大修期（TTFO）		√	在规定的条件下，产品从开始使用到首次大修的寿命单位数（工作时间和（或）日历持续时间）
	储存寿命（STL）	√		产品在规定的储存条件下能满足规定要求的储存期限

3. 维修性要求

维修性要求反映了使用方对产品应达到的维修性水平的期望目标。维修性要求通常包括定性要求和定量要求两个方面,二者相辅相成,全面描述进行维修性设计所要达到的具体目标。

产品使用方,或者说用户的需求是确定维修性要求的基本依据,但用户提出的要求有时是相当笼统的意向,或是从使用角度提出的描述,常常不可能直接地据此进行设计。因此,首先要将用户提出的要求转化为适用于开展设计的维修性要求,即转化为能由产品的设计人员予以度量或核查的,能直接据此完成设计的一系列定性和定量的维修性要求。表1-3对用户所提的使用中的维修性要求和用于进行设计的维修性要求做了简要的对比。

表1-3 设计和使用的维修性要求对比

设计维修性要求	使用维修性要求
• 用于确定、度量和评价产品承制方的维修性工作成效,由使用要求导出,达到相应要求即可望满足使用中的维修性要求; • 以固有值表述; • 仅涉及设计与制造过程的影响	• 用于描述在预期的环境中使用时的维修性水平,不适宜用作研制要求; • 以使用值表述; • 涉及设计、质量、运行环境、维修方案和修理工作成效等的综合影响

1）定性要求

任何不能被归类为定量要求的维修性要求都属于定性要求,它涵盖了广泛的希望达到的设计状态。这些设计状态对于确保产品的可维修而言一般都是必不可少的。

维修性定性要求与维修性定量要求间存在着紧密的互补关系。定性要求反映了那些无法或难于定量描述的维修性要求,它基于保证产品便于维修这一基本点,从不同方面的考虑出发,提出了设计产品时应予实现的特点,或者说产品应具有的便于完成维修工作的设计要素。

用户提出的笼统的定性维修性要求,往往对设计人员缺少直接的指导和控制作用(如尽量减少保障设备和工具的数目)。为响应用户的需求,需要提出与之相对应的、能够进行度量或核查的设计规则。例如,针对用户提出的"尽量减少保障设备和工具的数目"这一要求,根据所设计产品的特点和当前的技术条件以及考虑到费用和进度等因素,可以将它转化为"不少于80%的维修活动都应能利用现有的设施和标配工具箱完成相关作业"。这样的设计规则对于设计人员是很有帮助的。在工程实践中,一般都是将这类设计规则反映在所说的设

27

计准则或设计导则中。

维修性定性要求的主要内容如下：

（1）可达性。应易于接近需进行维修的产品或部位，并具有进行检查、修理或更换等操作所需的活动空间。可达性良好是达到高水平维修性的首要条件。

（2）标准化、互换性和通用性。这是使产品维修工作简便、降低对维修人员的技能要求和缩短维修工时等的重要技术途径。

（3）防差错措施和识别标志。应从设计上采取措施，防止在维修过程中出现装错、装反或装漏等差错，在产品的适当部位加上明显的识别标志也是一种必不可少的防差错措施。

（4）维修安全。进行设计时，应考虑到在装备的储存、运输、维护和修理的过程中，进行各种作业时有可能出现对人员造成伤害和对装备造成损坏的因素，要采取措施予以避免。

（5）检测诊断。产品应具有良好的测试性，使维修人员能对产品故障进行准确、快速和简便的检测和诊断，从而可以大为缩小维修时间。

（6）维修人素工程。应通过设计保证维修人员能以良好的工作姿态、合适的工具和适度的工作负荷进行维修工作，从而有利于提高其工作质量和工作效率。

（7）零部件可修复性。对于可修件，在设计上应通过可调整、可局部更换零部件或设置专门的修复基准等措施使零部件发生故障后易于进行修理。

（8）减少维修内容和降低维修技能要求。应通过自动检测、改善润滑、合理密封、防锈、减轻磨损等设计措施尽量减少维修工作量，并通过采用健壮设计和易于进行修复的设计降低对维修技能的要求和修理工艺的要求。

图1-4给出了在设计时考虑可达性问题的示例，图中所示为六边形航空电子设备舱舱门的设计。按这种安排其左侧的可达部分就受限制，而其右侧的安排就较为合理；此外，舱门铰链的设计妨碍了舱内上部仪器设备的安装，但同时也能有效地避免进行仪器设备维修作业时可能对舱门造成的损伤。

2）定量要求

定量的维修性要求是与设计人员可控的设计特性相关联的，是通过对用户需求与约束条件的分析，选择适当的维修性参数，并确定对应的指标而提出来的。作为度量产品维修性水平的尺度，所选定的参数必须能够反映产品的战备完好性、任务成功性、保障费用和维修人力等方面的目标或约束条件，应能体现对保养、预防性维修、修复性维修和在特定环境中抢修等内容的相关考虑。维修性定量要求应按不同的产品层次（系统、分系统、设备、组件等）和不同的维修级别分别地予以规定（对于军事装备，当未指明对应的维修级别时，一般认为是针对基层级维修提出的定量要求）。

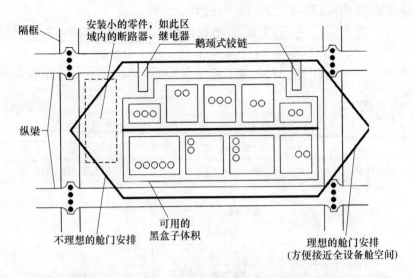

图 1-4 设备舱舱门的设计方案

针对具体产品的使用特点,可以用各种不同的维修性参数表述定量的维修性要求。大多数的维修性参数都是与维修时间、维修工时、维修费用等相关的参数。

(1) 与维修时间有关的参数:①平均修复时间(MTTR);②平均预防性维修时间(MPMT);③平均系统修复时间(MTTRS);④平均维护时间(MTTS);⑤最大修复时间。

(2) 与维修工时有关的参数:①维修工时率(MR);②维修活动的平均直接维修工时(DMMH/MA);③每使用小时的维修工时(MH/OH)。

(3) 与维修费用有关的参数:①每使用小时的直接维修费;②每使用小时的维修器材费。

4. 保障性要求

保障性要求用于定性和定量地描述装备系统的保障性。这里的分类方法是将保障性要求分为装备保障性设计要求与保障系统的设计要求。其中装备保障性要求分为两个方面:一是与装备故障无关的使用保障性要求;二是与装备故障相关的维修保障性要求。本书重点论述使用保障特性要求。

1) 定性要求

(1) 使用保障设计要求。主要包括:①有关自保障设计要求,如应有辅助动力、自制氧、自制高压空气的要求等;②装备自带必要的自救和互救工具或设备的要求,特殊的保障要求,如飞机应有防台风措施、坦克应考虑潜渡保障等;③简化装备动用、使用前的装配、检测等方面的要求。

不同的装备使用任务,需要使用保障的工作不同,对使用保障性设计要求就不同,体现的装备使用保障性不同。表1-4是以歼击机为例,说明不同的装备使用任务,对应不同的装备使用保障工作和使用保障性设计要求。

表1-4 歼击机使用任务、使用保障工作及使用保障性设计要求的对应关系

使用任务	使用保障工作	使用保障性设计要求
飞行	牵引	牵引接头
飞行	加油	加油口
飞行	充电	地面电源接口
飞行	充气	充气接口
格斗	填充弹药	装卸弹箱接口
格斗	挂弹	挂架

使用保障活动时间是度量装备使用保障特性的主要参数,同一种(类)使用保障活动,如果装备使用保障性设计不同,所需的时间也不同。因此,在一定条件下,使用保障时间反映了装备的使用保障性水平。使用保障时间是指完成使用保障活动所包含的各项工作的时间,而不包括管理延误时间和资源延误时间。对每一个使用保障活动,装备都有一个使用保障时间与之对应。根据使用保障活动的类型,使用保障时间可以演化出很多种时间度量,如任务前准备时间、任务后检查时间。但在实际装备研制中,不可能也没必要对所有使用保障活动均提出相应的指标要求,因此一般选取若干个关键的典型使用保障活动,以其在规定的条件下。按照规定的程序和方法完成该活动包含的全部工作的总时间作为装备使用保障活动时间的度量,如军用飞机的挂弹时间、装甲车辆的加油时间、导弹的技术准备时间等。

(2)维修保障设计要求。主要包括:①装备维修级别划分的要求,如装备采用两级维修还是三级维修;②各级维修机构的维修能力的要求,如基层级维修只限于完成预定的现场可更换单元的更换;③战场抢救抢修的要求,如利用配备的保障设备完成任务系统的重新配置等要求。

(3)保障资源定性要求。从减少保障资源品种和数量、简化保障资源设计、保障资源标准化等方面提出的约束条件,主要包括以下内容。

① 人力和人员:包括对使用维修和其他保障人员的编制数量、技术专业、文

化程度、技术水平等的约束条件。

②　训练和训练保障：包括训练周期的限制，有关训练装置、训练器材（含训练模拟器）的研制和选用的约束条件，有关训练教材应系统配套形成体系的要求等。

③　保障设备：包括采用现役保障设备的要求，对新研制的保障设备通用化、系列化、组合化要求；对新研制的保障设备费用的限制、保障设备互用性的要求；对各维修级别检测能力的要求；保障设备应具有自测试功能的要求。

④　保障设施：包括对现有保障设施可利用程度的要求，改建、新建保障设施的约束条件，避免增加新建设施的要求等。

⑤　备件和消耗品：明确对备件、原材料、擦拭材料、油液（包括燃料、润滑油、液压油、特种液等）等以及对充电、充气（包括高压空气、氧、氮等）等的限制条件。

⑥　技术资料：要求提供的技术资料范围，包括装备设计资料、使用维修手册、有关的技术报告、计算机软件文档和各类清单等；明确技术资料的提交日期，使用各种技术资料的对象，有关技术资料资料编制要求以及其他要求等。

⑦　包装、装卸、储存和运输：包括装备及其备件在储存和运输过程中的包装、装卸要求；储存保障方案的要求，如封存器材、封存和启封时间、储存周期、储存期间的维护（含检测）等要求；装备及其保障资源的运输要求，包括运输方式要求（如海运、空运、铁路运输、公路运输）以及所需要的保障车辆、保障船的数量和种类等。

⑧　计算机资源保障：对建立软件保障系统提出要求，包括提出使用与保障装备中的计算机所需要的设施、硬件、软件、文档、检测仪器、人力和人员等要求；有关计算机操作系统、运行环境、数据库、特殊类型接口、编程语言以及现有平台和数据资源的整合兼容等要求；装备软件更改的要求，如软件的更改应以模块升级方式进行，更改时应考虑操作和维修软件人员的能力等。

2）定量要求

（1）与保障系统有关的要求，如平均保障延误时间、平均管理延误时间、保障资源的总体规模等。保障资源的总体规模在一定程度上反映了保障系统的部署性（机动能力），可以用标准运输单位的数量度量，如标准运输工具（车皮、车辆、飞机、集装箱）数量表示。

（2）与保障资源有关的要求，主要是各类保障资源的具体要求，可以从通用要求和专用要求两个方面提出，通用要求是指保障资源的利用率、满足率等，比较常用的参数包括：

① 保障设备满足率 R_{SEF}：在规定的维修级别上和规定的时间内,能够提供使用的保障设备数与需要该级别提供的保障设备总数之比。

② 保障设备利用率 R_{SEU}：在规定的级别上和规定的时间内,实际使用的保障设备数与该级别实际拥有的保障设备数之比。

③ 备件满足率 R_{SF}：在规定的级别上和规定的时间内,能够提供使用的备件数与需要该级别提供的备件总数之比。

④ 备件利用率 R_{SU}：在规定的级别上和规定的时间内,实际使用的备件数与该级别实际拥有的备件数之比。

在实际应用中,"需要该级别提供的保障设备(备件)总数"和"实际拥有的保障设备(备件)数"是确定这些参数和验证这些参数的难点,论证时就应根据装备具体情况和要求提出更加明确的定义。这些参数仅为使用参数,在生产定型阶段只能结合部队试用进行初步评估,使用阶段进行使用评估。专用要求则是各类保障资源的具体要求等。

5. 测试性要求

测试性要求是进行测试性设计、分析和验证的依据,确定适当的测试性要求是一项非常重要的工作,应与确定诊断方案相协调,依据任务需求和使用要求科学地确定合理的测试性要求。测试性要求分为定性要求和定量要求,下面分别介绍测试性要求的内容。

1) 定性要求

测试性定性要求反映了那些无法或难以定量描述的测试性设计要求,它从多方面规定了在进行设计时应注意采取的技术途径和设计措施,以方便测试和保证测试性指标的实现。

测试性定性要求的内容见表1-5。

表 1-5 测试性定性要求的内容

序号	项目	主要内容
1	合理划分	产品按功能与结构合理地划分为多个可更换单元,如系统可划分为多个 LRU 或 LRM,LRU 再划分为多个车间可更换单元(SRU)等,以提高故障隔离能力
2	性能监测	对安全、完成任务有影响的功能部件,应进行性能监测,必要时给出报警信号
3	BIT 和中央测试系统	依据诊断方案确定嵌入式诊断具体配置和功能,如对中央测试系统、系统机内测试(BIT)、现场可更换单元 BIT、传感器等的配置和功能要求

（续）

序号	项目	主要内容
4	故障信息	应存储性能监测与故障诊断信息,并按规定将相关数据传输给中央测试系统或其他显示和报警装置
5	测试点	应设置充分的内部和外部测试点,以便于在各级维修测试时使用,达到规定的故障检测与隔离指标。测试点应有明显标记
6	兼容性	UUT 设计应与计划选用(或新研制)的外部测试设备兼容,尽可能选用通用的、标准化的测试设备有附件
7	综合测试能力	应考虑用 BIT、自动测试设备(ATE)和人工测试或其组合,对各级维修提供完全的诊断能力,并符合维修方案和维修人员水平的需求
8	测试需求文件	UUT 应编写支持测试程序集(TPS)和测试设备设计的测试需求文件(TRD),编写维修测试技术手册等

2）定量要求

目前,一般用故障检测率（FDR）、隔离率（FIR）和虚警率（FAR）规定测试性设计的定量要求。故障检测率、隔离率和虚警率的定义比较简单,在应用这三个参数表示定量要求时应明确以下几点:

（1）测试性指标是针对具体测试对象和所用测试方法的,是产品运行中的还是某一维修级别的指标。测试对象可以是系统、分系统、设备、现场可更换单元等;使用的测试方法有 BIT、ATE 等。

（2）用于统计被测对象发生故障总数、检测和隔离故障数、虚警次数的时间应足够长,评估出的参数值才更接近其真实值。

（3）统计的是产品发生的故障总数(不是可检测故障数)、是正确检测与正确隔离的故障数。隔离故障数有模糊度问题。

（4）在未规定错误隔离率要求时,统计的虚警数应包括"假报"和"错报"（A 单元发生了故障,而指示 B 单元有故障）两种情况。

目前,大多数系统采用 FAR 度量 BIT 虚警,FAR 给出了 BIT 指示中虚警发生的百分比,但没有给出虚警发生的频率,没有显示出虚警对系统可靠性的影响。而平均虚警间隔时间（MTBFA）则可显示出虚警对系统可靠性的影响。实际运行中,在相同情况下可靠性高的系统发生真实故障数比可靠性低的系统少,在 BIT 指示中虚警数所占比例较大,所以其 FAR 值也就较高,即实际统计的 FAR 值大小受系统可靠性影响。而 MTBF 量值不受系统可靠性影响,应依据关注的重点(是 BIT 指示中虚警发生的百分比还是虚警对可靠性的影响)确定选用 FAR 还是 MTBFA。

一般电子系统的测试性定量要求范围如下：

（1）运行中和基层级维修，测试系统和 BIT 的指标。

① FDR：一般为 80% ~98%。

② FIR：一般为 85% ~99%（隔离到一个 LRU 或 LRM）。

③ FAR：一般为 1% ~5%（或平均虚警间隔时间（MTBFA），取决于虚警对可靠性影响的限制）。

（2）中继级维修，使用 ATE 测试的指标。

① FDR：一般为 90% ~98%。

② FIR：一般为 85% ~90%，隔离到一个 SRU。90% ~95%，隔离到不大于两个 SRU。95% ~100%，隔离到不大于三个 SRU。

③ FAR：一般为 1% ~2%。

（3）各维修级别使用所有检测手段的指标。

① FDR：一般为 100%。

② FIR：一般为 100%。

一般情况下，非电子设备的测试性指标低于电子设备的测试性指标。

1.5.3　典型保障特性参数的定义与模型

1. 保障特性综合参数

（1）使用可用度 A_o。使用可用度是与能工作时间和不能工作时间有关的一种可用性参数，其计算公式为

$$A_o = \frac{T_U}{T_T} = \frac{T_U}{T_U + T_{DW}} = \frac{T_O + T_S}{T_O + T_S + T_{CN} + T_{PM} + T_{OS} + T_D} \quad (1-1)$$

式中：T_U 为能工作时间；T_T 为总拥有时间；T_{DW} 为不能工作时间；T_O 为工作时间；T_S 为备用（待机）时间；T_{CM} 为修复性维修总时间；T_{PM} 为预防性维修总时间；T_{OS} 为使用保障时间；T_D 为延误时间。

使用可信度 A_o 是一个使用参数，一般应在初始使用阶段或后续使用阶段进行评估。

在论证工作中，允许根据装备实际的使用情况，对计算公式进行修正，如长期连续使用的装备不考虑备用时间，可直接用可靠性和维修性等参数表述，其计算公式为

$$A_o = \frac{T_{BM}}{T_{BM} + T_M + T_{MD}} \quad (1-2)$$

式中:T_{BM}为平均维修间隔时间;T_M为平均维修时间,包括修复性维修和预防性维修;T_{MD}为平均延误时间($T_{MD} = T_{MLD} + T_{MAD}$),$T_{MLD}$为平均保障延误时间,$T_{MAD}$为平均管理延误时间。

使用可用度也可表示为

$$A_o = \frac{T_{BF}}{T_{BF} + M_{CT} + T_{MD}} \tag{1-3}$$

在论证时,若采用上述列举的A_o计算公式或其他公式时,应详细说明其理由。使用可用度A_o作为一个综合参数,对其计算公式中所用到的每个单项参数,都应做出详细说明,包括该单项参数所取量值的说明。

(2)出动架次率R_{SG}。出动架次率是度量军用飞机在规定的使用及维修保障方案下,每架飞机每天能够出动的次数,也称单机出动率或战斗出动强度,其计算公式为

$$R_{SG} = \frac{T_{FL}}{T_{DU} + T_{GM} + T_{TA} + T_{CM} + T_{PM} + T_{AB}} \tag{1-4}$$

式中:T_{FL}为飞机每个日历时间的小时数,一般取24h或12h;T_{DU}为机平均每次任务时间(h);T_{GM}为飞机平均每次任务地面滑行时间(h);T_{TA}为飞机再次出动准备时间(h);T_{CM}为飞机每次出动架次的平均修复性维修时间(h);T_{PM}为飞机每出动架次的平均预防性维修时间(h);T_{AB}为飞机每出动架次的平均战斗损伤修理时间(h)。

(3)能执行任务率R_{MC}。能执行任务率是表示装备在规定的时间内至少能执行一项任务的时间占总拥有时间的百分比,可表示为能执行全部任务率和能执行部分任务率之和,即

$$R_{MC} = \frac{T_{MC}}{T_T} = \frac{T_{FMC} + T_{PMC}}{T_T} \tag{1-5}$$

式中:T_{MC}为至少能执行一项任务的时间;T_{FMC}为能执行全部任务的时间;T_{PMC}为能执行部分任务的时间;T_T为总拥有时间。

在论证确定R_{MC}指标时,应明确任务的定义,特别是能执行部分任务的时间应界定清楚。有的装备不考虑能执行部分任务的时间,只要丧失一项功能,即不计入能执行任务的时间。另外,还应明确这里所计的时间是日历时间还是每天按小时计算时间。

该参数为使用参数,一般在使用阶段进行评估。

(4)任务成功度D。影响任务完成的因素很多,如战场的环境条件、装备的功能特性等。任务成功度D只考虑可靠性、维修性对完成任务的影响,从可靠

性维修性等设计特性的角度考虑能完成任务的概率,其计算公式为

$$D = R_M + (1 - R_M)M_M \qquad (1-6)$$

式中:R_M 为任务可靠度,一般以装备完成一个任务剖面的可靠度表示,如果在任务过程中不允许维修(抢修)的情况下,则 $D = R_M$;M_M 为任务维修度,一般用在任务剖面中,在规定的维修级别和规定的时间内维修(抢修)损坏的装备使其能够继续投入作战的概率表示。例如,2h 以内使损坏的装备恢复功能,认为不影响装备继续完成任务,则表示 2h 的维修度为任务维修度。

任务成功度 D 是一个使用参数,条件规定明确的也可作为合同参数,应明确两种情况不同的考核条件。

(5)飞机再次出动准备时间 T_{TA}。再次出动准备时间是度量军用飞机保障特性的一个参数,是指在规定的保障条件下(保障资源、保障环境等),为保证飞机连续出动,在其着陆后准备再次出动所需的时间。再次出动准备工作包含一定的维修活动,因此归入了综合参数。主要包括:再次飞行前检查;补充燃油、滑油、特种液体及气体;安装和(或)拆卸再次出动需要增减的附加设备;装挂弹等。一般通过专项测试的方法进行验证。

2. 典型可靠性参数

(1)平均故障前时间 T_{TF}。平均故障前时间是不可修产品的一个可靠性基本参数,其计算公式为

$$T_{TF} = \frac{\sum_{i=1}^{n} T_i}{N_T} \qquad (1-7)$$

式中:T_i 为在规定的时间内,每个被试产品的工作时间(寿命单位数);$\sum_{i=1}^{n} T_i$ 为 n 个被试产品总的工作时间(寿命单位数);N_T 为发生故障的产品总数。

在论证提出 T_{TF} 指标时,应明确故障判断准则,并明确这个故障总数是关联故障总数还是包括非关联故障的故障总数。

平均故障前时间 T_{TF} 作为基本参数,各样本的故障前时间是随机变量,在其分布函数确定的条件下(或假设是一定的),由 T_{TF} 即可导出故障率 λ 和规定时间内的可靠度 R_T,它们是等效的。

在论证提出 T_{TF} 指标时,还应明确指标的统计含义,说明该指标是均值还是置信度下限等。

该参数可以作为使用参数,也可作为合同参数,应明确其使用条件和故障计数准则(用哪些故障计算该参数)。

(2) 平均故障间隔时间 T_{BF}。平均故障间隔时间是可修产品的一个可靠性基本参数,其计算公式为

$$T_{BF} = \frac{T_O}{N_T} \qquad (1-8)$$

式中: T_O 为在规定的时间内,装备(产品)的工作时间,这里的"时间"是指寿命单位数,可以是时间(h)、里程(km)、次数(发射炮弹数)等,即 T_{BF} 为平均故障间隔时间,也可为平均故障间隔里程、平均故障间隔发数。进一步分析这个"时间",又可根据具体工作环境和使用方的需要拓展为"飞行时间""水上工作时间""陆上工作时间""夜间工作时间"等,即 T_{BF} 可以是平均故障间隔飞行时间、平均故障间隔水上(中)工作时间等都是平均故障间隔时间的一种,具有相同的内涵。N_T 为故障总数,应有明确的故障判断准则,说明故障总数是关联故障总数还是包括非关联故障的故障总数。

平均故障时间 T_{BF} 作为基本参数,对于可修系统,各故障间隔时间不一定是独立同分布的随机变量。应把系统发生故障的时间看成是时间轴上依次出现的随机点,即对于可修系统的故障规律应用随机点过程描述,在工程应用中采用时齐泊松过程处理。

在论证提出 T_{BF} 指标时,还应明确指标的统计含义,说明该指标是用均值还是用置信区间下限等。

该参数可以作为使用参数,也可作为合同参数,只要明确规定时间和故障总数的含义。

(3) 平均预防性维修间隔时间 T_{BPM}。平均预防性维修间隔时间(或间隔期)是与维修策略有关的可靠性参数,包括所有的保养、定期检测、定时修理、定期更换等维修工作类型的间隔时间。

由于各级预防性维修间隔时间差别很大,影响各级预防性维修间隔期的因素也比较复杂。在论证提出 RMS 要求时,一般不直接提出 T_{BPM} 指标要求,而是分别提出大、中、小修间隔期,即三级保养间隔期的要求。

预防性维修间隔时间的验证,一般在生产定型(小批量生产)才能进行初步的评估。该参数为使用参数,应在使用阶段用演示的方法进行评估。

(4) 平均维修间隔时间 T_{BM}。平均维修间隔时间是一个综合考虑计划维修和非计划维修、与维修策略(管理)有关的一个可靠性参数,其计算公式为

$$T_{BM} = \frac{T_O}{N_M} \qquad (1-9)$$

式中: T_O 为在规定的时间内,装备(产品)的工作时间(含义同 T_{BF} 中的 T_O);N_M 为

维修总次数,论证时应明确,除包括各类预防性维修和修复性维修外,还应说明包括哪些修理、保养、检测等,还应要明确是否包括属于技术管理要求进行的例行维修活动,如坦克是否包括车场日保养、换季保养等。

该参数仅适用于可修产品,属使用参数,应在使用阶段用演示试验或实际观测的方法进行评估。

(5)平均严重故障间隔时间 T_{BCF}。平均严重故障间隔时间是与任务有关的可靠性基本参数,其计算公式为

$$T_{BCF} = \frac{T_{OM}}{N_{TM}}$$

(1-10)

式中: T_{OM} 为任务总时间,在任务剖面中的实际工作时间。在很多情况下,把总工作时间视为任务总时间,即 $T_{OM} = T_O$,与 T_{BF} 中的 T_O 具有相同的含义。 N_{TM} 为严重故障(也称任务故障)总数。在论证时应明确任务的定义、任务故障的判断准则,应说明故障总数是指关联的任务故障总数,还是包括关联和非关联任务故障的总数。

T_{BCF} 作为基本参数,对于可修产品 T_{BCT} 与 T_{BF} 计算方法相同。 T_{BCF} 与 λ_M(严重故障率)、 R_M 是等效的。在工程应用中都按时齐泊松过程处理。在提出 T_{BCF} 指标时也应明确指标的统计含义。

该参数可以作为使用参数,也可作为合同参数。

(6)成功概率 P_S。成功概率是在规定的条件下,成功完成规定功能的概率,该参数适用于一次性使用的产品,其计算公式为

$$P_S = \frac{N_S}{N_T} \times 100\%$$

(1-11)

式中: N_S 为任务成功次数; N_T 为总的任务次数。

这种成功概率的计算只是一个估计值,除非次数很多时才接近实际值。一般用非参数法计算(也可根据总次数和成功次数直接查表)得到成功概率的单侧置信区间下限。论证时不仅要提出 P_S 要求,同时应考虑要求的置信水平和试验的样本量。对于像导弹、弹药等一次性使用的产品(成败型),应采用发射成功概率、飞行成功概率等术语描述其可靠性水平。

该参数既是使用参数,又是合同参数。

(7)使用寿命 L_{SE}。对于一种产品,其使用寿命不可能是完全相等的,即使用寿命也是一个随机变量,是一个统计值,达到规定寿命的概率一般也可称为耐久度。因此,一般在提出使用寿命指标时,应包括使用寿命的量值(寿命单位数)、达到使用寿命的概率及其置信水平。一般情况下,按规定的样本量在规定

的条件下进行寿命试验,试验到要求的使用寿命,记录发生耐久性损坏(达到极限状态)的样本数,用非参数法计算不发生耐久性损坏概率的置信区间下限(达到要求寿命的概率)。有时在提出使用寿命指标时,同时规定参试的样本数和试验到使用寿命要求时不发生耐久性损坏的样本数。

有使用寿命要求的产品,应同时提出耐久性损坏的判断准则,这是使用寿命的一些评估参数(值)和定性评估标准。有些故障也会使产品(装备)报废或需要大修,但不是耐久性损坏,而是偶然故障。耐久性损坏一般是耗损型故障。

使用寿命的确定应通过规定的寿命试验。一个产品的部件或零件的使用寿命不一定是一个相同的指标,一个产品不同层次的零部件可以有不同的使用寿命要求。

对于不可修产品,一般用使用寿命表述其耐久性水平,对于可修产品也可用大修寿命、首次大修期限等术语表述。

该参数既是使用参数,又是合同参数。

(8) 首次翻修期限(首次大修寿命)。首次翻修期限是可修产品(装备)使用寿命的一种表述用语,见“使用寿命”。

(9) 储存可靠性参数。储存可靠性参数主要是储存寿命 L_{ST},储存寿命是产品在规定条件下的储存期限。论证提出储存寿命要求时,应特别关注规定条件,包括储存的环境条件(露天或仓库室内的自然环境条件、室内有空调的环境条件)、封存条件等,还包括储存期间定期检修和维护要求等。

储存寿命的试验考核需要的周期较长,一般在装备定型时不可能完成试验考核工作,只能对一些新材料、新元器件等做一些加速环境试验,参考类似装备的试验结果在装备定型时提出分析评估意见。

3. 典型维修性参数

(1) 平均修复时间 M_{CT}。平均修复时间是维修性基本参数,其计算公式为

$$M_{CT} = \frac{T_{CM}}{N_T} \qquad (1-12)$$

式中: T_{CM} 为修复性维修的总时间, T_{CM} 可以分成不同维修级别的修复性维修的总时间; N_T 为故障总数,这里可分为不同维修级别修复的故障总数,还应明确是修复关联故障总数,还是所有的故障总数。

参数 T_{CM}、N_T 都可以按不同维修级别统计,因此应按不同的维修级别提出平均修复时间要求。当没有明确维修级别时,通常是指基层级。

在论证提出平均修复时间时,还应明确维修时间的确定准则,特别对于机械产品,故障分析、定位的过程有时比较复杂和用时较长,哪些时间应列入维修时

间,哪些时间应列入延误时间,哪些时间可以不计入统计的时间范围,应有一个统一的规定。

M_{CT}作为基本参数,每个故障的修复性维修时间是一个随机变量,而且在大多情况下,服从对数正态分布,在M_{CT}确定后,则修复率μ和维修度函数M_{BT}(或规定时间的维修度)就可作为导出参数。

论证提出平均修复时间指标时,应明确指标的统计含义,说明该指标是均值还是置信区间上限等。

该参数既可作为使用参数,也可作为合同参数,具体计算时应对修复性维修总时间和故障总数的取值做明确的说明。

(2)平均预防性维修时间M_{PT}。平均预防性维修时间是对产品(装备)进行预防性维修所用时间的平均值。各级预防性维修所用时间的差别很大,维修所要求的条件也不相同,一般在论证提出预防性维修时间要求时,应分别提出大、中、小修的预防维修时间,其计算公式为

$$M_{PTi} = \frac{T_{PMi}}{N_{PMi}} \qquad (1-13)$$

式中:T_{PMi}为第i类预防性维修的总时间;N_{PMi}为第i类预防性维修的次数。

提出平均预防性维修时间参数时,对各级各类预防性维修的工作范围应有一个初步规定。对时间也应明确规定是日历时间,还是实际工作时间,对预防性维修时间的统计方法应做出明确的规定。

该参数一般只作为使用参数,如果各类预防性维修范围很明确,也可作为合同参数。

(3)重要零部件平均更换时间T_{MCR}。重要零部件平均更换时间是指每项重要零部件的平均更换时间,论证时先确定哪些零部件是重要件,需要提出更换时间,一般是更换次数较多的重要功能件和对装备的维修性水平有重要影响的部件,如火炮身管、发动机等。在论证时应定义更换时间,更换时间包括接近、拆卸、装上完好件、检查调整到达到可用状态需经历的时间,一般不包括故障分析和故障隔离定位的时间,也不包括各种延误时间,同时应明确换件时的规定的条件,包括人力和人员、工具和设备、备件和消耗品等的准备状况,以及具体的操作程序等。

重要零部件平均更换时间可能不是一个指标,而是一组指标。这些指标在论证时,应注意与平均修复时间等指标相协调,同时应明确验证时至少应取几次演示试验的平均值。

该参数既是使用参数,又是合同参数。

（4）维修工时率 M_R。维修工时率是与维修人力有关的维修性基本参数,其计算公式为

$$M_R = \frac{T_{MR}}{T_O} \qquad (1-14)$$

式中: T_{MR} 为在规定条件下和规定的时间内的产品(装备)的直接维修工时总数; T_O 为规定时间内产品的工作时间(或寿命单位总数)。

维修工时率在论证提出指标时应明确统计的时间区段,如一个小修期和中修期等。可以用每行驶百千米的维修工时、每发射 100 发炮弹的维修工时等表示维修工时率。

该参数一般对规定的时间区段的维修工时统计三次以上取其平均值,该参数一般只作为使用参数。

（5）平均恢复功能用的任务时间 T_{MRF}。平均恢复功能用的任务时间是与任务成功有关的维修性参数,也可以称为严重故障平均修复时间,其计算公式为

$$T_{MRF} = \frac{T_{TMRF}}{N_{TM}} \qquad (1-15)$$

式中: T_{TMRF} 为严重故障的总修复性维修时间,可以按不同维修级别分别统计其修复严重故障的总时间,还应明确修复非关联严重故障的时间是否应统计在内; N_{TM} 为严重故障总数,也可分别统计各维修级别修复的严重故障数。

该参数既可作为使用参数,又可作为合同参数。

（6）重构时间 T_R。重构时间是指系统损坏后,重新构成能完成其功能的系统所需的时间。对于有冗余的系统,即是使系统转入新的工作结构所需的时间。

重构时间一般应包括:一是针对战场损伤,在应急情况下,采用非常规修理方法、以完成当前任务的战场抢修方法,如坦克诱导轮损坏后,采用坦克履带短接的方法,使其能继续行驶,但行驶速度和越野能力会下降;二是装备的某一功能部件,本身具备降级使用的功能,如火控系统,当稳向式(具备运动中对活动目标)火控功能损坏时,可转为简易火控(静止时对固定目标)继续使用;三是装备具有等效的冗余系统,如发电系统有两套、甚至三套等。

重构时间是针对某一具体系统或设备的,如要求坦克履带短接的时间不得超过 1h,发电系统的转换时间不得超过 12min 等。

重构时间的要求,对于连续长期使用的可修产品是很重要的一个参数(实际上是冗余转换时间);对于有的产品,可能两个或两个以上的功能件都有冗余系统,则应有相应的几个重构时间要求。

该参数既是使用参数,又是合同参数。

4. 典型保障性参数

（1）平均保障延误时间 T_{MLD}。平均保障延误时间是在规定的时间内,保障资源延误时间的平均值,其计算公式为

$$T_{MLD} = \frac{T_{LD}}{N_L} \tag{1-16}$$

式中:T_{LD} 为保障延误总时间;N_L 为保障事件总数。

论证提出平均保障延误时间时,应定义清楚哪些时间是属于保障延误时间,特别要界定清楚维修时间和维修保障延误时间、使用保障时间和使用保障延误时间,最好制定维修时间和维修保障延误时间的判断准则,这也是确定指标的一种依据。

保障事件的总数与排除故障次数、预防性维修的次数、使用保障的次数之间的关系,以及保障延误时间和维修时间重叠时的处理等都应予以说明。

该参数仅为使用参数。

（2）平均管理延误时间 T_{MAD}。平均管理延误时间是在规定的时间内,管理延误时间的平均值,其计算公式为

$$T_{MAD} = \frac{T_{AD}}{N_L} \tag{1-17}$$

式中:T_{AD} 为管理延误总时间;N_L 为保障事件总数。

该参数仅为使用参数,应注意的事项与平均保障延误时间的要求类似。

（3）现有保障设备利用系数 R_{ESEU}。现有保障设备利用系数,是指现有同类装备的保障设备被新装备利用的程度。其度量方法是新研主战坦克利用的现有同类装备的保障设备数量(含沿用和改进)与需要的保障设备总数之比,其计算公式为

$$R_{ESEU} = \frac{Q_{ESEU}}{Q_{SE}} \tag{1-18}$$

式中:Q_{ESEU} 为沿用和改进的现有保障设备数;Q_{SE} 为新研主战坦克需要的保障设备总数。

（4）现有保障设施利用系数 R_{ESFU}。现有保障设施利用系数,是指现有同类装备的保障设施能被新装备利用的程度。其度量方法是新研主战坦克利用的现有保障设施项数与所需要保障设施总项数之比,其计算公式为

$$R_{ESFU} = \frac{Q_{ESFU}}{Q_{ESFU} + Q_{NSF}} \tag{1-19}$$

式中:Q_{ESEU} 为新研主战坦克利用的现有保障设施数;Q_{NSF} 为新增保障设施数。

现有保障设备利用系数 R_{ESEU} 和现有保障设施利用系数 R_{ESFU} 通常在设计定型时结合部队试验进行演示验证,在使用阶段进行使用评估。

（5）单车战斗准备时间（任务前准备时间 T_{STM}）。单车战斗准备时间（任务前准备时间 M_{ST}）用于度量主战坦克便于进行使用保障的能力,通常指主战坦克在规定的条件（坦克本身各部分技术性能符合规定要求；三个或四个乘员工作,燃滑油料、弹药和车下单独保管的设备、机件到位）下,从封存状态转为随时可投入战斗的待机状态的准备时间。包括启封车辆和武器,安装并调校车下单独保管的设备和机件,安装蓄电池,加添燃油、冷却液和特种液,启封各种弹药并装放弹药、冬季加温发动机等所经历的时间（h）。

任务前准备时间 T_{STM} 在设计定型时可演示验证,但应拟定演示试验大纲明确程序,规定哪些工作可以交叉进行、时间如何确定、每项工作的计时准则等细则,在定型样车上分别在常温、湿热、高寒、高原、沙漠地区进行两次以上演示,取其平均值。在生产定型阶段可结合部队试用进行使用评估。

（6）受油速率 R_{RF}。受油速率用于度量主战坦克在加油设备能力充足的情况下便于加注燃油的能力,通常用单位时间内接收燃油的数量度量,其计算公式为

$$R_{RF} = \frac{L_{OI}}{T_{OI}} \tag{1-20}$$

式中：L_{OI} 为单车载油量（L）；T_{OI} 为完成单车加油所用时间（min）。

通常在设计定型中进行演示验证,用设计定型样车演示 3～5 次,取其平均值。

5. 典型测试性参数

（1）故障检测率 R_{FD}。故障检测率是在规定的条件下用规定的方法能够正确检测到的故障数占故障总数的百分数,即

$$R_{FD} = \frac{N_D}{N_T} \times 100\% \tag{1-21}$$

式中：N_T 为在规定的时间内发生的故障总数,这里的故障总数是指被测试项目在规定时间内发生的所有故障,被测试项目,即被测对象可以是装备的分系统、部件、设备或 LRU、SRU 等,是论证所提指标的对象。规定的时间是指用于统计发生故障总数和检测故障数的持续工作时间,这个时间应足够长,可以是一个小修间隔或中修间隔期,也可以规定一个固定的时间间隔。N_D 为在规定条件下,用规定的方法正确测出的故障数。规定的条件是指被测试项目所处的状态（如在任务前还是在任务中或任务后测试）、测试项目应归属的维修级别等,规定的

方法是指用 BIT、专用或通用外部测试设备、自动测试设备（ATE）、人工检查或几种方法的综合，正确测试出的故障数应得到确认。

该参数既是使用参数，又是合同参数。

（2）故障隔离率 R_{FI}。故障隔离率是被测试项目在规定期间内被检测试出的所有故障，用规定的方法能够正确隔离到不大于规定模糊度的故障数占检测到的故障数的百分数，即

$$R_{FI} = \frac{N_L}{N_D} \times 100\% \qquad (1 - 22)$$

式中：N_D 的定义同故障检测率中的 N_D；N_L 为用规定的方法，正确隔离到不大于规定模糊度的故障数。

模糊度是指模糊组中包含的可更换单元数，模糊组是可能产生相同故障信号的一组可更换单元，组中的每个可更换单元都可能是真正有故障的，即故障只能隔离到可能产生相同故障信号的一组可更换单元。规定的方法与故障检测率的方法相同。

该参数既是使用参数，又是合同参数。

（3）虚警率 R_{FA}。BIT 或 ATE 等检测设备指示被测项目有故障，而实际该单元无故障为虚警。在规定时间内发生的虚警数和同一时间内故障指示总数之比称为虚警率，即

$$R_{FA} = \frac{N_{FA}}{N_F + N_{FA}} \times 100\% \qquad (1 - 23)$$

式中：N_{FA} 为虚警次数；N_F 为指示的真实故障数。

每次出现故障指示后，都应通过其他检查手段，如使用检查、进一步的功能检测等方法判明被测项目是否是真实故障。

该参数既是使用参数，又是合同参数。

第2章　装备保障特性验证工作系统分析

2.1　系统描述

2.1.1　装备保障特性验证工作系统的构成

装备保障特性验证工作系统的目标是以可接收的成本判定所规定的装备保障特性要求是否达到,具体要做到考核性能全面、时间进度及时、费用资源经济。为实现目标,系统需要建立和完善符合当前及未来军事任务要求和装备保障发展需要的装备保障特性验证管理体制和运行机制,有层次有步骤地规划、建设相关的基础设施,筹备、积累各类验证资源,开展验证方法和手段研究,实现装备保障特性验证活动顺畅、高效的组织与开展。

下面依照系统组成成分的相对运动特性,分三类对装备保障特性验证系统的构成进行分析。

1. 流动组元(Flowing Components)

流动组元是指从外界输入,经系统加工、变换最终输送出去,从而使系统呈现特定功能的组元。对于装备保障特性验证系统而言就是验证对象及其应考核的内容。

验证对象具有层次性可能是单一装备(简称单装)或其某个独立的单元,也可能是多个单装组成的装备系统。考核内容即需要进行验证的装备保障特性定性与定量要求。

2. 运转组元(Operating Components)

运转组元是指通过其运行实施对流动组元起到加工、变换和输送作用的组元。这里是指装备保障特性验证系统的管理体系和运行机制,主要包括验证活动应遵守的各种法规制度、运行机理,以编制法规形式固定下来的用于处理系统活动及其内外关系的组织结构设置、隶属关系、职责划分等。

3. 固定组元(Fixed Components/Structural Components)

固定组元是指系统中相对稳定的、对运转组元和流动组元起着支持和运动约束作用的组元。这里主要是指装备保障特性验证活动所需的人、

45

财、物、时间、信息等资源和技术方法。人员是装备保障特性验证系统中唯一具有能动性的要素,系统的一切运转都靠人来支配,因此人也是一种运转组元,但在本书的研究中,人员只是作为一种资源出现,故而都归入固定组元。

2.1.2 装备保障特性验证工作系统的环境

1. 装备保障特性验证同装备验证、装备综合保障的关系

装备保障特性验证既是装备验证活动的有机组成,又是装备综合保障的重要工作内容,三者之间的关系如图 2-1 所示。装备保障特性验证工作系统最重要的外部环境因素来自装备验证和综合保障范畴。从试验工作的角度看,保障性特验证活动服从装备验证的共性活动规律,要按照统一的装备验证管理机制运行,在资源、费用和进度上要与其他战术技术指标验证活动统一规划和协同推进;从综合保障的角度看,保障特性验证工作要符合综合保障的系统工程过程,要服从综合保障的综合管理,通过统一的计划、组织和控制共同实现装备保障性目标。

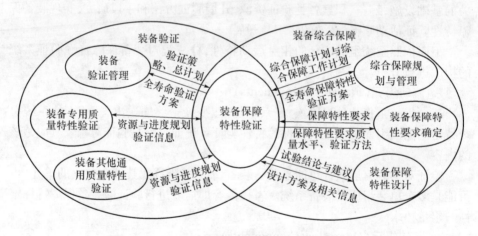

图 2-1 装备保障特性验证同装备验证、装备综合保障工作关系图

另外,虽然保障特性验证与保障特性设计、分析等其他综合保障活动内容有着密切关系,但是在目标和作用、活动的内容等方面有着明显的独特性;虽然保障特性验证活动要尽可能结合其他性能试验,但在验证对象、活动的组织、资源消耗、技术方法手段等方面有别于其他性能验证,需要专门加以研究。

由于保障特性验证工作系统必须服从装备验证管理体制,所以首先对该体制进行分析、说明,然后基于 GJB 3872—99《装备综合保障通用要求》阐述装备综合保障工作对保障特性验证的影响。

2. 我军装备验证管理体制

1)管理层次

我军的装备研制与采购管理工作开展了几十年,形成了统一政策、分级负责、专职实施、归口管理的装备验证管理体制。组织结构分为决策层、管理层和执行层三个层次。

决策层包括中央军委、国务院等国家机关和总部、各军兵种装备管理机构,主要负责制定统一的装备验证方针政策、发展战略和总体目标,对全军重大装备验证工作进行决策。

管理层包括总部和各军种下属的相关二级部。长期以来,我军武器装备试验靶场采取由总装备部集中管理和由军事装备使用方、研制方分散管理的体制。总装备部直管的靶场占我国重点靶场的1/2,主要涉及航天器试验场、核武器试验场等战略试验基地。而我军还有相当大一部分试验靶场由装备使用方(各个军兵种)进行归口管理,主要承担海军、空军武器装备的试验鉴定任务。靶场由使用方归口管理,有利于试验与使用、试验与训练的有机结合,有利于调动军兵种的积极性。总装备部装备采办业务归口部门负责组织、领导和监督全军武器装备试验,对全军武器装备试验工作进行全面规划和组织领导,制定装备试验部门与靶场发展规划;组织协调与国防科研试验、预先研究、型号研制、产品生产等各个环节、各个部门之间的关系;监督检查、指导控制装备试验部队与靶场建设计划的实施;直接组织战略武器、航天器及大部分陆军武器装备的作战试验工作等。各军兵种装备部是本系统武器装备验证工作的主管部门,负责本系统武器装备试验的全面规划和组织领导工作,制定本系统装备试验部队与靶场发展规划;组织与总装备部相应职能机构的协调工作。

执行层包括:军工企业、科研与生产机构等国防科技工业机构,试验基地和试验部队,二级部下属的装备订购部门以及军事代表系统等,主要根据上级机构授权具体组织实施装备指标论证试验、研制和生产试验、定型与使用试验工作。装备试验任务由试验实施机构的上级主管机关负责受理和下达,装备试验实施单位的主要工作是根据装备试验年度计划和装备试验大纲严密组织实施装备试验。我国装备试验执行层次主要包括总装备部、各军兵种和国防科技工业机构管理的国家靶场、试验场、试验中心和担负试验任务的部队。靶场和试验基地是装备验证执行的主体,其主要使命是组织实施上级赋予的各种试验任务,对被试品提出准确的试验结果并做出正确的试验结论,为装备的定型工作、部队的作战使用、研制单位验证设计思想和生产厂家检验生产工艺提供科学的依据。

2）主要机构与职能

项目管理在我军装备研制中尚未全面展开,但是大多数型号建立了"型号办公室"。装备的立项论证由军兵种装备部门或总装分管有关装备的部门负责组织,根据武器装备研制中、长期计划或按计划程序批准的项目和上级主管机关批准的武器装备的主要作战使用性能,组织总体论证单位、研制单位和其他有关单位进行战术技术指标的论证。论证单位应当在型号办指导下组织战术技术指标合理性和可行性验证。

武器装备研制立项的审查工作,一般是根据装备的重要程度由各军兵种评审委员会或总装备部评审委员会评审《立项综合论证报告》。评审内容主要包括:作战使用要求合理性、技术可行性、技术风险估计的可信性、研制费用需求的合理性和可承受性,以及武器系统性能、费用、进度综合平衡的优化程度等。评审结果作为决策该项武器系统是否正式立项研制的主要依据。此后,装备研制过程中的重大节点和转阶段均要由评审委员会进行评审才能推进。

军工产品承研承制单位不论是军内单位,还是地方企业,都要派驻军事代表,实行军事代表监督制度。总装备部成立后,各军兵种军事代表局实现归口管理,隶属全军军事代表办公室。全军驻厂军事代表分为海军、空军、二炮、总参谋部、总后勤部、总装备部六大系统,业务工作按各军兵种和装备分类,分系统、分级负责管理,自上而下,各成体系。军事代表对军工产品进行检验和验收,对研制生产过程进行质量监督,参与军工产品研制质量保证工作,对军品提出定价意见,负责军队与工厂联络等。在装备研制阶段,参与新型装备论证的有关工作及评审,参加研制过程中分级分阶段的设计评审、工艺评审和产品质量评审;重点监督承制方把装备保障特性要求和技术服务要求规划到装备及其配套保障资源中,强化标准化及互换性、安全性等设计,以减轻部队维修压力;参与装备定型（鉴定）试验大纲审查及试验,参与定型申请工作。在生产阶段,严格过程质量控制,对军品进行检验、验收,确保问题不出厂所。

大型复杂武器装备涉及的研制单位比较多,参与研制的军事代表室也较多。为了加强军事代表室之间工作的联系和协调,充分发挥军事代表的整体效能,使研制过程质量监督工作协调一致,形成合力,促进型号整体研制质量水平的提高,参加型号研制的各军事代表室按照系统工程管理理论,建立型号军事代表系统,与型号设计师系统、质量师系统对应。

型号研制军事代表系统一般在型号研制任务已经落实,工程研制阶段开始前,由上级业务主管部门负责组建。它以驻型号研制总体单位的军事代表室为负责单位,驻型号各分系统研制单位的军事代表室为成员单位。型号研制军事代表系统是一种非建制的临时组织机构,系统成员之间关系为工作协商而非隶属关系,其任务和职能随型号研制工作的结束而自行终结。简单的或非跨地区研制的型号,一般不成立型号军事代表系统。

国防科技工业机构负责装备的研制、生产,组织或参与军事装备的验证工作。承制单位建立"三师"系统,根据所研制装备的特点,建立由行政总指挥领导下的行政指挥系统、设计师系统和质量师系统,从上至下、职责明确、密切配合,对装备整个研制、生产过程中的质量实施有效的控制。研制性质的装备试验通常由型号研制单位自行组织(可在试验基地或在其所属试验中心进行)。设计师系统在总设计师的领导下,对系统及各设备研制阶段的试验质量负责;质量师系统在行政指挥领导下负责对试验规范的执行情况进行检查。装备研制完成后,由驻厂军事代表审核并会同装备承研承制单位提出装备设计定型的申请。经设计定型试验和部队试用后的装备,凡符合标准和要求的,驻厂军事代表会同承研单位,提出装备生产定型的申请。通常根据需要,装备还需要组织部队试验或部队试用。

按照《军工产品定型工作规定》,军工产品定型实行分级管理。对列为军队主要装备研制项目的军工产品,实行一级定型,由二级定委审查,报一级定委审批;对列为军队一般装备研制项目的军工产品,实行二级定型,由二级定委审批,报一级定委备案。国务院、中央军委军工产品定型委员会(以下简称一级定委)统一管理常规武器装备定型工作。一级定委由总装备部、总参谋部、总后勤部、国家计委、国防科工委和各使用、研制、生产主管部门的负责人组成,设主任一名,副主任及委员若干名,均由国务院、中央军委任命;成员均为兼职。一级定委办公室设在总装备部,负责承办日常工作,成员均为兼职,不另列编。在一级定委的领导下,按照装备类别区分设立若干定型委员会(以下简称二级定委),负责各自分工范围内的装备定型工作,如图2-2所示。二级定委由有关的使用、研制、生产主管部门负责人和专业技术人员组成,设主任一名(通常由使用部门负责人担任),副主任及委员若干名,均由中央军委任命;成员均为兼职。二级定委办公室设在军兵种装备部,总部分管有关部门,负责承办日常工作。

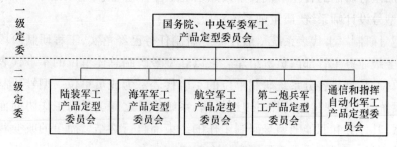

图 2 - 2   定委的组织结构

（1）一级定委的职责。

① 拟定产品定型工作的方针、政策和有关规章制度。

② 领导二级定委的工作,协调并决定产品定型工作的重大事项。

③ 审批属一级定委批准权限内的产品定型。

（2）二级定委的职责。

① 贯彻执行产品定型工作的方针、政策和有关规章制度。

② 组织本定委分工范围内产品定型工作,制定定型计划,审批定型试验大纲,协调并决定与产品定型工作有关的其他事项。

③ 审批属二级定委批准权限内的产品定型,审议并呈报属一级定委批准权限内的产品定型。

在这个体系中,总装备部既是全军装备试验工作的指挥机关,也是全军装备试验业务的管理机关,制定武器试验任务的年度计划。航天器试验和有关重大装备试验由总装备部统一组织实施。试验基地(含试验场、试验中心)和部队是军方具体组织实施装备试验的机构,主要职能是根据上级作战试验机构下达的年度试验任务拟制武器装备试验方案、计划;根据装备试验方案、计划和上级机构的要求,与武器装备科研牵头部门和装备生产参试单位搞好协调工作,保证武器装备试验按计划实施;根据武器装备试验方案、计划,按要求逐个科目、逐项内容地组织试验,评定武器装备战术技术性能、作战效能和作战适用性;归类整理技术档案,撰写武器装备试验总结报告。在设计定型试验实施单位参与并认可的前提下,承制单位正样鉴定试验获得的数据可以纳入设计定型试验结果。凡在基地以外进行的项目均要在试验大纲中进行说明。基地的设计定型试验与部队适用性试验可适当交叉安排。

装备全寿命过程中涉及的各方组织实体及其在验证工作中担负的主要职责,见表 2 - 1。

表 2 - 1　装备全寿命周期验证相关组织实体及其主要工作内容

寿命周期	研制阶段				使用阶段		
	论证	方案	工程研制	设计定型	生产定型	生产	使用
装备状态	概念	原理样机	工程模型、研制样机	正样机	小批量试产品	大批量产品	使用改进
承制单位	• 初步总体技术方案的技术、经济可行性验证试验	• 进行试验风险分析，编制试验和试验成本控制方案； • 编制试验计划； • 编制质量与装备保障特性等试验大纲； • 提出设计定型试验单位初步建议； • 开展各类地面试验； • 关键技术攻关试验； • 新部件、新系统试制与试验； • 功能开发试验	• 编制试验任务书，发出试验件和试验设备图样； • 零件、部件试验、部件装配试验； • 工艺试验； • 各类工程专业试验，如静力、动力、疲劳试验，振动与冲击试验； • 单独或综合环境应力筛选试验，加速寿命试验，如环境应力筛选试验等； • 人机工程、安全性、电磁干扰试验； • 各类兼容性试验(接口、全机、软硬件等兼容性试验)； • 系统软件测试； • 地面模拟试验； • 武器装备项目试验； • 各保障项目试验； • 生产线试制试验	• 各类装备完善性试验，如可靠性增长试验； • 清理技术问题试验； • 参与编制设计定型试验大纲，配合进行设计定型试验	• 参与编制部队试用大纲，配合进行部队试用试验； • 在使用环境条件下对装备的战、术性能和使用适用性等进行实地考核、改进设计	• 生产交验试验	• 设计改进试验

（续）

寿命周期		研制阶段					使用阶段	
		论证	方案	工程研制	设计定型	生产定型	生产	使用
订购单位	装备订购管理归口管理机构（型号办）	• 试验工作的组织接口管理、信息接口管理等； • 组织或委托论证单位组织成本技术指标合理性、可行性验证试验； • 试验风险评估	• 制定验证策略； • 制定验证总体规划	• 制定定型计划，审批定型试验大纲 • 验证工作的组织接口管理、信息接口管理等； • 试验风险评估	• 审批定型申请； • 试验中重大问题决策			
	军事代表	• 参与初步总体技术方案验证； • 参与形成试验审查结论	• 监督承制方试验是否按规范的程序和方法进行； • 监督承制方把维修性、装备保障特性和技术服务要求规划到装备及其配套保障资源中； • 确保试验计量和测量结果的客观性； • 参与形成试验审查结论		• 参与装备定型（鉴定）试验大纲审查及试验； • 参与定型申请		• 生产检验和验收试验，如可靠性试验验收试验	

52

（续）

寿命周期		研制阶段				使用阶段	
承试单位	论证	方案	工程研制	设计定型	生产定型	生产	使用
试验基地	• 参与指标论证与验证方法选取			• 编制设计定型基地试验大纲； • 设计定型试验	• 必要时进行生产定型试验		
试验部队	• 参与指标论证与验证方法选取			• 编制产品定型部队试验大纲； • 部队试验	• 编制部队试用/试飞大纲； • 部队试用		
认可的第三方试验机构		• 提供所需试验环境、信息和结果					
使用部队	• 提出使用与保障需求，参与指标论证						• 使用验证； • 反馈使用与保障信息于设计改进

注：承制单位指承担装备及配套产品研制、生产任务的单位，包含总承制单位和供应单位。转承制单位

可以看出,我军目前尚未开展型号研制早期的装备保障特性使用评估工作。

3. GJB 3872—99《装备综合保障通用要求》中有关保障特性验证工作的要求

GJB 3872—99《装备综合保障通用要求》分综合保障的规划与管理、规划保障、研制与提供保障资源、装备系统的部署保障和保障性验证(这里的保障性范围较广,包含了可靠性、维修性、测试性、保障系统及其资源等多种特性,相当于本书的保障特性)共五个方面,对综合保障工作提出了详细要求。其中,与保障特性验证工作密切相关的是以下两个部分。

1) 综合保障的规划与管理

主要包含对订购方制定综合保障计划、承制方制定综合保障工作计划和综合保障评审工作的要求,各项工作的目的、要点和注意事项,以及计划的具体内容。明确了订购方要在综合保障计划中提出保障特性验证要求,承制方应当制定保障特性验证计划作为综合保障工作计划的一个重要组成部分。

2) 保障性验证

保障性验证分为三个工作项目:①"保障性设计特性的验证"工作项目,目的是通过验证发现设计和工艺缺陷,采取纠正措施并验证保障性设计特性是否满足合同要求;②"保障资源验证"工作项目,目的是验证保障资源是否达到规定的功能和性能要求,评价保障资源与装备的匹配性、保障资源之间的协调性和保障资源的充足程度;③"系统战备完好性评估"工作项目,目的是验证装备系统是否满足规定的系统战备完好性要求,并评价保障系统的保障能力。

从上面的分析看:①保障特性验证工作需要承制方和订购方共同完成,其活动的管理应纳入综合保障管理之中;②保障特性验证工作规划是综合保障规划内容的一部分,必须及早进行,并且要服从综合保障计划与综合保障工作计划的统一安排;③国军标中关于保障特性验证工作的内容尚不够明确和具体。

因此,应当着手对保障特性验证工作从管理活动和技术活动两方面进行工作细化,规定出明确的工作项目,并将管理活动内容纳入综合保障的规划与管理工作之中。

2.1.3 装备保障特性验证工作系统的功能

装备保障特性验证是实现装备保障特性目标的一种有效的监督和控制手段,主要作用是为装备订购方、承制方、使用方提供有关装备保障特性的信息,以便承制方改进设计;订购方控制研制进展和质量;使用方掌握装备保障特性特点进行合理使用,并提出改进建议。结合装备保障特性验证工作系统的目标,该系统不仅要能够具有对承制方的各层次产品是否达到装备保障特性要求提供客观判据和结论,还要能控制验证进程,合理安排资源,减少重复试验,最大限度降低验证费用。所以,系统至少要具有如下功能。

1. 决策功能

对各项装备保障特性验证活动中重大处理方案进行选择或对活动结果给予最终结论的功能。例如,审批装备保障特性验证策略、装备保障特性验证总体方案,对装备保障特性定性定量要求和产品是否通过装备保障特性验证给予最终判定结论等。

2. 组织功能

建立装备保障特性验证相应的组织机构,明确其职责,并使之得以顺畅运行。

3. 规划、计划功能

能够对全寿命过程的装备保障特性验证项目的进度和资源进行统一规划和安排,对验证各方职责、任务进行统一协调,明确验证中的关键问题,实现装备全寿命阶段的装备保障特性无缝验证和一体化管理;对各寿命阶段或各单位装备保障特性验证活动进行统一规划;对各具体验证项目的实施进行详细计划,确保验证活动得以顺利进行。

4. 执行功能

按照预定规划或计划方案完成装备保障特性验证活动的功能,如试验基地进行的装备保障特性验证。

5. 控制功能

对各种装备保障特性验证活动过程和结果进行的监督、评价与审查。

在装备的不同寿命阶段这些功能各有侧重,并且被分配到装备保障特性验证组织机构的相应层次和组织实体,由相应的人员利用一定的物质资源、信息资源和技术方法来完成,详细的分析内容见表 2 - 2。

表2-2 装备保障特性验证工作系统的功能分析

寿命阶段	主要功能	主要功能活动	功能主体
论证与方案阶段	决策	处理验证活动中重大问题,审批验证结论,如审批验证策略、验证总体方案	总装备部或军兵种装备部
	组织	组建相关机构、明确职责,如成立型号装备保障特性验证组织	装备归口管理机关
	规划	制定装备保障特性验证策略或全寿命装备保障特性验证总体方案	
	执行	各类装备保障特性验证活动的实施	委托论证单位承制单位
	控制	评审验证策略与验证总体方案,评审装备保障特性与保障系统初步设计方案,评审验证过程与结果,得出是否通过的建议	评审委员会
工程研制阶段	决策	处理验证活动中重大问题,审批验证结论,如试验中突发事件的决策	承制单位定委
	组织	组建相关机构、明确职责,如"三师"系统中建立装备保障特性验证组织	承制单位军事代表机构
	规划	形成研制阶段装备保障特性验证规划方案,制定各项具体验证项目实施计划,制定数据收集计划	承制单位
	执行	各类装备保障特性验证活动的实施	承制方或订购方
	控制	监督、控制承制方装备保障特性验证过程与进度	军事代表机构
		对转承制方和供应方装备保障特性验证的监督与控制	承制方
		评审验证过程与结果,得出是否通过的建议	评审委员会
设计定型阶段	决策	处理验证活动中重大问题,审批验证结论,如设计定型试验大纲的变更	定委承试单位
	组织	组建相关机构、明确职责,如试验基地组建装备保障特性验证试验小组	定委承试单位
	规划	形成设计定型阶段装备保障特性验证规划方案,制定各项具体验证项目实施计划,制定数据收集计划	试验基地、试验部队
	执行	各类装备保障特性验证活动的实施	试验基地、试验部队
	控制	试验项目外包过程的控制	试验基地
		评审验证过程与结果,得出是否通过的建议	评审委员会

（续）

寿命阶段	主要功能	主要功能活动	功能主体
生产定型阶段	决策	处理验证活动中重大问题,审批验证结论	定委 承试单位
	组织	组建相关机构、明确职责	定委 承试单位
	规划	形成生产定型阶段装备保障特性验证规划方案,制定各项具体验证项目实施计划,制定数据收集计划	试用部队
	执行	各类装备保障特性验证活动的实施	试用部队
	控制	监督生产厂家验证过程与结果	军事代表机构
		评审验证过程与结果,得出是否通过的建议	评审委员会
使用阶段	决策	处理验证活动中重大问题,审批验证结论	装备归口管理机关
	组织	组建相关机构、明确职责	装备归口管理机关
	规划	装备使用过程装备保障特性评价规划方案,制定各项具体验证项目实施计划,制定数据收集计划	使用部队装备管理业务机构
	执行	各类装备保障特性验证活动的实施	使用部队
	控制	评审验证过程与结果,得出是否通过的建议	评审委员会

装备保障特性验证功能活动之间的关系如图 2-3 所示。

2.1.4　组织结构

1. 型号装备保障特性验证的组织机构与职责

装备保障特性验证包含承制方的自我验证和订购方、使用方的验证。但是,为了保证型号研制质量和进度,订购方应当积极参与承制方的验证活动,对其验证规划、实施活动进行监督和控制。承制方一般分为总承制单位、分承制单位和供应单位;订购方一般包含装备订购归口管理机关及其委托单位、军事代表机构等。订购方一般不会直接对型号进行验证,而主要由作为第三方的试验基地和试验部队完成型号的装备保障特性验证实施工作。此外,具有定委认可资质的一些军方或工业部门的试验机构也会以合同方式完成一些验证工作。使用方在装备部署后主要通过收集装备使用过程中的信息进行评价,完成对装备的保障特性验证。

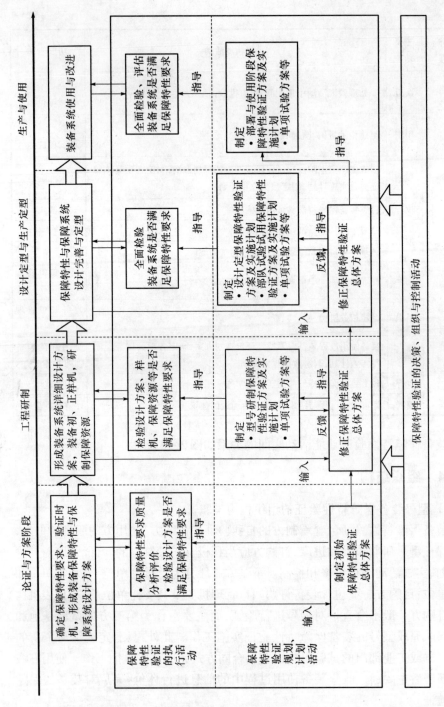

图2-3 装备保障特性功能活动关系

58

装备保障特性验证以研制阶段的验证活动为主,因此承制方与订购方的型号管理组织机构设置与接口尤为重要。目前,国内部分承制单位针对型号的装备保障特性设计及其相关工作设立了独立组织机构,一些重点型号组建了型号办公室。在此基础上,主要有两种装备保障特性验证执行组织设计方案。

(1)订购方在型号办或装备订购归口管理机关设立临时性型号"试验"与评价机构,下设专门的装备保障特性验证小组或岗位,或能履行装备保障特性验证职能的其他职能组织,以完成装备研制全过程装备保障特性验证方案的制定,以及与订购方装备保障特性验证的接口工作。相应地,要求承制方组建型号"三师"系统时,设立对口机构或岗位,负责装备保障特性验证的规划与组织,以及与订购方的接口工作。

(2)承制方、订购方对应设置专门的综合保障工作机构,下设装备保障特性验证工作专职机构或岗位。

评审委员会是订购方或承制方或其委托单位组织的由各方成员和专家组成的临时机构,审查装备保障特性验证活动的过程与结果,行使控制功能。

2. 典型靶场试验组织结构

由于不同类型装备存在较大差异,其靶场试验指挥体系也有很大不同。下面分别对常规武器、导弹和电子装备试验指挥组织结构进行介绍。

1)常规武器靶场试验指挥组织结构

常规武器装备靶场主要承担各种火炮、弹药、引信、火箭、反坦克导弹、步兵战车、军用光学仪器、炮兵侦察校射雷达、军用无人机等各种常规兵器的设计定型、生产定型、质量评价、射表编拟、科研摸底和产品交验等任务,并承担了常规兵器试验理论和试验技术的科学研究与开发工作。

常规兵器试验指挥组织结构通常由最高决策层、辅助决策层、具体执行层以及质量控制小组组成。

(1)最高决策层:试验任务期间一般是指系统总指挥部,主要制定常规兵器试验和发展的大政方针,统一管理常规兵器试验和发展的总体规划、任务的下达与调整,批准研制总要求,试验条件保障、兵力调动以及重大问题的决策等。

(2)辅助决策层:试验任务期间一般是指分系统指挥部,主要负责组织被试品的进场,试验大纲、试验实施计划的批准与协调、试验的保障以及对试验中出现的问题提出处理意见等。

(3)具体执行层:试验任务期间基层指挥所,一般有若干个,主要负责常规兵器试验任务的具体试验实施、组织指挥控制试验条件、分析处理试验中的技术问题,以及提出试验结果等。

常规武器装备试验指挥组织结构如图 2-4 所示。

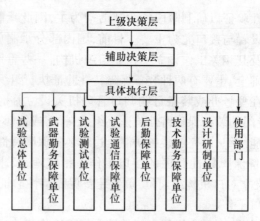

图2-4 常规武器装备试验指挥组织结构

常规兵器试验中指挥员及其机关与所属部队之间构成的指挥关系如下：

（1）系统总指挥部，一般设在总装备部，与分系统指挥部构成上下级关系。当试验中涉及两个以上基地时，由系统总指挥部统一组织指挥；当一个试验基地独立承担试验任务时，系统总指挥部一般委托分系统指挥部直接组织指挥。

（2）分系统指挥部，本级指挥机构。大型、重点试验任务由分系统指挥员和指挥机关直接指挥，本级指挥员和指挥机关与参试单位、参试人员是指挥与被指挥关系，又对所属团、站基层指挥所和指挥机关实施指挥，构成指挥与被指挥关系。与武器研制部门、使用部门是协同关系。

（3）基层指挥所，本级指挥机构。小型武器试验，分系统指挥部也可委托基层指挥所实施组织指挥。各级指挥员有权视试验结果对所主持的试验任务提出终止或恢复现场试验的意见，并将情况按指挥关系报请有关主管领导机关和主管领导。

（4）质量控制小组，分系统指挥部或基层指挥所的技术监督机构。负责对武器试验设施设备的质量、安全和影响试验进程的技术问题进行指导，检查评审各类武器试验技术方案预案，对武器发射过程中的阶段质量和安全评审，对测试发射过程实施全面的质量控制。

在试验任务准备期，当领受到任务后，根据任务情况安排试验技术部挑选出整个试验的试验指挥，按武器系统组成部分和各部站的分工职责指定各分项目负责人。各分项负责人首先到研制、生产单位进行调研，重点掌握被试武器装备的战术技术指标、系统原理、前期已进行试验情况、获取有关的图纸资料等。在掌握被试品的技术等情况的前提下，各分项负责人参照有关的国军标、国家标准、行业标准、计量检测规范等技术资料拟制出各分项目的试验实施方案,提出有关的试验保障实施计划;试验指挥和各分项目负责人在试验技术组的组织领导下参照有关的国军标拟制评价试验大纲,对于没有现成国军标可依据的新型武器装备评价试验,试验技术组还要展开试验技术研究攻关,部分难点还要以预研形式提前开展。后勤和装备部门根据试验保障试验计划组织实施有关的试验装备、物资和设施的准备。

试验大纲拟制好后,首先要在基地内部进行反复论证评审和修改,同时相应的保障条件被细化,各保障岗位根据试验需求提出各自的需求,基地汇总后形成该型号试验的保障计划待上报。相应的保障计划上报总装后勤部批复后,进行靶场试验前的保障条件建设。

在试验任务实施期,被试武器装备在靶场试验期间可能会出现一些问题。对于一些小问题,基地与工业部门协商解决后可继续按照试验大纲进行;对于试验中的重大问题,基地需要拿出具体意见,并上报总装备部司令部,待批复后,按批复意见组织实施。并在大纲上的所有试验项目完毕后,由基地形成评价试验结果,上报总装备部司令部,直至靶场评价试验任务完成。

2)导弹试验组织结构

导弹试验指挥分为战略导弹试验指挥和战术导弹试验指挥。战略导弹试验指挥是导弹试验指挥员及其指挥机关为完成战略导弹发射、测控、航区和落区试验任务所进行的组织领导活动。战术导弹试验指挥是试验指挥员及其指挥机关为完成战术导弹的发射、测控等任务所进行的组织领导活动。

导弹试验指挥体系由导弹试验各级指挥员、指挥机关及指挥对象,根据装备试验指挥体制和导弹试验指挥活动的实际需要,临时建立的具有一定的职能分工和相互联系的有机整体。我军的导弹试验指挥体系,在总装备部统一领导下,一般分为以下几种:

(1)有隶属关系部队的战略导弹试验,实行行政指挥与技术指挥合一的体制,总装备部对所属部队的装备试验力量实施直接指挥;指挥机构通常设三级,第一级为系统总指挥部,第二级为分系统或区域指挥部,第三级为基层指挥所,通常为团、站级。必要时,总装备部首长和指挥机关对下级装备试验指挥机构实施指挥。

(2)无隶属关系部队的战略导弹试验,由总装备部对其实施指导,海军、空军和第二炮兵分别对本级所属部队实施组织与指挥。

(3)有隶属关系部队的战术导弹试验,由总装备部指导,一般设分系统或区域指挥部,由试验基地对参试力量直接指挥。

(4)无隶属关系部队的战术导弹试验,一般由海军、空军和第二炮兵试验基地分别对本级所属部队实施组织指挥。导弹试验指挥关系一般在任务实施前予以明确。

对于第二炮兵而言,我国战略导弹飞行试验管理体制采用"三结合"的三级指挥管理体制,即由试验靶场、研制部门和第二炮兵共同组成飞行试验的临时执行机构—任务指挥部,下辖阵地领导小组,阵地领导小组下辖各职能小组,完成发射阵地各单位各分系统参试人员和各项技术活动的管理。在组织指挥方面,实行三级指挥,即任务指挥部、试验靶场、各部(站)三级。

我国第二炮兵导弹飞行试验指挥组织结构如图2-5所示。国务院、中央军委对试验负有决策和指挥权;国防科工局承担国防工业的管理职能,以及原国家计委国防司、军工总公司的政府职能,管理军工科研生产单位;总装备部在中央军委的领导下,负责全军装备建设发展工作,直接指挥战略导弹飞行验证工作;第二炮兵作战基地与其机关试验队通过"三结合"的方式,参加具体的战略导弹飞行试验工作;航天工业总公司管理航天科技集团、航天科工集团等军工科研生产单位,航天科技集团、航天科工集团负责战略导弹武器系统的研制和生产、试验工作;试验靶场及其下属部站具体组织战略导弹的飞行试验工作。

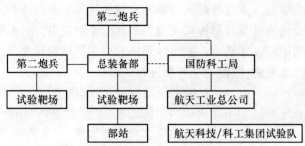

图2-5 第二炮兵导弹飞行试验指挥组织结构

我国战略导弹飞行试验任务指挥组织结构如图2-6所示。在导弹试验准备阶段,战略导弹飞行试验任务下达后,由试验靶场、研制部门和使用部门组成任务指挥部,试验靶场是飞行试验的主体单位,是任务的总指挥单位。在导弹进入试验靶场后,试验靶场组织召开第一次指挥部会议,成立任务相关的各级组织,如任务政治工作组、阵地领导小组、测控领导小组。之后,阵地领导小组召开会议,成立参试各方参加的职能小组,如技术质量组、技术安全组等。在上述组织中,试验靶场部是任务阵地领导小组及其下辖的技术质量组、技术安全组、安全保卫组和组织计划组的组长单位,研制部门、军种部门是相应的副组长单位。

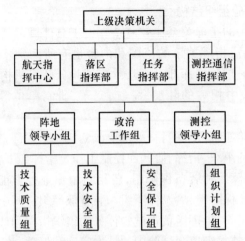

图 2－6 战略导弹飞行试验任务指挥组织结构

在导弹发射实施阶段,指挥部受总部的直接领导,指挥部下设阵地领导小组、测控通信组、政治工作组。阵地领导小组负责技术阵地、发射阵地的技术和管理工作,其各职能小组负责技术阵地、发射阵地的测试、分析、计划、勤务保障等工作,以及在出现技术故障时,组织故障的归零工作;测控通信组负责试验任务中测控通信系统的全面工作,包括测控通信系统的计划管理、技术管理、质量管理、装备保障、物资管理等;政治工作组负责试验任务的宣传、动员、保密教育和管理等工作。

产品完成技术阵地的测试工作后,阵地领导小组在第二次指挥部会议上向任务指挥部汇报产品测试情况,提出转场建议。

产品完成发射阵地的测试工作后,阵地领导小组在第三次指挥部会议上向任务指挥部汇报产品测试情况,提出发射建议。任务指挥部做出决策,并汇报总装备部,在上级下达决定后,发布任务射前动员令和发射命令,组织实施最后的发射。

在导弹发射过程中,靶场测控通信系统完成其跟踪、测量和安全控制任务,并对其飞行状况进行实时显示,提供指挥决策信息。

在发射结束阶段,阵地领导小组要组织技术力量,对测试数据进行判读,并完成初步结果分析报告;测控通信组组织技术力量进行数据处理,完成飞行试验的数据处理报告;阵地领导小组根据初步结果分析报告,在第四次任务指挥部会议上向指挥部汇报飞行试验结果,任务指挥部向总装汇报任务完成情况;任务指挥部组织任务的撤场工作,飞行试验任务完成。

3. 电子装备试验组织结构

电子装备试验中的指挥关系比较复杂。由于具体试验任务中的模式、规模和复杂程度不同,构成指挥关系的范围和内容也有所区别。从纵向上看,有总部、电子装备试验场、试验指挥部、试验团站、试验分队等机构之间的指挥关系;从横向上看,有试验中相关的陆航、海航、空军、研制单位等之间的指挥协同关系。

在电子装备试验实施过程中,一般都要成立试验指挥部,具体负责在电子装备试验实施过程中的组织、指挥、协调和控制工作。指挥部下辖指挥组、技术组、政工保障组、后勤保障组和装备保障组,各组再根据业务职能下辖各部(站)的指挥组、技术组、政工保障组、后勤保障组和装备保障组。其中:指挥部负责试验的总体指挥和领导工作;指挥组负责试验任务的组织指挥和计划协调,并负责试验任务的现场管理;技术组负责试验中的技术实施和保障;政工保障组负责试验任务中的思想政治工作、群众文化工作和安全保卫工作;后勤保障组负责试验中的后勤保障工作;装备保障组负责试验中参试装备和配试装备的保障工作。电子装备试验指挥组织结构如图2-7所示。

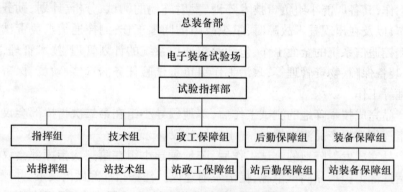

图 2-7 电子装备试验指挥组织结构

试验指挥部与下辖的指挥组、技术组、政工保障组、后勤保障组和装备保障组之间是隶属关系,试验指挥部在电子装备试验场的领导下通过试验组完成对参试部队的指挥控制,各个试验组在业务上同时接收电子装备试验场机关的指导。试验指挥部与研制单位、配试的陆航、海航、空军等友邻部队之间形成协同关系。

2.1.5 资源分析

装备保障特性验证活动所需的资源很多,有多种分类方式。按资源类型,大体可分为人力资源、物质资源、信息资源、时间资源和经费;按照资源的隶属关系,可分为承制方资源、订购方资源、承试单位资源和使用方资源等;按照装备寿命阶段,可分为研制过程的资源和使用过程的资源,研制过程还可继续按阶段细分。

装备保障特性验证人力资源按职责可以分为决策/指挥人员、质量控制人员、组织人员、试验实施和试验保障人员等。

物质资源主要包括:试验场等试验设施、场地;模拟器、试验台、专用仪器、跟踪和数据采集仪器等装备保障特性验证设备;试验件复制品、代用品等实物或模型;仿真软件、验证相关软件系统;各种弹药、油料等消耗品;公用或专用试验保障设施设备等。

信息资源主要包括:来自系统外部的装备设计和使用信息、技术性能与其他通用质量特性验证活动的规划信息或试验需求、试验结果等各种输入信息;验证活动过程中产生的各种数据、指令、报表和系统的各种状态信息、分析结果等。

时间资源是指装备各寿命阶段装备保障特性验证活动的时间限制。

2.2　装备全寿命过程保障特性验证工作分析

2.2.1　验证工作的分解

1. 论证与方案阶段的装备保障特性验证工作内容与分解

型号论证阶段主要进行战术技术指标和初步总体技术方案的论证。方案设计阶段作为论证阶段的工程任务延续,一般允许两个最佳方案进行竞争演示,两家研制单位分头负责自己的方案论证及其验证工作。原理性样机经过验证证明关键技术已经解决,研制方案确实可行,可在这个基础上编制"研制任务书"及"研制方案论证报告"。战术技术指标及其考核方法,以及试制、试验任务的分工和需要补充的条件作为主要内容写入研制任务书。

在论证阶段,装备保障特性要求的完备性、合理性和验证方法的适宜性决定了装备保障特性验证活动能否对装备保障特性设计进行科学合理地检验,影响着后期验证活动能否按时、顺利开展,因此装备保障特性要求本身的质量水平也应成为验证工作的一项内容。论证阶段装备保障特性验证的主要工作有以下几点。

1）规划功能

制定初步的型号装备保障特性验证总体方案,并作为装备验证总计划的有机组成部分纳入其中。

2）执行功能

（1）装备保障特性定性定量要求的质量考核,包括装备保障特性要求的完备性分析、技术和经济可行性分析、适度性分析等。

（2）装备保障特性与保障系统初步设计方案的验证。

3）控制功能

（1）制定装备保障特性要求验证实施细则。

（2）装备保障特性定性定量要求及其检验过程规范性、验证方法适用性评审。

（3）型号装备保障特性验证总体方案评审。

（4）装备保障特性与保障系统初步设计方案的评审。

2. 方案设计与工程研制阶段的装备保障特性验证工作内容与分解

按照我国现行管理体制,研制试验由研制方或生产方负责,它包括在承制单位的实验室试验、试验场试验和在国家靶场进行的试验。在研制生产单位进行的装备保障特性验证由研制方按照研制计划自行安排。本阶段在国家靶场进行的装备保障特性验证由研制方组织,目的是在接近实际使用条件下,自我检验装备保障特性与保障系统设计是否能达到研制要求。虽然这个时期的试验并非军方的正式试验,也不反映真实工作环境中的产品特性,但试验所取得的关于保障特性的资料可用来及时修正装备保障特性分析数据,并能够迅速而又经济地对硬件设计做出更改,以消除或减少所需的维修工作和操作要求。这个过程中驻厂/所军事代表要对装备保障特性验证过程进行监控,确保承制方按照规范完成工作。

这个阶段主要包括以下几项功能。

（1）规划功能。

① 承制方制定型号研制装备保障特性验证方案和实施计划,并得到订购方认可。

② 承制方制定装备保障特性验证信息收集计划。

③ 型号装备保障特性验证总体方案的完善与修订。

（2）执行功能。

① 承制方的装备保障特性自我验证。

② 承制方收集型号研制试验中有关装备保障特性验证的信息，并纳入承制方质量信息系统进行管理。

（3）控制功能。

① 制定装备保障特性要求验证实施细则。

② 军代表制定型号装备保障特性质量监督工作计划。

③ 监督承制方按规定完成计划的验证工作。

④ 承制方对转承制方和供应方的装备保障特性验证进行监督与控制，军代表监督验证过程的规范性和验证条件是否满足规定要求。

⑤ 军代表监督承制方按规定完成信息收集工作。

⑥ 评审装备保障特性验证过程与结果。

3. 定型阶段的装备保障特性验证工作内容与分解

武器装备定型试验包含设计定型试验和生产定型试验两部分。设计定型试验是试验单位代表国家和军方对新型武器装备进行验证的过程，一般包括基地试验和部队试验。在装备设计定型前，研制方不可能提交完整的保障系统，只能提供试验所需的保障资源和必要的训练，称为保障包。纳入合同的是装备保障设计特性。因此，设计定型阶段部队试验的"作战使用性能和部队适用性"部分是以保障包为基础的纳入合同的保障特性要求，并且新型装备定型前，对能够独立进行考核的分系统、配套设备、软件，应当按照规定进行定型或者鉴定。对于不可能做整机装备保障特性试验的装备，可以以这些试验数据为基础进行保障特性的评估，评估方法应纳入合同。

通常，需要进行生产定型的军工产品应当在小批量生产后组织部队适用。部队试用是在部队正常使用条件下，考核被试品的质量稳定性和满足部队作战使用与保障要求的程度，为确定其是否能够进行生产定型提供依据。此时装备应已具备初始作战使用能力，部队装备保障系统也已完善，因此在部队试用中应做出完整的系统装备保障特性评估。

这个阶段主要包括规划功能、执行动能和控制功能。

（1）规划功能。

① 承试单位制定相应的装备保障特性验证方案和活动实施计划，具体包括试验基地制定的装备保障特性设计定型验证方案、试验部队制定的装备保障特性部队验证方案和装备保障特性部队试用方案，及其相应的实施计划。

② 承试单位制定装备保障特性验证信息收集计划。

③ 型号装备保障特性验证总体方案的完善与修订。

（2）执行功能。

① 装备保障特性定性定量要求的全面验证,包括以装备保障设计特性为主的试验基地试验和以装备保障特性综合特性、保障系统与保障资源要求为主的部队试验与试用性验证。

② 装备保障特性验证信息的收集、处理。

（3）控制功能。

① 制定装备保障特性要求验证实施细则。

② 试验项目外包过程的控制。

③ 评审验证过程与结果。

4. 生产与使用阶段的装备保障特性验证工作内容与分解

武器装备进入大批量生产后开始装备部队使用,装备保障特性验证活动并未随着系统的部署而完结。在使用保障阶段,装备保障特性验证主要有三项功能。

（1）规划功能。

① 制定装备部署与使用初期装备保障特性验证方案和实施计划。

② 制定装备保障特性验证信息收集计划。

（2）执行功能。

① 生产验收时装备保障特性验证。

② 收集装备在实际使用环境和保障条件下的数据。

③ 进一步评估保障资源配套性和适用性,评定武器装备的战备完好性和保障能力。

（3）控制功能。

① 制定装备保障特性要求验证实施细则。

② 评审装备部署使用过程装备保障特性评价过程与结果。

2.2.2 装备保障特性验证工作的分类与细化

装备保障特性验证工作系统的功能不断细化,得到一系列装备保障特性验证活动,这些活动构成了装备保障特性验证工作的具体内容。为确保工作顺利实施,要结合工作特点进行合理分类。

1. 装备保障特性验证工作特点分析

根据 2.2.1 节装备保障特性验证工作的内容分析,得到各寿命阶段验证工作的特点,见表 2 - 3。

表2－3 装备保障特性验证工作特点分析

类型	寿命阶段	验证工作的特点
I	论证	• 执行主体:订购方、承制方; • 主要目标:确保装备保障特性要求的质量和初始设计方案满足要求; • 管理特点:及早开展总体规划,构建相应工作组织; • 技术特点:存在装备类似产品或替代物,注意取得数据的环境条件、方法和模型的质量等
I	方案设计	
II	工程研制	• 执行主体:承制方的自我验证,军事代表全程参与控制; • 主要目标:发现设计缺陷; • 管理特点:强调军方有效控制; • 技术特点:存在装备样机,一般没有配套保障资源,注意取得数据的环境条件、方法和模型的质量、验证过程操作的规范性等
III	设计定型	• 执行主体:承试单位; • 主要目标:全面检验,为定型提供输入; • 管理特点:强调军方独立验证,注意多方协调、程序规范、标准严格; • 技术特点:存在装备正样机与保障资源,注重保障包的验证,注意样本量、试验方案的选择、环境是否典型(参试人员、保障状态)
III	生产定型	
IV	部署使用	• 执行主体:使用部队; • 主要目标:全面检验,为设计改进提供输入; • 管理特点:注意多方协调、标准严格; • 技术特点:真实使用条件下的数据,评价为主,注意数据量、数据真实性

2. 装备保障特性验证工作的分类方法

按多种不同的分类标准对验证活动再次归类,将得到不同的工作项目划分结果。常见的装备保障特性验证工作分类方法如下:

(1) 按照执行主体分类。可以分为装备订购单位(含装备订购归口管理机关、军事代表机构)、承制单位、承试单位(包含试验部队和试验基地)和使用部队的装备保障特性验证工作。

(2) 按常规武器装备寿命周期分类。可以分为论证、方案、工程研制、设计定型、生产定型、生产与使用阶段的装备保障特性验证工作等。

(3) 按照考核内容分类。可分为综合要求验证工作、装备保障特性设计要求验证工作和保障系统与保障资源验证工作等。

(4) 按验证对象分类。可分为单元、单装和装备系统装备保障特性验证等。

（5）按工作特点分类。可以分为装备保障特性验证管理工作和技术工作。

3. 装备保障特性验证工作项目的分类

将上述多种划分标准进行综合，参考 GJB 368B—2009 和 GJB 450A—2004《装备可靠性通用要求》等相关的标准，从管理和技术两方面进行细化，提出如下装备保障特性验证工作项目。

（1）管理活动类。

① 确定装备保障特性验证工作项目及其要求。

② 装备保障特性验证管理。

③ 装备保障特性验证决策。

④ 装备保障特性验证组织机构的建立。

⑤ 装备保障特性验证资源的建设规划。

⑥ 装备全寿命过程装备保障特性验证方案的制定。

⑦ 型号装备保障特性验证总体方案的制定。

⑧ 型号研制装备保障特性验证方案的制定。

⑨ 型号设计定型基地装备保障特性验证方案的制定。

⑩ 型号部队试验装备保障特性验证方案的制定。

⑪ 型号部队试用装备保障特性验证方案的制定。

⑫ 装备部署使用装备保障特性验证方案的制定。

⑬ 对承制方、转承制方和供应方装备保障特性验证工作的监督与控制。

⑭ 试验项目外包过程的控制。

⑮ 装备保障特性验证评审。

⑯ 建立装备保障特性验证数据收集、分析和纠正措施系统。

⑰ 制定装备保障特性要求验证实施细则。

（2）技术活动类。

① 装备保障特性要求的质量分析。

② 装备保障特性要求的完备性分析。

③ 装备保障特性要求的技术经济可行性分析。

④ 装备保障特性要求的可验性分析。

⑤ 装备保障特性要求的适度性分析。

⑥ 装备保障特性验证信息的收集与处理。

⑦ 数据的分类与数据源的追溯。

⑧ 承制方试验数据的采信。

⑨ 军方验证信息的收集与处理。

⑩ 可靠性、维修性、保障性、测试性要求验证。

⑪ 综合要求的验证。

在装备全寿命的各个阶段,验证工作都有不同的工作目的和内容,这是一个连续的、不断迭代的系统工程过程。不同类型的装备有各种不同的特点,研制过程充满大量不确定因素。因此,装备保障特性验证工作既有需要强制执行的内容,又要具有一定的弹性。从内容上看,上述工作项目是可剪裁的;从过程上看,是不断优化、修正的。

2.3 验证工作相关流程分析

2.3.1 装备保障特性验证相关的型号研制工作基本流程

选取与装备保障特性验证活动关联密切的型号研制活动进行工作流程分析,用于分析装备保障特性验证工作与其他性能要求的验证工作和综合保障工作的接口,确定装备保障特性验证活动的前后关系。

2.3.1.1 装备保障特性定性定量要求论证程序

立项论证阶段形成初步的装备保障特性定性定量要求,方案阶段要对这些要求做进一步细化和权衡分析,总体论证程序如图 2-8 所示。

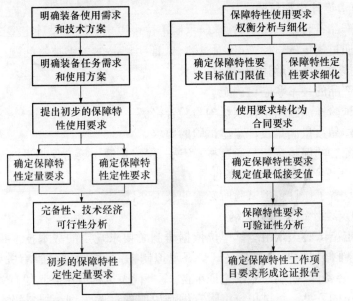

图 2-8 装备保障特性定性定量要求总体论证程序

在装备立项综合论证时,应提出装备系统层次的装备保障特性综合要求,这些要求应反映装备的任务需求,能够在部队试验和试用中进行评估。装备立项综合论证中应提出装备保障特性使用要求的目标值和门限值,也可以只提出门限值,并纳入《装备立项综合论证报告》。根据批准的立项综合论证报告中的装备保障特性使用要求,确定装备研制总要求中的装备保障特性合同要求,并作为装备定型考核或验证的依据。在装备研制总要求论证时,提出装备保障特性合同要求的规定值和最低可接收值,也可以只提出最低可接收值。

立项论证中提出的装备保障特性使用要求应当通过专家评审,评审时应吸收装备作战、使用、保障、训练、研制等部门的代表和专家参加。装备方案阶段论证中提出的装备保障特性合同要求,应当是经过权衡分析后确定的相互协调匹配的一组要求,并通过专家评审,评审后的装备保障特性要求纳入最终要求文件与合同。

2.3.1.2 设计定型过程

装备设计定型过程主要包括:申请设计定型试验、制定设计定型试验大纲、组织设计定型试验、组织设计定型审查、申请设计定型和二级定委审批设计定型等,如图2-9所示。

图2-9中的关键步骤说明如下。

1. 申请设计定型试验

军工产品符合下列要求时,承研承制单位可以申请以下设计定型试验。

(1)通过规定的试验,软件通过测试,证明产品的关键技术问题已经解决,主要战术技术指标能够达到研制总要求。

(2)产品的技术状态已确定。

(3)试验样品经军事代表机构检验合格。

(4)样品数量满足设计定型试验的要求。

(5)配套的保障资源已通过技术审查,保障资源主要有保障设施和设备、维修(检测)设备和工具、必须的备件等。

(6)具备了设计定型试验所必需的技术文件。

2. 制定设计定型试验大纲

设计定型试验大纲由承试单位依据研制总要求规定的战术技术指标、作战使用要求、维修保障要求和有关试验规范拟制,并征求总部分管有关装备的部门、军兵种装备部、研制总要求论证单位、军事代表机构或军队其他有关单位、承研承制单位的意见。承试单位将附有编制说明的试验大纲呈报二级定委审批,并抄送有关部门。二级定委组织对试验大纲进行审查,通过后批复实施。一级

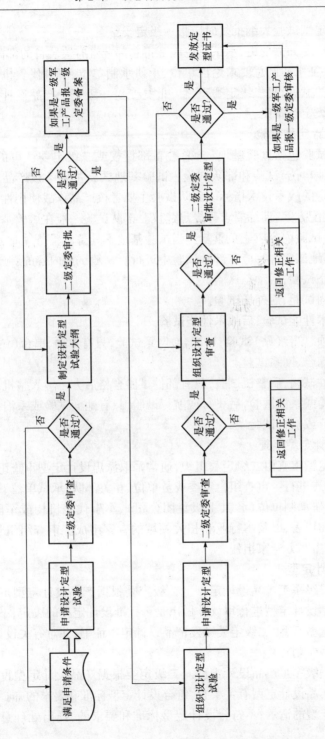

图2-9　设计定型流程图

军工产品设计定型试验大纲批复时应报一级定委备案。

试验大纲内容如需变更,承试单位应征得总部分管有关装备的部门、军兵种装备部同意,并征求研制总要求论证单位、承研承制单位、军事代表机构或军队其他有关单位的意见,报二级定委审批。批复变更一级军工产品设计定型试验大纲时应报一级定委备案。

3. 组织设计定型试验

设计定型试验包括试验基地(含总装备部授权或二级定委认可的试验场、试验中心及其他单位)试验和部队试验。试验基地试验主要考核产品是否达到研制总要求规定的战术技术指标。部队试验主要考核产品作战使用性能和部队适应性,并对编配方案、训练要求等提出建议。部队试验一般在试验基地试验合格后进行,两种试验内容应避免重复。当试验基地不具备试验条件时,经一级定委批准,试验基地试验内容应在部队试验中进行。一般试验内容的顺序如下:

(1)先静态试验,后动态试验。

(2)先室内试验,后外场试验。

(3)先技术性能试验,后战术性能试验。

(4)先单项、单台(站)试验,后综合、网系试验,只有单项、单台(站)试验合格后方可转入综合、网系试验。

(5)先部件试验,后整机试验,只有部件试验合格后方可转入整机试验。

先地面试验或系泊试验,后飞行或航行试验,只有地面试验或系泊试验合格后方可转入飞行或航行试验。

4. 组织设计定型审查

产品设计定型审查由二级定委组织,通常采取派出设计定型审查组以调查、抽查、审查等方式进行。审查组由定委成员单位、相关部队、承试单位、研制总要求论证单位、承研承制单位(含其上级集团公司)、军事代表机构或军队其他有关单位的专家和代表,以及本行业和相关领域的专家组成。审查组组长由二级定委指定,一般由军方专家担任。

5. 审批设计定型

(1)审批二级军工产品设计定型。二级定委根据产品设计定型审查意见,对二级军工产品设计定型进行审议并做出是否批准设计定型的决定,下发批复。产品批准设计定型后,由二级定委颁发产品设计定型证书,并对有关设计定型文件加盖设计定型专用章。

(2)审批一级军工产品设计定型。二级定委根据产品设计定型审查意见,审议一级军工产品设计定型有关事宜,符合设计定型标准和要求的,向一级定委呈报批准设计定型的请示;不符合设计定型标准和要求的,提出处理意见,连同原提交的军工产品设计定型申请文件一并退回申请单位。

2.3.1.3　生产定型过程

装备生产定型过程主要包括:生产定型条件和时间、组织工艺和生产条件考核、提出部队试用申请报告、制定部队试用大纲、组织部队试用、申请生产定型试验、制定生产定型试验大纲、组织生产定型试验、申请生产定型、组织生产定型审查和二级定委审批生产定型等,如图 2 - 10 所示。

图 2 - 10 中的关键步骤说明如下。

1. 生产定型条件和时间

需要生产定型的军工产品,在完成设计定型并经小批量试生产后、正式批量生产前,应进行生产定型。军工产品生产定型的条件和时间,由定委在批准设计定型时明确。

2. 组织工艺和生产条件考核

总部分管有关装备的部门、军兵种装备部应会同国务院有关部门和有关单位,按照生产定型的标准和要求,对承研承制单位的生产工艺和条件组织考核,并向二级定委提交考核报告。工艺和生产条件考核工作一般结合产品试生产进行。

3. 申请部队试用

产品工艺和生产条件基本稳定、满足批量生产条件时,承研承制单位应会同军事代表机构或军队其他有关单位向二级定委提出部队试用书面申请。二级定委经审查认为已符合要求的,批准转入部队试用阶段,并与有关部门协商确定试用部队。不符合规定要求的,将申请报告退回申请单位并说明理由。

试用部队一般为试生产产品的列装部队。确定试用部队时应考虑地理、气象条件和试用期限等方面的需要和可能。部队试用产品是试生产并交付部队使用的装备,一般选择已经通过工艺和生产条件考核的产品。试用产品的数量应综合考虑产品的特点,以及列装编制规模等。由二级定委与有关部门协商确定。

4. 制定部队试用大纲

部队试用大纲由试用部队根据装备部队试用年度计划,结合部队训练、装备管理和维修工作的实际拟制,并征求有关部门、研制总要求论证单位、承研承制单位、军事代表机构或军队其他有关单位等单位的意见,报二级定委审查批准后实施。必要时,也可以由二级定委指定试用大纲拟制单位。

部队试用大纲应按照部队接装、训练、作战、保障等任务剖面安排试用项目。应能够全面考核产品的作战使用要求和部队适应性,以及产品对自然环境、诱发环境、电磁环境的适应性。

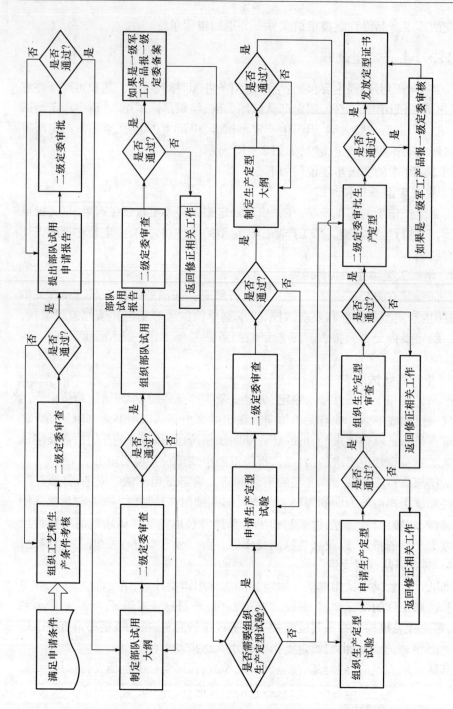

图2-10 生产定型流程图

部队试用大纲内容如需变更,试用部队应征得有关部门同意,并征求研制总要求论证单位、承研承制单位、军事代表机构或军队其他有关单位等的意见,报二级定委审批。批复变更一级军工产品部队试用大纲时应报一级定委备案。

5. 组织部队试用

部队试用过程见部队试验试用一般流程。

6. 申请生产定型试验

对于批量生产工艺与设计定型试验样品工艺有较大变化,并可能影响产品主要战术技术指标的,应进行生产定型试验。对于产品在部队试用中暴露出影响使用的技术和质量问题的,经改进后应进行生产定型试验。生产定型试验申请由承研承制单位会同军事代表机构或军队其他有关单位向二级定委以书面形式提出。

生产定型试验大纲的制定参照设计定型大纲。生产定型试验产品应从试生产批军检合格的产品中抽取。试验产品应包括试验主产品、备用产品和配套设备,其数量应满足生产定型试验的要求。

7. 组织生产定型审查

生产定型审查应成立生产定型审查组。审查组成员由有关领域的专家和定委成员单位、试用部队、承试单位、研制总要求论证单位、承研承制单位(含其上级集团公司)、军事代表机构或军队其他有关单位的专家和代表组成。审查组组长由一级定委指定,一般由军方专家担任。

审批生产定型与审批设计定型流程相同,不再赘述。

2.3.1.4 靶场试验一般组织流程

装备试验的组织实施涉及到多个单位之间的组织协调,涉及到试验装设备与物资器材、被试装备等。装备试验通常需要动用武器、弹药等危险品,由于产品本身存在一定的技术风险,使得装备试验存在一定程度的危险性。所以,装备试验的组织实施工作需要做到周密计划、严密组织。

常规武器装备的靶场试验实施过程大体分为试验任务的受理与下达、试验任务准备、现场实施、数据处理、试验报告编写与呈报。下面对这几个阶段的主要工作进行简单介绍。

1. 试验任务的受理与下达

武器装备的试验任务分为长期试验任务、中期试验任务、年度试验任务和临时试验任务。

长期试验任务也称为长期试验计划,这类计划确定装备试验工作的基本方向、主要目标和重大试验的工作部署,是有关装备试验的纲领性和发展战略性计划;长期试验任务是全局性和政策性的规定,用来指导装备试验计划和实施过程中的重大决策。

中期试验任务也称为中期试验计划,是根据未来若干年内的武器装备发展所制定的装备试验建设方案。

年度试验任务也称为年度计划,是对下一年度试验任务的具体安排;年度试验计划主要包括任务的名称、性质、预试时间、战术技术要求、试验项目、参试武器及弹药的数量、物资器材来源等。

试验任务的受理与下达通常指年度试验任务的受理与下达。年度试验任务主要由总部或各军兵种召开的年度计划会确定,由任务提出单位和试验基地就试验项目、内容、要求、物资器材、预试时间等进行协调。经计划会落实的任务,应明确任务名称、性质、预试时间、战术技术要求等,并填写试验任务书,试验任务书上报总部批准后下达试验基地执行。年度计划会后,试验基地即召开年度试验任务布置会,将试验任务书下达给部、所、团站(室),作为年度试验任务的依据。各单位根据试验任务书召开年度试验任务落实会,布置本单位试验任务的落实工作,落实武器、弹药预算和物资器材预算,落实试验岗位人员,并分析存在的问题。

总部每年对全年任务进行补充调整,任务提出单位可以以文件的形式向总部提出撤销年度计划会上提出的任务或变更预试时间,也可以增加新的任务。总部在征询承试单位意见后,以文件的形式将调整结果下达给基地。

临时试验任务是指在年度试验计划和半年调整任务之外,试验基地根据承受任务的能力,在不影响年度任务的条件下,自行接收的试验任务。临时试验任务由试验基地与任务提出单位协商,通过试验合同明确要求。对于临时试验任务,试验基地以"临时试验任务书"的形式下达给有关部、所、团站(室),并上报总部备案。

2. 试验任务准备

1) 预先准备

预先准备是指从受领试验任务到试验任务现场实施前的准备工作。该阶段的主要工作包括:确定试验主持人,熟悉被试产品,组织参观、调研、培训或到研制单位实习,消化技术文件,进行调研,进行人员岗位培训,开展试验方法研究,建设试验设施等。

(1) 开展调研。调研的主要工作包括:①了解被试装备的总体方案、结构性能、生产工艺、研制进度、研制中存在的问题,生产定点单位等,以便确定重点考核的内容;②了解研制单位对靶场设施、设备的要求;③协调与靶场相关的技术问题。

通过调研,还应取得装备的研制任务书、相关的国军标、部队作战使用的相关要求以及装备的试验任务书、产品的设计文件(包括产品的设计图样、设计计算书、制造与试验的技术条件、使用维护说明等)。

(2)前期技术准备。前期技术准备工作包括使相关技术人员掌握相关的试验理论与技术,学习、了解和借鉴新的试验鉴定技术、试验方法和测试手段,并开展关键试验技术的攻关。

(3)试验条件确定和准备。根据装备的使用特点、作战使用的自然环境状况、试验单位的试验条件和能力的实际,按照装备研制任务书和相关国军标的要求,科学合理的确定试验条件,包括被试品、参试品、试验阵地、测试设备、测控设备、环境条件以及相关的技术人员等。根据需要,靶场还要拟制试验系统建设方案,经上级批准后组织试验系统的建设。

(4)人员岗位培训。组织装备试验各岗位人员的专业技术培训,了解熟悉被试装备的设计原理、技术性能、学习掌握测试、测控、通信等设备的性能和操作技能。通过岗位培训,使得参试人员达到应有的业务水平和操作技能要求。被试品的定型技术资料通常在产品到场前一个月发送到基地,可作为进行岗位培训的重要依据。

(5)开展试验设计。试验设计是根据试验的目的和要求,运用统计原理,合理选取试验样本,控制试验中各种因素(因子)及其水平的变化,制定出试验方案的过程,使之以尽可能少的试验次数获取充分有效的试验数据或资料,有助于对试验结果做出有用的推断和比较可靠的试验结论。

2)制定试验大纲

装备试验大纲是试验基地组织实施试验任务的指导性文件,是制定试验方案、拟订实施计划、组织实施试验和编写试验总结报告的主要依据。试验大纲对于试验的实施规定了各项基本条件和要求。

装备试验大纲的一般包括如下基本内容:

(1)试验的性质。

(2)试验目的、任务和依据(如研制任务书、国军标等)。

(3)试验产品及其主要技术状态。

(4)试验所需的设备及其主要技术要求。

(5)试验项目。

(6)试验方案和试验条件(如靶标的种类和数量、发射环境条件)。

(7)试验测量项目和数据处理要求。

(8)参试单位,兵力保障,试验的组织实施与分工。

(9)提供试验资料的要求(如研制部门向试验部门提供的资料及提供的时

间)。

（10）试验结果分析评定的方法和标准。

（11）试验安全措施要求。

（12）其他试验保障条件要求（如试验通信要求）。

（13）试验所需的主要设备清单。

（14）其他。

装备的试验大纲通常由试验基地根据试验任务要求拟定。在拟定试验大纲时，应听取装备总体论证单位、研制管理单位和承研、承制单位等各方面的意见。拟定的试验大纲经专家评审后，应上报相应级别的军工产品定型委员会审批后方可实施。试验大纲是各参试单位在试验中应严格遵守的技术法规。

对于科研摸底试验任务，试验大纲由提出任务单位提供给试验基地。

3）制定试验方案

试验方案包括试验总体技术方案、测试方案、数据处理方案、试验保障方案、试验安全控制方案等，各类试验方案是制定试验实施计划的基本依据。

试验总体技术方案是实现试验大纲要求的具体技术方案，它从总体上规定了试验范围（项目）、目的和技术要求。试验总体技术方案的制定应依据相关国军标，运用先进的试验理论与测试技术科学合理地确定，以尽可能减少试验消耗，提高试验质量。对于试验大纲中的每一个试验项目，都应明确被试品的数量、技术勤务准备要求、试验条件、测试内容、测试方案、测试数据的精度要求、数据处理方法及结果分析等。

测试方案的制定应根据需要测试参数的精度，结合试验能力，选取合适的测试仪器设备，确定测试点的位置，优化数据处理方法，使得测试结果精度不低于要求的精度，并保证测试的可靠性和数据的录取率。

试验数据处理方案是对试验数据处理方法的分析与设计。试验数据处理方案的制定应基于装备试验鉴定的要求并结合相关国军标进行，以确保数据分析科学性、准确性和可靠性。

试验保障方案是为保障试验顺利进行的试验通信、气象条件分析、测试点建设、靶标建设、靶场安全等方案的设计。

试验安全方案是针对试验过程中可能出现的不安全因素及潜在的危险源，通过分析制定处理预案与风险控制方案，确保试验的安全顺利进行，降低事故发生的可能性。

4）编制试验预算

根据试验方案和国军标的规定，编拟试验所需的武器、弹药、消耗物资、器材等方面的预算，说明产品的名称、代号、规格、型号、用途、来源、数量及提供的时间等。拟制试验预算时，应遵循从严、合理、留有余地的原则。

从严就是要首先保证试验鉴定的需要；合理就是做到符合试验要求和尽可能节省试验消耗；留有余地就是要考虑到试验中不确定的因素，使预算项目有一定的余量。

预算拟定后，应经审查后逐级汇总上报，并开展相应的请领、调拨、运输及管理等工作。

5）制定试验实施计划

试验实施计划（任务分工）是指按照试验大纲和试验方案的要求，对于装备试验中各类人员、各类试验装备、各类被试装备在试验过程中的工作及考核内容等进行计划。试验实施计划是组织、协调装备现场试验的具体方案和执行步骤，是试验实施过程的指令性文件，是试验靶场工作人员进行工作的基础。

试验计划下发后，即进入临试状态。武器、弹药准备单位应及时将武器、弹药请领出库，按计划要求进行准备。测试单位应做好仪器设备的检查、调试及其他准备工作。试验指挥员要及时深入到各参试单位，同准备主持人、测试主持人共同督促检查各项准备工作的落实情况，对存在的问题和需协调解决的技术问题应及时上报，以便召开试验协调会加以解决。

由于武器装备的试验受到各种不确定因素的影响，使得装备试验本身具有不安全的因素，所以拟制详细的试验实施计划，对于确保试验安全顺利进行就具有极为重要的作用和意义。装备试验实施计划的拟制应以总装备部下达的试验任务书、各级定委批复的试验大纲、国军标和相关规范等要求为依据，并且要综合考虑参试单位的特点，了解掌握武器弹药、测试仪器设备、场区情况等。对于临时试验任务，按提任务单位提供的试验大纲进行编制。拟制好试验实施计划后，经审查修改后逐级上报审批，审批后按计划进行下发。试验实施计划批准下发后，各单位要严格按计划组织试验实施，不能随意更改计划。

试验实施计划下发后，各项目试验主持人要密切协作，按试验计划进度要求，逐项实施。必要时组织召开试验任务协调会或试验任务布置会，协调解决存在的问题。为确保试验任务的顺利完成，试验主管单位应对试验进度进行详细计划与安排，在试验实施过程中控制试验的进程。

3. 现场实施

现场实施阶段是从装备现场试验开始至试验实施计划中规定的所有试验项目组织实施完毕的整个过程。现场实施阶段是整个装备试验过程中工作涉及面最大、不确定因素最多、技术要求最强的阶段。应根据试验大纲、试验总体技术方案、试验实施计划等要求，严格控制试验条件，按照试验规程操作，确保试验安全、顺利进行。

本阶段的主要工作内容包括实施前准备及协调、设备进点、现场准备、试验项目具体实施等。

（1）实施前准备及协调，是指各参试单位和人员了解其在试验中所承担的任务和具体工作，进行相关的物资与技术准备，对准备工作中存在的问题应及时协调。例如，进行测试仪器的检查、校准和调试，了解现场试验的程序与口令等。

（2）设备人员进点是指参加试验的装设备（如测试设备、时统设备、通信设备）、靶标、指挥车以及被试品、武器弹药等按计划和要求进入预定的位置，参试人员按规定的时间就位。

（3）现场准备是对被试武器装备、参试武器装备、测试仪器设备等进行准备，使之进入待试状态，各岗位参试人员按本岗位操作规程完成试验准备工作。

试验项目具体实施时，应按照试验实施计划的要求，各岗位工作人员、参试装备、被试装备等协调工作，统一行动，共同完成试验大纲要求的试验任务。

在试验实施过程中，由于试验设备、技术水平、试验程序、气象条件及其他因素的影响，可能会出现一些意想不到的问题，从而造成试验不能按照预定的计划实施。对于出现的问题，要认真进行分析并做出是否改变试验计划的决策，或继续试验，或暂停试验，或不定期地推迟试验，或结束试验等。在发生事故时，应中止试验，采取果断措施，对现场实施有效保护，并逐级上报，在查清原因并采取可行措施解决后，方可恢复试验，并做补充试验。

现场试验完毕之后，要迅速收集试验结果情况，及时组织善后工作，并及时通报和上报试验情况。例如，进行试验信息的收集处置、设备复原、打靶和射击效果检查、回收靶标、回收试后的弹药和物资器材、销毁未炸的实弹和引信，安排次日的工作，部署试验场地的警戒，人员的撤离等。

在现场试验数据的录取过程中，要确保试验数据的记录真实可靠、内容全面、格式规范，符合存档要求，测试重要参数时应坚持测试设备备份制度。对于数据判读应坚持对读和复读制度，数据计算应坚持对算和复算制度。为了确保数据的精确可靠，各测试单位提交的数据记录应有测试人、校对人和审核人的签名，在数据有更改时，要有更改人签字和说明。

4. 数据处理

数据处理是指对试验过程中获得的原始试验数据进行收集、分析、研究、处理、评价的过程。试验结果处理、分析和评价是试验数据处理工作的重要内容。获取装备试验的观测数据之后，靶场专业技术人员应对试验数据进行认真的分析研究，并根据鉴定、定型、批抽检等试验要求，给出被试装备的试验结论，提出改进建议，并编写和上报试验数据处理报告和试验结果分析报告。

1）实时处理与事后处理

装备试验数据处理方式可分为实时处理和事后处理两种方式：

（1）实时处理是指在试验过程中进行的数据处理工作。一般是利用实时处理软件，对各台测量设备的测量信息进行快速处理，为测控设备提供引导信息，并以数字、图表、曲线和文字等形式显示在大屏幕上，为指挥人员对试验进程及其可能出现的结果进行判断、预测、指挥与控制提供重要依据。实时处理的特点是处理速度快，但处理精度较低。

（2）事后处理是指一次试验或当天试验结束后，对各种测量设备的测量信息进行的处理工作。事后处理的特点是数据处理精度高，但处理时间较长。

2）测量数据的处理方法

对试验中测量得到的数据，常用的处理方法包括数据的特性检验、异常值的判别与剔除、缺失数据的补充、系统误差分析、战术技术指标评价。

（1）数据特性检验。对观测数据的特性检验是进行指标评价等进一步处理的基础。数据特性检验通常包括数据的分布检验、相关性检验、平稳性检验和周期性检验等。

（2）异常值的判别与剔除。异常值是一批数据中与其余数据相比明显不一致的数据。当在一组数据中，大多数数据呈现出一种有规律的趋势，但同时又出现一个或多个明显偏离这种趋势的数据时，称这些数据为异常值。

有多种原因可导致异常值的出现。例如，测量中突然受到干扰、测量条件突然变化引起了测量误差；在数据记录、整理、传输的过程中，人为或设备的错误；由于被测目标本身的运动，使测量信号严重衰减或中断；测量目标由于某种原因导致性能参数的突然变化（如由于外部电源电压的突然增加，使得装备电流信号的突然增强）。

在数据处理时，应对数据中的异常值进行识别，认真分析其出现的原因，进行合理的剔除。

（3）缺失数据的补充。缺失数据是指明显错误或明显不合理的数据以及漏填的数据。缺失数据主要包括数据记录收集过程中由于异常值剔除而丢失的数据、由于记录原因而没有记录的数据、由于记录错误而产生的明显错误数据等。

对于缺失数据有多种处理方法：针对缺失项进行重复试验或调查后对缺失项进行补充；插值补充，即根据计算条件和工程需要，运用线性插值、非线性插值等方法对缺失信息进行补充，如对于试验弹道的测量数据，可用多项式曲线拟合法、样条函数拟合法等方法进行插值补充，拟合试验弹道；不补充，利用剩余的数据做统计推断，如射击精度分析中，可剔除异常值，仅用剩余的试验数据作统计推断。

（4）系统误差分析。试验数据的误差通常分为系统误差、随机误差和过失误差。

① 系统误差是由于一些完全确定原因所引起的并且可以设法消除或精确估计的误差,如测量设备的系统性偏差、记录人员的习惯性偏差等引起的误差。系统误差是固定的或满足某一规律的误差,应当采用试验和分析方法确定其变化规律,设法消除它,或者从测量结果中加以修正。对于系统误差的识别方法主要有对比法、残差观察法、回归模型残差检验法等。消除系统误差的途径主要有:消除产生系统误差的根源;在测量过程中采取措施,避免把系统误差引入测量结果;设法掌握系统误差的变化规律,建立数学模型,采用统计方法进行估计等。

② 随机误差是由于许多在每次测量中以不同的方式起作用的个别原因引起的误差。完全消除随机误差是不可能的,只能通过分析误差的规律,对误差进行估计。

③ 过失误差是指由于人员过失所引起的测量数据的偏差,过失误差可能会造成测量数据异常值的出现。对过失误差,主要应通过加强管理使误差在将来的试验中消除。

（5）战术技术指标评价。战术技术指标评价是在对测量数据进行分析的基础上,对装备的战术技术指标进行分析,与研制总要求进行对比分析,给出指标的评价结论。统计性指标（如可靠性、维修性、射击精度等）的评价工作主要包括指标的估计（如点估计、区间估计等）和指标的假设检验,对此已有许多国军标、国标、行业标准等可供使用。

5. 试验报告编写与呈报

1）试验总结报告

在装备试验任务完成后,应对装备试验信息进行处理,包括装备试验结果的分析和评价,给出装备试验鉴定结论和建议,撰写试验结果分析报告,完成装备试验信息的存储与分发等。

在装备试验数据收集、整理完毕之后,试验主持人根据所收集掌握的试验数据与结果,被试品试验全过程的具体情况和战术技术要求,完成试验报告的编写。试验报告是试验任务的技术总结,是被试品试验情况、质量状况和战术技术性能的真实反映,是评价被试品和改进产品的重要依据。

试验报告内容分为正文和附件两部分。正文部分主要供首长和上级机关了解产品的试验质量、产品达到的战术技术性能等。主要包括前言、试验结果摘要、结论与建议。试验结果摘要部分一般应依据试验项目顺序编写,并简述试验条件和各战术技术指标的试验结果。附件部分是详细说明试验情况的附属材料,主要供研制单位查阅和改进产品性能,因此要较为详细地反映试验条件、试验结果、试验中出现的问题及处理隋况等。

试验报告编写完毕后,应逐级审批,并由主管部门按要求呈报相应的装备定型管理机构。

2) 试验报告的归档

装备试验产生的试验技术资料对于装备的研制、生产和使用,以及相关或者类似装备试验的安排具有重要的参考价值。因此,每项试验任务结束后,都应按科技档案归档制度,及时、完整、准确地做好试验档案资料的归档。

归档的内容包括:①依据性试验技术资料,如试验任务书、战术技术要求、有关会议纪要、来往文件及材料、产品图样与技术资料、产品合格证或质量证明书及试验计划等;②原始及中间试验技术资料,如试验现场记录、测试和观测记录、试验计算结果、照片等;③成果性试验技术资料,如试验报告、有关定型会议的会议纪要等。

3) 部队试验一般实施流程

部队试验的组织流程符合靶场试验的一般组织流程,但是试验的考核内容和项目与靶场试验不同。部队试验的考核内容主要包括在带有战术背景,按照被试品的作战使命、可能的编制、作战使用原则和要求、遂行作战任务的完整流程等实际使用条件下的装备作战使用性能和部队适用性。作战使用性能主要考核能否完成各项任务及其完成任务的程度。例如,火炮武器系统能否完成机动、行军与战斗状态转换、基本操作、射击等任务及其完成任务的程度。部队适用性主要考核可用性、可靠性、维修性、保障性、兼容性、运输性、安全性、人机工程、生存性,装备编配方案、作战和训练要求等。独立软件产品部队试验项目、考核内容,应根据被试品的使用要求,按有关法规、规定和国军标确定。部队试验具体实施过程如图 2-11 所示。

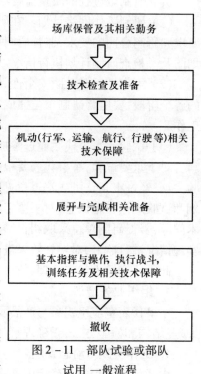

图 2-11　部队试验或部队试用 一般流程

2.3.1.5 军事代表对研制过程质量监督工作组织实施程序

1. 制定产品研制过程质量监督工作计划

军事代表接到上级关于参与产品研制工作的指示后,制定产品研制过程质量监督工作计划。通常,计划应包括产品各研制阶段的所有工作。研制周期长的,可按年度制定或按研制阶段制定,在年初或研制阶段初期完成。工作计划应明确各个工作项目的工作时机和工作内容。军事代表室应指定专人负责产品研制过程的质量监督工作。当参与人员较多时,还应指定负责人。对各项重点工作项目做到责任到人。

2. 确定重点工作项目、方法和要求

工作计划中的重点工作项目包含两类:一类是针对型号研制单位研制过程共性的重点工作项目,如参加研制阶段转移的技术质量评审,参加涉及产品、关键技术和重大质量问题的有关试验;参加鉴定、定型试验等;另一类则要根据产品的专业特点以及研制单位研制过程的主要薄弱环节确定。

贯穿研制全过程的质量监督项目主要有以下几类:

(1)研制工作网络计划。在研制过程质量监督中,军事代表要按照研制总要求和研制合同的要求,监督研制单位认真编制各级网络计划图,并根据网络计划图及时检查研制计划执行情况。

(2)可靠性、维修性、安全性、保障性及优化设计。军事代表在研制过程中的各个阶段,要监督研制单位完成相应的可靠性、维修性、安全性及保障性设计工作。

(3)试验。军事代表通过参加各种试验了解掌握产品研制质量的第一手材料。对于重要试验,军事代表要根据试验目的和有关规定,督促研制单位编制试验大纲,经过审查认可或签署意见后,参加试验并监督研制单位严格按照试验大纲和试验规范实施试验;对于鉴定和定型试验要全程参与;对试验中暴露出的技术问题,督促研制单位采取纠正措施予以实施,并对措施的正确性进行审查,对实施情况进行监督,对实施效果进行验证。

此外还有技术状态管理、技术质量评审和标准化工作。

3. 组织业务培训

军事代表室应组织参与产品研制的军事代表人员进行业务培训,熟悉产品原理、结构和检验方法,正确理解战术技术指标和使用要求。

4. 工作实施与动态管理

由于研制过程的不确定因素多,军事代表应对工作实施动态管理。除了当研制单位的网络计划发生变化时,军事代表应对工作计划进行调整外,研制中出现影响研制产品质量或严重影响研制进度的问题时,应加强监督工作,并把该项工作列为重点工作项目。

2.3.2　装备保障特性验证活动基本流程

1. 装备保障特性验证一般工作流程

根据各寿命阶段装备保障特性验证工作的具体内容,制定如下验证工作流程,如图 2 - 12 所示。

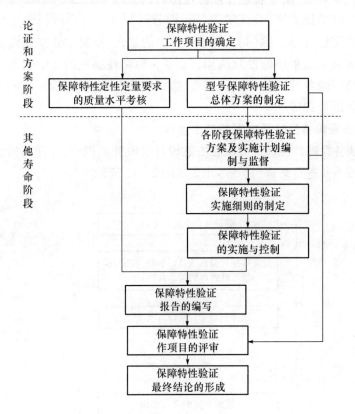

图 2 - 12　装备保障特性验证一般工作流程图

（1）装备保障特性验证工作项目的确定。

（2）装备保障特性定性定量要求的质量水平考核。

（3）型号装备保障特性验证总体方案的制定。

（4）各阶段装备保障特性验证方案和验证实施计划的编制与监督。

（5）装备保障特性验证实施细则的制定。

（6）装备保障特性验证的实施与控制。

（7）装备保障特性验证报告的编写。

（8）装备保障特性验证工作项目的评审。

（9）装备保障特性验证最终结论的形成。

其中第（4）～（7）步在各寿命阶段不断循环,相应的第（4）步的装备保障特性验证方案分别指型号研制装备保障特性验证方案、型号设计定型装备保障特性基地验证方案、型号装备保障特性部队试验/试用方案和装备部署与使用阶段保障特性验证方案,验证实施计划也分别指各个寿命阶段装备保障特性验证活动的实施计划。第（4）与第（6）步中的监督、控制主要指相应验证工作中军事代表对承制单位的控制活动。装备保障特性验证的实施包含按照验证实施计划执行的各种试验、分析、核查、数据收集与处理、试验保障和实施过程中意外问题的处理等。

2. 装备保障特性验证方案的制定流程

型号装备保障特性验证方案在方案设计阶段开始拟制,并随着研制进程在各寿命阶段不断进行修订,其基本步骤如图 2 – 13 所示。

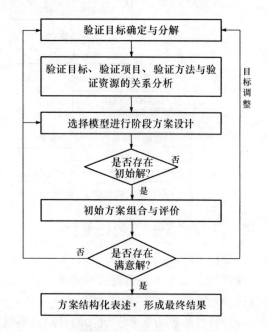

图 2 – 13　型号装备保障特性验证总体方案制定步骤

1）验证目标确定与分解

对验证总目标从总费用、总时间、覆盖率和试验信度四方面进行分析,根据实际情况确定四类中哪些为设计目标,哪些为约束条件。

将上述设计目标和约束条件分配到各寿命阶段,每个阶段单独进行验证项目和方法的选取以及资源、进度的规划。如果需要,这些阶段还可继续分解为若干阶段,并将自己的设计目标和约束条件分配到各个子阶段。因此,将这些阶段形成的规划结果称为总体方案的阶段方案。

2）验证目标、验证项目、验证方法、验证资源的关系分析

构建验证项目集,确定这些项目在各寿命阶段的可验度;进行重要度分析,确定必验项目和可调项目,划分项目重要等级,据此进行重要性排序。

建立验证目标、验证项目、验证方法、验证资源的关系模型。

（1）选择模型进行阶段方案设计。根据目标、项目、方法与资源的关系,在既定设计目标和约束下构建方案设计模型、求解,对前面选取的验证项目和方法进行调整优化,最终确定各寿命阶段验证项目和验证方法,形成各阶段方案的初始解。

这个过程中需要进行验证项目的逻辑与关联性分析,分析验证项目间的时序关系,进行验证项目的关联分析和聚类,将可以捆绑进行验证的项目综合为验证项目组,每个验证项目组作为一个新的验证项目,然后采用网络计划法等技术手段为验证项目组安排实施进度,进行验证资源合理分配与使用,计算最短验证工期。若得不到方案初始解,则需返回第（1）步,调整目标分配。

（2）初始方案的组合与评价。将各阶段方案进行组合,形成验证方案的若干初始方案,如图 2 - 14 所示。

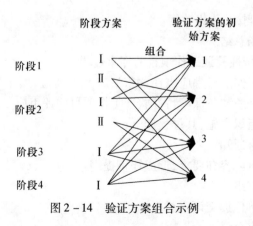

图 2 - 14　验证方案组合示例

对多项初始方案进行综合评价,确定最终设计方案,并对方案的形式与内容进行结构化,形成标准方案报告。

3. 验证实施计划的编制流程

装备保障特性验证实施计划制定的一般步骤如下:

(1)确定目标。根据装备保障特性验证方案和要求,确定验证的总目标,并将其分解为各种具体的目标,以及确定完成目标的时限要求。

(2)评估当前条件。分析现状与目标间的差距。当前条件包括外部环境与内部条件。外部环境主要包括其他战术技术要求验证进度、验证经费到位情况,以及协作关系情况等。内部条件包括验证资源情况、人员情况等。

(3)预测未来环境与条件。把握现状将如何变化,找出达成目标的有利因素及不利因素。

(4)确定计划方案。包括拟订多个可实现目标的可行计划方案,并从中按一定的标准选择一个最佳的计划方案。

4. 装备保障特性验证的实施过程

(1)明确验证内容和要求。

(2)验证前准备。

① 了解被试装备技术状态,组织人员培训,拟制相关验证文件。

② 落实验证资源,落实验证日程安排。

③ 做好验证保障工作。

④ 成立验证现场指挥机构,确定各结构工作职责和协同关系。

(3)验证的现场实施。

① 依据装备保障特性验证方案实施各项验证活动,处理验证中的各项问题。

② 组织技术测试,收集数据。

(4)进行现场总结。

5. 装备保障特性验证工作项目的评审过程

每一项验证工作项目都应当在评审后方允许通过,属于型号研制评审活动中的专题评审。一般装备保障特性验证工作项目的评审应尽量随其他的型号研制评审活动一起组织实施,其过程如下:

(1)发出评审通知。

(2)明确评审内容和要求,形成评审提纲。

(3)成立评审组。

(4)被评审单位提交评审材料。

(5)召开评审会议。

（6）填写评审书。

（7）对需要改进的装备保障特性验证工作项目进行跟踪管理。

从上述流程分析来看，我军的装备保障特性验证工作从时间、进度、资源等方面需要进行统一规划，各类验证活动所涉及的设计、实施、监督、协调等各方责、权、利尚需进行明确交割。

第 3 章　可靠性验证技术

3.1　可靠性试验概述

3.1.1　可靠性试验的要素

1. 试验条件

可靠性试验的条件既要考虑到受试产品的固有特性,还要考虑到影响受试产品故障出现的其他因素。

在选定产品可靠性试验的条件时,应考虑下述内容:

(1) 要求或进行可靠性试验的基本理由。

(2) 预期的产品使用条件的变化。

(3) 使用条件中的不同应力因素引起产品故障的可能性。

(4) 不同试验条件下需要的试验费用。

(5) 可供可靠性试验用的试验设备。

(6) 可供试验用的时间。

(7) 预计的不同试验条件下的产品可靠性特征值。

如果必须研究产品在多种工作条件、环境条件和维修条件下的可靠性时,则应设计一个能代表这些不同情况的试验剖面,即代表典型的现场使用的各种试验条件(工作条件与环境条件等)的组合顺序。在试验剖面的一个周期内,明确诸工作条件、环境条件、预防性维修条件存在于哪一段时间区间,它们之间的相互关系如何。

在一个试验剖面内,环境条件有时需要转换,环境条件转换的时间有时不能过短,以免产生不期望的新的应力(如温度转换如果过快,就形成热冲击)。转换后的环境条件应持续一段必要的时间,使环境条件达到稳定。

2. 故障判据

产品或产品的一部分不能或将不能完成预定功能的事件或状态称为故障(Fault,Failure),对某些产品如电子元器件、弹药等称为失效。不是由于另一产品故障引起的故障称为独立故障(Independent Failure);由于另一产品故障而引起的故障称为从属故障(Dependent Failure)。例如,某项产品在测试时,产品上一批 CMOS 器件受高电压冲击损坏。经分析,是二次电源一只晶体管短路,产生高压脉冲。因此,晶体管短路是独立故障,而若干 CMOS 器件被高压脉冲引起的浪涌电流烧毁,则是从属故障。

对于产品的每一个需要监测的参数应规定它的容差限。如果参数值落在容差限内,则该参数性能是可靠的;如果参数值落在容差限外,则该参数性能是不可靠的。当需要监测的参数值永久地或间断地落在容许限外,就认为出现了一个故障。参数的容许限与预定功能密切相关。例如,在某些精密设备中,金属膜电阻器的电阻值超出额定值上、下 5% 的区间就算失效。但在某些民用电器中,不超出额定值上、下 10% 都不算失效。

在可靠性试验中,由于测量错误或外部测试设备出故障而产生的故障现象不能认为是受试产品的故障,但所有其他的故障都应认为是受试产品的故障。

如果同时有若干产品参数值超出了容许限,而且不能证明它们是由同一原因引起的,则每一个参数值超出容许限都应认为是受试产品的一个故障;但若是由同一个原因引起的,则认为受试产品只出现了一个故障。在前面所列的 CMOS 器件受高压冲击损坏的事例中,尽管有若干个 CMOS 器件损坏,但其原因是二次电源的一只晶体管故障引起的,因此只算产品出现一个故障(但是,这也说明了电路设计上是有缺点的,应该在二次电源中增加保护电路,使得即使晶体管短路也不至输出高压脉冲)。

如果出现两个或更多的独立故障原因,则每一个故障原因都应认为是受试产品的一个故障。

对产品施加了超出其规定忍受能力范围的应力而造成的故障称为误用故障(Mistlse Failure)。在可靠性试验期间,误用故障可能是由于非故意的不符合规定的试验条件造成的。例如,试验的严酷程度超过规定值范围,试验或维修人员的粗心操作等。

从属故障、误用故障或已经证实仅属某项将不采用的设计所引起的故障称为非关联故障(Non - relevant Failure);否则称为关联故障(Relevant Failure)。某些故障已经出现,经分析,采取修改设计或其他纠正措施可以消除,但需要时间。在投入可靠性试验的产品上,还来不及纠正。这类故障在可靠性试验中重复出现时,判为非关联故障。在可靠性试验方案中,还可对非关联故障做一些补充定义。在可靠性试验中出现的受试产品的每一个故障,都必须明确是关联故障还是非关联故障。在可靠性鉴定或验收试验中出现了较多故障,直接影响了定型能否通过及批产品能否接收时,承制方就尽可能找理由把故障归入非关联故障。

非关联故障或事先已经规定不属某组织机构责任范围内的关联故障称为非

责任故障(Rion – chargeable Failure),否则称为责任故障。

可靠性测定试验中对产品可靠性做出估计(包括点估计及区间估计),可靠性验证试验中对产品做出合格、不合格的结论或对批产品做出接收与拒收的结论,所依据的是在试验期间或试验结束时观测到的受试产品的所有关联故障的信息。因此在可靠性试验中,判定出现的故障属于关联故障还是非关联故障即所谓故障分类是一个重大工作项目,也是在订购方与承制方之间常常争论的焦点。尤其当故障数是在合格与不合格、接收与拒收的判定数的边界时,就容易争论不休。

3. 试验剖面

1)基本原则

产品可靠性是在规定条件下的规定时间内完成规定功能的能力。可靠性与环境条件密切相关,因此可靠性试验的环境条件应尽可能反映产品在现场使用与任务环境的特征。

任务剖面是对产品在完成规定任务这段时间内所要经历的全部重要事件和状态的一种时序描述。一个产品可能要执行多种任务,因此任务剖面可以有多个。环境剖面是产品在储存、运输、使用中将会遇到的各种主要环境参数和时间的关系图,主要根据任务剖面绘制,每个任务剖面对应于一个环境剖面,因此环境剖面可以有多个。环境剖面是产品在储存、运输、使用中将会遇到的主要环境参数和时间的关系图,主要根据任务剖面绘制,每个任务剖面对应于一个环境剖面,因此环境剖面可以有多个。

试验剖面是直接供试验用的环境参数与时间的关系图,是按照一定的规则对环境剖面进行处理后获得的。对于有多个任务剖面的产品,要把对应于多个任务剖面、环境剖面的多个试验剖面综合成一个合成试验剖面。

为了使合成试验剖面尽可能模拟现场使用的实际环境中的主要应力,应尽可能使用实测应力作为确定综合环境应力试验条件的基础。实测应力是根据产品在现场使用中执行典型任务剖面时,在产品的安装位置处测得的数据,经分析处理后得到的应力。如果得不到实测应力,则可以用相似用途的产品在相似任务剖面处于相似位置测得的数据经处理后得到的"估计应力"。实在连估计应力也得不到时,则可用 GJB 899—90《可靠性鉴定和验收试验》提供的参考应力。

必须指出,即使在可靠性验证试验时得不到实测应力,则今后仍需争取测得实测应力。如其后测到的实测应力与验证试验时用的估计应力或参考应力有较大差时,可靠性验证试验的结论就不是可信的。

一般情况下,综合应力试验条件包括电应力、振动应力、温度应力、湿度应力及设备工作循环。

（1）电应力。产品工作状态的电应力中,50% 的时间输入设计的标称电压,25% 的时间输入设计的上限电压,25% 的时间输入设计的下限电压。电压的容差为标称电压的 ±10%。此外,还应明确产品的通断电循环、规定的工作模式及工作周期。

（2）振动应力。要使产品所产生的振动响应类似于现场使用的振动响应（注意受振产品、安装架、振动台之间的振动传递作用）。

（3）温度应力。应模拟产品在现场使用中的温度环境应力,应包括起始温度（热浸、冷浸）、接通电源的预热时间、工作温度的范围、变化率和变化频率（推荐在空调室内的工作环境温度为 20℃,无空调室环境温度则为 40℃）、每一任务剖面中的温度循环次数。

（4）湿度应力。有要求控制或不控制。在现场使用有冷凝和结霜或结冰,及模拟类似环境要求时,对湿度进行控制。

（5）设备工作循环。模拟现场使用情况。

2）任务剖面

一个单任务的可靠性试验剖面是由任务剖面经计算处理得到环境剖面,再由环境剖面经工程化处理后得到试验剖面。

多个任务的合成试验剖面的获得情况如图 3 - 1 所示,此图是以飞机为例,而地面设备、车辆或舰船,一般不需要合成。前面已提出要求采用综合应力进行可靠性验证试验或可靠性增长试验,目的是为了进一步模拟实际使用情况进行可靠性试验,使实验室得到的可靠性特征值 MTBF 更接近于现场使用的 MTBF。

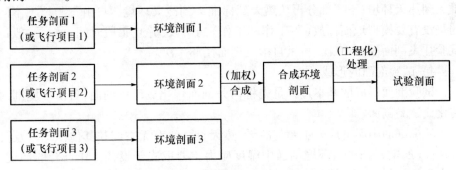

图 3 - 1　合成试验剖面过程图

综合应力包括工作应力和环境应力两个方面。工作应力为电、液压和气压等应力;环境应力为温度、湿度和振动的应力进行综合施加,称为三综合应力可靠性试验。对航空设备来讲,如有必要,还可增加高度(低气压)的应力进行综合,称为四综合应力可靠性试验。但此种试验设备价格昂贵,因此四综合应力的试验受到限制。

3) 试验剖面的构成

地面设备的试验剖面主要包含两种情况:①地面固定设备的剖面,其温度变化情况受地区和有、无空调情况的影响而构成不同的试验剖面;②地面移动设备的剖面,温度按设备工作的环境条件来确定,其剖面构成比较单一。

对于舰船设备,水面舰船外部安装设备、水面舰船内部安装设备及水面舰船内部安装设备(温度受控)的试验剖面均各有表示冷天与热天温度的冷循环剖面和热循环剖面。在进行试验时,可首先进行若干循环的冷循环剖面,再进行若干热循环剖面;也可分三次完成试验,由冷循环后再做热循环,最后再做若干循环的冷循环剖面试验。按照使用情况,这里不需要冷—热循环交叉进行。而潜艇、登陆艇和内河航道小艇设备的试验剖面为单一的试验剖面。

喷气式飞机设备的试验剖面就比较复杂,它的一个试验剖面循环包含了两部分:冷天和热天,冷天和热天的情况仅对温度应力和湿度应力有影响,对振动来讲则无关。

涡轮螺旋桨飞机和直升机设备的试验剖面情况与喷气式飞机设备的试验剖面循环相同,也包含了冷天和热天两个部分。整个试验过程,连续重复这种循环。

空中发射武器和组合式外挂及其设备的综合环境应力试验剖面有两种环境应力的剖面:挂飞环境应力和自由飞环境应力的剖面。挂飞环境和自由飞环境均由三种天气(冷天、标准天、热天)组成两部分试验剖面:上半部分为冷天到标准天到热天环境;下半部分再从热天到标准天到冷天环境。自由飞与挂飞不同的是没有要模拟地面停放(不工作和工作)的阶段,并且每段时间也短,一般每试验挂飞剖面循环 10 次,再试自由飞剖面循环一次。

4) 试验剖面的形成

试验剖面形成的基本过程是先将任务剖面转化成环境剖面,再由环境剖面转化成试验剖面。

环境剖面中温度应力主要与冷天、热天、地区、有无空调和其他冷却以及飞行速度(航空)等有关;环境剖面中湿度应力主要取决于设备工作场合的环境,其中舰船较复杂,要对湿度不断控制;环境剖面中振动应力主要取决于各类装备中发动机工作的影响以及地面运输的路面、水流的颠簸、空气动力的作用的影响,还有设备的位置和固定方式等的影响。以上三种应力的计算、取值和参考应力可见 GJB 899—90《可靠性鉴定和验收试验》的附录 B。

如果设备设计用于执行单一任务或一类重复性任务,则试验剖面与环境剖面和任务剖面之间呈一一对应关系。试验条件应模拟相应任务期间的实际应力。上述的一些地面设备、舰船设备就属于这种情况。如果设备设计用于多种任务及其不同环境应力下工作,则试验剖面应能代表这些任务的合成情况。

4. 性能监测点及监测周期

上面已提到,在可靠性验证试验过程中,需要对受试设备的性能参数进行监测或安排若干监测时间点。因此有可能的话,希望能采用自动监测设备,这样就可以得到受试设备发生故障时的准确时间。但是当受试设备较复杂时,配备的自动监测设备技术上要求高,有一定难度,也增加了受试设备的研制费用。

若用人工进行测量,则要设置若干监测时间点,这些设置的时间点,应在验证试验的程序中进行安排。测量时间点设置的原则:在试验剖面中对受试设备工作影响最大的应力条件预置测量点。测量的点不要过多,否则测量的工作量太大,也无必要。但测量点也不能太少,这样记录就不精确,因为不能确定这次故障发生时的应力情况,给故障分析带来一些麻烦,并且按GJB 899—90规定,若不能确定故障发生的准确时间,则应认为故障是上一次记录时发生的。

下面具体讨论测量点的设置。若由冷天和热天组成的某试验剖面循环,其时间长度为480min。一般可设置四个测量点:第一个测量点可设置在冷天地面最低温度工作状态结束前;第二个测量点可设置在第一个测量点后120min;第三个测量点设置在热天地面最高温度工作状态结束前;第四个测量点可设置在第三个测量点后120min。

另外,在受试设备可靠性验证试验过程中,在试验开始的几个循环中,可以大于上述的每一个循环测量点数,在试验的中间阶段,受试设备工作稳定,则可以小于上述的每一个循环测量点数。

3.1.2 可靠性试验之间与其他试验之间的关系

1. 可靠性与功能试验的关系

功能(性能)试验包括功能监视和性能测量,是一项最基本的试验,产品一旦制成硬件后,首先要进行功能(性能)试验,以确定其是否符合合同要求,不符合要求时必须修改设计并再次制成硬件和进行功能试验,这一过程反复进行直至符合合同要求。在各种试验的开始前,试验过程中和试验后,均要进行功能试验。试验前测得的产品的性能数据,可作为后续试验中用于比较的基线数据。因此从一定意义上来说,功能(性能)试验是一个检查产品是否合格和发现问题的常用手段,也是可靠性试验和其他试验的重要组成部分。

2. 可靠性试验与环境试验的关系和区别

1) 可靠性试验与环境试验的关系

环境试验是为发现产品的耐环境设计缺陷、验证产品对寿命期极端环境的适应性，以及调查产品对环境作用响应特性等目的服务的一系列试验，通过了常温下功能试验的产品。首先要进行各种环境试验，以确保产品在未来寿命期遇到的各种极端环境中的不被破坏和能正常工作，它在产品研制生产的各阶段均在可靠性试验前进行。只有经常规性能试验证明在实验室环境中的性能已符合设计要求的产品才能进行环境试验，只有通过了环境鉴定试验的产品才适于投入可靠性鉴定试验和可靠性验收试验。美军标 MIL – STD – 785B 中明确指出："应该把 MIL – STD – 810 中描述的环境试验看作可靠性研制和增长的早期部分，这些试验必须在研制初期进行，以保证有足够的时间和资源来纠正试验中暴露的缺陷，而且这些纠正措施必须在环境应力下得到验证，并将这些信息作为可靠性工作中一个必不可少的部分纳入 FRACAS 系统。"可见，环境试验是可靠性试验的先决条件，它对提高产品可靠性起着重要作用。

2) 可靠性试验与环境试验的区别

环境试验和可靠性试验都因目的不同而分为研制(工程)试验，鉴定试验和验收试验。可靠性试验与环境试验的区别用鉴定试验比较较为明显，如表 3 –1 所列。表 3 – 1 中以 GJB 150—2009《军用装备实验室环境试验方法》和 GJB 899—90《可靠性鉴定与验收试验》两个标准为例进行对比，以说明两种鉴定试验的本质区别。

表 3 – 1　环境鉴定试验与可靠性鉴定试验的区别

	环境鉴定试验	可靠性鉴定试验
试验目的	鉴定产品对环境的适应性，确定产品耐环境设计是否符合要求	定量鉴定产品的可靠性，确定产品固有可靠性是否符合要求
环境应力类型数量	涉及产品使用中会遇到的大部分对其有较重要影响的环境，包括气候、力学和电磁环境。GJB 150—2009 中规定了 19 个试验项目，HB 6167—2014 中规定了 23 个项目。实际产品试验时，应根据其寿命期内将遇到的环境及其影响程度，从标准中选取相应试验项目，一般鉴定试验至少取 10 个以上项目	选取寿命剖面内对产品可靠性有较重要影响主要环境，仅包括气候和力学环境中的温度、湿度和振动，并且将电压波动和通、断电作为电应力纳入试验条件

（续）

	环境鉴定试验	可靠性鉴定试验
应力施加方式	各单因素试验和多因素综合试验,以一定的顺序组合逐个施加	综合施加,由于要求各环境应力综合在一个试验箱中进行,从工程上实现可能性出发,只能将对产品可靠性最有影响的应力综合,压力因素一般不考虑
环境应力选用原则	基本上采用极值,即采用产品在储存、运输和工作中会遇到的最极端的环境作为试验条件	采用任务模拟试验,即真实地模拟使用中遇到的主要环境条件及其动态变化过程以及各任务的相互比例
试验时间	目前,国内外各种环境试验标准规定的几十种试验项目中,除霉菌试验 28 天和湿热试验最长 240h 外,一般环境试验不超过 100h,试验时间比可靠性试验短得多	可靠性试验时间取决于要求验证的可靠性指标大小和选用的统计试验方案以及产品本身可靠性水平
故障	环境试验中一旦出现故障,就认为受试产品通不过试验,试验即告停止并进行相应决策	可靠性鉴定试验是以一定的统计概率表示结果的试验,根据所选统计方案决定允许出现的故障数

3. 各种可靠性试验之间的关系

1）可靠性研制试验与可靠性增长试验

可靠性研制试验是装备在实际的、模拟的或加速的试验环境中进行的试验,是一个不断迭代的试验、分析、纠正、再试验(Test Analyze Fix and Test,TAFT)过程。可靠性研制试验和可靠性增长试验同是属于 TAFT 过程,可靠性增长试验仅是可靠性研制试验的一个特例。

可靠性研制试验与可靠性增长试验有一个共同的目标,就是提高产品固有可靠性水平,但在具体目标上两者有一定的差别。可靠性研制试验只是不断地暴露产品设计缺陷,采取纠正措施,逐步提高产品的固有可靠性水平,但没有一个定量的要求,试验做到什么时候结束,没有明确的说明,具体取决于研制部门态度和决策,有一定的盲目性;可靠性增长试验则有一个定量的可靠性目标,不仅要不断地暴露缺陷和进行改进,还要验证改进措施的有效性,最后要对产品的可靠性做出评估,以判断其是否达到预定的可靠性要求。

由于在具体目标上存在较大差异,使这两个试验在应用阶段、环境条件、试验方法上也有所不同。例如,可靠性研制试验一般在研制阶段早期进行,可靠性增长试验一般在研制阶段后期进行。可靠性研制试验使用的应力是任意的,可以是模拟或不模拟真实环境,可以加速或不加速,可以单应力施加或组合、综合应力施加;可靠性研制试验往往采用步进应力方法,不断发现深层次的缺陷,而可靠性增长试验则由于要评估增长后达到的可靠性水平,环境条件必须模拟真实环境,一般与可靠性鉴定试验的环境条件相同。可靠性增长试验作为一种工程研制试验,是在产品技术结构状态基本确定的情况下,继可靠性研制试验或 TAFT 后特别安排的一个阶段性试验,它要求在经费许可的范围内,用一定的时间使产品的可靠性增长到要求的可靠性水平。可靠性增长试验的效果取决于试验中改正措施的得力程度,按经验可靠性增长试验的时间一般为要求值的 5 ~ 25 倍。与可靠性鉴定试验环境一样,可靠性增长试验要在模拟使用情况的综合环境下进行,成功的可靠性增长试验经订购方认可可以代替可靠性鉴定试验。

2）环境应力筛选与可靠性增长试验

可靠性增长试验与环境应力筛选都是提高产品可靠性的工程试验方法,区别在于为提高产品可靠性水平而采用的途径不同。可靠性增长试验主要是提高产品的固有可靠性,环境应力筛选主要是保证产品能实现设计赋予的固有可靠性水平。

3）环境应力筛选与可靠性鉴定试验、可靠性验收试验

可靠性鉴定试验是一种统计验证试验,试验目的仅是判别产品的可靠性水平是否达到要求。试验在技术状态基本冻结的产品样本上进行,试验时间取决于选取的使用方和生产方的风险、统计方案和验证的 MTBF 值大小。鉴定试验本身不能提高产品的可靠性,是一个把关试验。

环境应力筛选和可靠性验收试验是产品批生产阶段进行的试验,环境应力筛选用于剔除产品制造过程中引入的各种潜在缺陷,剔除早期故障,是生产过程检验手段的延伸。可靠性验收试验则是验证批生产产品的可靠性是否保持符合合同要求的试验,为批生产出厂提供决策依据。环境应力筛选作为一种剔除早期故障的工艺,还可用作环境鉴定试验、可靠增长试验、可靠性鉴定/验收试验前受试产品预处理手段。在进行这些试验前,通过剔除早期故障,使试验结果更为准确,同时也排除试验中出现这些故障产生的干扰,确保试验的顺利和有效进行。

4）环境应力筛选与老炼

老炼（burn - in）的目的也是为了剔除产品中用常规检验手段无法发现的潜在缺陷,以防止这些缺陷在使用应力和时间的作用下,使产品出现早期故障,因此老炼实际上是一种早期的 ESS 工艺。老炼这一技术,即适用于元器件和集成电路,也适用于电路板、电子组件和电子设备。自从美军标 MIL - STD - 2164

《电子设备环境应力筛选方法》颁布后,电子设备剔除早期故障的方法改为标准中规定的高效环境应力筛选方法。1990 年,美国环境科学协会颁布的效率更高的《组件环境应力筛选指南》和 1988 年美国空军司令部颁布的美国空军 R&M2000 ESS 指南中规定的电路板和组件的环境应力筛选方法。这三个文件规定的方法可以取代原来的老炼方法,我国实际情况是电子设备已不再用原来的老炼技术,电路板和组件尚有许多单位沿用早期的老炼技术。应当指出,老炼这一技术除了能够剔除早期故障外,还能起到使电路和结构件稳定的作用,因此,在某些情况下仍将有其实用价值。

3.2　可靠性增长试验

3.2.1　可靠性增长试验的对象

可靠性增长试验虽然是提高产品可靠性水平的一种有效手段,但因其费用高,时间较长,通常只用于关键产品、高风险或复杂的产品。所以在进行可靠性增长试验之前,应对其必要性进行仔细、慎重的分析。对于结构简单、标准化、系列化程度较高的产品,一般没有必要安排专门的增长试验。

关键产品应是具备下述四个条件之一的产品:

(1)对系统可靠性有重要影响的产品。

(2)新研制的重要产品。

(3)采购费用较高的产品。

(4)需要做重大改型才能满足使用需求的重要产品。

可靠性增长试验是一个有定量目标的试验,其试验时间较长,取决于合同(或规范)规定的可靠性要求,一般要取要求值的 5 ~ 25 倍。可靠性增长试验由于要进行结果评估,其环境条件必须模拟真实使用环境,需要用综合试验设备,这些都决定了开展这一试验需要花费很多的时间和经费。因此,必须在试验前做充分的费效分析和权衡。

3.2.2　常用的可靠性增长模型

常用的可靠性增长模型有 Duane 模型和 AMSAA 模型。Duane 模型是一种经验模型,形式简单,但缺少统计分析基础。AMSAA 模型是一种基于随机过程理论的模型,便于利用统计方法对产品的可靠性增长水平进行评估。具体各模型的应用及参数估计方法参见 GJB 1047—92 和 GJB/Z 77—95。

1. 杜安模型

1）平均故障间隔时间的变化规律

美国的杜安经过大量试验研究发现产品的平均故障间隔时间的变化与试验时间具有如下的规律：

$$\theta_R = \theta_I (T_t / T_I)^m \qquad (3-1)$$

式中：θ_R 为产品应达到的 MTBF(h)；θ_I 为产品试制后初步具有的 MTBF(h)；T_I 为增长试验前预处理时间(h)；T_t 为产品的 MTBF 由 θ_I 增长到 θ_R 所需的时间 (h)；m 为增长率($0 < m < l$)。

对式(3-1)取对数，可得

$$\lg\theta_R = \lg\theta_I + m(\lg T_t / \lg T_I) \qquad (3-2)$$

采用双对数坐标纸作图，以 MTBF 为纵坐标，累积试验时间为横坐标，则式(3-2)在图上是一条直线，其斜率即增长率，如图 3-6 所示。图 3-6 中，当前的 MTBF(用 θ_i 表示)与累积的 MTBF(用 θ_c 表示)的关系为

$$\theta_i = \theta_c / (1 - m) \qquad (3-3)$$

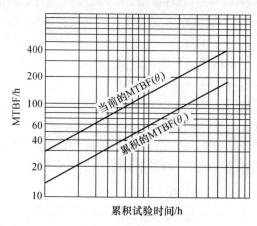

图 3-6　杜安模型

2）杜安模型中参数的确定

在进行可靠性增长试验之前，必须制定一个计划的增长曲线作为监控试验数据的依据。按杜安模型式(3-1)制定计划增长曲线，首先必须选择 θ_I、T_I、m 等参数，然后即可根据规定的可靠性要求 θ_R，确定增长试验时间 T_t。

（1）产品初始 MTBF(θ_I)可根据类似产品研制经验或已做过的一些试验（如功能、环境试验）的信息确定。一般为产品可靠性预计值 θ_P 的 10% ~30%。

（2）增长试验前预处理时间 T，是根据受试产品已有的累积试验时间确定。一般情况下，当 $\theta_P \leqslant 200$h 时，$T_I = 100$h；当 $\theta_P > 200$h 时，T_I 取 50% 的 θ_P。

（3）增长率 m 是根据是否采取有力的改进措施以及消除故障的速度和效果确定。一般取 $0.3 \sim 0.7$。当 $m = 0.1$，说明增长过程中基本没有采取改进措施。当 $m = 0.6 \sim 0.7$，说明在增长过程中采取了强有力的故障分析和改进措施，得到预期的最大增长效果。

2. AMSAA 模型

AMSAA 模型是杜安模型的改进模型，它仅能用于一个试验阶段，而不能跨阶段对可靠性进行跟踪；它能用于评估在试验过程中，因引进了改进措施而得到的可靠性增长，而不能用于评估由于在一个试验阶段结束时，引入改进措施而得到的可靠性增长，其数学表达式为

$$E[N(t)] = at^b \tag{3-4}$$

式中：$N(t)$ 为到累积试验时间 t 时所观察到的累积故障数；a 为尺度参数；b 为增长形状参数；$E[N(t)]$ 为 $N(t)$ 的数学期望。

3. 杜安模型与 AMSAA 模型的比较

两种模型的比较见表 $3-3$。

表 $3-3$　两种模型的比较

模型	杜安模型	AMSAA 模型
优点	（1）数学表达式简单； （2）增长率 m 与产品研制单位可靠性工作水平有直接关系； （3）模型曲线在双对数坐标纸上为一条直线。因此，可靠性增长曲线的图解说明非常直观、简单； （4）应用广泛，可用于电子、机电等产品	具有随机特性，可对数据进行统计处理。因此，它经常被用于评估产品可靠性增长试验的结果，为增长试验提供带有置信度的统计数值，即为增长试验替代鉴定试验提供有力的依据
需解决的问题	（1）可靠性增长计划需要在试验之前制定，此时起始点及增长率均凭经验确定，故存在一定误差，对计划的精确性有很大的影响； （2）跟踪是由累积的故障数和故障时间作图来完成的，其准确性取决于对画出的各点是否接近于一条直线的主观判断，要找到最优的拟合曲线，有时就成为问题，因为 MTBF 的趋势往往呈束状； （3）用杜安模型估计的结果只是简单的点估计值，对是否符合要求说服力不强	由于 AMSAA 模型的前提假设是在产品的改进过程中，故障服从非齐次泊松过程。因此限制了 AMSAA 模型的应用范围，即该模型只能用于寿命具有指数分布的产品，且一旦发生故障就应当及时改进。虽然在 AM - SAA 模型中也介绍了分组数据和强度函数不连续的情况，但在实际应用中仍是很困难的

3.2.3 可靠性增长试验方案与程序

1. 可靠性增长试验方案

在进行可靠性增长试验前应当制定一个科学合理的试验方案,一个完整的可靠性增长试验方案应包括以下内容。

（1）目的和要求。明确此次试验目的是提高任务可靠性,还是基本可靠性,这关系到对从 FMECA 中辨识出的故障模式的分类、增长试验中的管理策略和改进策略等问题。还应明确此次试验应达到的具体指标和试验结束应具备的条件。

（2）受试产品说明和数量。应说明受试产品的技术状态和组成情况,在此之前是否进行过可靠性研制试验,或在性能、环境等其他试验中产品的表现如何,以判定产品是否符合增长试验对试样的要求。另外,还应说明准备投入试验的样本量,以便确定试验所需的日历时间。

（3）试验的环境条件、工作条件、性能范围以及工作周期和总试验时间。详细说明试验的环境条件,主要包括试验过程对温度、湿度、振动应力和电应力的要求以及由此确定的综合环境试验剖面。产品的工作条件主要是指产品在实际工作中所处的安装位置、外部条件、有无减振、通风要求等。性能范围主要包括产品性能参数的标称值及其容差范围。工作周期主要指产品的工作时间要求,如每次工作的时间,或上次工作结束后应间隔多长时间才允许再次工作等。最后应说明此次增长试验总的试验时间 T。n 台产品同步试验时,每台样机受试时间一般不应少于 $T/(2n)$。当对试验过程进行分段处理时,即采取试验—查找问题—试验的方法,则每一试验段的时间不应少于 2 倍要求的 MTBF 值。

（4）试验装置及测试仪器的说明和要求。应说明对试验过程中所使用的试验装置和仪器,尤其是对专用测试仪器的要求,如试验箱的变温率,振动台的推力等。同时,还应说明对这些装置和仪器的精度及校准要求。

（5）故障判据及故障处理。应说明产品的预防性维修、更换及接口限制等要求,并明确产品的故障判据和分类原则。同时,还应说明产品出故障后是采取及时改进还是延缓改进,以及多台样品是同时改进还是分步改进等要求。

（6）可靠性增长计划曲线。应给出计划的增长曲线,并说明该曲线使用的增长模型、参数值及其假设条件等。绘制计划的增长曲线,其主要目的是要确定总的试验时间,各评审点应达到的可靠性值以及为可靠性跟踪提供基线。一般利用杜安模型来计划和跟踪可靠性增长。影响试验时间的主要因素有增长起始点,增长率和要求的或预计的 MTBF 值。GJB 1407—92 中提供了确定起始点和增长率的具体方法。

（7）试验进度表和阶段计划。对于试验时间较长的产品,应说明试验的阶段目标值以及在何时应开展阶段评审。

（8）要求记录的参数及记录格式。应说明在试验过程中应记录的参数并给出记录格式,同时还应明确必要的记录内容,如故障发生时的环境条件等。

（9）试验的分析要求、计算方法。应明确在试验过程中进行的分析工作,如增长趋势分析,判断,以及采取延缓改进措施后的可靠性指标分析等。

（10）试验报告的内容要求。应明确试验结束后应完成的试验报告内容,如故障汇总报告、故障分析报告、试验总结报告等,以及这些报告的格式要求。

（11）对订购方提供的产品或指定的产品的要求。在受试产品中,如果有订购方提供或指定的配套产品,则应在方案中详细说明哪些配套产品为订购方提供或指定的产品,以及这些产品故障后的处理方法。

2. 可靠性增长试验的一般程序

（1）制定可靠性增长试验大纲。主要包括受试产品说明;试验设备及检测仪器的要求;试验方案(含增长模型、增长率及增长目标等);试验条件(环境、工作、使用维护条件);性能、的检测要求;故障判据、分类和统计原则;试验进度安排;受试产品的最后处理;用于分析故障改进设计等所需时间及经费等估算等。

（2）制定试验程序。具体体现可靠性增长试验大纲的实施。

（3）进行可靠性预计。用于估计产品可靠性增长的潜力。

（4）进行 FMECA,以利于对试验中可能发生故障的判断及纠正措施的准备。

（5）进行环境试验和环境应力筛选。

（6）建立健全故障报告、分析和纠正措施系统。

（7）受试产品的安装和性能测量。

（8）试验、跟踪与控制。试验过程中进行跟踪,绘制累积的增长曲线,确定实际的增长率,并与计划的增长率进行比较,以便适时调整和控制。

（9）试验结束和可靠性最后评估,以确认可靠性增长试验是否成功地达到了预期的目标。

3.3 加速寿命试验

3.3.1 问题

高可靠的元器件或者整机其寿命相当长,尤其是一些大规模集成电路,在长达数百万小时以上无故障。要得到此类产品的可靠性数量特征,一般意义下的载尾寿命试验便无能为力。解决此问题的方法,目前有以下几种。

1. 故障数 $r=0$ 的可靠性评定方法

例如,指数分布产品的定时截尾试验 $\theta_L = \dfrac{2S(t_0)}{\chi_\alpha^2(2)}$ 中,其中,$2S(t_0)$ 为总试验时间,α 为风险。当 $\alpha=0.1$ 时,$\chi_{0.1}^2(2)=4.605\approx4.6$;当 $\alpha=0.05$ 时,$\chi_{0.05}^2(2)=5.991\approx6$。

2. 加速寿命试验方法

半导体器件在理论上其寿命是无限长的,但是由于工艺水平及生产条件的限制,其寿命不可能无限长。在正常应力水平 S_0 条件下,其寿命还是相当长的,有的高达几十万小时甚至数百万小时以上。这样的产品在正常应力水平 S_0 条件下,是无法进行寿命试验的,有时进行数千小时的寿命试验,只有个别半导体器件发生失效,有时还会遇到没有一只失效的情况,这样就无法估计出此种半导体器件的各种可靠性特征。因此选一些比正常应力水平 S_0 高的应力水平 S_1,$S_2,\cdots,S_k$,在这些应力下进行寿命试验,使产品尽快出现故障。

3. 故障机理分析方法

研究产品的理、化、生微观缺陷,研究缺陷的发展规律,从而预测产品的故障及可靠性特征量。

3.3.2 加速寿命试验的思路

产品故障的应力—强度模型如图 3-7 所示。其中,$R(t)=P($ 应力 $<$ 强度 $)$,$F(t)=P($ 应力 $\geq$ 强度 $)$。当强度与应力均为确定型时,产品在 t_2 故障。实际上强度与应力是概率风险型的,当均服从正态分布时,产品则可能提前在 t_1,以一定概率发生故障。

由此可知,要使产品早一点出现故障,要么加大应力,要么减少强度。因为当产品一经加工形成后,其强度也就基本固定了,所以可行的办法是提高应力,以缩短寿命试验周期。

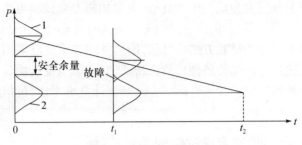

图 3-7 应力—强度模型

1—强度分布；2—应力分析。

3.3.3 加速寿命试验的分类

（1）恒定应力加速寿命试验（目前常用）。它是将一定数量的样品分为几组，每组固定在一定的应力水平下进行寿命试验，要求选取各应力水平都高于正常工作条件下的应力水平。试验做到各组样品均有一定数量的产品发生失效为止，如图 3-8(a)所示。

（2）步进应力加速寿命试验。它是先选定一组应力水平，如 S_1，S_2，…，S_k，它们都高于正常工作条件下的应力水平 S_0。试验开始时把一定数量的样品在应力水平 S_1 下进行试验，经过一段时间，如 t_1 h 后，把应力水平提高到 S_2，未失效的产品在 S_2 应力水平继续进行试验，如此继续下去，直到一定数量的产品发生失效为止，如图 3-8(b)所示。

（3）序进应力加速寿命试验。产品不分组，应力不分档，应力等速升高，直到一定数量的故障发生为止。它所施加的应方水平将随时间等速上升，如图 3-8(c)所示。这种试验需要有专门的设备。

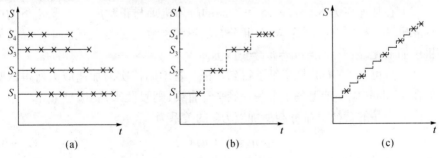

图 3-8 应力情况

(a) 恒定应力；(b) 步进应力；(c) 序进应力。

在上述三种加速寿命试验中,以恒定应力加速寿命试验更为成熟。尽管这种试验所需时间不是最短,但比一般的寿命试验的试验时间还是缩短了不少,因此它还是经常被采用的试验方法。目前,国内外许多单位已采用恒定应力加速寿命试验方法来估计产品的各种可靠性特征,并有了一批成功的实例。下面主要介绍如何组织恒定应力加速寿命试验及其统计分析方法,包括图估计和数值估计方法。

3.3.4 恒定应力加速寿命试验的参数估计

产品不同的寿命分布应有不同的参数估计方法,下面以威布尔(Weibull)寿命分布的产品为例说明,其他寿命分布的估计问题可参考有关文献。

1. 基本假设

在恒定应力加速寿命试验停止后,得到了全部或部分样品的失效时间,接着就要进行统计分析。一定的统计分析方法都是根据产品的寿命分布和产品的失效机理而制定的。因此,一个统计分析方法成为可行就必须要有几项共同的基本假设。违反了这几项基本假设,统计分析的结果就不可靠,也得不到合理的解释。因为这几项基本假设是从不少产品能够满足的条件中抽象出来的,所以这几项基本假设对大多数产品来说不是一种约束,只要在安排恒定应力加速寿命试验时注意到这几项基本假设,它们就可以被满足。

(1)设产品的正常应力水平为 S_0,加速应力水平确定为 $S_1, S_2, \cdots, S_k$,则在任何水平 S_i 下,产品的寿命都服从或近似服从 Weibull 分布,其间差别仅在参数上。这一点可在 Weibull 概率纸上得到验证。其分布函数为

$$F_{T_i}(t_i) = 1 - \exp\left(-\frac{t_i}{\eta_i}\right)^{m_i} \quad t_i \geq 0; i = 0, 1, 2, \cdots, k \quad (3-5)$$

(2)在加速应力 $S_1, S_2, \cdots, S_k$ 下产品的故障机理与正常应力水平 S_0 下的产品故障机理是相同的。因为 Weibull 分布的形状参数 m 的变化反映了产品的故障机理的变化,故有 $m_0 = m_1 = m_1 = \cdots = m_k$。

这一点可在 Weibull 概率纸上得到验证。若不同档次的加速应力所得试验数据在 Weibull 概率纸上基本上是一族平行直线,则假设(2)就满足了。

(3)产品的特征寿命 η 与所加应力 s 的关系为

$$\ln\eta = a + b\varphi(s) \quad (3-6)$$

式中: a、b 为待估参数; $\varphi(s)$ 为应力 s 的某一已知函数。

式(3-6)通常称为加速寿命方程,此假设是根据阿伦尼斯方程和逆幂律模型抽象出来的。

因为 $\eta = \beta e^{\frac{E}{kT}}$，所以

$$\ln\eta = \ln\beta + \frac{E}{K}\left[\frac{1}{T}\right]$$

令 $\alpha = \ln\beta, b = \dfrac{E}{K}$，则

$$\ln\eta = a + b\phi(T)$$

又因为 $\eta = \dfrac{1}{dV^c}$ ，所以

$$\ln\eta = -\ln d - c\ln V$$

令 $a = -\ln d, b = -c$，则

$$\ln\eta = a + b\phi(V)$$

国内外大量试验数据表明,不少产品是可以满足上述三项基本假设的,也就是说对不少产品是可以进行恒定应力加速寿命试验的。

2. 图估法

对于 Weibull 分布按下述步骤实施：

(1) 分别绘制在不同加速应力下的寿命分布所对应的直线。

(2) 利用 Weibull 概率纸上的每条直线,估计出相应加速应力下的形状参数 m_i 和特征寿命 η_i。

(3) 由假设(2)取 k 个 m 的加权平均,作为正常应力 S_0 的形状参数 m_0 的估计值,即

$$\hat{m}_0 = \frac{n_1\hat{m}_1 + n_2\hat{m}_2 + \cdots + n_k\hat{m}_k}{n_1 + n_2 + \cdots + n_k} \tag{3-7}$$

式中：n_i 为第 i 个分组中投试的样品数。

(4) 由假设(3),在以 $\phi(s)$ 为横坐标,以 $\ln\eta$ 为纵坐标的坐标平面上描点,根据 k 个点 $(\phi(s_1), \ln\eta_1), (\phi(s_2), \ln\eta_2), \cdots, (\phi(s_k), \ln\eta_k)$ 配置一条直线,并利用这条直线,读出正常应力 S_0 下所对应的特征寿命的对数值 $\ln\hat{\eta}_0$,取其反对数,即得 η_0 的估计值 $\hat{\eta}_0$。

(5) 在 Weibull 概率纸上做一直线 L_0,其参数分别为 $\hat{m}_0$ 和 $\hat{\eta}_0$。

(6) 利用直线 L_0,在 Weibull 概率纸上对产品的各种可靠性特征量进行估计。

3.3.5 恒定应力加速寿命试验的组织

当随机地从一批产品中任取 n 个样品,分成 k 组,在 k 个应力水平下进行恒加试验时,必须事前做周密考虑,慎重仔细地做好试验设计、安排、组织工作,因为恒加试验要花费较多的人力、物力、时间,事先考虑周到才能得到预期效果。在组织工作和实施过程中应注意以下几个方面。

1. 加速应力 S 的选择

因为产品的失效是由其失效机理决定的,因此就要研究什么应力会产生什么样的失效机理,什么样的应力加大时能加快产品的失效。根据这些研究来选择什么应力可以作为加速应力。通常在加速寿命试验中所指的应力不外乎是机械应力(如压力、振动、撞击等)、热应力(温度)、电应力(如电压、电流、功率等)。在遇到多种失效机理的情况下,就应当选择那种对产品失效机理起促进作用最大的应力作为加速应力。例如,温度对电子元件的加速作用,可用"阿伦尼斯方程"描述,则寿命为

$$t = \beta e^{\frac{E}{kT}} \tag{3-8}$$

式中:β 为正常数,$\beta > 0$;k 为玻耳兹曼常数,$k = 0.8617 \times 10^{-4} \text{eV/K}$;$T$ 为热力学温度;E 为激活能(eV)。

直流电压对电容器等的加速作用,可用逆幂率描述,则寿命为

$$t = \frac{1}{dV^c} \tag{3-9}$$

式中:d、c 为正常数,$d > 0$,$c > 0$。

经验数据为 $c = 5$。经验还表明,灯泡与电子管灯丝的寿命约与电压的 13 次方成反比。

值得注意的是,对于电子元器件"温度 + 振动"这种组合应力,更能加速其故障的出现,只是在统计处理上要困难一些。

2. 加速应力水平 $S_1, S_2, \cdots, S_k$ 的确定

在恒加试验中,安排多少组应力为宜呢? k 取得越大,即水平数越多,则求加速方程中两个系数的估计越精确。但水平数越多,投入试验样品数就要增加,试验设备、试验费用也要增加,这是一对矛盾。在单应力恒加试验中一般要求应力水平数不得少于4,在双应力恒加试验情况下,水平数应适当再增加。

确定加速应力水平 $S_1 < S_2 < \cdots < S_k$ 的一个重要原则,就是在诸应力水平 S_i 下产品的失效机理与在正常应力水平 S_0 下产品的失效机理是相同的。因为进

行加速寿命试验的目的就是为了在高应力水平下进行寿命试验,较快获得失效数据,估计出可靠性指标,再利用加速方程外推正常工作应力 S_0 下产品的可靠性指标。假设在加速应力水平 $S_1 < S_2 < \cdots < S_k$ 和正常应力水平 S_0 下产品的失效机理有本质不同,那么外推将有困难,所以在确定应力水平 $S_1 < S_2 < \cdots < S_k$ 时,违背这条原则将会导致加速寿命试验的失败。

最低应力水平 S_1 的选取,应尽量靠近正常工作应力 S_0,这样可以提高外推的精度,但是 S_1 又不能太接近 S_0,否则收不到缩短试验时间的目的。最高应力水平 S_k 应尽量选得大一些,但是应注意不能改变失效机理,特别不能超过产品允许的极限应力值。如要估计晶体管常温下的储存寿命,提高储存温度是一个方法,在常温储存时,管芯表面的化学变化是导致晶体管故障的故障机理,温度升高,肯定加速其变化。但当温度升得过高时,会引起焊锡灰化,内引线脱落开路等新的故障机理,于是温度便不能选的过高。合理的确定 S_1 和 S_k 需有丰富的工程经验与专业知识,也可以先做一些试验后再确定 S_1 和 S_k 确定了 S_1 和 S_k 后,中间的应力水平 $S_2, S_3, \cdots, S_{k-1}$ 应适当分散,使得相邻应力水平的间隔比较合理。一般有下列三种取法。

（1）k 个应力水平按等间隔取值。

（2）温度按倒数成等间隔取值:

$$\Delta = \left(\frac{1}{T_1} - \frac{1}{T_k} \right) \Big/ (k-1), \quad \frac{1}{T_j} - \frac{1}{T_1} = (j-1)\Delta \quad j = 2,3,4,\cdots,k-1$$

（3）电压 V 按对数等间隔取值:

$$\Delta = (\ln V_k - \ln V_1)/(k-1), \ln V_j = \ln V_1 + (j-1)\Delta \quad j = 2,3,4,\cdots,k-1$$

3. 试验样品的选取与分组

整个恒加试验由 k 组寿命试验组成,每个寿命试验都要有自己的试验样品,假如在应力水平 S_i 下,投入 n_i 个试验样品 $(i = 1,2,\cdots,k)$,那么恒加试验所需要的样品数是 $n = \sum_{i=1}^{k} n_i$。这 n 个样品应在同一批产品中随机抽取,切忌有人为因素参与作用,将 n 个产品随机地分成是 k 组,注意同一组的样品不能都在某一部分抽取。

每一应力水平下,样品数 n_i 可以相等,也可以不等。由于高应力下产品容易失效,低应力下产品不易失效,所以在低应力下应多安排一些样品,高应力水平可以少安排一些样品,但一般每个应力水平下样品数均不宜少于五个。

4. 明确失效判据,测定失效时间

受试样品是否失效应根据产品技术规范确定的失效标准判断,失效判据一定要明确,如有自动监测设备,应尽量记录每个失效样品的准确失效时间。

假设没有办法测出失效产品的准确失效时间,可以采用定周期测试方法,即预先确定若干个测试时间:

$$0 = \tau_0 < \tau_1 < \tau_2 < \cdots < \tau_l$$

当 n_i 个样品在应力 S_i 下进行寿命试验到 τ_j 时,对受试样品逐个检查其有关指标,判定其是否失效,这样可以得到在测试周期 $(\tau_{j-1}, \tau_j]$ 内样品失效数 l_j,而这 l_j 个失效产品的准确失效时间是无法获得的,这种情况称为定周期测试,在这种试验情况下给我们提出了两个问题:一是测试时间 $\tau_1, \tau_2, \cdots, \tau_l$ 如何确定比较合理;二是确定出 τ_j,且知道在 $(\tau_{j-1}, \tau_j]$ 内失效 l_j 个样品,如何估算出这 l_j 个失效样品的失效时间,下面分别加以讨论。

(1) 测试时间的确定。大家知道,测试时间不能定得太密,否则会增加测试工作量,但是定得太疏,又给统计分析增加困难。要注意测试时间的确定与产品的失效规律和失效机理有关,在可能有较多失效的时间间隔内应测得密一些;而在不大可能失效的时间间隔内可少测几次,尽量使每一测试周期内都有产品发生失效,不应使失效产品过于集中在少数几个测试周期内,如估计产品失效规律是递减型,则测试周期安排时,可先密后疏,如基本上用对数等间隔,τ_j 取为 $1, 2, 5, 10, 20, 50, 100, 200, 500, 1000, 2000, \cdots$ 或 $3, 10, 30, 100, 300, 1000, 3000, \cdots$ 如估计产品失效是递增型,则测试周期安排时,应先疏后密。

(2) 失效时间的估算。已知在 $(\tau_{j-1}, \tau_j]$ 时间内有 l_j 个样品失效,可以用等间隔方式估计此 l_j 个失效样品的失效时间,即在 $(\tau_{j-1}, \tau_j]$ 内第 h 个失效时间可用下式计算:

$$\tau_{jh} = \tau_{j-1} + \frac{\tau_j - \tau_{j-1}}{l_j + 1} h \qquad h = 1, 2, \cdots, l_j \qquad (3-10)$$

有时也可以使幻个失效时间的对数均匀地分布在 $(\ln\tau_{j-1}, \ln\tau_j]$ 内,即在 $(\tau_{j-1}, \tau_j]$ 内第 h 个失效时间可用下式计算:

$$\ln t_{jh} = \ln\tau_{j-1} + \frac{\ln\tau_j - \ln\tau_{j-1}}{l_j + 1} h \qquad h = 1, 2, \cdots, l_j \qquad (3-11)$$

5. 试验的停止时间

最好能做到所有试验样品都失效,这样统计分析的精度高,但是对不少产品,要做到全部失效将会导致试验时间太长,此时可采用定数截尾或定时截尾寿命试验,但要求每一应力水平下有 50% 以上样品失效。如果确实有困难,至少也要有 30% 以上失效。如一个应力水平下只有五个受试样品,则至少要有三个以上失效,否则统计分析的精度较差。

3.4　可靠性鉴定试验

可靠性鉴定试验的目的是验证产品的设计是否达到了规定的要求。可靠性鉴定试验必须对要求验证的可靠性参数进行估计,做出合格与否的判定。可靠性鉴定试验是装备定型决策的重要依据。通常,可靠性鉴定试验是在规定的条件下由军方组织进行的试验。参加可靠性鉴定试验的产品应能代表定型产品的技术状态。在进行可靠性鉴定试验之前,产品应已完成环境试验和可靠性增长试验。

3.4.1　统计试验方案及主要参数

1. 统计试验方案类型

统计试验方案类型如图 3 - 9 所示。对于大型复杂系统,如军舰、卫星等,常常难以进行大量的全系统可靠性试验。这时,可用组成系统的低层次产品的可靠性试验结果,按系统可靠性模型,推算整个系统的可靠性水平,完成系统可靠性测定或可靠性验证。但是,由于可能存在各子系统之间的协调、匹配问题,仍然有必要进行少量的全系统可靠性试验,对系统可靠性水平进行核实。

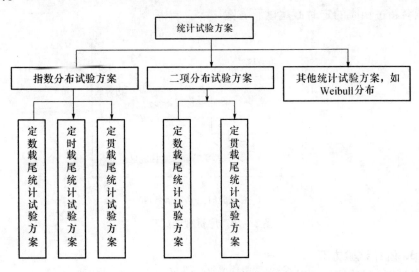

图 3 - 9　统计试验方案类型

2. 指数寿命型试验方案

当产品的寿命为指数、Weibull、正态、对数正态等分布时,可以采用连续型统计试验方案。目前,国内外颁发的标准试验方案都属于指数分布的,如GJB 899—90。本书仅介绍指数分布的试验方案,它可以分为全数试验、定时截尾、定数截尾、序贯截尾试验四种。

(1) 全数试验是指对生产的每台产品都做试验,仅在极特殊情况(如出于安全或完成任务的需要)时才采用。

(2) 定时截尾试验是指事先规定试验截尾时间 t_0,利用试验数据评估产品的可靠性特征量。定时截尾试验方案的优点是由于事先已确定了最大的累积试验时间,便于计划管理并能对产品 MTBF 的真值做出估计,所以得到广泛应用。

(3) 定数截尾试验是指事先规定试验截尾时的故障数。利用试验数据评估产品的可靠性特征量,由于事先不易估计所需试验时间,所以实际应用较少。

(4) 序贯截尾试验是按事先拟定的接收、拒收及截尾时间线,在试验期间,对受试产品进行连续地观测,并将累积的相关试验时间和故障数与规定的接收、拒收或继续试验的判据做比较的一种试验,如图 3 – 10 所示。这种方案的主要优点是做出判断所要求的平均故障数和平均累积试验时间较少,因此常用于可靠性验收试验。但其缺点是随着产品质量不同,其总的试验时间差别很大,尤其对某些产品,由于不易做出接收或拒收的判断,因而最大累积试验时间和故障数可能会超过相应的定时截尾试验方案。

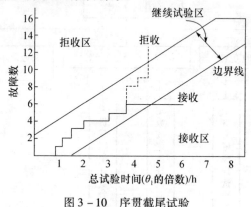

图 3 – 10　序贯截尾试验

3. 统计试验方案

指数分布的统计试验方案中共有五个参数。

(1) MTBF 假设值的上限值 θ_0。它是可以接收的 MTBF 值。当受试产品的

MTBF 真值接近 θ_0 时,标准试验方案以高概率接收该产品。要求受试产品的可靠性预计值 $\theta_P > \theta_0$ 才能进行试验。

（2）MTBF 假设值的下限值 θ_1。它是最低可接收的 MTBF 值。当受试产品的 MTBF 真值接近 θ_1 时,标准试验方案以高概率拒收该产品。按 GJB 450—88《装备研制与生产的可靠性通用大纲》的规定,θ_1 应等于电子产品最低可接收的MTBF 值。

（3）鉴别比 d。$d = \theta_0 / \theta_1$ 越小,则做出判断所需的试验时间越长,所获得的试验信息也越多,一般取 1.5、2 或 3。

（4）生产方风险 α。当产品的 MTBF 真值等于 θ_0 时被拒收的概率,即本来是合格的产品被判为不合格而拒收,使生产方受损失。

（5）使用方风险 β。当产品的 MTBF 真值等于 θ_1 时被接收的概率,即本来是不合格的产品被判为合格而接收,使用方受损失。α、β 一般在 $10\% \sim 30\%$ 范围内。

4. 标准定时截尾试验方案。

标准定时截尾试验方案见表 3 – 3。

表 3 – 3　标准定时截尾试验方案

方案号	判决风险/%				鉴别比 $d = \theta_0 / \theta_1$	试验时间 θ_1 的倍数	判决故障数	
	名义值		实际值				拒收数 Re（≥）	接收数 Ac（≤）
	α	β	α'	β'				
9	10	10	12.0	9.9	1.5	45	37	36
10	10	20	10.9	21.4	1.5	29.9	26	25
11	20	20	19.7	19.6	1.5	21.5	18	17
12	10	10	9.6	10.6	2.0	18.8	14	13
13	10	20	9.8	20.9	2.0	12.4	10	9
14	20	20	19.9	21.0	2.0	7.8	6	5
15	10	10	9.4	9.9	3.0	9.3	6	5
16	10	20	10.9	21.3	3.0	5.4	4	3
17	20	20	17.5	19.7	3.0	4.3	3	2

1）成败型

（1）试验方案。对于以可靠度或成功率为指标的重复使用或一次使用的产品,可以选用二项分布试验方案。成功率是指产品在规定的条件下试验成功的概率。观测的成功率可以定义为:在试验结束时,成功的试验次数与总试验次数的比值。成功率试验方案是基于假设每次试验在统计意义上是独立的,因此对于重复使用的产品,在两次试验之间应按规定的维护要求进行合理的维护,以保证每次试验开始时的状况和性能都相同。

按照 GB 5080.5—85 规定,成功率试验方案有序贯截尾和定数截尾试验两种。

(2) 统计试验方案的主要参数。成功率试验方案共有五个参数。

① 可接收的成功率 R_0。当产品的成功率真值等于 R_0 时,以高概率接收。

② 不可接收的成功率 R_1。当产品的成功率真值等于 R_1 时,以高概率拒收。

③ 鉴别比 D_R。$D_R = (1 - R_1)/(1 - R_0)$,一般为 1.5,2,3。

④ 生产方风险 α。

⑤ 使用方风险 β。α、β 一般在 10% ~ 30% 范围内。

(3) 典型的定数截尾成功率试验方案见表 3 - 4,表中 n_f 为试验次数,r_{RE} 为拒收的失败次数。

表 3 - 4　定数截尾成功率试验方案

R_0	D_R	$\alpha = 0.05$ $\beta = 0.05$		$\alpha = 0.10$ $\beta = 0.10$		$\alpha = 0.20$ $\beta = 0.20$		$\alpha = 0.30$ $\beta = 0.30$	
		n_f	r_{RE}	n_f	r_{RE}	n_f	r_{RE}	n_f	r_{RE}
	1.50	5320	66	3215	40	1428	18	540	7
0.9900	1.75	2581	35	1607	22	714	10	272	4
	2.00	1567	23	945	14	453	7	180	3
	3.00	521	10	308	6	142	3	81	2
	1.50	2620	65	1605	40	713	18	270	7
0.9800	1.75	1288	35	770	21	356	10	136	4
	2.00	781	23	471	14	226	7	90	3
	3.00	259	10	153	6	71	3	40	2
	1.50	1720	64	1044	39	450	17	180	7
	1.75	835	34	512	21	237	10	90	4
0.9700	2.00	519	23	313	14	150	7	60	3
	3.00	158	9	101	6	47	3	27	2

2) 选择试验方案的原则

(1) 如果必须通过试验对 MTBF 的真值进行估计或需要预先确定,则要用定时截尾试验方案。所以一般可靠性鉴定试验较多选用此种方案。

（2）如仅需要以预定的判决风险率 α、β 对假设的 MTBF 值 θ_0 或 θ_1 做判决，不需要事先确定总试验时间时，则可选用序贯截尾试验方案。因此，一般可靠性验收试验选用此种方案。

（3）如果由于试验时间（或经费）限制，且生产方和使用方都愿意接收较高的风险率，可采用高风险率定时截尾或序贯截尾试验方案。

（4）当必须对每台产品进行判决时，可采用全数试验方案。

（5）对以可靠度或成功率为指标的产品，可采用成功率试验方案，该方案不受产品寿命分布的限制。

5. 可靠性鉴定试验的通用程序

1）制定试验大纲和工作计划

试验大纲和工作计划主要包括：受试产品的说明和要求，统计试验方案的选取，试验剖面设计，故障判据、分类与统计原则，试验设备和测试仪器要求，受试产品的检测项目，试验前有关工作要求，试验过程中的监测和记录要求，数据收集和处理方法，故障处理方法，试验结束方式，试验报告要求等，并据此制定试验工作计划，明确试验进度、参试人员的分工及职责、所需试验经费等。

2）试验的实施

（1）开始试验。检查试验箱内是否有多余物，各出线孔是否堵好。检查完毕后，封闭箱门，按试验程序中的规定，启动试验设备。

（2）施加试验应力。按程序施加试验剖面中规定的应力。

（3）试验过程中的测试和监测。按试验大纲中规定的受试产品检测项目和监测记录要求进行监测和记录。

（4）试验中受试产品故障的判定和分类。按试验大纲规定的故障判据、分类原则进行。

（5）试验中故障的处理。按试验大纲规定的故障处理方法进行处理。

（6）试验结束。

3）试验结果的评定

按试验大纲规定的故障判据和统计原则及数据处理方法，对产品的可靠性做点估计和区间估计。

（1）寿命服从指数分布的产品。

① 点估计：

$$\hat{\theta} = \frac{T}{r} \tag{3 - 12}$$

式中：$\hat{\theta}$ 为 MTBF 的点估计值（h）；T 为累计试验时间（h）；r 为累计故障数。

② 区间估计(定时截尾试验):

$$\theta_L = \frac{2T}{x^2_{\alpha/2,2r+2}} \qquad (3-13)$$

$$\theta_U = \frac{2T}{x^2_{1-\alpha/2,2r}} \qquad (3-14)$$

式中:θ_L 为 MTBF 的置信区间下限值(h);θ_U 为 MTBF 的置信区间上限值(h);x^2 为 x^2 分布(可查表);T 为累计试验时间(h);r 为故障数;α 为显著性水平,置信水平 $C = 1 - \alpha$。

(2)寿命服从二项分布的产品。

① 点估计:

$$\hat{R} = \frac{n_f - r}{n_f} \qquad (3-15)$$

式中:$\hat{R}$ 为成功率或可靠度的点估计值;n_f 为试验次数;r 为失败次数。

② 区间估计:

$$\sum_{i=0}^{r} C^i_{n_f} (1 - R_L)^i R_L^{n_f-i} = \alpha \qquad (3-16)$$

式中:R_L 为成功率或可靠度的单侧置信区间下限值;n_f 为试验次数;r 为失败次数;α 为显著性水平,置信水平 $C = 1 - \alpha$。

在 n_f 中有 r 个失败时,用迭代法计算产品成功率或可靠度置信下限是相当繁琐的,现已有表格可查。

3.4.2　应注意的事项

(1)试验方案中的 θ_1 或 R_1 应等于合同中规定的最低可接收的 MTBF 值或可靠度(成功率)值。

(2)在做可靠性鉴定试验前应做可靠性预计,且预计值 θ_p 或 R_p 应大于试验方案中的 θ_0 或 R_0。

(3)对可靠性高的产品,可靠性鉴定试验所用的时间和经费是相当高的,因此一般仅对关键和重要产品做。

(4)受试产品应从所有产品中随机地抽取。做鉴定试验时,受试产品数一般不应小于 2 台,且事先应通过功能试验、环境试验及环境应力筛选。

（5）试验剖面正确与否直接影响试验结果的可信性,应根据产品的任务剖面制定环境剖面,进而制定试验剖面。该剖面应尽量模拟产品真实的环境条件(应采用温度、湿度和随机振动的综合应力)、工作条件及现场使用时的维护程序,即在试验期间可按规定的使用维护程序进行更换、调整、润滑、清洗等工作。

（6）寿命服从指数分布的产品,在可靠性鉴定或验收试验结束后,对受试产品进行整修,更换有故障的或性能降级的零部件,使其恢复到规定的技术状态并通过有关的验收程序后,仍可出厂交货。

3.5　可靠性外场试验

装备的使用环境对装备的可靠性有很大的影响,同样的装备在不同严酷程度的环境条件下使用,可能会表现出不同的可靠性量值。因此,装备的可靠性必须在装备使用的真实环境中或模拟的真实环境条件下验证,才能获得准确的可靠性数据,从而对装备的可靠性水平,做出正确的评价。装备在完成规定的任务时,需执行各种任务剖面,每个任务剖面都对应着各种不同的使用环境,即装备在其作用范围内使用环境是不断变化的。装备的使用环境需占有较大的场地、空间或海域。在这种环境条件下验证装备的可靠性,一般情况下无法在内场(实验室)中进行,只能在外场(包括靶场,试验场)进行验证。

3.5.1　装备可靠性外场验证的特点

可靠性的外场验证与内场试验有一些共同点,无论可靠性的外场验证与可靠性内场试验,都是在一定的环境条件下,通过装备或分系统、设备按照任务剖面工作(运行)一定的寿命单位,例如,时间、行驶里程或发射次数,发现故障现象,判定故障类别,统计故障率,经计算得到装备或分系统、设备的可靠性量值,并从试验样本的样本可靠性量值,判断装备总体的可靠性水平。但是,装备的可靠性外场验证与内场验证还有明显的不同点,这些不同点构成装备可靠性外场验证的特殊优点,这些特点受到各国的普遍重视,使得外场验证成为装备可靠性验证的必经之路。其特点可以概括如下。

1. 综合性

装备可靠性外场验证的综合性表现在装备本身的系统综合、环境综合和保障设备的综合三个方面。

1）系统综合

装备是由各种功能的分系统或设备,按照一定的接口关系连接组成的。接口关系是多种多样的,有机械的、电的、液压的、气压的、电子的、光学的等。通常,只有当各功能分系统或设备都能正常、可靠地工作,才能保证装备性能得到发挥,并且工作可靠。但是,从系统综合的角度来看,仅仅是各功能分系统或设备。经过实验室验证,各自能可靠地工作,并不等于装备就一定能够可靠地工作。因为如果接口连接得不可靠,装备也不能可靠工作。为此,还需要经过对装备可靠性的综合验证,即证明分系统、设备工作可靠,也验证接口关系连接得正确,且是可靠的,才能证明装备工作是可靠的。而对装备可靠性的某些综合验证只能在外场条件下进行。系统综合是综合性表现的第一个方面,又是构成第二个特点"真实性"的基础。

2)环境综合

研制新装备就是为使其在外场作战使用,外场使用的环境条件是综合的。很明显,装备停放在外场,就承受着外部自然环境的温度、压力、湿度以及气候变化时风、砂、雨、雪的影响。根据作战任务使用装备时,外部环境在变化,例如,坦克行驶在不同粗糙程度的道路,飞机的飞行高度、速度变化所经历的不同环境条件。同时,装备的动力装置的功率变化,使装备内部的温度、压力、振动、负载的变化都作用在装备本身。因此,整个装备承受的环境应力是综合的复杂应力。这种复杂应力在内场试验室通常是无法同时全部模拟的。这种环境条件的综合是综合性表现的第二个方面。

3)保障设备的综合

装备使用时,离不开后勤保障,装备维修需要地面保障设备,地面保障设备使用中也存在着可靠性的问题。虽然地面保障设备的可靠性不属于装备本身的可靠性,但是地面保障设备可靠性的好坏,直接影响着装备的外场使用。在对装备进行可靠性外场验证时,必须使用与装备配套的地面保障设备。因此,地面保障设备的可靠性也可以在外场使用中得到验证。由于这一特点,就要求在进行装备可靠性外场验证时,其配套使用的地面保障设备的技术状态应与将来交付部队使用的地面保障设备的技术状态是相同的;否则,就不能使地面保障设备的可靠性,与装备一起在外场使用中得到综合验证。

总之,在系统综合的条件下,对装备的可靠性进行外场验证,可以获得综合的可靠性度量,它是评估装备的作战适用性和作战效能的重要依据。

2. 真实性

装备可靠性外场验证的真实性主要是指在外场验证的环境条件最真实,或最接近真实的作战使用环境。装备可靠性外场验证的综合性是环境条件真实性的基础,装备系统综合的程度越高,就要求其验证的环境更接近真实的使用环境。因为只有在真实环境中验证才能够获得较准确的可靠性数据,用于评估装备的可靠性,才有较高的可信性。以军用飞机为例,通常的环境条件,如温度、振动、湿度等,在实验室是容易模拟实现的。而飞机做机动飞行时产生的过载,就难以在实验室条件下模拟产生,它需要大型复杂的设备。而机载设备或部件,特别是连接部位的故障,就可能在有过载的情况下发生。因此,在一般的实验室试验有时难以暴露这些故障。环境条件的真实性特点,已使外场验证成为装备可靠性验证中不可缺少的重要环节。

3. 经济性

如果单独进行装备可靠性外场验证,其耗资是巨大的。把经济性作为外场验证的特点,主要是指装备可靠性的外场验证可以结合装备的性能试验、鉴定试验、部队试用和使用等进行。一般可以不再为装备可靠性单独组织外场验证,或只需要少量地、有重点地进行装备可靠性的外场验证。装备的可靠性由于能结合其他试验进行验证,从而节省经费。

对于装备可靠性外场验证的经济性特点,不应理解为可以不做或少做低层次的分系统、设备的可靠性试验,而留到装备可靠性的外场验证中去结合验证,以节省分系统、设备的可靠性试验经费,这样做将会是"得不偿失"的。国内外的实践经验均表明,在低层次的分系统、设备上解决问题,从长远看,比在装备系统级的试验中发现问题要容易而且花费少。以飞机为例,为了消除飞机结构上的缺陷,在研制阶段、批生产阶段和使用阶段所花费用比例约为 $1:10:100$。能在研制阶段弄清结构上的缺陷是最大的成功。在飞机制造过程中为了消除结构上的缺陷,在批生产条件下所花费用要比样机生产高一个数量级。在使用条件下,通过补充加工使飞机消除结构缺陷所花的费用比样机生产条件下相应的费用要高两个数量级。在研制阶段,提高试验工作的工作量有利于制造更可靠的飞机,在投入批生产中,其结构缺陷也大大减少,在确保飞机寿命的条件下,减少了总支出,从而大大节省了费用。

综上所述,为了充分发挥装备可靠性外场验证特点所显示的优越性,各国的装备采办机构对装备可靠性的外场验证都予以极大的关注。例如,加强资金的投入,健全外场验证的设施、设备和模拟的环境条件,制定规范标准,严格外场验证的要求,组成强有力的工作班子,组织实施装备可靠性的外场验证,建立外场数据收集系统,适时进行评估等,已经形成完整配套的可靠性外场验证管理体系,使装备可靠性的外场验证成为采办过程中的重要节点。

3.5.2　装备可靠性外场验证的适用范围

武器装备有常规与非常规(特种)之分,也可以按重复性使用与一次性使用来区别。一般常规武器装备,如火炮、坦克、飞机、舰艇都是可以重复性使用的。

通常情况下,常规武器装备研制和生产的数量较多,单个装备的成本相对较低,但大型舰艇不在此例。常规武器装备都适于进行装备的可靠性外场验证,通常以随机抽取一定数量的装备构成样本,通过可靠性外场验证,获取数据,运用统计推断方法进行数据处理,以获得对装备总体的可靠性度量。而特种武器装备多是一次性使用的,如运载火箭、核弹及核弹头、军用卫星等。特种武器装备研制和生产的数量较少,而单个装备的成本相对较高,一般难以用一定样本量的装备投入外场验证来获得装备的可靠性度量。对于特种武器装备具体型号的可靠性,则要通过对其低层次的分系统、设备的可靠性试验数据进行分析评估和严格的可靠性控制管理,综合起来预计整个特种武器装备的可靠性水平。当然,特种武器装备的实际使用和性能试验,如卫星发射、运载火箭的飞行试验、核试验都能积累数据,从而获得特种武器装备的可靠性度量。但在使用之前,一般不一定通过外场试验验证其可靠性量值。因此,装备可靠性外场验证的适用范围主要是适用于重复性使用的常规武器装备。

3.5.3　装备可靠性外场验证的目的

装备可靠性外场验证的根本目的是为分析评估新装备的作战效能、作战适用性和寿命周期费用提供依据。在新装备研制的不同阶段,可靠性外场验证的具体目的可分为以下三种。

(1)通过可靠性的外场验证,发现装备设计、制造的缺陷,以便尽早采取纠正措施,提高装备的可靠性水平。装备的可靠性外场验证是在综合的、复杂应力的环境中进行的,在这种环境中,按照规定的任务剖面进行可靠性验证,有利于暴露装备的故障和缺陷。因此,在可能的条件下,尽早进行外场验证对提高装备的可靠性十分重要。美国空军飞行试验中心早在20世纪70年代初就对处于竞争试飞的原型机进行可靠性验证(如 AX 计划和 YF – 16 计划),其目的就是为了早期发现故障和缺陷,以改善全尺寸研制的飞机。

(2)检查新研制的装备是否达到了合同规定的可靠性定性定量要求,作为验收装备的依据,新装备都是按照合同要求进行研制的。装备的可靠性已经与装备的性能一样,既有定性要求又有定量指标要求,并在研制合同文件中明确规定。新研制装备的可靠性是否达到了合同规定的要求,能否定型和验收,都需要通过外场验证做出回答,这是使用方与研制方共同关心的最现实的问题。

(3)通过对早期阶段的可靠性外场验证,为估计成熟期装备的可靠性水平及所需保障资源提供依据。装备可靠性的外场验证可以在研制、生产、使用各阶段进行。但早期的可靠性外场验证数据可以用来估计成熟期装备的可靠性水平,并为计算所需保障资源、编制后勤保障计划提供依据。这一目的是通过对可靠性增长管理来实现的。美军标 MIL – HDBK – 189《可靠性增长管理手册》为使用早期验证的装备可靠性数据推测成熟期装备可靠性水平以及制定可靠性增长目标提供了数学模型和方法。

3.5.4　装备可靠性外场验证的基本条件、时机和方法

1. 装备可靠性外场验证需具备的基本条件

这里所说的基本条件,是指以考核合同规定的指标和验收装备为目的而进行的可靠性外场验证所必需具备的基本条件。对于以早期发现故障缺陷,改进设计为目的的可靠性外场验证,则不一定要求完全具备这些条件,如美国空军对于竞争试飞的原型机进行可靠性外场验证时,就不具备这些条件。因为装备可靠性外场验证的结果是否准确反映装备的可靠性水平,不仅影响对装备作战效能和作战适用性的评估,而且关系到研制合同的完成与装备验收。要求进行可靠性外场验证的装备需要具备一定的基本条件,是使验证结果能如实反映装备可靠性水平的基本保证,否则达不到验证的目的。

装备可靠性外场验证的基本条件有以下几种。

(1) 装备的构型、技术状态已基本稳定。进行可靠性外场验证的装备构型、技术状态应基本稳定并与将来交付部队使用的装备构型、技术状态保持一致,否则经验证的装备的可靠性度量没有代表性,不能用于评估部队使用时装备的作战效能与作战适用性。通常新装备在研制阶段结束或投入批生产时,其构型、技术状态能够达到基本稳定的要求。

(2) 组成装备的分系统、设备已经达到规定的最低可接收的可靠性要求。理想的情况下,最好将组成装备的分系统、设备全部分别在模拟装机环境条件进行试验或测定,验证其已经分别达到了分配给它的最低可接收的可靠性指标,再装机进行整机的可靠性外场验证。但是在工程上,由于经费、进度的约束和某些机载设备的复杂环境模拟困难时,就需要按照产品的重要程度分类,有选择地进行内场试验考核。对于那些没有经过内场试验室试验考核的分系统和设备,仍应对其低层次产品的可靠性设计或试验数据进行分析评估,预测其能够达到的可靠性水平,再装机与装备结合进行可靠性外场验证。盲目从事,将会严重干扰装备可靠性外场验证的实施和进度,经济上也是不值得的。

(3) 地面保障设备已经配套、到位,这是保证装备可靠性的外场验证能够顺利进行的条件,同时也使地面保障设备的可靠性在使用环境条件下得到综合验证。因此,地面保障设备的构型、技术状态应与未来配套交付部队使用的地面保障设备的构型、技术状态相一致。

2. 装备可靠性外场验证的时机

装备可靠性外场验证的时机,一般是由装备研制能否具备了上述的三个基本条件决定,对于不同的装备,还要根据验证的目的选择适当的时机。美国空军对飞机的可靠性研究工作开展得比较早,在飞机可靠性的外场验证方面做过大量的实践,累积的经验可供借鉴。例如,F - 111 战斗机是通过三个阶段试飞验证可靠性的。

(1) 研制阶段试飞。包括 I 类试飞(由承制方飞行员完成的试飞)和 II 类试飞(由空军试飞中心完成的试飞)。试飞的目的是发现飞机设计及制造中存在的问题,共飞行 1817h,验证了从首批 5 架到第 20 架飞机的可靠性。

(2) 训练飞行的可靠性评估。结合 16 个月的训练飞行,对 5 架飞机的可靠性进行验证。

(3) 使用阶段的可靠性验证。在战术战斗机中队,累积飞行 3600h,执行 1267 次任务飞行。

以上是结合飞行试验和飞行任务进行可靠性外场验证的例子。美国空军还组织过专门的可靠性试飞验证。这种试飞通常在空军的试飞中心进行。C - 5A、C - 141 等大型军用运输机都进行过专门的可靠性验证试飞。C - 5A 运输机是在形成初步作战能力后两年,以 3 架飞机进行飞行 1000h,执行 10h 的任务,专门考核 C - 5A 运输机是否达到规定的任务可靠度。C - 141 运输机则在交付的第一架飞机上进行专门的可靠性验证试飞,在一架飞机上累积的试飞时间比以前的飞机大 1 倍,共飞行 2535h,具有加速飞行试验的特点,验证了任务成功率、出勤可靠度等指标。

根据需要,美国海军对 F/A - 18 战斗机采用综合的可靠性外场验证。它选择在小批生产决策前、大批生产决策前、初步使用试验与评估(IOT & E)、部队使用等不同时机验证可靠性指标。

(1) 小批生产决策前的验证。飞机已飞行 1200h,相当于 F/A - 18 战斗机首次试飞后 18 个月,在海军航空试飞中心,对平均故障间隔飞行小时的指标($T_{\text{MFHBF}} \geqslant 2.9\text{h}$)进行验证。

(2) 大批生产决策前的验证。飞机飞行到 2500h,相当于首飞后 29 个月,由美国麦道公司驾驶员进行专门的可靠性试飞。选择 9 号机,其技术状态和构型接近于生产型的飞机,验证指标 $T_{\text{MFHBF}} \geqslant 3.7\text{h}$。

(3) 初步使用试验与评估。在海军试飞中心进行,由海军驾驶员及维修人员完成 MFHBF 指标的验证。

(4) 部队使用验证。飞机已累积飞行 9000h,这是 F/A - 18 战斗机按合同规定的最后一次正式验证,在海军航空兵战斗机中队的 4 架生产型飞机上进行。

　　从上述实例可以看出,美国空军、海军对飞机的可靠性外场验证时机的选择,有些共同特点:一是强调尽早进行飞机可靠性的外场验证;二是与其他飞行试验或飞行任务结合进行可靠性外场验证;三是根据需要专门组织一些可靠性外场验证。

　　按照我国常规武器装备研制程序的阶段划分和可靠性外场验证的目的,验证时机主要选择在设计定型阶段和生产定型阶段较为合适。通常在设计定型阶段,需要对装备进行定型试验;定型试验的综合性较强。环境条件接近真实的使用环境,此时就能够结合进行可靠性外场验证。特别对设计定型阶段有可靠性指标要求的装备,可以通过对其可靠性的外场验证进行考核。而在设计定型阶段还不能具备以上三个基本条件的装备,也应重视定型试验的时机结合进行可靠性数据的收集和评估,以尽早发现装备存在的可靠性缺陷,及时采取纠正措施,提高装备的可靠性水平,到生产定型阶段再进行可靠性外场验证。以军用飞机为例,新机首飞后,经过排除故障,调整试飞,使飞机的性能、技术状态基本稳定,进入定型试飞时就可以结合进行可靠性外场验证,积累可靠性数据。但是,参加定型试飞的原型机的构型可能是不同的。例如,几架原型机的机载设备可能不完全一致,有的不齐全,使用了代用设备。因此,对进入定型试飞的原型机,所记录的故障数据只在一定程度上或在某些分系统上反映原型机的可靠性水平。此外,由于设计定型试飞大纲及进度的限制,定型试飞的任务剖面与作战使用的任务剖面的类型、比例不同,任务应力的强度也不同。所以,军用飞机设计定型阶段结合进行的可靠性外场验证的结果,还不能代表飞机实际能够达到的可靠性水平,它可以用于预测未来的飞机可靠性,也可用于发现设计和制造缺陷有利于采取纠正措施,但不能作为完成研制合同中可靠性指标或验收装备的依据。为了验证飞机的可靠性是否满足研制合同的要求,还需要在研制阶段结束,即选择在生产定型阶段或接近生产定型时,约在设计定型后 2~3 年进行可靠性外场验证。选择在生产定型阶段进行可靠性外场验证,其重要的原因是按照常规武器装备研制程序的规定,在生产定型阶段中有些部队试用新装备这一环节。部队试用的飞机是经过设计定型的,其性能、构型及技术状态已基本稳定,与以后交付部队使用的飞机一样,保障设备也能配套交付使用,此时装备可靠性外场验证的基本条件已经具备。在部队试用新飞机时,执行的任务剖面及使用环境可以选择,使之更接近实战。这时验证飞机的可靠性,能较准确地反映飞机的可靠性水平,其数据可以用于评估飞机的作战效能、作战适用性、寿命周期费用和作为完成研制合同的可靠性要求及验收飞机的依据。

　　实际上,装备的可靠性从生产定型阶段到使用阶段仍有增长。据报道,美国空军《R&M 2000 年大纲》就规定:"保证在开始生产时至少要达到 90% 成熟产品的各项要求,当大批量生产时要满足成熟产品全部要求。"经过部队使用,装备的可靠性增长达到预期的水平,此时进行可靠性外场验证,能够获得成熟期的装备可靠性度量。因此,在使用阶段仍需要继续进行可靠性外场验证,具体选择在何时进行,则根据任务需要确定。

3. 装备可靠性外场验证的方法

装备可靠性外场验证的方法主要是统计推断法,即以一定数量的装备为样本,在外场使用环境条件下,使样本在规定的任务剖面工作,运行一定的寿命单位,如飞机的飞行小时、坦克火炮的行驶里程数、实弹射击数,统计在此期间发生故障的次数,经过分析处理,按照基本可靠性和任务可靠性有关指标的定义,计算出各种指标的验证值,并以此推断装备总体的可靠性。统计推断法的理论基础是概率论与数理统计,在有关统计分析的教科书中已有详尽的论述。本节仅从工程应用的角度阐述应用统计推断方法进行装备可靠性外场验证的工程方法以及值得注意的问题。

(1)制定装备可靠性外场验证的计划与方案。装备可靠性外场验证是装备可靠性试验的重要组成部分,它牵涉面广,耗费人力、财力和时间,需要周密地计划和精心地组织实施。为了保证可靠性外场验证的顺利进行,达到验证的目的,首先应按照合同要求和装备研制的可靠性大纲规定的工作项目,制定装备可靠性外场验证计划。计划一般应包括验证的目的、要求、验证的进度,以及验证的方案、受验装备的说明、性能监测要求、数据处理系统、保障设备等。当装备可靠性外场验证的目的主要是鉴定和验收装备时,所制定的验证方案应能用来提供装备可靠性是否符合合同要求的依据和管理信息。通常是按照统计试验方案验证就能够达到以上要求。

在制定统计试验方案时,应选择置信水平,判断风险,规定合格判据,并与经费和进度相权衡。例如,研制合同中已有明确规定,则按合同规定执行,以便控制装备的真实可靠性不低于最低可接收的可靠性。这种方案必须反映实际使用情况,并提供验证可靠性估计。目前,我国有些装备还没有制定出可靠性外场验证的军用标准,在制定统计试验方案时可以参照 GJB 899—90《可靠性鉴定和验收试验》。使用时应注意,只有当装备的故障前工作时间符合指数分布,或能够合理假设为指数分布时才适用该标准。

(2)选择验证的参数和指标。国内现已制定了各主要装备的可靠性维修性参数选择与指标确定方面的国军标,如 GJB 1909A 系列。在研制新装备时,由使用方选择提出可靠性参数、指标,并明确哪些需要进行外场验证,与研制方商定写入研制合同文件作为工作依据。对于不同的装备,选择的参数、指标也不同。下面仅列举几项经常需要进行外场验证的可靠性参数。

① 火炮可选择:平均故障间隔发射数;平均致命故障间隔发射数;平均故障间隔行驶里程。

② 坦克可选择:完成 500km 机动任务可靠度;平均故障间隔行驶里程;致命性故障间的行驶里程;平均故障间隔时间。

③ 飞机可选择:平均故障间隔飞行小时;平均故障间隔时间;任务成功概率。

（3）确定验证的样本量及验证的强度。统计推断方法就是通过对一定数量的样本进行可靠性外场验证,推断装备总体的可靠性水平。因此,如何选择和确定装备数量作为可靠性外场验证的样本对推断的准确性有一定影响。通常在经费等条件允许时,验证的样本多一些,有利于推断的准确性。但是,在装备研制阶段,由于受样车、样炮、原型机研制数量的限制,为早期可靠性外场验证提供的样品不多,例如,坦克可有 3 ~ 5 台;飞机可有 3 ~ 5 架。而在部队试用和使用阶段,装备的数量会多一些,就可以按建制单位,如坦克、火炮的连、营和飞机的飞行中队、大队为单位实施外场验证。

验证的强度是指受验证的装备在外场验证中所必需经历的寿命单位数量和执行任务剖面的类型、数量,以及各种不同任务剖面所占的比例,如累积的行驶里程、发射炮弹数、飞行小时或起落次数等。在外场验证中,确定所必需经历的寿命单位数量应远大于被验证装备的典型任务时间、MTBF 或 MTTR 等值,通常是典型任务时间、MTBF 或 MTTR 等值的几十倍或更多。例如,坦克以每台样车行驶试验不少于 10000km,验证平均故障间隔行驶里程为 300 ~ 400km;飞机累积飞行时间 500 ~ 1000h,验证平均故障间隔飞行时间为 2 ~ 3h。在确定验证强度时,还要考虑装备所执行的任务剖面的类型和比例与实际作战使用尽量保持一致。因为在工作、运行同样时间或行驶里程的条件下,执行不同的任务剖面,验证的强度不同。为使受验装备的验证强度接近实战条件,在进行外场验证时应按各类装备的战术技术指标要求中规定的任务剖面验证。GJB 899—1990 附录 B 给出了任务剖面特性参数图示例,以及从任务剖面确定环境剖面的基本方法,可供工程中使用。

（4）收集分析处理数据。数据是应用统计推断方法的基础,在对装备可靠性进行外场验证时,最重要的工作就是获取数据。数据经过分析处理后,可作为评估装备可靠性的依据。但是,外场验证数据的收集比在内场实验室条件下收集的数据困难得多,这是由于外场验证的环境条件复杂,验证所经历的时间长,装备分散,参与记录收集数据的人数比较多,如果各专业的维修技术人员不经过培训和严密地组织,有意无意地丢失故障数据和信息是难以避免的。因此,保证外场验证数据的准确性就成为收集数据首先需要解决的问题。

总之,装备可靠性外场验证的综合性、真实性和经济性特点已使其成为装备可靠性试验不可缺少的重要组成部分。装备可靠性外场验证主要适用于重复性使用的常规武器装备;可靠性外场验证的基本方法与内场实验室有许多相似之处,但外场验证数据的收集比内场困难得多。为此,外场验证试验前必须建立严格有效的数据收集系统,以保证外场验证结果的有效性。

3.6   可靠性分析评价方法

可靠性分析评价方法即可靠性分析评价手段或途径,主要是定性分析与定量评价相结合。定性分析即定性评价,主要是对产品本身研制中所采取的设计、分析、试验结果是否满足规定可靠性要求做出定性评述;定量评价主要是综合利用各种相关信息,据此扩大、补充样本量,做出是否满足规定可靠性要求的定量评价。

可靠性分析评价的目的就是综合利用与产品有关的各种定量信息与定性信息,评价产品是否满足规定的可靠性(固有可靠性)要求。

许多产品,尤其是像导弹、卫星、舰船等军用装备,系统复杂,成本昂贵,可靠性要求高,生产批量少,不可能依靠足够的、专门的可靠性试验获取有效的信息完成可靠性评估,只能通过综合利用各种相关信息,定性与定量相结合,进行可靠性分析评价,这就是开展本项目的实际背景。

3.6.1   可靠性分析评价适用范围与时机

可靠性分析评价适用范围主要有以下几种:

(1)大型复杂装备,不可能安排专门的可靠性试验验证其可靠性水平,通过充分利用其组成部分的信息综合评价其可靠性。

(2)可靠性要求高的产品,不可能安排很长的试验时间或多次试验验证其可靠性,通过充分利用相关信息评价其可靠性。

(3)由于生产批量少,不可能多做试验,导致缺乏足够的可靠性试验。

(4)产品研制过程中可靠性设计、分析工作比较全面、完善,如可靠性预计、FMEA、应力—强度分析、环境适应性分析等工作。

可靠性分析评价适用于产品工程研制各阶段,主要用于产品设计定型阶段。

3.6.2   单元产品定量评价方法

单元产品是相对于系统而言,可以是部件、元件,也可以是单机。定量评价的主要方法有以下几种。

1. 借用相似产品的试验数据

借用产品与本产品相似应满足以下条件：

（1）产品的结构状态相似。

（2）产品的生产条件相似。

（3）产品的功能与工作原理相近。

（4）产品的任务剖面相似，主要是产品任务时间相近、产品在任务时间内所经历的环境条件相近。

（5）产品试验条件相近。

满足以上条件的试验数据可以作为定量评价的补充样本。

2. 尽量采用计量型试验代替成败型（计数型）试验

许多产品试验为成败型，这种试验仅获取离散型信息，信息量有限，因此为验证可靠性所需试验数量巨大，从而受到经费条件限制，变得不可行，实际试验数量不得不大为减少，不足以定量评价可靠性。针对这种情况，必须寻求另外出路，出路在那里？通过下例可获得启迪：某系统内设隔离膜片，要求它在规定压力范围内被剪断，从而打开系统通路。如果采用成败型试验方法，剪断为成功，不能剪断或提前剪断为失败，可靠性特征量为失败数或成功数；若要求该膜片可靠性为 0.9999，当置信水平为 0.8 时，需要投试 16094 个隔离膜片，全部成功。经过进一步分析，找到隔离膜片剪断压力为可靠性特征量，即对投试的每个膜片记录它被剪断时的压力，经检验符合正态分布，结果是仅需数十个隔离膜片试验数据即可评估到 0.9999。由此例可见，为完成产品可靠性定量评价，必须首先找到最能反映产品工作正常与否本质的特征量，而且是可检测的计量型变量（如本例中的剪断压力）。用计量型试验代替成败型试验，这是解决可靠性定量评价如何适应小样本条件限制的有效途径之一。

3. 充分利用中断试验与无失效试验信息

产品可靠性试验都是抽样试验，当某些产品可靠性水平很高，若要等到抽试的样件全部试验到失效才告截止，那是等不及的，而且在工程上由于种种需要，往往期望不必试验到失效，一般都试验到规定任务条件的若干倍（如 1.2 倍、1.5 倍、2 倍等）即停止试验，这种试验称为中断试验；如果全部的抽试件都未失效，称为无失效试验。这些试验信息在普通统计学中不加以考虑，但是这些试验也提供了一定的可靠性信息；如果不加以利用，就丢失了信息，也就不能适应小样本限制条件。怎样利用这些中断试验信息？通过下述的分析可获取解决问题的思路：众所周知，当全部抽试件都试验到失效即完全样本情况下，可以得到失效顺序号的整数排列。据此可以计算相应的累积失效概率估计值，从而完成可靠性定量评价。

4. 充分利用研制过程各阶段试验信息

通常产品的可靠性水平总是不能一步达标,以某型号电子设备为例,初样阶段的 MTBF 最多达到设计定型指标的 40%,这就需要在以后的研制阶段不断开展可靠性增长工作,使原材料、元器件、设计、工艺等方面不断改进,从而使可靠性不断增长,最终满足可靠性指标要求,也就是我们关心的问题是最后阶段结束时产品可靠性达到什么水平? 解决这个问题存在着理论上和实践上的难度。对增长过程而言,产品技术状态总是在变动,各阶段技术状态有所不同。从数学上看,每个阶段对应一个母体,各阶段对应的母体是不相同的,而每个阶段的试验数据是来自该阶段对应的母体。要利用各个母体数据去推断最后阶段的母体,这是变动母体统计学,它不同于现行的不变母体的传统统计学方法。显然,若能解决好这样问题,则对不同状态的数据就能加以充分利用,从而可以较大地减少试验数量,取得明显的经济效益,也就是适应了小样本条件的限制。

3.6.3 复杂产品(装备)"金字塔"式的综合评价方法

任何复杂系统均可建立如图 3 - 11 所示的"金字塔"模型。对于复杂系统,虽可像单元产品一样,根据系统级试验信息来对系统级的可靠性进行定量评价。但是产品的试验一般符合"金字塔"式程序,"级"越高,试验数量越少,全系统的试验数量更少,这就要求在定量评价可靠性时充分利用系统以下各级的信息,以扩大信息量。为此需要自下而上直到全系统,逐级确定来自该级以下的试验信息经综合得到的等效试验信息,据此完成系统级的可

图 3 - 11 复杂的"金字塔"模型

靠性定量评价。由于这种方法具有"金字塔"式逐级综合的特点,因此又称"金字塔"式可靠性综合评估,它实质上是根据该级已知的可靠性框图(如串联、并联、混联、表决……)和该级以下的试验信息(如成败型试验、指数寿命型试验……),自下而上,逐级确定可靠性置信区间下限。

由于按照经典估计理论很难得到系统可靠性综合评估的严格解,为此许多统计学工作者对各种近似方法做了大量研究。下面以串联系统为例,介绍一种实用效果较好的方法,称为 L - M(Lindstrom - Maddens)法,它是根据串联系统可靠性取决于薄弱环节这个事实,利用各组成单元试验数据综合而成的系统等效试验数据,然后进行系统可靠性定量评价。

设系统由 K 个单元组成,试验数据为 $(n_i, F_i)(i = 1, 2, \cdots, k)$,其中 n_i 为第 i 个单元试验数,F_i 为第 i 个单元失败数,则系统可靠性的最大似然估计为

$$R = \prod_{i=1}^{k} \frac{n_i - F_i}{n_i} \tag{3-17}$$

将系统各组成单元的试验数从小到大排列为 $(n_{(1)}, n_{(2)}, \cdots, n_{(k)})$,并取系统等效试验数为

$$N = \min\{n_1, \cdots, n_k\}$$

则系统等效失败数为

$$F = N\left(1 - \prod_{i=1}^{k} \frac{n_i - F_i}{n_i}\right) \tag{3-18}$$

记 $[F]$ 为不超过 F 的整数部分,取置信水平 γ,由

$$\sum_{x=0}^{[F]+1} \binom{N}{x} R_1^{N-x} (1 - R_1)^x = 1 - \gamma \tag{3-19}$$

解得 R_1,由

$$\sum_{x=0}^{[F]} \binom{N}{x} R_2^{N-x} (1 - R_2)^x = 1 - \gamma \tag{3-20}$$

解得 R_2,最后按 F 在 (R_1, R_2) 中进行线性内插,内插值即为系统可靠性置信区间下限的近似值 R_L。

该方法适用于成败型试验数据单元的串联系统可靠性定量评价,使用简便。但是对系统组成单元属非成败型试验数据时,必须通过另外的转换方法,将其转变为等效的成败型数据。下面介绍一种转换方法。

无论系统组成单元试验数据为何种类型,可以根据各自的原始试验数据得到各类型单元的可靠性点估计 $\hat{R}_i$,与可靠性置信区间下限 $R_{iL}(\gamma)$,据此将非成败型数据转换为成败型数据 (n_i^*, s_i^*),(n_i^*, s_i^*) 即为第 i 个单元转换后的试验数与成功数,它由下式解得:

$$s_i^* = n_i^* \hat{R}_i \tag{3-21}$$

$$\frac{1}{B(s_i^*, n_i^* - s_i^* + 1)} \int_0^{R_{iL}(\gamma)} x^{s_i^* - 1} (1 - x)^{n_i^* - s_i^*} \, dx = 1 - \gamma \tag{3-22}$$

为了保证此式(3-22)有解,可用 $\gamma = 0.5$ 的 $R_{iL}(0.5)$ 代替。

3.6.4　定性评价

如果产品缺乏可靠性试验甚至没有做可靠性试验,并且也缺少其他工程试

验提供相关的可靠性信息，那么只能采用定性述评方法评价产品是否满足规定的可靠性要求。定性评价的主要途径如下：

（1）说明产品的原材料与元器件的选用是否严格遵循"优选目录"？对于超目录选用的是否经过了严格的审批？据此评价产品基础可靠性能否得到保证。

（2）说明产品继承性情况，产品的设计与工艺是否尽可能采用成熟技术？评价产品的继承性对于可靠性的贡献。

（3）说明产品是否按照使用任务剖面进行了环境适应性设计（抗振动、冲击设计；热设计与低温防护设计；防潮、防盐雾、防霉菌设计；电磁兼容设计等）？并评价设计效果以及对于产品固有可靠性的影响。

（4）分析产品的功能设计、结构设计、密封设计等是否充分考虑了裕度设计原则？功能裕度、密封裕度、结构承载裕度（安全系数）是否足够？并对产品固有可靠性保证情况做出评价。

（5）对于采用降额设计来提高可靠性裕度的产品（电子及液压器件等）分析其降额参数，降额因子、降额等级的合理性，评价降额效果。

（6）说明产品是否进行了最坏情况分析？分析产品各组成单元或基本因素的特性参数最大变化范围设计的合理性，评价产品处在最严重工作条件或环境条件不同组合下的健壮性。

（7）对于产品中某些单点环节、关键信号传递、切换装置等是否采用冗余设计？评价冗余方案的正确性、有效性。

（8）说明产品在方案设计阶段或工程研制阶段的初期是否进行了可靠性预计？分析可靠性预计中的基础数据选取、预计方法的合理性，根据预计结果为评价产品可靠性提供参考。

（9）产品在研制过程中是否同步开展 FMEA 或 FMECA？分析通过 FMEA 找到的故障模式有无遗漏？对于故障模式，特别是Ⅰ、Ⅱ类故障模式采取的针对性纠正或防止措施是否有效？根据 FMEA 或 FMECA 结果，评价产品可靠性是否满足要求。

（10）电子产品是否100%经过环境应力筛选？分析筛选条件的合理性，评价筛选效果以及生产过程可靠性保证的有效性。

（11）说明产品研制过程中可靠性管理情况，主要有：是否建立并健全可靠性工作体系，是否认真制定、实施、监督可靠性工作计划，是否切实进行产品各研制阶段的可靠性设计评审，并对评审中遗留问进行跟踪解决。

132

3.6.5 "金字塔"式综合评价方法示例

设某整机由三个单机组成串联系统:第一个单机是电子仪器;第二个单机为机电型装置;第三个单机为机械部件。研制过程处在初样阶段,整机尚未做过可靠性试验,但三个单机分别做过一定数量的可靠性试验,且进行了初样阶段各单机可靠性定量评价,其结果见表 3 - 5。

表 3 - 5　可靠性定量评价结果

试验数据类型	点估计 $\hat{R_i}$	置信区间下限 $R_{iL}(\gamma)$	置信水平 γ
单机 1(指数寿命型)	0.9785	0.9658	0.9
单机 2(Weibull 寿命型)	0.9843	0.9579	0.8
单机 3(应力—强度型)	0.9987	0.9750	0.9

现对该整机进行可靠性定量评价,即用 L - M 法求置信水平 $\gamma = 0.8$ 之下的整机可靠性置信区间下限。为了应用 L - M 法,首先需将三个单机试验数据类型由非成败型转换成等效的成败型数据,利用已编制好的计算机软件求解转换方程组,结果如下:

指数寿命型单机: $(n_1^*, s_1^*) = (394.5, 386.02)$

Weibull 寿命型单机: $(n_2^*, s_2^*) = (76.22, 75.02)$

应力—强度型单机: $(n_3^*, s_3^*) = (99.75, 99.63)$

由上述数据计算整机可靠性最大似然估计为

$$\hat{R} = \prod_{i=1}^{3} \frac{n_i^* - F_i^*}{n_i^*} = 0.9785 \times 0.9843 \times 0.9987 = 0.9621$$

整机的等效试验数为

$$N = \min(n_1^*, n_2^*, n_3^*) = \min(394.5, 76.22, 99.75) = 76.22$$

整机的等效失败数为

$$F = N\left(1 - \prod_{i=1}^{3} \frac{n_i - F_i}{n_i}\right) = 76.22(1 - 0.9621) = 2.89$$

按下列方程组

$$\begin{cases} \sum_{X=0}^{2+1} \binom{76.22}{x} R_1^{76.22-x} (1 - R_1)^x = 1 - 0.8 \\ \sum_{X=0}^{2} \binom{76.22}{x} R_2^{76.22-x} (1 - R_2)^x = 1 - 0.8 \end{cases}$$

解得

$$(R_1, R_2) = (0.9288, 0.9447)$$

按 $F = 2.89$ 在 $(0.9288, 0.9447)$ 中线性内插，最后得整机可靠性置信区间下限为

$$R_L(0.8) = 0.9306$$

第4章 维修性验证技术

4.1 概　述

4.1.1 维修性验证的内容

装备维修验证分为定性评价和定量评价两部分。

1. 定性评价

定性评价是根据维修性的有关国家标准和国家军用标准的要求及合同规定的要求而制定的检查项目核对表结合维修操作、演示进行。定性评价的主要内容包括：维修的可达性、检测诊断的方便性与快速性、零部件的标准化与互换性、防差错措施与识别标记、工具操作空间和工作场地的维修安全性、人素工程要求等；产品的维修性与维修保障资源是否满足维修工作的需要，并分析维修作业程序的正确性；审查维修过程中所需维修人员的数量、素质、工具与测试设备、备附件和技术文件等的完备程度和适用性。

2. 定量评价

定量评价是对装备的维修性指标进行验证。要求在自然故障或模拟故障条件下，根据试验中得到的数据，进行分析判定和估计，以确定其维修性是否达到指标要求。

由于核查、验证和评价的目的、进行的时机、条件不同，应对上述内容各有所取舍和侧重。但定性评价都要认真进行，定量评价在验证时要全面、严格地按合同规定的要求进行。

4.1.2 维修性试验验证一般程序

维修性试验无论是与功能、可靠性试验结合进行，还是单独进行，其工作的一般程序是一样的，都分为准备阶段和实施阶段。

准备阶段的工作包括：制定试验计划，选择试验方法，确定受试品，培训试验维修人员，准备试验环境和试验设备及保障设备等资源。

实施阶段的工作包括：确定试验样本量，选择与分配维修作业样本，故障的模拟与排除，预防性维修试验；收集、分析与处理维修试验数据和试验结果的评定,编写试验与评定报告等。

1. 制定维修性试验与评定计划

试验之前应根据 GTB 2072—94《维修性试验与评定》的要求,结合装备的类型、试验与评定的时机、种类及合同的规定,制定试验计划。

试验与评定一般包括以下主要内容:

(1) 试验与评定的目的要求,包括试验与评定的依据、目的、类别和要评定的项目。若维修性试验是与其他工程试验结合进行,应说明结合的方法。

(2) 试验与评定的组织,包括组织领导、参试单位、参试人员分工及人员技术水平和数量的要求,参试人员的来源及培训等。

(3) 受试品及试验场、资源的要求,包括:对受试品的来源、数量、质量要求,试验场(或单位)及环境条件的要求,试验用的保障资源(如维修工具设备、备附件、消耗品、技术文件和试验设备、安全设备等)的数量和质量要求。

(4) 试验方法,包括选定的试验方法及判决标准、风险率或置信度等。

(5) 试验实施的程序和进度,包括:采用模拟故障时,故障模拟的要求及选择维修作业的程序;数据获取的方法和数据分析的方法(含有关统计记录的表格、计算机软件等)与分析的程序;特殊试验、重新试验和加试的规定;试验进度的日程安排等。

(6) 评定的内容和方法,包括对装备满足维修性定性要求程度的评定、满足维修性定量要求程度的评定、维修保障资源的定性评定等。

(7) 试验经费的预算和管理。

(8) 订购方参加试验的有关规定和要求。

(9) 试验过程监督与管理的要求。

(10) 试验及评定报告的编写内容、图表、文字格式,完成日期等要求。

2. 选择试验方法

维修性定量指标的试验验证,在 GJB 2072—92《维修性试验与评定》中规定了 11 种方法(表 4－1)供选择。选择时,应根据合同中要求的维修性参数、风险率、维修时间分布的假设以及试验经费和进度要求等诸多因素综合考虑,在保证满足不超过订购方风险的条件下,尽量选择样本量小、试验费用省、试验时间短的方法,由订购方和承制方商定,或由承制方提出经订购方同意。除上述国军标规定的 11 种试验方法外,也可以选用有关国标中规定的适用的方法,但都应经订购方同意。例如,某新品合同要求平均修复时间的最低可接收值为 0.5h,订购方风险率 $\beta \leqslant 0.10$。由于是新产品,维修时间的分布及方差都是未知的。表 4－1 中的试验方法 9 维修时间平均值的检验正符合上述条件,且样本量为 30,相对别方法较少。故选择试验方法 9 较合适。

表 4 - 1　试验方法汇总表

试验方法	检验参数	分布假设	样本量	推荐样本量	作业选择	规范要求的参量③
1 - A	维修时间平均值的检验	对数正态方差已知	按不同试验方法确定	≥30	自然故障或模拟故障	μ_0,μ_1 α,β
1 - B	维修时间平均值的检验	分布未知方差已知		≥30		μ_0,μ_1 α,β
2	规定维修度的最大维修时间检验	对数正态方差未知		≥30		T_0,T_1 α,β
3 - A	规定时间维修度的检验	对数正态				p_0,p_1
3 - B	规定时间维修度的检验	分布未知				α,β
4	装备修复时间中值检验	对数正态		20		$\hat{M}_{CT}$
5	每次运行应计入的维修停机时间的检验	分布未知		50	自然故障	$A,T_{CMD}/N$ $T_{DD}/N,\alpha,\beta$
6	每飞行小时维修工时（MI）的检验①	分布未知			自然或模拟故障	$M_I,\Delta M$
7	地面电子系统的工时率检验	分布未知		≥30	自然故障或随机（序贯）抽样	μ_R,α
8	维修时间平均值与最大修复时间的组合序贯试验	对数正态				平均值及 $M_{\max}$ 的组合
9	维修时间平均值、最大修复时间的检验	分布未知②对数正态		≥30	自然或模拟故障	$\hat{M}_{CT},\hat{M}_{pt},\beta$ $\hat{M}_{p/c},M_{ptmax}$
10	最大维修时间和维修时间中值的检验	分布未知		≥50		$\hat{M}_{CT},\hat{M}_{pt},\beta$ M_{ctmax},M_{ptmax}
11	预防性维修时间专门试验	分布未知	全部任务完成			$\overline{M}_{PL},M_{pcmax}$

① 用于间接验证装备可用度 A 的一种试验方法；② 检验平均值假设分布未知，检验最大修复时间假设为对数正态分布；③ 各参量的含义见 GJB 2072—92《维修性试验与评定》

3. 确定受试品

维修性试验与评定所用的受试品，应直接利用定型样机或从提交的所有受试品中随机抽取,并进行单独试验。也可以同其他试验结合用同一样机进行试验。

为了减少延误的时间,保证试验顺利进行,允许有主试品和备试品。但受试品的数量不宜过多,因维修性试验的特征量是维修时间,样本量是维修作业次数,而不是受试品(产品)的数量,且它与受试品数量无明显关系。当模拟故障时,在一个受试品上进行多次或多样维修作业就产生了多个样本,这和在多个受时品上进行多次或多样维修作业具有同样的代表性。但在同一个受试品上也不宜多次重复同样的维修作业,否则会因多次拆卸使连接松弛,而丧失代表性。

4. 培训试验人员

参试人员的构成应按核查、验证和评价的不同要求分别确定。

维修性验证应按维修级别分别进行,参试人员应达到相应维修级别维修人员的中等技术水平。选择和培训参加维修性验证的人员一般要注意以下几点。

(1)应尽量选用使用单位的修理技术人员、技工和操作手,由承制方按试验计划要求进行短期培训,使其达到预期的工作能力,经考核合格后方能参试。

(2)承制方的人员,经培训后也可以参加试验,但不宜单独编组,一般应和使用单位人员混合编组使用,以免因心理因素和熟练程度不同而造成实测维修时间的较大偏差。

(3)参试人员的数量,应根据该装备使用与维修人员的编制或维修计划中规定的人数严格规定。

5. 确定和准备试验环境及保障资源

维修性验证试验,应由具备装备实际使用条件的试验场所或试验基地进行,并按维修计划所规定的维修级别及相应的维修环境条件分别准备好试验保障资源,包括实验室、检测设备、环境控制设备、专用仪表、运输与储存设备和水、气、动力、照明,以及成套备件、附属品和工具等。

6. 确定样本量

维修作业样本量按所选取的试验方法中的公式计算确定,也可参考表4-1中所推荐的样本量。某些试验方案(表4-1中试验方法1维修时间平均值的检验),在计算样本量时还应对维修时间分布的方差做出估计。这里还要注意以下几点。

(1)表4-1对不同试验方法列有推荐的最小样本量,这是经验值。如果样本量过小,会失去统计意义,导致错判,这就使订购方和承制方的风险都增大。

(2)维修时间随机变量的分布一般取对数正态分布。当在实际工作中不能肯定维修时间服从对数正态分布时,可以先将试验数据用对数正态概率纸进行检验。若不是对数正态分布时可采用表4-1中分布假设的非参数法确定样本量,以保证不超过规定的风险。

对于对数正态分布的参量要取对数进行标准化处理。

（3）在表4-1中的一些方法要求时间对数标准差 σ 或时间标准差 d 为已知或取适当精度的估计值 $\hat{\sigma}$ 或 $\hat{d}(\sigma$ 法）。其已知值 σ（或 d）或适当精度的估计值 $\hat{\sigma}$（或 $\hat{d}$）是利用近期 $10\sim20$ 组一批数据的标准差或极差进行估计求得的。即算出每组数据的样本标准差 S，再计算出这批 S 的平均值 $\bar{S}$，则批对数标准差为

$$\sigma = \bar{S}/C \tag{4-1}$$

式中：C 为依赖于每组样本大小的系数。

当样本 $n>30$ 时，$C=1$，即 $\sigma=\bar{S}$（GB 8054—87《平均值的计量标准型一次抽样检查程序及表》），这样求得的 σ 或 d 就能满足统计学上对 σ 或 d 为已知的要求。

（4）当 σ 或 d 未知时，根据计量或计数标准型一次抽检方案计算可知，样本量要比 σ 或 d 已知时大。若新研制产品确实无数据可查时（其全连研制中的维修资料也缺乏时），也可选用 σ 未知的（S 法）检验方案进行。此方案可分为两种情况。

① 未知 σ 或 d，可由订购方和承制方根据以往经验商定出双方可接收的 σ 或 d 值求出样本量，然后用 S 进行判决（如表4-1中试验方法2）。当然，也可根据类似产品的数据，确定该产品维修时间方差的事前估计值。但是，这两种产品的维修性设计、维修人员的技术水平、试验设备、维修手册和维修环境方面也应是类似的。据美军的经验，对数正态分布的对数方差 σ^2 一般为 $0.5\sim1.3$，可供估计时参考。

② 未知 σ 或 d，可由订购方和承制方先商定一个合适的试抽样本量 n_1（一般取所用试验方法要求的最小样本量，如用表4-1中试验方法1，则先取 $n_1=30$）进行试验，求出样本标准差 S，作为批标准差的估计值，再计算所需的样本量 n，这时可能有两种情况：当 $n>n_1$ 时，再随机抽取差额 $\Delta n = n - n_1$ 个样本予以补足，之后再计算均值和标准差进行判决；当 $n\leq n_1$ 时，不再抽样，即以试抽样本量进行试验、计算、判决。

若 n 小于试验方法要求的最小样本量时，则应以要求的最小样本量进行计算、判决。

7. 选择与分配维修作业样本

1）维修作业样本的选择

为保证试验所做的统计学决策（接收或拒收）具有代表性，所选择的维修作业最好与实际使用中所进行的维修作业一致。

对于修复性维修的试验可用以下两种方法产生的维修作业。

（1）优先选用自然故障所产生的维修作业。装备在功能试验、可靠性试验、环境试验或其他试验及使用中发生的故障,均称为自然故障。由自然故障产生的维修作业,如果次数足以满足所采用的试验方法中的样本量要求时,则应优先采用这些维修作业作为样本。如果对上述自然故障产生的维修作业在实施时是符合试验条件要求的,当时所记录的维修时间也可作为有效的数据用于维修性验证时的数据分析和判决,否则这些数据只能在核查中使用。而在进行正式维修性验证时应重复进行自然故障产生的那些维修作业,严格按规定操作并准确记录维修时间,供分析判决和评估时使用。

（2）选用模拟故障产生的维修作业。当自然故障所进行的维修作业次数不足时,可以通过对模拟故障所进行的维修作业次数补足。

为了缩短试验时间,经承制方和订购方商定可采用全部由模拟故障所进行的维修作业作为样本。

预防性维修应按维修大纲规定的项目、工作类型及其间隔期确定试验样本。

2）维修作业样本的分配方法

当采用自然故障所进行的维修作业次数满足规定的试验样本量时,就不需要进行分配。当采用模拟故障时,在什么部位、排除什么故障,需要合理地分配到各有关的零部件上,以保证能验证整机的维修性。

维修作业样本的分配属于统计抽样的应用范围,是以装备的复杂性、可靠性为基础的。如果采用固定样本量试验法检验维修性指标,可运用按比例分层抽样分配法和专家估计维修频率分配法进行维修作业分配。如果采用可变样本量的序贯试验法进行检验,则应采用按比例的简单随机抽样分配法。

8. 模拟与排除故障

1）故障的模拟

一般采用人为方法进行故障的模拟。常用的模拟故障的方法如下:

（1）用故障件代替正常件,模拟零部件的失效或损坏。

（2）接入附加的或拆除不易察觉的零部件、元器件,模拟安装错误和零部件、元器件丢失。

（3）故意造成零部件、元器件失调变位。

对于电器和电子设备可采用以下方法:

（1）人为制造断路或短路。

（2）接入失效元器件。

（3）使零部件失调。

（4）接入折断的连接件、插脚或弹簧等。

对于机械的和电动机械的设备可采用以下方法：

（1）接入折断的弹簧。

（2）使用已磨损的轴承、失效密封装置、损坏的继电器和断路、短路的线圈等。

（3）使零部件失调。

（4）使用失效的指示器、损坏或磨损的齿轮、拆除或使键与紧固件连接松动等。

（5）使用失效或磨损的零件等。

对于光学系统可采用以下方法：

（1）使用脏的反射镜或有霉雾的透镜。

（2）使零部件、元器件失调变位。

（3）引入损坏的零部件或元器件。

（4）使用有故障的传感器或指示器等。

总之，模拟故障应尽可能真实、接近自然故障。基层级维修以常见故障模式为主。参加试验的维修人员应在事先不了解所模拟故障的情况下去排除故障，但可能危害人员和产品安全的故障不得模拟（必要时应经过批准，并采取有效的防护措施）。

2）故障的排除

由经过训练的维修人员排除上述自然的或模拟的故障，并记录维修时间。完成故障检测、隔离、拆卸、换件或修复原件、安装、调试以及检验等一系列维修活动，称为完成一次维修作业。在排除的过程中必须注意以下几点。

（1）只能使用试验规定的维修级别所配备的备件、附件、工具、检测仪器和设备；不能使用超过规定的范围或使用上一维修级别所专有的设备。

（2）按照本维修级别技术文件规定的修理程序和方法。

（3）应由专职记录人员按规定的记录表格准确记录时间。

（4）人工或利用外部测试仪器查寻故障及其他作业所花费的时间均应记入维修时间中。

（5）对于用不同诊断技术或方式（如人工、外部测试设备或机内测试系统）所花费的检测和隔离故障的时间应分别记录，以便判定哪种诊断技术更有利。

3）预防性维修试验

预防性维修时间常作为维修性指标进行专门试验（表4-1中试验方法11）。

产品在验证试验间隔期间也有必要进行预防性维修，其频数和项目应按预防性维修大纲的规定进行。为了节约试验费用和时间可以采用以下办法：

（1）在验证试验的间隔时间内，按规定的频率和时间所进行的一般性维护（保养），应进行记录，供评定时使用。

（2）在使用和储存期内，间隔时间较长的预防性维修，其维修频率和维修时间以及非维修的停机时间，也应记录，以便验证评价预防性维修指标的时作为原始数据使用。

9. 收集、分析与处理维修性数据

1）维修性数据的收集

收集试验数据是维修性试验中的一项关键性的重要工作。为此试验组织者需要建立数据收集系统。包括成立专门的数据资料管理组，制定各种试验表格和记录卡，并规定专职人员负责记录和收集维修性试验数据。此外，还就收集包括在功能试验、可靠性试验和使用试验等各种试验中的故障、维修与保障的原始数据，建立数据库供数据分析和处理时使用。

承制方在核查过程中使用的数据收集系统及其收集的数据，要符合核查的目的和要求，鉴别出设计缺陷，采取纠正措施后又能证实采取措施是否有效，同时要与维修性验证、评价中订购方的数据收集系统和收集的数据协调一致。对于由承制方负责承担基地级维修的装备，承制方要注意收集这些维修数据。

在验证与评价中需要收集数据，应由试验的目的决定。维修性试验的数据收集不仅是为了评定产品的维修性，而且还要为维修工作的组织和管理（如维修人员配件、备件储备等）提供数据。

根据上述要求，在验证和评价中必须系统地收集反映下列情况的数据：总体的、工作条件的、产品故障的和维修工作的。

现给出表4-2~表4-4的三种数据收集处理表格，供试验时参考。

表4-2　修复性维修作业记录表

装备名称：

编号	单元、零部件名称	故障方式（自然或模拟）	设备工具	排除故障人数	检测、隔离	拆卸修复	检验	合计	工时	备注 *
					时间/h					
验证负责人意见									×月×日	
订购方意见									×月×日	
* 备注栏记录定性设计方面存在的问题及行政或后勤延误时间等										

表 4-3　预防性维修作业记录表

装备名称：

编号	单元、零部件名称	作业名称	等级	材料与备件	设备与工具	参加人数	实际维修时间①	工具	备注②
验证负责人意见									×月×日
订购方意见									×月×日
①实际维修时间包括维修准备、功能检测、调校以及更换、擦拭、润滑、检验等时间； ②备注栏记录定性设计方面存在的问题及行政或后勤延误的时间等									

表 4-4　维修性试验数据分析表（示例）

日期：　年　月　日　　　　　　　　　　　不可接收值：

装备名称：　验证维修性参数名称：　平均修复时间：　规定的指标：

可接收值：　验证方法：方法 9　订购风险 β:0.1　承制方风险 α:0.1

维修时间分布：未知　维修时间方差：未知

编号	维修内容	维修时间 X_i				数据处理	备注
		诊断	修复	检验	小计 X_i		
1						（1）计算（要求样本量 $n \geq 30$）：	
2							
3						（2）判决： 结论：接收（拒收） （3）估计：置信水平 $\alpha = 0.10$ 平均值单侧置信区间上限 平均值双侧置信区间下限 平均值双侧置信区间上限	
⋮							
n							
数据记录人：　　×月×日　数据处理人：　　×月×日　审核人：　　　　×月×日							

此外，还应把不属于设计特性所引起的延误时间（例如，行政管理时间、工具设备零部件供应的延误时间、工具仪器设备因出故障所引起的维修延误时间等）记录下来，作为研究产品或系统的使用可用度时，计算总停机时间的原始资

料。一些用于观察数据的辅助手段,如慢速(或高速)摄影、静物照相、磁带记录器、录像、秒表的精度和型号等也应记录,供分析时参考。

试验所积累的历次维修数据,可供该产品维修技术资料的汇编、修改和补充之用。

2)维修性数据的分析和处理

首先需要将收集的维修性数据加以鉴别区分,保留有用的、有效的数据,剔出无用的、无效的数据。原则上所有的直接维修停机时间或工时,只要是记录准确有效的,都是有用数据,供统计计算使用。但是由于以下几种情况引起的维修时间,不能作为统计计算使用。

(1)不是承制方提供的或同意使用的技术文件规定的维修方法造成差错所增加的维修时间。

(2)试验中意外损伤的修复时间。

(3)不是承制方责任的供应与管理延误的时间。

(4)使用了超出规定配置的测试仪器引起的维修时间。

(5)在维修作业实施过程中安装非规定配置的测试仪器的时间。

(6)产品改进的时间。

(7)在试验中有争议的问题,经试验领导小组裁定认为不应计入的时间。

将经过鉴别区分的有用、有效数据,按选定的试验方法进行统计计算和判决,需要时,可进行估计。统计计算的参数应与合同规定对应,判决是否满足规定的指标要求。但应注意,在最后判决前还应该检查分析试验条件、计算机程序,特别是对一些接近规定要求的数据,更要认真复查分析。数据收集、分析和处理的结果和试验中发生重大问题及改进意见,均应写入试验报告,以使各有关单位了解试验结果,以便采取正确的决策。

10. 评定试验结果

1)定量要求的评定

根据统计计算和判决的结果做出该装备是否满足维修性定量要求的结论。必要时可根据维修性参数估计值评定装备满足维修性定量要求的程度。

2)定性要求的评定

通过演示或试验,检查是否满足维修性与维修保障要求,做出结论;若不满足,写明哪些方面存在问题,限期改正等要求。

维修性演示一般在实体模型、样机或产品上,演示项目为预计要经常进行的维修活动。重点检查维修的可达性、安全性、快速性,以及维修的难度、配备的工具、设备、器材、资料等保障资源能否完成维修任务等。必要时,可以测量动作的时间。维修演示可以与定量试验评定结合起来进行。一般若某个定量试验评定项目也是维修演示项目,则在该定量试验评定结束后,由维修操作人员同时填写维修演示的维修性核对表(表 A－1),而不再单独安排该项目的演示。维修演示过程中,要记录下有关的时间数据,如设备的装拆时间,以供系统有关维修性参数初步估计使用。

定性试验评定可以和维修性分析工作结合起来进行。选择定性试验评定的项目要考虑维修性分析工作中发现的维修性缺陷。利用维修性分析工作和编制好的维修性核对表,全面核查各个系统的维修性特性,并可根据维修性核对表进行定量评分,依据所得分值进行系统维修性的综合评定。核对表包括设计因素、保障性因素和人的因素三方面共 25 项。编写维修性试验评定报告在核查、验证或评价结束后,试验组织者应分别写出维修性试验与评定报告。如果维修性试验是同可靠性或其他试验结合进行时,则在其综合报告中应包含维修性试验与评定的内容。维修性试验与评定报告的内容与格式应符合 GJB/Z 23—91《可靠性和维修性工程报告编写一般要求》的要求。

11. 试验与评定过程的组织和管理

产品的维修性核查由承制方组织,订购方参加,由双方组成试验领导小组。

维修性验证由订购方领导,承制方负责试验的准备工作,共同组成领导小组。当验证是由试验基地(场)承担时,则由试验场按规定组织实施。部队试用或使用中的维修性评价,由订购方组织实施,承制方派人参加。

为了保证试验与评定的顺利实施,需要成立领导小组,统一领导和部署试验与评定工作,处理试验与评定过程中可能发生的各种问题,包括对试验进度、费用、人员、保障资源、维修性试验与其他试验的协调等。

为了保证试验数据的统一和准确,避免不必要的争议,GJB 2072—94《维修性试验与评定》中规定了处理常见有争议问题的几条原则。总之,只有当试验文件、设备仪器与工具等保障不及时、不适当或损坏所造成的延误时间,才不计入维修时间内,其他情况一般均应计入维修时间。例如,受试品原发故障引起的二次故障,其修理时间也计入排除原发故障的维修时间。又如,某机构弹簧折断,在分解结合更换弹簧 的过程中因螺母螺纹短不易对正,又引起螺纹滑丝,这就是原发故障(弹簧折断)引起的故障(螺纹滑丝),这时更换螺母或清理螺纹用的时间,均应计入该机构更换弹簧的维修时间,只有当改进设计后不会再引起螺母的螺纹滑丝后,才可将更换螺母或清理螺纹的时间扣除。

12. 保证试验与评定正确的要素

为了保证试验与评定结果有较高的置信水平并提高其费用效益,必须严格按规定的试验程序和方法(含统计验证与参数估计方法)进行。同时,还要十分注意整个试验与评定工作中的若干关键问题。

1）及早确定试验方法

在有关合同文件中应明确对维修性验证的要求，包括验证的参数、指标及风险率。在装备研制的早期，就应考虑在研制过程中要进行的全部试验（包括性能试验、可靠性试验、维修性试验等），制定一个切合实际和有利的综合试验方案，并明确各种试验的试验方法。这样既能充分利用各种试验资源、缩短试验时间、提高试验效率、避免不必要的重复和浪费，又能得到符合实际的数据，消除任何方面的人为偏差。

2）充分做好试验前的准备

（1）试验环境和条件应尽可能接近实际的维修环境和条件，能代表装备在预期使用维修中的典型情况。工作环境及工具、保障设备、备件、各种设施以及技术资料、人员技术水平等的品种、数量和质量都应准备好，并经检查，确认是完备的，与所验证的维修级别一致后才能开始试验。

（2）各种试验设备、仪表、记录表格均应做到品种、数量、质量符合要求，避免试验中不必要的技术延误。

（3）科学安排试验日程和工作程序，防止忙乱现象，避免试验中不必要的管理延误。

（4）备选维修作业样本的数量要充足，并应具有足够的代表性。因此，每一个模拟故障都要尽可能与自然故障相接近，避免维修作业样本过于简单或过于复杂。

3）正确模拟故障，严格按规定程序进行维修作业

凡是需要模拟故障的维修作业，在模拟故障前和修复后都应检查该装备的工作是否正常。在模拟故障时，试验领导小组应从预选的维修作业样本中选择合适的样本（指故障模式，损伤程度都有代表性的样本）作为试验样本。故障模拟后，除了由于模拟的故障模式所产生的现象外，不应有其他明显故障迹象。维修人员不能目击任何引入的人为故障，对排除故障所需的备件、工具、测试和保障设备或技术资料等都不能过早地呈现，不能对维修人员有任何"暗示"。严格要求维修人员按技术文件规定的程序和方法进行全部维修活动，并由专人按规定表格记录。

4）认真收集和处理维修性数据

分析和处理试验数据，要持慎重态度。对于验证试验数据的任何疑点都应查明原因，方能决定是否采用或剔除。必要时应重复试验某些维修作业项目。当使用其他试验（如可靠性试验）的维修时间数据，作为自然故障产生的维修作业样本时，要认真审查记录该项时间的环境和条件是否符合维修性试验时的要求。明显的不符合要求（如使用了高技术等级的维修人员或非正常配置的工具

设备等)的维修数据不能使用,应另行试验。

经验证明,对数据分析不能持一次否定的态度。对首次分析及所得的结果提出疑问是有益的,反问自己所使用数据是否正确? 使用的方法有无问题? 分析的结果是否可信? 是很重要的。因为试验过程中存在许多影响试验结果的不确定因素。对定量分析的结果进行反复推敲和思考,从定性方面分析结果的合理和不合理之处,往往会得到新的更深刻的认识,这才能得到可信的结果。

5) 正确选择维修性验证方法

维修性验证是对装备能否满足规定的维修性要求进行的全面考核,针对装备的不同层次应选择适合的验证方法。对于装备系统级以下层次的产品(零部件、元器件、组件和分系统)可以通过维修性试验获取维修性数据,采用基于试验的维修性验证方法。此外,还有基于分析和基于虚拟仪器的维修性验证方法,基于分析的维修性验证主要用于系统级的验证,它需要知道系统各故障单元的故障率和排除故障的平均时间,经过分析得到系统的平均修复性维修时间;基于虚拟仪器的维修性验证代表了一种新的技术,通过模拟装备的功能参数,用来研究关键的维修性问题,如故障诊断优化方法,测试点的选择和定位、维修作业时间的度量、排除故障训练等。

4.2　基于试验的维修性验证技术

4.2.1　维修作业样本分配方法

维修作业样本的分配关键在于解决两个问题:一是计算维修作业相对发生频率;二是根据频率完成样本的具体分配。在 GJB 2072—94《维修性试验与评定》中试验样本的分配方法有两种:一是按比例分层抽样分配法;二是按比例简单随机抽样。

1. 维修作业相对发生频率计算方法

当产品的故障、维修工作时间数据掌握的较为充分的情况下,我们可以运用 GJB 2072—94《维修性试验与评定》提供的维修作业相对发生频率计算方法,即

$$C_{pi} = \frac{Q_i \lambda_i T_i}{\sum_{j=1}^{m} Q_i \lambda_i T_i} \qquad (4-2)$$

式中:Q_i 为产品的数量;λ_i 为产品的故障率或预防维修频率;T_i 为工作时间系数;m 为验证维修级别的维修作业总数。

另外在实际试验时,人们对计算 C_{pi} 过程中所使用的几个参数一般是采用专

家估计值、预计值或试验值。当使用专家估计值时,上述的估计方法不太符合专家的估计习惯。一般而言,专家估计维修作业的相对发生频率较为准确,直接估计故障率要困难得多,而且专家估计的相对发生频率,一般都会综合考虑到工作时间的影响,所以上述方法用在有具体的预计值和试验值时比较合适,采用专家估计维修频率的方法进行计算。

根据上述分析,专家估计法计算 C_{pi} 时,可以将产品分为几个层次,分层次估计维修作业发生的频率,具体划分为几个层次,主要考虑产品的复杂程度和专家对产品的熟悉程度。一般来说,产品越复杂划分的层次越多。专家估计发生频率时一般是自上而下逐层进行。例如,首先估计出各系统层维修作业发生的频率,然后在逐个估计每个系统下子系统维修作业发生的频率,一直估计到指定的维修级别的维修作业的发生频率。图 4 - 1 给出了将产品分为系统层维修作业和基层级维修作业两个层次时,对维修作业发生频率的专家估计方法。

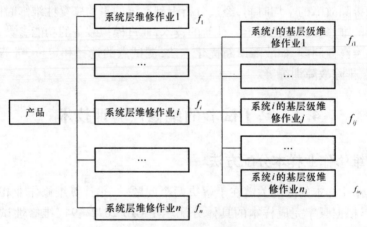

图 4 - 1　产品维修作业发生频率专家估计法示例

图 4 - 1 中:f_i 为在产品中系统 i 维修作业发生的频率;f_{ij} 为在第 i 个系统中第 j 个基层级维修作业发生的频率。显然,对于产品而言,其中第 i 个系统中第 j 个基层级维修作业发生的频率为

$$C_{pij} = \frac{f_i f_{ij}}{\sum\limits_{i=1}^{n} \sum\limits_{j=1}^{n_i} f_i f_{ij}} \qquad (4 - 3)$$

用式(4 - 3),经专家估计后可以方便地计算出产品指定维修级别维修作业发生的频率。对于划分更多层次进行估计时,原理是一致的,只是计算公式会稍显复杂。

2. 维修作业样本的抽样分配

在 GJB 2072—94《维修性试验与评定》中,当利用按比例分层抽样分配法计算样本分配数目时,有

$$n_i = nC_{pi} \qquad\qquad (4-4)$$

式中:n_i 为分配给第 i 个维修作业的样本数;n 为试验的样本量。

另外,将维修作业时间接近的(相差不大于 25%)维修作业组成一组便于随机抽取维修作业样本。

按比例简单随机抽样分配法,实际上就是用 C_{pi} 计算出累积频率分布,然后抽取 n 个[0,1]之间的随机数,再将抽取的随机数与累计频率分布比较,计算出落在具体区间的次数,即得到了试验样本量分配到具体维修作业的样本数。

从上述方法的具体计算过程可以看出,方法本身不能解决维修作业很多而试验样本量比较小所造成的问题。例如,某装备有 200 个基层级的维修作业,其发生频率均为 1/200。若样本量为 50。显然,如果利用按比例分层抽样,不考虑维修作业时间分组的问题时,无法得到样本量在某个具体维修作业上的分配数。当考虑维修作业时间的分组问题,在 25% 的维修时间之内,可能会产生两种特殊的情况:一是由于维修时间相差太大,分组后仍无法确定出分给该组的样本数;二是维修时间相差不大,分组后同一组中分得的样本很多,将这些样本进一步明确到具体的维修作业时,同样十分困难。这两个问题势必造成在样本分配的过程中,使试验的组织和实施人员无法方便地依据相关的标准操作。如果使用简单随机抽样分配方法时,有时可能会造成试验中一定数量的自然故障没有被抽到的现象,而这样又违背了维修性试验的基本原则。

考虑到前面分析的因素,这里将标准中的分析方法做必要的改进。其主要的原理与标准中的基本相同,只是在方法的可操作性方面进行部分改进。不使用标准中 25% 的分组方法,而是首先将能够抽到样本的维修作业去掉;然后将剩余的维修作业进行分组。分组的原则是首先将维修时间按照从大到小的方式排序;然后按照排序的顺序对维修作业的 C_{pi} 求和。当 C_{pi} 的和与 n 的积大于 1时,为维修作业的一组。具体的方法(以火炮维修性试验为例)有以下几种。

3. 按比例分层抽样分配法

(1)列出被试火炮的物理组成单元(子系统)。

(2)将各物理单元(子系统)细分到指定维修级别的可更换单元。

(3)根据火炮的维修手册、维护规程或维护技术说明书,列出各个可更换单元的所有维修作业。

(4)列出每项维修作业对应的故障率 λ_i。λ_i 由可靠性试验或预计数据估

计,当该故障的 $\overline{T}_{BF}$ 已知时,可以用 $\dfrac{1}{\overline{T}_{BF}}$ 代替 λ_i。

(5)列出每种维修作业对应的可更换单元的工作时间的加权系数 T_i,对于同一可更换单元,其加权系数是相等的。系统工作时,全程工作的可更换单元 $T_i = 1$;非全程工作的可更换单元 T_i 等于其工作时间与全程工作时间之比,T_i 可由分析结果估计得出。

(6)估计每项维修作业的平均维修时间 $\overline{M}_{CTi}$,$\overline{M}_{CTi}$ 可根据维修性预计或经验数据估计。

(7)计算每项维修作业的故障率($\lambda_i T_i$)。

(8)计算每项维修作业的故障相对发生频率:

$$C_{pi} = \frac{\lambda_i T_i}{\displaystyle\sum_{i=1}^{m} \lambda_i T_i} \tag{4-5}$$

式中:m 为维修作业的数量。

(9)计算每项维修作业应分配的试验样本量 n_i。$n_i = n \cdot C_{pi}$,其中 n_i 为第 i 项维修作业应抽取的次数。若 $n_i \geq 1$,按照四舍五入的原则取整数,即是该项维修作业应抽取的次数。若 $\displaystyle\sum_{i=1}^{m} n_i = n$,则结束抽取。

(10)当 $\displaystyle\sum_{i=1}^{m} n_i < n$ 时,首先去掉所有 $n_i \geq 1$ 的维修作业后,按 $\overline{M}_{CTi}$ 由大到小的顺序排列所有剩余维修作业($\overline{M}_{CTi}$ 相同时,按 C_{pi} 由大到小的顺序排列)。对维修作业进行分组,从第一项($\overline{M}_{CTi}$ 最大)开始,计算 $\displaystyle\sum_{i=1}^{l} C_{pi}$,设 $n_i = n \times \displaystyle\sum_{i=1}^{l} C_{pi}$,其中 n_i 为这一组内应抽取的维修作业的数量,l 为这一组内维修作业的数量,l 值由 $n\displaystyle\sum_{i=1}^{l} C_{pi} \geq 1$ 并且 $n\displaystyle\sum_{i=1}^{l-1} C_{pi} < 1$ 确定。当 $n_i \geq 1$ 时,按照四舍五入的原则取整数,此时 $n_i = 1$ 或 $n_i = 2$。在组内进行抽取时可按 C_{pi} 最大的原则进行抽取,即按照四舍五入的原则规整后,若 $n_i = 1$,则抽取 C_{pi} 最大的那个维修作业为试验样本;若 $n_i = 2$,则抽取 C_{pi} 最大和第二大的两个作业为试验样本。若在组内 C_{pi} 相同,则可随机抽取。

(11)重复步骤(8),直至全部维修作业都进行分组,结束抽取。在最后一组,若 $n_i < 1$,可按四舍五入的原则进行规整。

(12)试验分配样本量规整。在上述步骤(10)~(12)计算试验样本量的过程中,均采取四舍五入的原则进行规整。如果最后抽取的样本量少于试验要求的样本量,则将所有剩余的维修作业按 C_{pi} 从大到小的顺序重新进行排序。从 C_{pi} 最大的维修作业开始逐个抽取,直至抽取的样本量满足试验要求为止,则样本分配完毕。如果最后抽取的样本量多于试验要求的样本量,则将所有抽到的维修作业按 C_{pi} 从大到小的顺序重新进行排序,去掉 C_{pi} 最小的一个或几个样本,使抽到的样本量与试验要求的样本量相等即可。

4. 专家估计维修频率的分配方法

(1) 步骤同"3. 按比例分层抽样分配法"的步骤(1)~(3)。

(2) 由于估计每项维修作业对应的故障率 λ_i 比较困难,因此可按系统功能层次估计各子系统、组成单元的维修作业发生频率。

(3) 计算每项维修作业的相对发生频率 $C_{pi} = \dfrac{f_s f_i}{\sum\limits_{i=1}^{m} f_s f_i}$,其中 f_s 为子系统作业

发生频率,f_i 为可更换单元维修作业发生频率。

其他步骤同"3. 按比例分层抽样分配法"。

5. 按比例的简单随机抽样分配法

(1) 步骤同"3. 按比例分层抽样分配法"的步骤(1)~(8)。

(2) 计算每项维修作业的故障发生频率的累积范围。

利用计算机抽取 n 个 $[0,1]$ 之间的随机数,将改组随机数与故障发生频率的累积范围进行比较,从而确定出样本分配到具体维修作业的数量。

一般来说,当可靠性试验数据比较充分或者有比较完整的可靠性设计分析数据时,维修频率的计算方法可以选用 GJB 2072—94《维修性试验与评定》中提供的方法;样本量的分配方法,如果全部采用的是模拟故障,可以采用随机抽样的方法进行样本分配;对于具有自然故障的情况,建议使用改进方法较为方便。这两种方法共同的特点是简单、便于操作。

4.2.2 维修性指标的验证方法

由于大多数装备的维修性定量要求都以维修时间的平均值、最大修复时间和工时率提出的,这里只介绍这三类指标的验证方法。当选用其他方法时,可参阅 GJB 2072—94《维修性试验与评定》。

1. 维修时间平均值和最大修复时间的检验

本试验方法适用的维修性参数有平均修复时间 $\overline{M}_{\mathrm{CT}}$;恢复功能用的任务时间 $\overline{M}_{\mathrm{CT}m}$;平均预防性维修时间 $\overline{M}_{pt}$;平均维修时间 $\overline{M}$ 等。

本试验法是以大样本($n \geqslant 30$)为基础,应用中心极限定理的统计方法,因而在检验平均值时可以在维修时间分布和维修时间方差都未知的情况下使用。仅在验证最大修复时间时才要求假设修复时间服从对数正态分布,这种假设对绝大多数较复杂的机械、电子装备都是适用的。在保证订购方风险 β 的条件下,用户的利益得到保证,故广泛地用于各类装备的维修性验证。

1) 使用条件

(1) 检验修复时间、预防性维修时间、维修时间平均值时,其时间分布和方差都未知;检验最大修复时间时,应假设维修时间服从对数正态分布,其方差未知。

(2) 样本量较小($n = 30$),实际样本量应根据受试品的种类不同或经订购部门同意后确定。验证预防性维修参数及指标时,需另加 30 个预防性维修作业样本。

(3) 维修时间定量指标的不可接收值 $\overline{M}_{CT}$ 或 $\overline{M}_{CTm}$、$\overline{M}_{pt}$、$\overline{M}_{plc}$、$M_{CT\,max}$ 应按合同规定,对 $M_{CT\,max}$ 则应明确规定其百分位 p。

(4) 只控制定购方的风险 β,其值由合同规定。

2) 维修作业选择与统计计算

维修作业样本应根据 4.2 节的程序选择,试验并记录每一维修作业的持续时间,计算下列统计量。

修复时间样本均值为

$$\overline{X}_{ct} = \frac{\sum\limits_{i=1}^{n_c} X_{ct\,i}}{n_c} \qquad (4-6)$$

修复时间样本方差为

$$\hat{d}_{ct}^2 = \frac{1}{n_c - 1} \sum_{i=1}^{n_c} (\overline{X}_{ct\,i} - \overline{X}_{ct})^2 \qquad (4-7)$$

预防性维修时间样本均值为

$$\overline{M}_{pt} = \frac{\sum\limits_{i=1}^{n_p} \overline{X}_{pti}}{n_p} \qquad (4-8)$$

预防性维修时间样本方差为

$$\hat{d}_{pt}^2 = \frac{1}{n_p - 1} \sum_{i=1}^{n_p} (\overline{X}_{pti} - \overline{X}_{pt})^2 \qquad (4-9)$$

维修时间样本均值为

$$\overline{M}_{p/c} = \frac{f_c \, \overline{X}_{ct} + f_p \, \overline{X}_{pt}}{f_c + f_p} \qquad (4-10)$$

维修时间样本方差为

$$\hat{d}_{p/c}^2 = \frac{n_p \, (f_c \, \hat{d}_{ct})^2 + n_c \, (f_p \, d \, \hat{d}_{pt}^2)^2}{n_p n_c \, (f_p + f_c)^2} \qquad (4-11)$$

最大修复时间样本值为

$$X_{ct\,\max} = \exp\left[\frac{\sum\limits_{i=1}^{n_c} \ln X_{ct\,i}}{n_c} + \psi \sqrt{\frac{\sum\limits_{i=1}^{n_c} (\ln X_{ct\,i})^2 - \sum\limits_{i=1}^{n_c} (\ln X_{ct\,i})^2 / n_c}{n_c - 1}} \right] \qquad (4-12)$$

式中：$\psi = Z_p - Z_\beta \sqrt{1/n_c + Z_p^2/2(n-1)}$；当 n_c 很大时，$\psi \approx Z_p$。

3）判决规则

对修复时间的平均值，如果

$$\overline{X}_{ct} \leqslant \overline{M}_{\mathrm{CT}} - Z_{1-\beta} \frac{\hat{d}_{ct}}{\sqrt{n_c}} \qquad (4-13)$$

或

$$\overline{X}_{ct} \leqslant \overline{M}_{\mathrm{CT}\,m} - Z_{1-\beta} \frac{\hat{d}_{ct}}{\sqrt{n_c}} \qquad (4-14)$$

则平均修复时间 $\overline{M}_{\mathrm{CT}}$ 或恢复功能用的任务时间 $M_{\mathrm{CT}\,m}$ 符合要求，应接收；否则拒收。

对平均预防性维修时间，如果

$$\overline{X}_{pt} \leqslant \overline{M}_{pt} - Z_{1-\beta} \frac{\hat{d}_{pt}}{\sqrt{n_p}} \qquad (4-15)$$

则平均预防性维修时间符合要求而接收，否则拒收。

对平均维修时间，如果

$$\overline{X}_{p/t} \leqslant \overline{M}_{p/t} - Z_{1-\beta} \sqrt{\frac{n_p \, (f_c \, \hat{d}_{ct})^2 + n_c \, (f_p \, \hat{d}_{pt})^2}{n_c n_p \, (f_c + f_p)^2}} \qquad (4-16)$$

则平均维修时间符合要求而接收,否则拒收。

对最大修复时间,如果

$$X_{ct\,max} \leqslant M_{CT\,max} \qquad (4-17)$$

则最大修复时间符合要求而接收,否则拒收。

2. 维修工时率的检验

本试验方法主要适用于地面电子系统维修工时(含保养工时)率的验证。对其他装备维修工时率验证在满足本法使用条件时应将总工作时间换算为相应的寿命单位(如里程、发数、次数等)。这里维修工时率的含义就不再是单位工作时间的维修工时(工时/h),而是相应寿命单位的维修工时,如工时/km 或工时/发或工时/次等。

1)使用条件

(1)受试品预计的总故障率 λ_T 为已知,且为常数。

(2)修理作业样本量到少为 30,条件方便时可大一些,由订购方和承制方商定。

(3)规定承制方风险 a。

(4)规定了维修工时率的可接收值 μ_R。

2)验证维修工时率 M_I 的计算

验证维修工时率为

$$M_I = \frac{\sum_{i=1}^{n} X_{cti} + P_s}{T} \qquad (4-18)$$

式中:X_{cti} 为第 i 项维修作业的工时;n 为修理作业样本量;P_s 为在总工作时间等 T 小时内所估计的维修护(保养)工作的总工时;T 为总工作时间,$T = n \cdot T_{BF} = n/\lambda_T$,$T_{BF}$ 为系统的平均故障间隔时间,对于指数分布,$T_{BF} = \frac{1}{\lambda_T}$。

令

$$X_{ct} = \frac{1}{n} \sum_{i=1}^{n} X_{cti} \qquad (4-19)$$

将 $T = nT_{BF}$ 代入式(4-18),可得

$$M_I = \frac{\sum_{i=1}^{n} X_{cti} + P_s}{n T_{BF}} = \lambda_T \left(X_{ct} + \frac{P_s}{n} \right) \qquad (4-20)$$

式中:X_{ct} 为每项维修作业的维修工时的平均值。

式(4 – 20)中除 X_{ct} 外,其他所有成分均可认为是常量(已知)。

3) 判决规则

根据验证要求,若工时率 M_I 的可接收值为 μ_R 时,则维修工时率应满足

$$M_I = \lambda_T\left(X_{ct} + \frac{P_s}{n}\right) \leqslant \mu_R \qquad (4 – 21)$$

由于维护工时一般变动不大,故主要验证 X_{ct},则式(4 – 21)可写为

$$X_{ct} \leqslant \mu_R T_{BF} - P_s/n \qquad (4 – 22)$$

在 n 较大($n \geqslant 30$)时,由中心极限定理可知,X_{ct} 可认为具有方差为 d^2/n 的正态分布随机变量,故在规定承制方风险为 a 时,则 $X_{ct} - Z_{1-\alpha}d/\sqrt{n}$ 也应小于等于维修工时率的可接收值 μ_R,即判决式变为

$$X_{ct} - Z_{1-\alpha}d/\sqrt{n} \leqslant \mu_R T_{BF} - P_s/n$$

或 $\qquad\qquad X_{ct} \leqslant \mu_R T_{BF} - P_s/n + Z_{1-\alpha}d/\sqrt{n} \qquad\qquad (4 – 23)$

式中:d 为维修工时的标准差。

当方差未知时,d 用其样本估计值 $\hat{d} = \sqrt{\dfrac{1}{n-1}\sum_{i=1}^{n}(X_{cti} - X_{ct})^2}$ 代替。当满足式(4 – 14)时,则认为维修工时率符合要求。

3. 预防性维修时间的专门试验

本试验方法是用于检验平均预防性维修时间 $\overline{M}_{pt}$ 和最大预防性维修时间 $M_{pt\,max}$ 以及要求完成全部预防性维修任务的一种特定方法。本方法的使用条件是不考虑对维修时间分布的假设,只要规定了平均预防性维修时间的可接收值 $\overline{M}_{pt}$ 值或最大预防性维修时间的百分位和可接收值 $M_{pt\,max}$,即可进行检验,因而应用范围广,只要能统计全部预防性维修任务的都可使用。

1) 维修作业的选择与统计计算

样本量应包括规定的期限内的全部预防性维修作业。这个规定期限应专门定义,如 1 年或一个使用循环或一个大修间隔期,由订购方和承制方商定。在规定期限内的全部预防性维修作业,如应包括其间的每次日维护、周维护、年预防性维修或其他种类预防性维修作业时间 X_{pt_j} 以及每种维修作业的频数 f_{pj}。

(1) 计算平均预防性维修时间的样本均值 X_{pt}。样本均值 X_{pt} 的计算公式为

$$X_{pt} = \frac{\sum\limits_{j=1}^{n} f_{pj} X_{pt_j}}{\sum\limits_{j=1}^{m} f_{pj}} \qquad (4 – 24)$$

式中:m 为全部预防性维修的种类数。

（2）确定在规定百分位上的最大预防性维修时间 $M_{pt\,max}$。将已进行的 n 个预防性维修作业时间 X_{pt_j} 按最短到最长的量值顺序排列。统计在规定百分位上的 $M_{pt\,max}$。例如,规定百分位为 90%,当 $n=35$ 时,应选取排列在第 32 位（因为 $90\% \times 35 = 31.5 \approx 32$）上的维修时间作为 $M_{pt\,max}$。

2）判决规则

对 $\overline{M}_{pt}$,若

$$X_{pt} \leqslant M_{pt} \tag{4-25}$$

则符合要求而接收,否则拒收。

对 $M_{pt\,max}$,若

$$X_{pt\,max} \leqslant M_{pt\,max} \tag{4-26}$$

则符合要求而接收,否则拒收。

4.2.3　维修性参数值的估计

维修性参数及指标的验证一般只能确定产品的维修性是否满足要求,而未明确给出维修性参数的估计值。在某些场合,如订购方有要求或研制、生产单位希望了解产品达到的维修性水平时,需要给出维修性参数的估计值。最常用的参数估计是对维修时间平均值及规定百分位最大维修时间的估计。

为保证估计有足够的精度,一般维修作业样本量不应少于 30。常以维修性验证试验的数据进行估计。在维修性核查时,也可用少量的维修作业样本进行估计,但置信水平较低。必要时,也可进行专门的维修性试验,测定估计维修性参数值。

1. 维修时间平均值 μ 和 d^2 的点估计

1）μ 和 d^2 的点估计

无论维修时间服从对数正态分布或分布未知,点估计均用以下公式。

平均值 μ 的点估计为

$$\hat{\mu} = \frac{1}{n} \sum_{i=1}^{n} X_i \tag{4-27}$$

式中:n 为样本量;X_i 为第 i 次维修作业的维修时间。

方差 d^2 的点估计值为

$$\hat{d}^2 = \frac{1}{n-1} \sum_{i=1}^{n} (X_i - X)^2 \tag{4-28}$$

式中:X 为维修时间的平均值($X = \mu$)。

2)μ 的区间估计

设置信水平为 $1 - \alpha$,当维修时间的分布形式未知时,平均值 μ 的区间估计如下。

(1)单侧置信区间上限。平均值 μ 的上限为

$$\mu_U = X + Z_{1-\alpha} \frac{\hat{d}}{\sqrt{n}} \qquad (4 - 29)$$

置信区间:$[0, \mu_U]$,即以 $1 - \alpha$ 的置信水平认为平均值不超过 μ_U。

(2)双侧置信水平下、上限。平均值 μ 的下限为

$$\mu_L = X + Z_{\alpha/2} \frac{\hat{d}}{\sqrt{n}} \qquad (4 - 30)$$

平均值 μ 的上限为

$$\mu_U = X + Z_{1-\alpha/2} \frac{\hat{d}}{\sqrt{n}} \qquad (4 - 31)$$

置信区间:$[\mu_L, \mu_U]$,即以 $1 - \alpha$ 的置信水平认为平均值为 $\mu_L \sim \mu_U$。

2. 规定百分位的最大维修时间的估计

要估计最大维修时间,必须先知道维修时间的分布形式。维修时间最常见的分布形式是对数正态分布。这里仅介绍维修时间服从对数正态分布,维修时间的对数均值和对数方差在试验前都是未知时,最大维修时间点估计和区间估计。

设 X 为每次维修作业的时间(随机变量),X_i 为第 i 次维修作业的时间,n 为样本量,X_p 为 X 的第 $100p$ 百分位值,如当 $p = 0.95$ 时,$X_p = X0.95$ 表示第 95 百分位的最大维修时间。

Y 为 X 的自然对数,有

$$Y = \ln X, \quad Y_i = \ln X_i \qquad (4 - 32)$$

Y 为 X 的样本均值,有

$$Y = \frac{1}{n} \sum_{i=1}^{n} Y_i \qquad (4 - 33)$$

S^2 为 Y 的样本方差,有

$$S^2 = \frac{1}{n-1} \sum_{i=1}^{n} (Y_i - Y)^2 \qquad (4 - 34)$$

S 为 Y 的标准差,有

$$S = \sqrt{\frac{1}{n-1}\sum_{i=1}^{n}(Y_i - Y)^2}\qquad(4-35)$$

1) 规定百分位的最大维修时间 X_p 的点估计

设 X_p 的点估计值为 $\hat{X}_p$,则

$$\hat{X}_p = \exp\{\bar{Y} + Z_p S\}\qquad(4-36)$$

2) X_p 的区间估计

设置信水平为 $1-\alpha$ 时,规定百分位的最大维修时间 X_p 的两种区间估计如下:

(1) 单侧置信区间上限。最大维修时间上限为

$$X_{pU} = \exp\left(\bar{Y} + \left(Z_p + Z_{1-\alpha}\sqrt{\frac{1}{n} + \frac{Z_p^2}{2(n-1)}}\right)S\right)\qquad(4-37)$$

置信区间:$[0, X_{pU}]$,即以置信水平 $1-\alpha$ 认为最大维修时间不超过 X_{pU}。

(2) 双侧置信区间下、下限。最大维修时间下限为

$$X_{pL} = \exp\left(Y + \left[Z_p + Z_{\alpha/2}\sqrt{\frac{1}{n} + \frac{Z_p^2}{2(n-1)}}\right]S\right)\qquad(4-38)$$

最大维修时间上限为

$$X_{pU} = \exp\left(Y + \left[Z_p + Z_{1-\alpha/2}\sqrt{\frac{1}{n} + \frac{Z_p^2}{2(n-1)}}\right]S\right)\qquad(4-39)$$

置信区间:$[X_{pL}, X_{pU}]$,即以置信水平 $1-\alpha$ 认为最大维修时间为 $X_{pL} \sim X_{pU}$。

4.3 基于分析的维修性验证技术

4.3.1 概述

通常维修性验证分两阶段进行:故障定位(FL);手工验证。故障定位使用离线诊断方法定位和显示装备及系统的故障与故障数据。在维修性验证期间,植入故障以决定装备和系统故障定位的效果。

手工验证在模拟可行的系统操作环境时实施,验证过程中,为确定平均修理时间,需要完成许多完整的修理活动,修理植入的故障以验证修复性维修活动。多数植入的故障没有预先由自动程序(故障定位)定位,但可预先要求手工排故

程序(MTP)。

进行维修性验证的目标之一是估计平均修复时间(MTTR)。要计算 MTTR 需要了解维修时间的要素,如拆卸(分解)、隔离、重新装配、调校或检查等。每次故障都要进行定位,而其他时间要素是可以估计出来的,这些时间估计是以经验数据为基础的。对于多数装备来讲,需要进行几个完整的人工操作演示,来确定这些时间参数。

计算 M_{CT} 通用的方法是维修时间总和除以验证期间进行的修理活动次数,即

$$M_{CT} = \sum_{i=1}^{n} (RT)_i/n \qquad\qquad (4-40)$$

式中:n 为修理活动次数;RT 为修复时间。

如果样本量足够大,并且故障层次表明装备不同部件故障率的情况下,这种方法给出了一个很好的 M_{CT} 估计值。

M_{CT} 主要受 FL 和手工验证结果的影响。FL 的作用是在装备内自动将故障定位在特定位置。采用 FL 的定位时间比 MTP 定位时间要短。

在 FL 验证后进行手工验证,记录定位、拆卸、隔离(到最低可更换单元(LRU))、重装、调整和校验的时间。

在手工验证期间,试验采用 MTP 定位故障。那些 FL 验证期间试验而没有定位的故障,将添加到手工故障备选清单中。在手工验证期间,从该清单中随机选择故障。

所有有效的修复性维修活动的离散时间因子之和,除以有效维修活动次数,可计算出 M_{CT} 的估计值,即

$$M_{CT} = \sum_{i=1}^{n} (L + D + I + R + A/C)_i/n = \sum_{i=1}^{n} (RT)_i/n \qquad (4-41)$$

式中:L 为定位时间;D 为分解时间;I 为隔离时间;R 为重新组装时间;A/C 为调整和检测时间。

这种用分析代替经验评估时间以估算 M_{CT} 的方法,对于模型的构建是非常重要的,采用分析方法估计维修时间比基于经验的方法花费要少。

4.3.2　M_{CT}模型

由式(4-40)可计算 M_{CT},但是它没有区分采用 FL 和采用 MTP 定位故障的情况,而采用 FL 的修理时间比采用 MTP 的修理时间要短。因此,式(4-41)得到的估计值往往是不准确的,所以给出下面改进的模型。

当修复时间一部分由 FL 进行定位,而其他部分由 MTP 定位时,式(4 - 41)可表示为

$$M_{CT} = \sum_{i=1}^{n} (RT)_i / n + (1 - E) \sum_{i=1}^{m} (RT)_i / m \qquad (4 - 42)$$

式中:n 为采用 FL 的数量;m 为采用 MTP 的数量;E 为对给定设备采用故障定位完成定位的比例(有效因子)。

关键变量 E 此时是不确定的,如果 FL 是 100%(或 0%)有效,则式(4 - 42)可简化为式(4 - 41)。因为理想的 FL 是不可能的,因此该模型考虑 FL 有效性因子 E。

关键变量 E 此时是不确定的,如果 FL 是 100%(或 0%)有效,则式(4 - 41)可简化为式(4 - 42)。因为理想的 FL 是不可能的,因此该模型考虑 FL 有效性因子 E。

FL 有效性因子 E 是基于 FL 验证结果的基础上。假设 E 是满足相关测试的 FL 事件的测试定位的单一比率,该假设也可能是错误的。该比率是不准确的,因为它没有考虑故障事件的概率。同时 FL 试验所基于的层次没有考虑故障率,因此 FL 的结果可能无效。

测试验证 FL 有效性方法为

$$DTFLE \equiv \sum \lambda_{FLV} / \sum \lambda_{FLT} \qquad (4 - 43)$$

式中:DTFLE 为试验验证故障定位效能;$\sum \lambda_{FLV}$ 为已验证的可定位的 FL 的故障率之和;$\sum \lambda_{FLT}$ 为故障定位验证期间测试的最低可更换单元故障率之和。

如果测试设备的所有故障,那么由 FL 的总故障百分数的估计值可用下式计算:

$$E = FL - 效果 = DTFLE \cdot \sum \lambda / \sum \lambda_{FLE} \qquad (4 - 44)$$

式中:$\sum \lambda_{FLT}$ 为具有 FL 能力的所有卡片的故障率之和;$\sum \lambda$ 为设备的总故障率。

因此,FL 有效性是能验证 DTFLE 次数的 FL 可定位的 LRU 的一部分,是一个具有 FL 可定位能力的 LRU 的故障率。

如果 FL 验证是 100% 有效,那么 DTFLE = 1,$E = \sum \lambda_{FLE} / \sum \lambda$。

采用 FL 测试几个故障,其中部分可由 FL(经检验)。计算经检验的故障率之和大于测试的故障率之和,这就是 DTFLE。

因此,DTFLE 是式(4-44)中的 E 乘以 $\sum \lambda_{\text{FLE}}$,再除以 $\sum \lambda$。那么,M_{FL} 和 M_M 的计算公式分别为

$$M_{\text{CT}} = E \cdot M_{\text{FL}} + (1 - E) \cdot (M_M) \qquad (4-45)$$

$$M_{\text{FL}} = \sum_{i=1}^{f} (RT)_i / f \qquad (4-46)$$

$$M_M = \sum_{i=1}^{m} (RT)_i / m \qquad (4-47)$$

式中:M_{FL}、M_{CT} 为由 FL 完成定位的平均修复性维修时间;M_M、M_{CT} 为由手工排故程序(MTP)完成定位的平均修复性维修时间;f 为采用故障定位的故障总数;m 为采用手工定位的故障总数。

RT 可以通过经验积累或分析的方法确定,这两种方法都可用来收集最有效的数据,以便获得最有价值的结果。

4.3.3 系统级的 M_{CT}

系统级模型是建立在设备故障率和设备 M_{CT} 的基础上,该模型的构建扩充了维修性预计 M_{EQPT} 的计算结果,其计算公式为

$$M_{\text{EQPT}} = \sum_{i=1}^{np} \lambda_i M_{ci} / \sum_{i=1}^{np} \lambda_i \qquad (4-48)$$

式中:M_{EQPT} 为设备的平均修复性维修时间;λ_i 为修理件 i 的故障率;np 为设备的零件数量。

如图 4-2 所示的简单系统,上面公式经扩充的 M_{CT} 变为

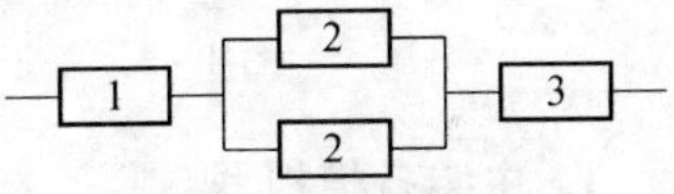

$$M_{\text{SYS}} = \sum_{j=1}^{k} \frac{N_j M_{\text{EQPT}} \lambda_{\text{EQPT}(j)}}{\sum_{i-1}^{k} N_i \lambda_{\text{EQPT}(i)}} \qquad (4-49)$$

图 4-2 简单系统

式中:k 为系统中设备类型的数量;M_{SYS} 为系统的平均修复性维修时间;N_i 为系统中 i 类设备的数量。

将各单元的故障率代入式(4-49)中,系统的 M_{CT} 变为

$$M_{\text{SYS}} = \frac{\lambda_1 M_1}{\lambda_1 + 2\lambda_2 + \lambda_3} + \frac{2\lambda_2 M_2}{\lambda_1 + 2\lambda_2 + \lambda_3} + \frac{\lambda_3 M_3}{\lambda_1 + 2\lambda_2 + \lambda_3} \qquad (4-50)$$

设备 2 对 M_{SYS} 的影响是其他设备的 2 倍。M_{SYS} 统计值必须考虑乘上设备故障率的设备类型的数量,以保证充分考虑串并联的可靠性模型。即使没有考虑设备的串、并联或混联形式也没关系,设备每种类型的数量是非常重要的因素,因为要估计的参数是维修时间,而不是可靠性,因此冗余并不重要。

4.4 基于仿真的维修性验证技术

随着现代仿真技术的发展,出现了通过模拟器检验装备维修性的方法。其基本思路是利用先进模拟器技术,建立一个能够仿真装备功能运行的仿真器,通过模拟系统的运行模式,嵌入故障和测试点,进行仿真,验证系统的维修性。

4.4.1 系统通用框架

图4-3所示为基于模拟器的维修性验证系统通用框架,包括两个主要系统:主装备模拟器从功能上替代维修对象;维修系统或硬件用来维修主系统。

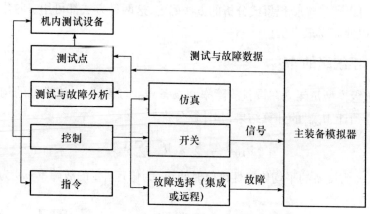

图4-3 基于模拟器的维修性验证系统通用结构

1. 主装备模拟器

主装备模拟器从功能上替代维修对象,其基础是建立系统功能框图,根据数据流的配置不同,可以模拟多种系统。为了获得要求的动态或运行质量,装备主模拟器设计成与替代的系统或子系统类似的运行模式,即如果提供了适当的输入,模拟系统在框图层次上具有与实际系统相似的响应。为了说明修复性维修的应用,需要能够在模拟系统中引入故障或缺陷。一旦引入这些故障,这些故障可以是致命性的,也可以是降额性的,模拟系统也会有与实际系统一致的响应。

2. 维修系统

维修系统主要是检测、隔离、排除主装备故障需要的硬件与模拟设备。由于故障定位是修复性维修时间的主要组成部分,所以对故障检测、故障定位的仿真是该系统的重点,通常分为自动定位和手工定位两种模式,进行验证。

4.4.2　应用方法

首先建立主装备的功能框图,根据该功能框图,建立主装备的模拟器,使其具备和实际装备的相似运行模式;然后植入故障,通过故障隔离模式完成测试。

基于模拟器的维修性验证方法,具有替代实际装备的特点。其主要应用包括:可作为维修性研究项目的试验平台,用来研究关键的维修性问题,如故障诊断优化方法、关于测试点选择和定位技术、维修作业时间的度量、排故训练设备等。

第5章　保障性验证技术

5.1　概　　述

保障性验证是实现装备系统保障性目标的重要而有效的决策支持手段,它贯穿于装备的研制与生产的全过程并延伸到部署后的使用阶段,以保证及时掌握装备保障性的现状和水平,发现保障性的设计缺陷,并为军方接收装备及保障资源、建立保障系统提供依据。

5.1.1　保障性验证的目的

保障性验证试验的对象可以是实际系统,也可以是虚拟系统,即可以是针对实际系统开展的实物试验,也可以是针对虚拟系统开展的仿真试验。保障性验证试验是获取保障性相关定性或定量信息的手段。这些定性定量信息的获取除了依赖试验手段获取外,还可以通过分析的方法确定。

保障性评价则是在获取相关保障性定性或定量信息的基础上,对这些信息进行审查和分析,然后做出保障性是否满足设计及使用要求的决策过程。

保障性验证的目的是发现装备与保障系统的设计缺陷,确定和评价设计风险,提出改进措施和建议,评估装备系统的保障性水平,并为装备和保障系统研制和使用的鉴定验收提供依据。具体可包括以下几个方面:

（1）暴露装备的功能、结构(硬件、软件)与保障系统的功能、资源和组织等方面存在的问题,以便在研制过程中尽早改进。

（2）基于装备的设计特性(维修保障性与使用保障性)与保障系统特性的实测数据,评价装备系统达到规定保障规模、保障费用等的程度。

（3）评价部署后保障性数据,确定在装备使用后达到的保障性水平,以实现持续改进。

5.1.2　保障性验证的程序

1. 确定需要进行验证的保障性内容

需进行验证的保障性内容包括军方提出的保障性要求、装备的保障性设计缺陷、保障资源与保障系统的适用性和有效性等。

2. 确定验证方法

应针对验证的保障性内容确定相应的验证方法。

3. 确定各验证方法所需数据

应根据确定的验证问题和验证方法,确定所需的数据和数据收集计划。

4. 进行试验并获取数据

应根据需要验证的问题,制定保障性试验计划,并通过试验获取数据。

5. 进行验证

应根据试验数据对保障性内容进行验证,如某一验证问题没有达到要求,或者存在明显的保障性缺陷,应明确对装备战备完好性和对使用与保障费用的影响。

6. 编写验证报告

应参照 GJB/Z 23—91《可靠性和维修性工程报告编写一般要求》的格式要求,编写保障性验证报告。

5.1.3　保障性验证的主要内容

1. 关键保障资源的评价

1) 人力和人员

按照想定,在真实或接近真实的使用环境中使用产品,考核完成作战或训练任务的情况;按各修理级别的维修机构布局,组织产品的维修,核实经历的时间和工时消耗情况。

评价内容包括:按要求编配的装备使用人员数量、专业职务与职能、技术等级是否胜任作战和训练使用;按要求编配的各级维修机构的人员数量、专业职务与职能、技术等级是否胜任维修工作;按要求选拔或考录的人员文化水平、智能、体能是否适应产品的使用与维修工作。进行人力人员评价的主要指标包括:每飞行小时直接维修工时(DMMH/FH)、平均维修人员规模(用于完成各项维修工作的维修人员的平均数:维修工时数(MMH)/实际维修时间(ET))。

通过评价,确认已安排好人员和他们所具有的技能适合于在使用环境中完成装备保障工作的需要、所进行的培训能保证相关人员使用与维修相应的装备以及所提供的培训装置与设备的功能和数量是适当的。

2) 保障设备

部分新研的测试与诊断设备、维修工程车、训练模拟器、试验设备等大型的保障设备,本身就是一种产品。除要单独进行一般性例行试验,确定其性能、功能和可靠性、维修性是否符合要求外,还要应与保障对象(产品)一起进行保障设备协调性试验,应特别注意各保障设备之间以及各保障设备与主装备之间的相容性,确定其与产品的接口是否匹配和协调,各修理级别按计划配备的保障设备数量与性能是否满足产品使用和维修的需要;保障设备的使用频次、利用率是否达到规定的要求;保障设备维修要求(计划与非计划维修、停机时间及保障资源要求等)是否影响正常的保障工作。

3)技术资料

通过评价,确保所提供的技术资料是准确的、易理解和完整的,并能满足使用与维修工作的要求。

要组织既熟悉新研装备的结构与原理,又熟悉使用与维修规程的专家,采用书面检查和对照产品检查的方法对提供的技术资料(如技术手册、使用与维修指南、有关图样等),进行格式、文体和技术内容上的审查,评价技术资料适用性和是否符合规定的要求。技术资料的审查结果一般给出量化的质量评价因素,如每100页的错误率。

在设计定型时,应组织包括订购方、承制方的专门审查组对研制单位提供的全套技术资料(包括随机的和各修理级别使用的)进行检查验收。通过检查验收,做出技术资料是否齐全,是否符合合同规定的资料项目清单与质量要求的结论。验收时特别要重视所提供的技术资料能否胜任完成各修理级别规定维修工作的信息。

4)计算机资源保障

这一要素既涉及装备的嵌入式计算机系统,也涉及自动测试设备。主要评价硬件的适用性和软件程序(包括机内测试软件程序)的准确性、文档的完备性与维护的简易性。

5)保障设施

通过评价确定设施在空间、场地、主要的设备和电力以及其他条件的提供等方面是否满足了装备的使用与维修要求,也要确定在温度、湿度、照明和防尘等环境条件方面以及存储设施方面是否符合要求。

保障资源的评价一般在详细设计阶段后期进行。各项保障资源的评价应尽可能综合进行,尽量与保障性设计特性的验证、尤其是与维修性验证与演示结合进行,从而最大限度地利用资源,减少重复工作;对不能在该阶段评价的保障资源,可在后续阶段尽早安排进行。

2. 关键保障活动的试验验证

保障活动可以按照自底向上的层次实施保障活动的试验,根据试验结果对保障活动进行评价。然而,由于保障活动繁多,流程复杂,因此,在实际工作中往往选择重要的保障事件进行实测评价,而其他保障活动的评价则采用估算的方法进行。例如,对于军用飞机,再次出动准备事件和发动机拆装事件就是两个非常典型的关键保障活动,一般均采用现场实测方式进行;又如,装备的包装、装卸和运输事件也可以进行实际的测试。

这些实际测试可在虚拟样机、工程样机和实际装备上进行,以发现并鉴别装备(设备)设计和保障流程的设计缺陷,以及保障设备、保障设施、技术资料、人力人员等保障资源与装备的适用和匹配程度。

通过试验可以得出每一项保障活动的时间,实施每一项活动所需要保障设备、备件的种类和数量、人力人员数量及其技术等级要求等结果。

3. 保障系统评价

装备及其保障系统之间以及它们内部各组成部分之间存在着复杂的相互影响关系,在许多情况下,很难建立求解这些复杂关系的解析模型,这时就需要借助系统建模与仿真方法解决相关问题,并在此基础上进行系统评价。主要包括平均保障延误时间、平均管理延误时间、保障系统规模等内容。保障系统规模分析可采用标准度量单位,如标准集装箱数量、标准火车厢数量、某型运输机数量等,通过各种可移动的保障资源(人力人员资源除外)的总重量和总体积转化计算得到。还可以进一步按修理级别或维修站点分别计算。总之,只要保障方案中描述的保障资源的数据信息足够,保障系统规模分析相对容易。该评价可以宏观上比较新研制装备保障规模的大小,从中找出薄弱环节,进一步改进装备或保障资源的规划与设计工作。

5.1.4　保障性试验验证方法

1. 保障性统计试验方法

保障性统计试验一般针对保障性定量要求和涉及数据统计的保障性评价问题进行。保障性统计试验通常选用或指定一定数量的样本,按规定的试验方案在规定的试验剖面中进行试验,记录规定的数据,供评价使用。

保障性试验剖一般应纳入装备总的试验剖面中,所确定的保障性试验剖面应能覆盖所有预期要发生的保障事件。

试验方案应明确参试装备数量与合格判定准则,在选择试验方案时主要考虑以下原则:

(1) 合同中规定的验证要求。

(2) 待验证的参数及参数的分布类型。

(3) 试验费用和持续的时间。

统计试验方法根据试验对象的特质可以分为实体试验和仿真试验。实体统计试验是通过选定一定数量的装备及其保障系统作为试验样本,按照使用任务要求部署于实际或接近实际的使用与维修环境中进行试验。仿真试验是通过建立装备及其保障系统的计算机模型,通过计算机仿真模拟装备系统的运行,收集装备系统模拟运行过程中产生的保障性仿真输出结果,并对其进行统计分析完成试验。

实体试验通常在装备正式样机研制出来之后才能实施,因此,该试验可以是工程研制阶段后期的使用试验或定型试验的主要组成部分。由于该试验要完成的评价项目多,需要持续的时间长,而且耗资巨大,因此,通常是采用试验场(基地)与部队试验相结合的方法,特别对于大型、复杂的装备系统更是如此。但是在试验场(基地)进行的定型试验所持续的时间有限,而且为评估装备的保障系统的保障规模等项指标要求时,需要采集大量的保障性数据才能保证统计的有效性。因此,该试验一般需要进行部队试验以及利用初始部署后在部队使用单位现场收集装备的使用、维修与供应数据,才能达到评估保障性的目标。

仿真试验通常在装备研制阶段应用,耗资较小,目前保障性综合研制试验通常借助于计算机仿真方法开展。

2. 保障性演示试验方法

保障性演示试验一般针对定性保障性要求,不能或不需要通过统计试验进行评价的定量保障性要求和保障资源中规划的需要评价的保障性内容进行。保障性演示试验涉及规划保障的合理性、保障资源适用性和保障包的有效性。

保障性演示试验应选用或指定一定数量的样本,在尽可能接近预期的现场使用与维修保障条件下,选取接近于各维修级别上从事该项使用与维修保障工作人员的技能水平的人员,按规定的程序和方法实施规定的保障作业,记录规定的数据,供评价使用。

在保障性演示试验中,一般不进行可能损坏装备或产生安全性危害的试验项目,除非确认该试验项目对提高装备保障性水平有很高的效益。对于必须开启封装的产品或对于密封产品的修理工作一般只加以分析,而不进行实际的演示工作。对于重复性的演示工作,一般只进行一次,也可直接利用相似产品演示试验的数据。

5.2　保障活动演示试验

5.2.1　保障活动演示试验一般流程

1. 准备工作

1)制定试验计划

在执行试验前,由承制方根据试验大纲制定保障活动演示试验计划。该计划应于工程研制开始时基本确定,并随着研制的进展逐步调整。该计划应包括以下内容。

（1）试验的目的与要求。该部分包括依据、目的以及定性和定量要求。如与其他工程试验结合进行，还应说明结合的方法与工程试验项目。试验计划中的其他部分应围绕着试验目的展开，逐一说明相关的要求。

（2）试验步骤说明。

① 需要进行验证的保障活动演示项目及其试验次数。

② 各保障活动演示项目验证的顺序、预计需要经历的时间。

（3）试验组织机构人员安排及职责说明。

① 该部分包括领导部门、参试单位、参试人员分工及人员技术水平和数量的要求、参试人员的来源及培训等。试验组一般可分为两个小组：验证小组和试验实施小组。验证小组内应有订购方的代表参加；试验实施小组由试验中执行相关保障活动的工作人员组成，试验实施小组人员的技能水平应尽量与装备使用部队的保障人员水平相近，应事先经过适当的培训。

② 验证小组负责安排试验、监控试验和处理试验数据；试验实施小组负责具体实施所要求的保障活动，每个试验组人员的具体职责应在详细的试验计划中规定。实际验证工作开展时，可根据具体的情况与工作要求，以上述内容为依据，合理地安排合适的组织形式。参试人员及职责须经订购方认可。

（4）人员要求。明确试验人员的专业划分和熟练程度，熟练程度通常以平均水平为准，平均水平可适当按照具备两年工作经验的操作人员应具备的水平来说明，此外还要明确试验人员的数量要求。

（5）保障资源要求。明确试验用的保障资源（保障工具设备、备附件、消耗品、技术文件和试验设备、安全设备等）的数量和质量要求。

（6）试验环境要求。对试验环境要求要进行说明，通常试验环境条件应选取与装备部署外场同等或相近的环境条件。

（7）有关试验的一些其他基本规定。明确对受试品的来源、数量、质量要求，试验场的要求、试验进度安排等，相关试验规定应征得订购方同意，未经订购方同意的任何试验计划不应实施。

2）绘制保障活动演示时线图

根据订购方规定的保障活动时间要求，承制方应准备装备保障活动时线图，以作为详细试验操作步骤的依据。保障活动时线图对应于装备的典型任务，不同典型任务的保障活动时线图中包括的工作项目可能不同，如图 5-1 所示。图中规定了进行试验的人员配备和相关作业顺序以及执行时间。绘制保障活动演示时线图，是为了向试验人员描述所实施保障活动作业的工作顺序，在收集试验数据时，可比照时线图形式进行分析。时线图应按装备保障活动作业的紧前紧后工作逻辑关系绘制。图5－1中各要素说明如下：

① 序号,保障活动作业的顺序标识。

② 工作项目,保障活动作业项目名称。

③ 时间,预计完成保障活动作业项目所需的时间。

④ 时线标度,标记保障活动作业开始及结束时间的标准。

⑤ 人力人员说明,执行保障活动演示的保障人员工种及数量说明。

⑥ 时线线段,表示保障活动作业开始及结束时间的线段,时线线段上面的数字和英文字母表示人员标识,数字表示专业,英文字母是人员标识;时线线段右侧的括号中的内容表示预计的相应作业的开始时间及结束时间。

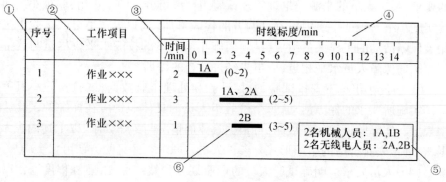

图5－1　装备保障活动时线图

3）其他准备工作

（1）试验操作人员到达试验现场时首先要检查装备的状况是否符合试验规定的技术状态。

（2）保证装备安全使用与维修的设备、设施、技术资料、器材、弹药以及外挂物已到位。

（3）操作人员检查试验所需的工具是否齐全,状况是否良好,检查试验所需维修设备技术状况是否良好,与装备的连接是否到位并可靠。

（4）列出并获取试验中所需的技术文件等内容,承制方提供相关作业详细的操作说明,包括每个作业步骤需要用到的相关保障设备的使用说明。

（5）明确试验中各项时间要素的定义,这些要素包括预计的接近时间、预计的操作时间和预计的撤出时间。

（6）保障资源的配备,各项保障资源的种类及数量要与装备使用时相同。

（7）承制方应负责对试验操作人员进行培训,试验人员的技术等级及受培训程度要与装备使用时相同。

2. 试验实施步骤

1）确定验证要求

验证要求包括定量要求和定性要求。定量要求主要是执行时间要求,定性要求通常按以下几个方面进行制定:

(1) 减少关键保障活动数量。

(2) 缩短保障工作时间。

(3) 保障活动可同时进行。

(4) 装备保障活动应考虑各项工作点的可达性、可见性和具有合适的操作空间。

2）确定试验样本量

装备保障活动时间指标试验的样本量,是指为了达到验证目的所需保障活动演示的样本量。装备保障活动时间试验样本量的确定,一般应根据保障活动演示所对应的典型任务频度、需要达到的验证目的等予以确定。一般来说,如果典型任务类型较少,依据 GB/T 8054—2008《计量标准型一次抽样检验程序及表》将样本量预先定为 11 是可以满足验证要求的,但样本量超过 11 也是允许的。最后确定的实际样本量,需经订购方同意后决定。

3）试验样本的分配

试验样本应按照保障活动的发生频率进行分配,如使用保障活动的试验样本应以任务频数比作为分配依据,某保障活动对应的典型任务种类只有一种,此时不需要进行试验样本的分配;当典型任务种类多于一种时,需要按相应的分配要求及方法进行试验样本的分配。试验样本分配的原则是,按照典型任务的频率将试验样本分配到各保障活动活动,并尽可能保证每个典型任务至少有一个试验样本。

修复性维修保障活动的试验样本应按照故障率进行分配,预防性维修保障活动的试验样本应按照维修间隔期的大小进行分配。

下面以某型飞机再次出动准备活动为例说明分配方法的应用,见表 5-1。

表 5-1　试验样本分配方法(示例)

(1)典型任务名称	(2)任务频数 f_i	(3)典型任务频数比 C_{pi}	(4)分配的样本量
空空任务	10	0.46	5
空地任务	8	0.36	4
空舰任务	4	0.18	2
共　计	22	1	11

表 5-1 中,任务频数是用百飞行小时率,即每 100h 的任务次数表示的。其中:

第(1)栏:典型任务名称,本例中某型飞机的典型任务包括空空任务、空地任务和空舰任务。

第(2)栏:任务频率 f_i、f_i 由装备的使用要求确定。

第(3)栏:典型任务的频数比 C_{pi} 按下式计算:

$$C_{pi} = f_i / \sum f_i \qquad (5-1)$$

式中:i 为装备中典型任务的种类数,示例中 $i = 3$。

第(4)栏:与各典型任务相应的保障活动时间试验分配的样本量按下式计算:

$$N_i = N \cdot C_{pi} \qquad (5-2)$$

式中:N 为预先确定的试验样本量($N = 11$),计算结果四舍五入取整。

注意:在本步骤中,因分配的样本量需取整数,各保障活动验证分配的样本量之和可能略微超过预先确定的试验样本量 N。因此,装备验证最终确定的样本量应为各典型任务验证分配的样本量之和。

4)执行试验

装备保障活动定量要求的验证,应通过试验操作完成实际保障活动作业,统计计算装备保障活动时间相关参数,进行判决。

(1)执行保障活动作业。由试验实施小组的相关操作人员按照承制方设计的保障活动作业程序执行相关操作。

(2)记录相关试验结果。记录这些操作的执行时间和执行环境,数据记录见表 5-2。

表 5-2 保障活动作业记录表

填表人员:　　　　　　　　　　　　　　　　　　　　　　　　　日期:

编号	工作项目	工具/设备	人员	开始时间 /(××h××min)	结束时间 /(××h××min)	合计 /m	备注
验证负责人意见							
订购方意见							

5)通过演示试验评价定性要求

(1)制定定性核对评价表。利用定性核对表评价装备满足定性要求的程

172

度。核对表由承制方根据有关规范、合同要求和设计准则等制定,并经订购方同意。

核对表至少应考虑以下各方面的内容:

① 是否考虑了减少保障活动演示项目。

② 是否考虑了减少保障活动演示项目的执行时间。

③ 是否考虑了保障活动演示项目并行的执行。

定性要求核对表见表 5 – 3。

表 5 – 3　装备保障活动定性要求核对表

序号	项目说明	检查内容	评分等级				得分
			优	良	中	差	

(2) 针对核对表 5 – 3 中的项目有重点地进行保障活动演示,在受试装备上演示核对表中核查的保障活动操作项目,重点判断其是否符合相关设计要求。

在进行演示时,通常应注意以下事项:

① 演示环境要尽可能地接近预期的现场使用环境。

② 承制方要负责制定演示试验的程序。

③ 对于需启封或操作有危险性的项目可通过分析代替实际的演示工作。

④ 承制方要对试验承担方进行培训。

3. 信息收集、分析与处理

1) 试验信息的收集

(1) 应详细记录需要的装备保障活动信息,收集试验中与保障相关的原始信息。装备保障活动验证中使用的信息收集系统应尽可能与可靠性、维修性、测试性信息收集系统相结合。

(2) 在验证中,应使用保障活动演示数据库,试验组按规定的信息项记录所需信息,同时应使承制方能通过数据库获得所有保障信息。

2) 统计计算、判决与估计

(1) 小样本情况。当样本量 $N \leqslant 5$ 时,称为小样本,此时采用点估计的方法计算保障活动时间相关参数。

在装备定型试验时,通常能够提供用来试验的装备数量很少,飞机通常为 3～5 架,装甲车辆通常为 3～5 台,舰船通常为 1 艘,这时通常采用点估计的方法分析保障活动时间相关参数。验证参数平均值的点估计值及验证参数的方差的点估计值可分别按下式计算:

$$\overline{X}_{tat} = \frac{1}{n} \sum_{i=1}^{n} X_i \tag{5-3}$$

$$d^2 = \frac{1}{n-1} \sum_{i=1}^{n} (X_i - \overline{X}_{tat})^2 \tag{5-4}$$

式中:$\overline{X}_{tat}$为装备保障活动时间的均值的点估计值;n 为样本量;X_i为装备保障活动时间样本值;d 为装备保障活动时间的方差的点估计值。

（2）评估参数分布已知。若参数的分布已知,可按抽样检测的方法选择试验样本,在确定订购方和承制方能够接收的风险水平基础上,确定出一定置信水平的试验样本量及判定准则,从而通过统计分析计算确定结论。

（4）评估参数分布未知。若参数的分布未知,可采用非参数法选择试验方案,确定出一定置信水平的试验样本量及判定准则。

4. 验证结果

1）装备保障活动要求的评定

（1）定量评定结果。试验结果应取各试验样本的平均值,对试验结果进行假设检验,判断其是否可被接收。

装备保障活动时间试验结果评定按下列判断规则,如果下式成立,则装备保障活动时间符合要求而接收,否则拒收,即

$$\overline{X}_{tat} \leqslant \overline{M}_{tat} - Z_{1-\beta}(d/\sqrt{n}) \tag{5-5}$$

式中:$\overline{M}_{tat}$为保障活动时间门限值;$Z_{1-\beta}$为指对应下侧概率 $1-\beta$ 的标准正态分布分位数;β 为订购方风险。

（2）装备保障活动定性要求评定结果。根据演示结果,评价专家根据其符合程度,在核定表中打分,最终给出定性的演示验证结果。

根据装备保障活动符合性要求进行打分,评分规则是百分制,评分原则如下:

① 优:设计很好,完全满足要求,有些甚至高出合同要求水平,可以打 90 ~ 100 分。

② 良:设计良好,满足要求,有少部分缺陷,但容易改正,可以打 70 ~ 89 分。

③ 中:设计一般,基本满足要求,有一些缺陷,改正需要一定时间,有较大的工作量,可以打 60 ~ 69 分。

④ 差:设计很差,有较多较大缺陷,需要返工,可以打 0 ~ 59 分。

最后得出综合得分,综合得分为所有项目得分的平均值。

2）试验报告及评审

装备保障活动要求试验结束后,要编写试验报告,该报告应包括以下事项:

（1）验证基本情况。

① 对象、目的、项目、时间、地点、环境、组织机构。

② 经费数量、来源和使用。

③ 采取的方法及依据标准。

④ 程序、计算方法。

（2）验证结果。

① 验证数据汇总分析。

② 与合同规定的保障活动时间门限值的偏差、满足保障活动定性要求的程度。

③ 是否达到定性定量要求的结论；存在的问题（包括硬件、软件、保障活动活动、保障活动资源或使用原则等方面）。

（3）改进建议及纠正措施。包括对装备保障活动方面设计缺陷提出改进建议、评价由于采取纠正措施而引起的装备保障活动方面的变化。

（4）附录。介绍性及解释性的材料可编成单独的文件作为报告的附录。

5.2.2　保障活动演示试验示例

本示例以某型导弹的再次发射准备时间验证为对象进行介绍。

1. 说明

导弹再次发射是指导弹地面发射装备在发射完上次所装填导弹后再次装填导弹发射的准备活动，本示例说明了导弹再次发射准备时间定量验证的一般过程，以此确定导弹再次发射准备时间是否符合规定的要求。本示例选取某型导弹再次发射准备时间部分数据进行评价。

2. 试验方案

（1）评价参数为导弹再次发射准备时间，门限值为 14min。

（2）导弹再次发射准备工作程序如图 5 - 2 所示。依照图 5 - 2 规定程序执行试验。

（3）图 5 - 2 中规定的各个作业步骤的开始及结束时间仅作为试验人员执行相关操作的时序逻辑依据，并不以时间限定试验人员执行每个作业步骤的时间。

（4）试验条件。

① 被试导弹在进入发射阵地后进行试验。

② 参试人员已按照承制方设计要求进行了相关试验操作的训练，掌握了相关操作技术。

③ 相关保障资源已就位。

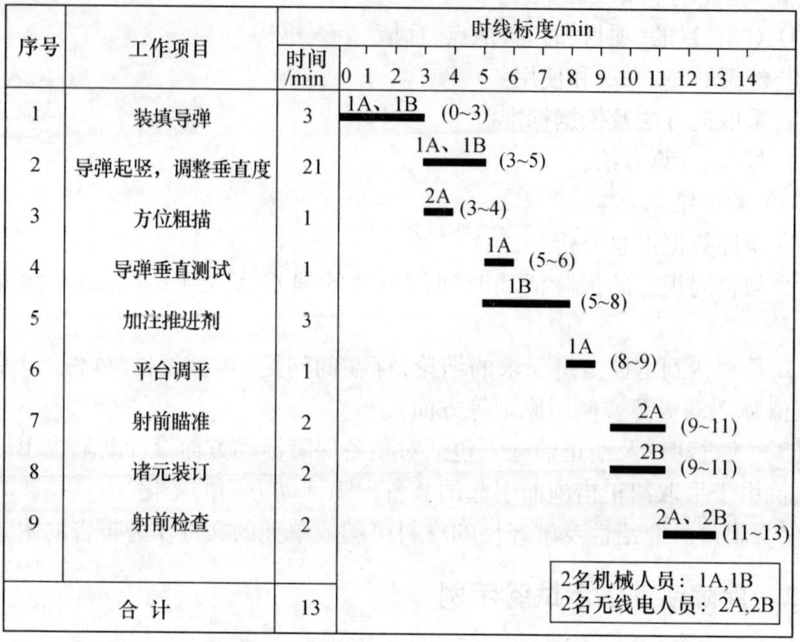

序号	工作项目	时间/min	时线标度/min
			0 1 2 3 4 5 6 7 8 9 10 11 12 13 14
1	装填导弹	3	1A、1B (0~3)
2	导弹起竖，调整垂直度	21	1A、1B (3~5)
3	方位粗描	1	2A (3~4)
4	导弹垂直测试	1	1A (5~6)
5	加注推进剂	3	1B (5~8)
6	平台调平	1	1A (8~9)
7	射前瞄准	2	2A (9~11)
8	诸元装订	2	2B (9~11)
9	射前检查	2	2A、2B (11~13)
			2名机械人员：1A,1B 2名无线电人员：2A,2B
合计		13	

图 5-2 导弹再次发射准备时线图

④ 导弹已在技术阵地检测为合格。

⑤ 被试设备以外的设备允许预先处于工作状态。

（5）试验样本量。试验样本量为11。

3. 数据收集与分析

某型导弹第一个样本再次发射准备时间试验数据见表 5-4；第二个样本再次发射准备时间试验数据采用与表 5-4 同样格式的表格记录，这里不再赘述，仅取用其结果值进行数据统计分析。

表 5-4　某型导弹再次发射准备时间试验数据（部分）

填表人员：×××　　　　　　　　　　日期：×××

编号	工作项目	工　具	人　员	开始时间/min	结束时间/min	合计/min	工时/min	备注
1	装填导弹		1A、1B	0	2.5	2.5	5	
2	导弹起竖，调整垂直度		1A、1B	2.5	4.6	2.1	4.2	
3	方位粗描		2A	2.5	3.5	1	1	
4	导弹垂直测试		1A	4.6	5.9	1.3	1.3	

（续）

编号	工作项目	工具	人员	开始时间/min	结束时间/min	合计/min	工时/min	备注
5	加注推进剂	推进剂加注车	1B	4.6	9.0	2.4	2.4	
6	平台调平		1A	7	8.1	0.9	0.9	
7	射前瞄准		2A	8.1	10	1.9	0.9	
8	诸元装订		2B	8.1	9.5	1.4	2.4	
9	射前检查		2A、2B	10	12.5	2.5	3	
10	验证负责人意见	数据符合要求						
11	订购方意见	数据符合要求						

4. 评价结论

根据样本的试验结果值,按式(5-3)进行点估计值的计算,评价结果值为12.35min,小于门限值14min。该型装备再次发射准备时间验证结果为"通过验证",则

$$T_{tat} = \frac{1}{n} \sum_{i=1}^{n} T_{tati}$$

$$= \frac{1}{11}(12.5 + 14 + 12 + 13 + 11.5 + 12 + 13.5 + 11 + 12 + 12 + 12.3)$$

$$= 12.35(\min) \qquad\qquad (5-6)$$

5.3　保障活动分析评价

5.3.1　一般步骤

在保障系统功能模型的基础上,根据保障系统功能层次的划分和各层次间的关系,采用自底向上的方法计算保障时间。保障时间计算步骤如图5-3所示。

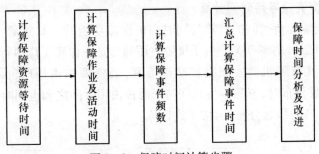

图5-3　保障时间计算步骤

这里仅对平均保障时间的分析方法展开介绍,其他各类保障时间分析方法相似,这里不再赘述。

5.3.2 保障资源等待时间计算

在保障时间计算过程中,需要考虑由于保障资源需求的随机特性和有限的保障资源配置数量导致的保障资源等待时间。根据资源的使用特点,保障资源等待时间的计算分为消耗型资源等待时间计算与占用型资源等待时间计算。

1. 消耗型资源等待时间计算

消耗型资源等待时间的计算与资源的库存量及需求率有关。通常资源的需求率与保障对象的可靠性有关,因此资源需求具有随机性。根据维修产品库存理论,当供应品需求时间间隔服从指数分布,则认为供应品缺货过程为泊松过程,此时第 I 种资源等待时间可按下式计算:

$$t_{pI} = \frac{\sum_{q=l_I+1}^{\infty} (q-l_I)\frac{\mathrm{e}^{-d_It_I}(d_It_I)^q}{q!}}{d_I}$$

$$= \frac{d_It_I - l_I - \sum_{q=0}^{l_I-1}(q-l_I)\frac{\mathrm{e}^{-d_It_I}(d_It_I)^q}{q!}}{d_I} \tag{5-7}$$

式中:q 为供应品需求数量;t_I 为供应品的库存量;d_I 为供应品的需求率,如果该供应品是备件,可由该设备的故障率确定;t_I 为供应品的供应时间,对于不可修产品而言通常就是供应品的供应时间,对于可修产品而言通常是供应品的维修周转时间。

当供应品需求时间间隔不服从指数分布时,通常借助于仿真方法计算分析保障资源等待时间。

2. 占用型资源等待时间计算

占用型资源等待时间的计算与同时提供保障功能的资源数量、资源被占用时间以及该资源占用率有关。由于资源占用通常是在保障工作执行的过程中发生的,通常也具有随机性。根据排队论原理,当资源被占用时间服从均值为 $1/\eta_Io_I$ 的指数分布时,资源等待时间与资源被占用时间之和也同时服从均值为 $1/(\eta_Io_I - d_I)$ 的指数分布,可按下式计算:

$$t_{pI} = \frac{1}{\eta_Io_I - d_I} - \frac{1}{\eta_Io_I} = \frac{1}{\eta_Io_I - d\eta_Io_I - d_I} \tag{5-8}$$

式中:o_I 为第I类资源被占用时间的倒数;η 为保障系统中第I类资源的数量;d_I 为资源的需求率。

如果 $\eta_I o_I \leqslant d_I$ 时,则等待时间为 ∞,此时认为保障资源数量不足,应对该资源数量再次进行预测,待得到满足要求的数量时重新代入式(5-8)进行计算。

当资源需求时间间隔和资源被占用时间不服从指数分布时,通常借助于仿真方法计算分析相应占用型资源等待时间。

保障资源等待可以看作是一个保障作业,将其对应的时间并入保障作业时间计算即可。

5.3.3　保障作业及活动时间计算

1. 保障作业时间计算

(1)保障作业网络图。保障作业及其之间的时序关系可以借助于网络图进行描述。网络图是通过关键路径法分析保障作业时间的最直观建模方法,网络图又称箭线图,是由带箭头的线和节点构成的,是组成保障活动的各部分保障作业时序关系的图形化表述形式。保障作业网络图由保障作业、节点、路径三类基本建模元素组成,这里不再详述。

(2)保障作业网络时间计算。保障作业网络图的时间参数包括每个保障作业执行时间、保障作业的最早、最迟开始及结束时间及时差等。保障作业时间 $t(i,j)$ 是指完成某一项保障作业所需要的时间,通常以分钟(min)为单位。

①保障作业的最早开始时间与保障作业的最早结束时间。保障作业 $t(i,j)$ 的最早开始时间用 $t_{ES}(i,j)$ 表示,是指保障作业必须在其所有紧前保障作业全部完工后才能开始的时间;保障作业 (i,j) 的最早结束时间用 $t_{ES}(i,j)$ 表示,它表示保障作业按最早开始时间开始所能达到的完工时间,其表达式为

$$\begin{cases} t_{ES}(1,j) = 0 \\ t_{ES}(1,j) = \max_k \{t_{ES}(k,i) + t(k,i)\} \\ t_{ES}(1,j) = t_{ES}(i,j) + t(i,j) \end{cases} \tag{5-9}$$

这是一组递推公式即所有从起始节点出发的保障作业 $(1,j)$,其最早开始时间为0;任意保障作业 (i,j) 的最早开始时间由其紧前保障作业 $\{IP_i\}$ 集合中的最早开始时间决定;保障作业 (i,j) 的最早结束时间显然等于其最早开始时间与工时之和。

② 工序的最迟开始时间与工序的最迟结束时间。保障作业(i,j)的最迟开始时间用$t_{ES}(i,j)$表示,它表示保障作业(i,j)在不拖延所有保障作业进度的前提下,必须开始的最晚时间;保障作业(i,j)的最迟结束时间用$t_{ES}(i,j)$表示,它表示保障作业(i,j)按最迟开始时间开工,所能达到的完工时间,其表达式为

$$\begin{cases} t_{LF}(i,n) = 最后一个保障作业结束时间(或\ t_{EF}(i,n)) \\ t_{LF}(i,j) = \min_k \{t_{LS}(j,k) - t(i,j)\} \\ t_{LF}(i,j) = t_{LS}(i,j) + t(i,j) \end{cases} \tag{5-10}$$

这组公式是按保障作业的最迟开始时间由最终节点向起始节点逐个递推的公式。凡是进入最终节点n的工序(i,n),其最迟结束时间必须等于预定所有保障作业完成时间。任意保障作业(i,j)的最迟开始时间由其紧后保障作业$\{IS_j\}$集合的最迟开始时间确定。显然,保障作业(i,j)的最迟结束时间等于该保障作业(i,j)的最迟开始时间与工时的和。

③ 时差。在不影响所有保障作业进度的条件下,某保障作业(i,j)可以延迟其开工时间的最大幅度,称为该保障作业的总时差,用$R(i,j)$表示,其计算公式为

$$\begin{aligned} R(i,j) &= t_{LS}(i,j) - t_{ES}(i,j) \\ &= t_{LF}(i,j) - t_{EF}(i,j) \end{aligned} \tag{5-11}$$

保障作业(i,j)的总时差等于它的最迟结束时间与最早结束时间的差,或是该保障作业的最迟开始时间与最早开始时间的差。

（3）关键路径的确定。保障作业总时差的作用主要用于确定关键保障作业和找出关键路径。所谓关键保障作业,就是保障作业总时差为0的保障作业,也就是其开始时间或结束时间没有任何机动余地的保障作业。而关键路径是指从第一个保障作业开始到最后一个保障作业结束占用时间最长的路径。在关键路径上,各项保障作业的总时差均为0;反之也成立,即由总时差为0的保障作业连接成的从始点到终点的路径,就是关键路径。

2. 保障活动时间的计算

保障活动及其之间的关系也可以借助于网络图来进行描述。在描述保障活动的网络图中,每项保障活动时间是由相应的保障作业时间网络图计算得到的。关于保障活动网络时间计算方法同于保障作业网络时间的计算,这里不再赘述。保障活动网络计算得出的时间即为相应的保障事件时间。

5.3.4　保障事件频数计算

1. 使用保障事件频数计算

装备的一次动用可以看作是装备的一个任务活动,战时或平时训练的任务频度可以用装备的任务强度来表征。任务强度是指单位时间内装备动用次数,如飞机装备任务强度单位是次/(架·天)。装备任务强度是装备系统重要的设计要求参数,在综合论证时就会给出。装备每次出动可能执行的任务类型不同,与之相应的使用保障事件也有所差别。如果给定一个任务持续时间跨度 T,在已知装备任务强度的情况下就可以确定这段时间内装备使用保障事件的频数。装备的某类使用保障事件频数 f_{oi} 可按下式计算:

$$f_{oi} = N_E \varepsilon_i f_{\mathrm{SR}} \tag{5-12}$$

式中:N_E 为装备群中装备的数量以。f_{SR} 为装备的任务强度;ε_i 为装备某类任务的类型比,它是一段时间内装备执行该类任务的次数与装备执行任务总次数之比。

2. 维修保障事件频数计算

(1)修复性维修保障事件频数计算。修复性维修保障事件的频数 f_{CMS} 与保障对象的使用要求、故障率、故障模式频数比和非故障拆卸率等因素有关,可按下式计算:

$$f_{\mathrm{CMS}} = N_E A_{\mathrm{OR}} \sum_{k=1}^{N_{\mathrm{QP}}} \left[\theta_k \sum_{l=1}^{N_{\mathrm{FMK}}} \alpha_{1k} (\lambda_k + \mu_{k1}) \right] \tag{5-13}$$

式中:N_E 为装备群中装备的数量;A_{OR} 为单装备在单位日历时间内的工作时间(h),如飞机装备群中每架飞机的年度飞行小时要求为 600h;N_{QP} 为被分析的维修保障活动中包含的保障对象数;θ_k 为被分析的第 5 个保障对象的运行比;N_{FMK} 为被分析的第 k 个保障对象的故障模式数;α_{1k} 为被分析的第 7 个保障对象的第 l 种故障模式频数比;λ_k 为被分析的第 k 个保障对象的故障率;μ_{k1} 为被分析的第 k 个保障对象的第 l 种故障模式由于非故障因素导致的修理次数,如由于虚警导致的误拆除。当不能有效预计由于非故障因素导致的修理次数时,修复性维修保障事件的频度可近似用故障率代替。

(2)预防性维修保障事件频数计算。预防性维修保障事件的频度 f_{PMS} 可由相应预防性维修工作的周期直接确定。预防性维修事件周期通常有三种表述方式:以日历时间为单位的表述方式;以装备工作时间为单位的表述方式;以装备使用次数为单位的表述方式。预防性维修保障事件的频度 f_{PMS} 可按下式计算：

$$f_{PMS} = N_E \cdot \max\left\{\left[A_{ORJ}/\min(T_{PMDJ})\right], J = 1,2,3\right\} \qquad (5-14)$$

式中：N_E 为装备群中装备的数量；A_{ORJ} 为第 j 种维修间隔期期单位使用要求；T_{PMDJ} 为以第 j 种维修周期做单位的预防性维修工作间隔期。

这里需要注意的是，年度使用要求的单位要与预防性维修工作的间隔期单位保持一致。如果该预防性工作项目既在较小间隔期的项目中出现，又在较大间隔期的项目中出现。由于预防性维修间隔期的取值通常是最小预防性维修间隔期的整数倍，这时并不会重复执行这些工作项目，通常将维修间隔期短的工作项目和维修间隔期长的工作项目合并，故取维修间隔期的最小值进行计算。对于在不同间隔期单位中出现的具有相同工作内容的项目，由于在执行预防性维修工作后，通常将已经累积的间隔进行清零，同时出于经济性考虑，会合并执行不同间隔期单位且发生在相距较近时间内的工作项目，故不取其和值而取频数最大值来确定预防性维修保障事件的频数。

5.3.5　平均保障时间汇总计算

保障系统的平均保障时间可由最下层保障事件时间按照其频数进行加权平均计算得到。

由上述分析可知，平均保障时间 T_s 的计算公式为

$$T_s = \frac{BT}{EB^T} \qquad (5-15)$$

式中：$B = \begin{bmatrix} \beta_1 & \beta_2 & \cdots & \beta_n \end{bmatrix}$ 为最底层保障事件频数矩阵，表示有 n 个保障最底层保障事件，这些保障事件可以是使用保障事件或维修保障事件，每种保障事件的频数计算方法在 5.3.4 节已给出；$T = \begin{bmatrix} t_{s1} & t_{s2} & \cdots & t_{sn} \end{bmatrix}^T$ 为与矩阵 B 中保障事件对应的保障事件时间矩阵，第 k 个保障事件时间为 t_{sk}。E 为 $1 \times n$ 阶矩阵，$E = \begin{bmatrix} 1 & 1 & \cdots & 1 \end{bmatrix}$。

5.3.6　保障活动评价及改进

保障时间分析随着保障方案的细化要反复迭代，通过保障时间分析，根据分析结果，与设计要求进行对比，如果保障时间小于设计要求，可给出满足设计要求的评价结果。

此外，还可以根据分析结果找出保障系统设计要素中的薄弱环节，然后根据薄弱环节制定改进措施，提高保障系统的及时性。保障活动评价及设计改进可

以从以下两个方面展开。

1. 保障活动或保障作业分析及改进

对保障活动或保障作业时间进行分析,找出影响保障作业或保障活动的关键路径,对关键路径上的保障作业或保障活动进行改进,以缩短相应保障作业或保障活动的整体完成时间。

2. 保障事件时间分析及改进

对组成平均保障时间的最底层保障事件时间进行分析,找到保障事件时间与保障事件频数乘积较大的保障事件,着重对其进行分析降低相应的保障事件时间和频数的综合效果,达到改进保障性设计水平的目的。可以采取下列改进措施缩短保障事件时间:

(1)增加保障资源数量。

(2)提高保障资源性能。

(3)提高保障对象的可靠性水平。

(4)提高保障对象的维修性水平。

5.4　保障资源的评价

5.4.1　保障资源的定性评价内容

1. 保障设备评价

保障设备定性评价的主要内容如下:

(1)保障设备的功能、性能、布局及其操作是否满足装备的作战流程和作战使用要求。

(2)是否制定保障设备配套方案,编制保障设备配套目录(随机工具及专用工具目录、修理和保障设备目录、检测设备目录等)。

(3)保障设备是否尽量简化品种、尽可能减少其重复性,提高经济性,尽可能减少专用保障工具、设备的种类和数量,提高"三化"程度。

(4)保障设备是否应尽可能沿用类似系统的设备和商用设备。

(5)保障设备是否具有良好的机动性,具有伴随保障和战场抢修能力。

(6)保障设备是否能保障系统和人员安全;保障设备是否尽可能降低对人员素质的需求。

(7)系统的测试和发射设备是否尽可能减少对保障设备的依赖性,是否与其他保障资源相匹配。

(8)保障设备展开与撤收的是否方便;自检是否快捷;培训与演练操作是否

方便。

2. 保障设施评价

保障设施定性评价的主要内容如下：

（1）保障设施的组成、样式、内部幅员尺寸和使用功能是否满足战术要求和装备使用操作工艺流程和技术要求。

（2）保障设施的环境温度、湿度、照明、防爆安全措施、消防、接地等，是否满足装备系统使用技术要求。

（3）保障设施提供的电、水、气的种类、容量、质量是否满足系统使用技术要求。

（4）保障设施提供的起重运输设备及专用非标准设备是否满足系统的使用技术要求。

（5）保障设施的各种管线、接口是否与系统匹配。

（6）保障设施的废气、废水、废物处理的环保措施是否满足有关环保要求。

（7）阵地设施是否可能利用现有装备的设施，并能兼顾多型装备使用，是否明确新设施对现有设施的影响。

（8）设计过程中是否进行费用分析，合理确定建造周期、建造费用、维护费等问题。

（9）能否尽量减少系统所需设施的数量并考虑设施的隐蔽要求，使保障设施战时受攻击的可能性降到最低。

3. 技术资料评价

技术资料定性评价的主要内容如下：

（1）技术资料的内容是否与保障方案、部队保障体制相匹配，是否完整、正确、通俗易懂满足装备保障对技术资料的要求。

（2）编制技术资料是否充分考虑部队使用维修人员的接收水平和阅读能力。

（3）是否提出技术资料的交付要求，包括交付时机、数量和交付媒介的要求是否在交付部队使用前经过试用。

（4）技术资料的编写详实程度是否符合有关标准的规定。

（5）是否考虑软件保障所需技术资料。

（6）技术资料交付时不允许有更改单，已付技术资料更改是否按 GJB 906—90《成套技术资料质量管理要求》规定的要求执行。

4. 训练与训练保障评价

训练与训练保障定性评价的主要内容如下：

（1）装备设计中是否考虑到战时和平时的训练要求，包括使用寿命、使用次数等。

（2）是否制定初始训练方案及计划（课程设置、教材要求、训练方法、考核方法）。

（3）是否根据部队使用与保障人员素质编制初始训练教材。

（4）是否编制训练器材及训练设备清单，研制全套训练器材和设备，实施对部队使用和维修人员的进行初始培训。

（5）训练设备的性能、外形、操作、显示、接口是否与实际装备一致，在训练设备上训练的人员能否在实装上很好地操作。

（6）通过模装、实装操作的考核，训练大纲、计划是否适用，训练设备、器材是否与训练任务相匹配，训练计划指标是否达到要求。

5. PHS&T 评价

PHS&T 定性评价的主要内容如下：

（1）装备包装、装卸、储存和运输是否满足平时、战时维修保障要求。

（2）是否尽量选用现有的包装、装卸、储存和运输资源。

（3）是否考虑采用标准的装卸设备和程序。

（4）是否说明主要设备在规定条件下的储存寿命、使用寿命及机动性和运输特性。

5.4.2　技术资料评价示例

技术资料评价的主要目的是，验证所提供的技术资料能否使计划的使用者使用后有效地完成规定的使用与维修保障工作。评价准则包括：易于阅读和理解，提供的信息准确、完整和有效，在相应的维修级别上配有相应的必要操作说明书和文件。可通过建立一种适于量化评价的量度，如错误率等，简化评价过程，达到评价的目的。下面以某型装备维修手册的适用性评价为例进行说明。

1. 确定评价的量度

该手册评价量度为错误率，必须要体现在以下三个方面：

（1）指导完成维修保障工作的说明是否正确。

（2）描述维修工作的插图是否正确。

（3）完成维修工作所需的工具清单是否正确。

评价的标准是当错误率大于 13% 时，即认为该手册是不适用的。

2. 数据收集、统计分析

将装备维修手册中各维修级别的各项维修工作进行细化，按正文、插图、工具三个方面分类，并统计这三个方面出现的错误率，编制数据表。该手册将各维修工作分成 31 项，2034 个评价单元，表 5-5 是该手册关于实物分解和维修工作的第 17、18、19 三项工作的记录信息。

表 5 – 5　某型装备维修手册数据表

工作编号	工作描述	维修级别	修复时间		人员平均数	检查总页数				建议更改页数				错误率			
			h	工时		总数	正文	插图	工具	总数	正文	插图	工具	$\rho_{总数}$	$\rho_{正文}$	$\rho_{插图}$	$\rho_{工具}$
17	修理或更换尾灯	基层级	0.35	0.42	1.2	58	28	20	10	7	4		3	0.12	0.14		0.3
18	拆卸或修理或重装炮塔密封泵	基层级	0.68	0.68	1	21	8	6	7	3	3			0.14	0.38		
19	拆卸或重装液力制动油缸	基层级	0.72	0.72	1	20	10	5	5	13	10	3		0.65	1		0.6

3. 得出评价结论

由表 5 – 5 可以看出，所记录的三项工作中，第 17、18 项工作中的"工作描述"，第 18、19 项工作中的"工具"清单是完全符合适用要求的；其余各项工作的各个评价单元均需要改进，特别是第 19 项工作中的"维修工作说明"评价单元，属于完全不合格，需要进行完全修改。

5.4.3　保障设备评价示例

示例中假设的保障设备为测试设备，评价准则为该测试设备的性能能否满足某型装备平时和战时使用和维修的要求。即要验证当装备出现故障时，该测试设备能否及时准确测试出故障并成功诊断出故障原因。如果该测试设备进行诊断工作耗费的时间与此次维修工作的总时间之比，超过了该型装备此次故障所造成停机时间的 40%，则认为该测试设备在诊断故障的性能方面是不合格的，并进一步分析其原因。

1. 将定性的评价准则转化为可量化的评价指标

首先将测试设备的评价准则转化为测试设备诊断故障的时间。

2. 进行试验并收集数据

按测试规定的规程，使用该测试设备对装备的各个子系统进行诊断试验，表 5 – 6 给出了该测试设备对装备各个子系统的诊断时间。

表 5 - 6　某型装备诊断时间与总维修时间

子系统	总维修时间		诊断时间		百分数/%	
	h	工时数	h	工时数	h	工时数
电气	94.2	212.1	53.7	70.0	57.0	33.3
悬挂装置	176.8	320.3	17.7	22.4	10.0	6.9
履带	87.8	190.7	4.4	5.7	5.0	2.9
发动机	137.5	231.4	85.2	138.8	61.7	59.9
传动装置	115.2	209.7	48.2	69.2	41.8	32.9
侧减速器	17.3	29.3	11.9	12.9	68.7	44.0
其他机动性设备	233.6	309.6	53.7	65.0	22.9	20.9
火力控制	92.8	124.8	30.6	37.4	32.9	29.9
炮塔驱动与稳定器	142.4	201.4	57.0	66.5	40.0	33.0
火炮反冲座	2.0	3.0	0.6	0.6	30.0	20.0
政府供应的设备	17.8	27.7	2.5	2.5	14.0	9.0
非机动性电气	21.9	40.4	7.5	9.3	34.2	23.0
其他非机动性设备	94.1	111.7	21.6	25.7	22.9	23.0

3. 数据统计、分析与评价

从表 5 - 6 中可以看出诊断时间对总维修时间的影响,动力传动系统和电气系统诊断时间都超过了总维修时间的 50% 以上,因此,该测试设备功能评价为不合格。

为了进一步明确诊断的效果,对该测试设备每次诊断的效果进行分析汇总,见表 5 - 7。

可以看出进行了 62 次诊断,但 60% 的诊断都没有达到满意的效果,只有 40% 得到满意的评价,少于总数的 1/2。

表 5 - 8 记录了该测试设备评价结论为不满意的 37 次诊断的情况及对保障工作的影响,提示了诊断不满意的原因。

表 5 - 7　测试设备功能效果汇总

评价效果	应用次数/次	百分数/%
满意(良好)	25	40
不满意(不合格)	37	60
总计	62	100

表 5 - 8　测试设备 37 次有问题的
活动对保障工作的影响

问题分类	应用次数/次	百分数/%
无故障报虚警	19	51
真正的故障未找到	18	49

经过详细分析,37 次测试设备诊断失效的原因是多方面的。例如,利用该测试设备进行测试时,常常发生装备实际无故障而虚报的情况,导致更换仍适用的零部件;还时常出现装备存在某种故障,但却显示为另一种故障的情况,发现不了真正的故障,有时提示需要更换仍适用的零部件,有时需寻求承制方的帮助。而且,测试设备自身也常常出现故障,有些是软件方面的问题,有些是硬件方面的问题。上述出现的问题,都将延长装备的停机时间,增加保障费用,降低装备的完好水平。

4. 评价结论

(1)该测试设备的性能存在多种缺陷,包括故障不能定位、提示更换仍适用的零部件、过分地要求承制方的帮助等,从而无法靠自己的力量修复装备。

(2)该测试设备的多种缺陷,将使供应和人力需求明显增大,由于无法定位故障部位,经常寻求承制方的帮助等,将大幅度增加装备的维修和停机时间,从而严重地影响装备的可用性。一般来说,一次故障的修复时间比起两次故障之间的使用时间要短的多,这意味着修复时间的少量变化不会对可用性产生较大的影响。但是,如果由于测试设备在诊断方面失效而引起的不必要的延误,将使得修复时间变得较长并导致可用性的大幅度降低。

(3)由于过分依赖承制方的保障导致各方面的费用大幅度上升,从而大大增加了装备的使用与维修保障费用。

5.5 保障系统规模评价

在保障资源数量预测的基础上,根据该保障资源的重量参数和体积参数,可对保障系统规模 F_{ss} 进行预测。

5.5.1 评价方法

1. 保障资源总体积计算

保障资源总体积取决于保障资源的种类、数量以及每类保障资源的体积,这里的体积是指该类资源的包装体积。保障资源总体积可用下式计算:

$$V = \sum_{l=1}^{n_s} N_l v_l \qquad (5-16)$$

式中:n_s 为保障资源种类数;N_l 为第 l 种保障资源数量;v_l 为第 l 种保障资源体积。

2. 保障资源总重量计算

保障资源总重量取决于保障资源的种类、数量及每类保障资源的重量,这里的重量是指该类资源的包装重量。保障资源总重量可用下式计算：

$$M = \sum_{l=1}^{n_s} N_l m_l \qquad (5-17)$$

式中：n_s 为保障资源种类数；N_l 为第 l 种保障资源数量；m_l 为第 l 种保障资源重量。

3. 运输工具动用次数计算

通常情况下，根据常用运输工具的标准载重及容积将保障系统规模重量单位或体积单位换算成运输工具动用台次数，即

$$F_{SS} = \max\left(\left[\frac{\sum_{l=1}^{n_s} N_l m_l}{M_s} + 0.5\right], \left[\frac{\sum_{l=1}^{n_s} N_l v_l}{V_s} + 0.5\right]\right) \qquad (5-18)$$

式中：$[\,\cdot\,]$ 为向下取整；n_s 为保障资源种类数；N_l 第 l 种保障资源数量；m_l 为第 l 种保障资源重量；v_l 为第 l 种保障资源体积；M_s 为某种运输工具最大载重量；V_s 为某种运输工具最大容积。

在研制阶段往往缺乏保障资源重量和体积数据，如果该保障资源是货架产品可直接代入其重量或体积参数进行预测，如果是改型或新研装备可代入其相似保障资源的体积或重量参数进行预测。

通过保障规模分析，根据分析结果与设计要求进行对比，如果保障规模小于设计要求，可给出满足设计要求的评价结果。

通过保障系统规模分析可以宏观上得出保障系统部署能力度量，可以根据某类保障资源数量与保障资源体积或重量乘积的大小找到对保障系统规模影响最大的保障资源；也可以通过以下措施减小保障系统规模：

（1）提高需要该类保障资源的保障对象可靠性水平。

（2）提高需要该类保障资源的保障对象维修性水平，减少维修时间。

（3）将该类保障资源功能与其他同类保障资源功能进行合并。

（4）采取减少该类资源重量和体积的设计措施。

5.5.2 保障系统规模分析算例

某飞行团装备群中有 24 架歼击机，每架歼击机的出动强度为 1 次/(架·天)，每架飞机每次任务飞行 2h，每周 6 个飞行日，一年按 50 周计。任务持续时间为 1 年，已知飞机的故障率为 0.2 次/h，预防性维修间隔期为 100 飞行小时，每架飞机每次出动前需挂弹车 1 台，每次挂弹车需工作 20min，挂弹车每天可工作 8h，挂弹车重 1t。每次修复性维修平均消耗 1 个备件，修复性维修消耗备件平均

每个重 0.005t,每次预防性维修平均每架飞机消耗 10 个备品备件,平均每个重 0.002t,某型运输机载重为 5t。现将上述数据代入式(5-18),可以得到保障资源总重为 19.28t,其保障系统规模为 4 架次运输机运输,中间结果数据见表 5-9。

表 5-9 装备保障系统规模分析数据表

保障活动名称	保障活动频度/(次/年)	资源名称	资源数量/个	资源质量/t
挂弹	7200	挂弹车	2	2
某设备修复性维修保障	2880	备件	2881	14.4
飞机 100h 定检	144	备品备件	1441	2.88
总质量				19.28

详细计算数据如下:

$$挂弹车数量 = \left[\frac{24 \times 300 \times 0.33}{8 \times 300} + 0.5\right] = 2(台)$$

$$修复性维修备件数量 = \left[600 \times 0.2 \times 24 + 0.5\right] = 2881(个)$$

$$预防性维修备件数量 = \left[6 \times 24 \times 10 + 0.5\right] = 1441(个)$$

第6章　测试性验证技术

6.1　测试性验证试验技术概述

6.1.1　一般要求

1. 验证产品状态

实施测试性验证试验的产品的技术状态应该是装配完整、性能合格、准备定型的产品/样机,规定的有关技术文件资料应是齐全的。与产品配套的测试设备和接口设备完整,满足开展试验要求。

2. 验证试验时机

测试性验证试验在设计定型阶段进行。BIT 功能的检查测试可在样机上进行,脱机测试能力要等到测试设备及接口装置研制出来后才能进行。另外,在设计定型前的研制过程中还应进行测试性核查,并写出测试性核查资料。

3. 验证的内容

测试性验证试验要考核的内容包括技术合同或技术规范中规定的,以及有关产品测试性设计的定量要求与定性要求。

4. 测试性验证试验大纲和计划

测试性验证试验有其自己的特点,应单独确定验证试验要求和实施计划。如果不能从其他试验中获得足够数据,在条件允许时,应按后面介绍的程序和方法单独组织测试性验证试验。

在设计阶段结束之前,根据产品研制工作计划、技术合同规定的测试性验证要求,以及产品其他试验的安排和有关条件,应制定装备总的测试性验证大纲或测试性验证要求,有关系统或设备应依据装备验证大纲或验证要求和本身特点制定测试性验证试验计划。

5. 验证试验的组织管理

测试性验证试验是订购方和承制方共同完成的工作,应做好有关组织与管理工作。一般应成立验证工作领导小组和验证试验工作组,明确领导小组和试验工作组职责、人员的分工与培训、场地与保障器材、验证经费等。若测试性验证与维修性验证同时进行时(希望如此),则组织管理工作应合二为一。

6. 与其他试验的关系

根据试验需求和技术的可行性,可以将测试性试验与其他试验相结合,如维修性试验、可靠性试验、产品性能方面的试验,以及产品试运行试验等。

6.1.2 测试性验证试验程序

1. 一般流程

测试性验证试验的工作流程如图6-1所示,主要步骤如下:

(1)制定测试性验证试验大纲/计划,建立验证试验组织。

(2)依据测试性验证计划规定,完成试验产品及测试设备的准备工作,制定产品的测试性验证试验方案。

(3)依据试验方案实施故障注入试验,可利用简单工具进行手工操作方式注入故障,也可以利用注入设备实施半自动化操作方式注入故障。

(4)在试验过程中,将故障及其检测、隔离数据,以及虚警数据填入数据记录表。

(5)对记录的数据进行综合分析,统计故障检测与隔离成功的样本数量,评估 FDR 和 FIR 的量值,根据试验方案进行判决。

(6)编写产品的测试性验证试验报告。

(7)组织评审,确认产品的测试性验证结果。

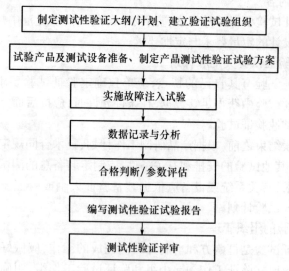

图6-1 测试性验证试验工作流程

2. 实施

1）验证试验程序

（1）试验准备工作。

① 准备好受试产品、相关测试设备、故障注入设备、产品使用环境模拟设备、数据记录表以及试验人员培训等。

② 进行故障样本分配，建议使用 GJB 2072—94 中的按比例分层抽样分配方法，依据故障相对发生频率分配样本和抽取注入的故障模式。

③ 进行验证产品的可注入故障分析，建立可注入故障模式库。

（2）注入故障试验。试验时可按样本分配结果，从可注入故障模式库中逐个选取故障模式，开始故障注入试验。注入故障试验的主要程序如图 6 - 2 所示。

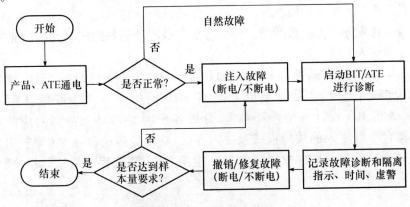

图 6 - 2　注入故障试验程序

① 受试产品通电，启动测试设备，确认在注入故障之前受试产品是工作正常的。

② 如未注入故障时产品出现不正常，属于自然故障，可计为　个样本，转至④。

③ 从可注入故障模式库中选一个故障模式注入到产品中（手工注入时产品需断电，自动注入时可以不断电）。

④ 启动测试设备（包括 BIT）实施故障检测与隔离。

⑤ 记录检测和隔离的结果、检测与隔离时间、虚警次数等数据。

⑥ 撤销注入故障，修复产品（按需要确定断电或不断电）。

⑦ 注入下一个故障（已注入的故障模式不能再重复注入），即重复③～⑥，直至达到规定的样本数。

（3）在试验过程中,同时考查规定的测试性定性要求的各项有关内容。

（4）整理分析测试性验证试验数据,编写产品的测试性验证报告,验证组织负责人或技术主管签字。

（5）测试性验证试验评审。按照测试性验证大纲/计划的要求进行测试性验证结果评审,以确认测试性验证的有效性。评审应该对测试性验证工作的完成情况、故障注入试验过程监管、数据收集、发现的问题、分析处理的合理性、结论的正确性等进行审查和确认。

2）建立可注入故障模式库

（1）故障模式分类及注入方法分析。分析产品的功能故障及其各组成单元的功能故障,对故障模式进行分类。导致产品组成单元的某一功能故障模式的所有元器件故障模式的集合,划分为一类（等效故障集合）,注入其中任意一个故障就等于注入了该功能故障。为操作方便,较小的产品也可以按合理划分后的组成部件划分等价故障类别。分析的重点是产品的各组成单元的功能故障、故障率及注入方法。

在内场进行测试性验证试验的产品一般多是 LRU 级的产品,这里以 LRU 为例进行分析。依据组成 LRU 各 SRU 的构成及工作原理、FMEA 表格、测试性/BIT 设计与预计资料等,分析各 SRU 的各功能故障对应的等价故障集合中可注入的故障模式及注入方法、功能故障的故障率（等于引发该功能故障的所有元器件故障率之和）、检测方法、测试程序编号等相关数据,填入表 6 – 1 中。

表 6 – 1　SRU 故障分类及注入方法分析

LRU 组成单元(SRU)名称：　　　　　　　　　　　　　　　　日期：

序号	功能故障模式	名称和代号	故障率 λ_g	引发功能故障的元器件				测试程序编号		
				名称或故障模式	故障率 λ_i	注入方法	不能注入原因	BIT	ATE	人工
合计										

注：1. 故障注入方法代号：FI—硬件注入,FE—软件模拟;

2. 不能注入原因代号：A—无物理入口,B—无软件入口,C—无支持设备,D—需要改进软件

（2）可注入故障模式库建立。在完成对产品及其组成单元的故障模式及注入方法分析的基础上,即可建立故障模式库。

故障模式库中故障模式的数量应足够大,一般是试验用样本量的 3~4 倍,至少应保证故障率最小的组件(故障类)有两个可注入故障模式,其他故障率较高的组件(故障类)可注入故障模式数应大于分配给它的样本数,以便实施抽样和备份。故障模式库中故障分布情况,应按产品组成单元(故障类)故障率成正比配置。

故障模式库中每个故障模式都是可注入的,给出的相关信息内容应包括故障模式名称和代号、故障模式所属产品,以及其组成单元名称或代号、故障模式及所属故障类名称和代号、故障特征、检测方法与测试程序、注入方法和注意事项等。

为便于故障模式抽取和注入,根据产品及其组成单元的故障模式及注入方法分析的结果,将各个可以注入的故障模式及其相关信息,按产品组成单元分组编号、顺序排列,集成后即构成产品可注入故障模式库,见表 6-2。

表 6-2　可注入故障模式库

序号	故障名称代号	故障位置		故障特征	故障注入方法	检测方法测试程序
		SRU 名称和代号	组件(或故障类)各称和代号			

3) 故障样本注入方法

故障注入方法可分为手工操作故障注入方法和自动故障注入方法两大类型,见表 6-3。

表 6-3　故障注入方法

手工操作故障注入方法	(1) 将元器件引脚短路到电源或者地线;
	(2) 移出元器件引脚并将其接到地线或电源;
	(3) 将引脚移出插座,然后在空的插孔处施加电源或地信号;
	(4) 将引脚移出插座,使其处于不连接状态;
	(5) 将元件从插座中完全移出;
	(6) 将器件的两个引脚短路;
	(7) 在连接器或底板上注入故障;
	(8) 将电路板从底板上移出;
	(9) 注入延迟;
	(10) 使用故障元器件替换正常元器件;
	(11) 开路 UUT 的输入线路;
	(12) 将 UUT 的输入拉高或者拉低

（续）

自动化故障注入方法	元器件级故障自动注入		边界扫描方式故障注入。利用边界扫描的这种功能,可以对集成电路的管脚进行故障注入,实现特定的逻辑故障,如加载固定 0、固定 1 等;通过将系统总线与边界扫描控制器建立信号联系,可以由总线管理员监控整个故障注入活动
			通断盒方式故障注入(也称为可控插座)。该方式故障注入可以应用于数字逻辑器件,它利用开关元器件产生短路、开路和固定逻辑值模拟不正确的数字输入和输出;这种故障注入方法需要建立故障注入与诊断之间的通信联系,实现对逻辑模式序列中的特定模式注入故障,而且是在整个逻辑模式序列期间只能注入固定故障
			反向驱动方式故障注入。基于反向驱动技术的故障注入方法的实质,是通过被注入元器件的输出级电路拉出或灌入瞬态大电流实现将其电位强制为高或强制为低,这必将在电路的相应位置产生较大热量,如积聚时间过长,必将导致电路的性能下降甚至完全损坏。所以,在实施后驱动故障注入时,要对注入的电流的时间加以控制;此方法一般不用测试产品的诊断能力
	电路模块级故障自动注入	电压求和方式故障注入	对于运算放大器组成的模拟电路模块,可以采用电压求和方式注入故障来模拟电路模块的故障
		数字电路模块的故障模拟技术	(1) 微处理器模拟。将微处理器开发系统用于电路板功能测试是非常简单的。操作人员只需将待测电路板上的微处理器替换为同型号的,但受测试器控制的另一个微处理器(如接入式模拟器)。该模拟微处理器执行来自模拟存储器的测试程序,这与被测电路板上的存储器完全相同。理想情况下,执行测试程序的模拟处理器可以施加测试模式到电路板上的不同器件,受测试的典型元器件包括总线外围器件和存储器。这种技术对处理直接位于总线上的元器件非常有效。微处理器模拟器仅配置了有限的驱动和检测电路板上随机点的数字状态的能力。这种限制存在于此类测试点的数量、测试点的防故障保护、过驱动能力、时序控制、协调的编程设计等。因此,随着元器件越来越远离总线,相应的测试吞吐能力和诊断精度都会急速下降。例如,根据总线单独进行解码或者产生的控制信号将影响到测试器控制特定状态的能力。 (2) 存储器模拟。其含义是测试器采用自己的存储器替代被测电路板上的存储器。此时,电路板上的微处理器执行的测试程序是加载到测试器存储器上的测试程序。与微处理器模拟技术相比,本技术还可以检查被测电路板上的微处理器是否故障,而无需将其取下。与微处理器模拟技术相同,该技术对于直接与总线相关的处理非常出色,但对非总线的测试事件或者建立特殊测试环境表现不佳。

（续）

自动化故障注入方法	电路模块级故障自动注入	数字电路模块的故障模拟技术	（3）总线周期模拟。该技术使用测试器的硬件模仿微处理器总线接口活动。微处理器可以看做由一个算术引擎和一个连接引擎到外部世界的总线接口组成。在正常运行时,总线接口在引擎的控制下产生规定的波形,将数据传输到存储器或 I/O 空间,或者从存储器或 I/O 空间传入数据。总线周期模拟技术同样是执行存储器的读写周期,但受到测试程序员的控制,而不是受到微处理器控制。例如,这种周期可以用于发送命令到串口,或者从软驱控制器读取数据。为了实现总线周期模拟,被测电路板上的微处理器必须放弃总线接口的控制权,将其转让给测试器。最常用的简便方法是对微处理器应用总线请求功能,等待微处理器响应请求后将其总线接口置位到第三态(高阻状态)。然后总线处于测试器的控制下,可以进行总线周期的模拟
	连接线级故障自动注入		（1）对于板间连线或设备间连线中实时性要求不高的信号线,可以采用开关式故障注入方法进行线路故障注入。 （2）将开关式故障注入器串联在被测对象的板间或设备间,注入故障时,通过故障通路选择电路选择要注入故障的通路,利用故障模拟电路模拟出需要注入的信号特征
	系统总线故障注入		（1）对于板间接口或总线的故障模式可以采用系统总线故障注入的方法进行故障注入。系统总线故障注入的实质是在期望的地址上,根据注入条件的要求,将原有传输的信号断开,用故障信号取代原有信号,传输给下级电路。 （2）首先通过总线收发装置接收板间传递的总线信号,将期望的地址与正在传输的地址进行比较,判断其是否需要注入故障的地址:若不是,则将原有信号直接通过总线收发装置传递给下一级电路;若是,则控制电路将原有传输数据信号断开,将期望的数据通过总线收发装置传递给下一级电路,注入故障的时间或次数由注入条件决定

4）故障注入试验数据记录表格

故障注入试验过程中的数据,应有专人按规定的内容和格式记录。记录的内容主要包括:①每次注入故障模式名称或代号;②所用测试手段(BIT、ATE 或人工);③每次故障检测和隔离指示的结果;④每次故障检测与隔离时间;⑤试验过程中发生的虚警次数等。

故障注入试验数据记录表见表 6-4。在实际应用中可以参考这些表格,针对产品特点建立具体的数据表格。

表6-4　故障注入试验数据记录表

产品名称：　　　　　　　　　试验场所：　　　　　　　　试验日期：

序号	故障名称	故障表现	BIT					ATE							人工							备注
			指示	检测	隔离		时间	虚警	指示	检测	隔离		时间	虚警	检测	隔离		时间				
					LRU	SRU					LRU	SRU				LRU	SUR					

5）验证试验报告

验证试验结束后，应编写测试性验证试验报告，其主要内容如下：

（1）验证的目的和要求，说明产品测试性验证工作的目的和要求。

（2）验证的依据，列出制定测试性验证试验所依据的各项文件、规范、标准等。

（3）验证产品说明，列出产品的测试性要求、技术状态等信息。

（4）验证的组织与实施情况。

（5）选用的验证试验方案与合格判据。

（6）验证数据，说明获取数据的途径，要求依据规范表格列出测试性相关数据。

（7）参数评估方法及计算结果。

（8）验证结论，确定验证合格的测试性参数和不合格的测试性参数，确定产品是否合格。

（9）存在的问题及改进建议。

（10）在试验过程中对各项测试性定性要求的符合情况进行检查、分析结果的说明；试验人员及负责人签字。

6.1.3　估计参数量值的试验方案

1. 确定样本量

（1）根据试验用样本的充分性确定样本量。故障隔离是要求将故障隔离到产品的各组成单元，所以各组成单元的功能故障都需要进行检验，应对产品的各组成单元的功能故障模式、故障率及注入方法进行分析，要保证各产品组成单元的每一功能故障至少有一个样本。所以，保证充分检验产品所需要故障样本量为

$$n_1 = \frac{\lambda_u}{\lambda_{\min}} \quad \text{取整数} \qquad (6-1)$$

式中：n_1 为充分检验产品所需样本量；λ_u 为产品的故障率；$\lambda_{\min}$ 为产品各组成单元功能故障的故障率中最小的故障率值。

某一功能故障的故障率等于与该功能有关的所有元器件故障率之和，如果 $\lambda_{\min}$ 值比平均值小很多，为避免 n_1 过大可选用次小的 λ 值计算 n_1 值。

（2）最少样本量。考虑指标的统计评估要求，验证试验用故障样本量的下限为

$$n_2 = \frac{\lg(1-C)}{\lg R_L} \qquad (6-2)$$

式中：R_L 为测试性指标的最低可接收值；n_2 为达到 R_L 所需最低样本量，应为正整数；C 为置信水平。

可以依据 R_L 和 C 的要求值，查得出 n_2 的量值。如果试验用样本量小于 n_2 值，即使检测/隔离都成功也达不到规定的最低可接收值 R_L。

（3）综合试验用样本量 n 在 n_1、n_2 中取大的，即

$$n = \max(n_1, n_2)$$

如果出现 $n_2 > n_1$ 的情况，可分别给故障率高的功能故障增加样本，一直达到要求的样本数。

2. 样本量分配

将样本量 n 分配给产品各组成单元的各故障模式，以便于开展故障注入试验。例如，故障模式 F_i 的样本数可用下式计算：

$$n_{F_i} = n \frac{\lambda_{F_i}}{\lambda_u} \quad \text{取整数} \qquad (6-3)$$

式中：n_{F_i} 为分配给第 i 个故障模式的样本数；λ_{F_i} 为第 i 个故障模式的故障率；λ_u 为产品的故障率。

3. 参数估计与合格判据

根据试验数据（或收集的故障样本数据）用二项式分布模型估计 FDR、FIR 的单侧置信区间下限。

（1）单侧置信区间下限。测试性参数的单侧置信区间下限 P_L 可用下式计算：

$$\sum_{i=0}^{F} \binom{n}{i} P_L^{n-i} (1-P_L)^i = 1 - C \qquad (6-4)$$

式中：P_L 为单侧置信区间下限；C 为置信水平；n 为样本量；F 为失败次数。

在已知 C、n、F 直接用上述公式求解估计值比较烦琐，可以查二项分布单侧

置信区间下限表。

（2）区间估计。FDR、FIR 量值进行置信区间估计，测试性参数的置信区间 P_L、P_U 可表示为

$$\sum_{i=0}^{F} \binom{n}{i} P_L^{n-i} (1 - P_L)^i = \frac{1}{2}(1 - C) \tag{6-5}$$

$$\sum_{i=0}^{F} \binom{n}{i} P_U^{n-i} (1 - P_U)^i = \frac{1}{2}(1 - C) \tag{6-6}$$

式中：P_L 为置信区间下限；P_U 为置信区间上限；C、n、F 的含义同式(6-4)。

（3）合格判据。在规定的置信水平下，如果估计的下限大于等于最低可接收值，即判为合格；否则为不合格。如果提出的 FDR 和 FIR 指标，未指明是最低可接收值时，可进行区间估计，要求指标在置信区间内即判为合格(接收产品)。

4. 注意事项

（1）应根据产品测试性要求，明确进行指标估计的方法和置信水平。

（2）应认真进行功能故障模式模式、故障率及注入方法分析。为操作方便，较小的产品也可以按合理划分后的组成部件功能进行分析。

（3）根据样本分配结果建立可注入故障模式库，每个故障类中可注入故障数应大于分配数 2～3 个，以便备用。

（4）对于检测率，n 为注入故障样本数，F 为检测失败次数；对于隔离率，n 为检测出故障样本数，F 为隔离故障失败数。

（5）此方法不适用于规定双方风险要求的指标验证。

6.1.4　最低可接收值试验方案

1. 确定测试性试验方案

（1）故障检测率、隔离率指标越高越好，在给定相关参数最低可接收值(单侧置信区间下限 R_L)和订购方风险 β 情况下，求解式

$$\sum_{i=0}^{c} \binom{n}{i} (1 - R_L)^i R_{:L}^{n-i} \leqslant \beta \tag{6-7}$$

可得出一组定数试验方案 (n_i, c_i)，其中 n 为样本数，c 为合格判定数。

直接求解方程较麻烦，可以查有关数据表。

（2）在 (n_i, c_i) 中可选用样本数 $n \geqslant n_1$ 的一个为试验方案 (n, c)，其中 $n_1 = \lambda_u / \lambda_{min}$。最少 n 应大于产品组成单元的等价故障类数。

2. 合格判据

注入 n 个故障样本,如检测(隔离)失败次数 $F \leqslant c$,则判定合格;否则,不合格。

例如,当选定 FDR1 = 0.90,$\beta = 0.2$ 时,可查数据表得一组试验方案,见表 6-5。

表 6-5　一组试验方案

C	0	1	2	3	4	5	6	7	8	9	10	11	12
N	16	29	42	54	66	78	90	101	113	124	135	146	157

按 $n \geqslant n_1$,要求可以选择 $(42, 2)$ 作为试验方案。在注入 42 个故障样本后,如果检测失败数 $F \leqslant 2$,则检测率合格,接收产品。

3. 样本量分配

可使用 GJB 2072—94 中的按比例分层抽样分配方法,按故障相对发生频率把确定的样本量 n 分得产品各组成单元。

4. 注意事项

(1) 应明确产品测试性指标的最低可接收值和 β 值。

(2) 应认真进行功能故障模式分类、故障率及注入方法分析。为了操作方便,较小的产品也可以按合理划分后的组成部件功能分析。

(3) 根据样本分配结果建立可注入故障模式库,每个故障模式中可注入故障数应大于分配数 2~3 个,以便备用。

(4) 此方法虽然未要求估计参数值,如需要可以根据 n、F 值查有关数据表,得出参数量值。

(5) 对于检测率,n 为注入故障样本数,F 为检测失败次数;对于隔离率,n 为检测出故障样本数,F 为隔离故障失败数。

(6) 若首选方案失败数 $(F > c)$,还可以增加样本数,选用下一方案继续试验;如果累计检测失败数还大于合格判定数,则拒收产品。

(7) 此种试验方案简单、准确。但不适用于规定双方风险要求的指标验证。

6.1.5　考虑双方风险的试验方案

1. 确定样本量及合格判据

在 GB 5080.5—85 和 GJB/Z 20045—91 中给出了成功率的定数试验方案,可用于故障检测率和隔离率的试验方案。

此试验方案是以下式为基础的,即

$$\begin{cases} 1 - \sum_{i=0}^{c} \binom{n}{i} (1 - R_0)^i R_0^{n-i} \leqslant \alpha \\ \sum_{i=0}^{c} \binom{n}{i} (1 - R_1)^i R_1^{n-i} \leqslant \beta \end{cases} \qquad (6-8)$$

式中:R_0 为设计要求值;R_1 为最低可接收值;α 为承制方风险;β 为订购方风险。

直接用公式求解 n 和 c 值比较烦琐,可以查相应的数据表。例如,故障检测率要求值为 0.95,鉴别比 $D = (1 - R_1)/(1 - R_0) = 3$、$\alpha = \beta = 0.1$ 时,查表可得试验方案 $(n,c) = (60,5)$,其中 n 为试验用样本数,c 为合格判定数。

合格判据:当注入 n 个故障样本检测(或隔离)失败次数 $F \leqslant c$ 时,判定合格;否则为不合格。

2. 样本量分配、故障模式选取

(1) 样本量分配。在 GB 5080.5—85 和 GJBz 20045—91 中没有给出样本量分配方法,建议使用 GJB 2072—94 附录 B 中给出的按比例分层抽样分配方法。

(2) 注入故障模式选取方法。产品备选样本量应是确定试验样本量的 3 ~ 4 倍。各组成单元或部件的备选样本量也应如此。样本量分配、故障模式选取方法,详见 GJB 2072—94 附录 B。

3. 注意事项

(1) 要求首先确定 R_0、鉴别比 $D = (1 - R_1)/(1 - R_0)$ 和 α、β 的量值。鉴别比越小,n 值越大;α 和 β 值越小,n 值也越大。规定有估计指标置信水平要求时此方法不适用。

(2) 以二项式分布公式为基础,判据更合理也更准确,方法简单易操作。

(3) 对于试验结果只能判断合格或不合格,未给出验证试验参数的估计值。

(4) 只考虑了固定的鉴别比和 $\alpha = \beta$ 的情况($\alpha = \beta = 0.05$、0.10、0.20、0.30,鉴别比 $D = 1.50$、1.75、2.00、3.00)。

6.1.6 GJB 2072—94 的试验方案

1. 试验方案

在 GJB 2072—94 附录 C 中,规定了基于正态分布近似的试验方案确定方法。

(1) 当 $0.1 < P < 0.9$ 时,使用的数学模型与美军标 MIL – STD – 471A 通告 2 类似,置信水平为 $1 - \alpha$ 的检测率、隔离率置信区间下限为

$$P_{\text{L}} = P + Z_\alpha \sqrt{\frac{P(1 - P)}{n}} \qquad (6-9)$$

式中：P_L 为故障检测率或隔离率估计值的置信区间下限；P 为故障检测率或隔离率的点估计值，$P = k/n$；n 为试验样本量；k 为 n 次试验中成功的次数；Z_α 为与置信水平相关的系数。

（2）当 $P \leq 0.1$ 或 $P \geq 0.9$、置信水平为 $1 - \alpha$ 时，检测率、隔离率置信区间下限为

$$P_L = \begin{cases} \dfrac{2\lambda}{2n - k + 1 + \lambda} & P \leq 0.1 \\[3mm] \dfrac{n + k - \lambda'}{n + k + \lambda'} & P \geq 0.9 \end{cases} \qquad (6 - 10)$$

其中

$$\lambda = \frac{1}{2}\chi_\alpha^2(2k) ; \lambda' = \frac{1}{2}\chi_{1-\alpha}^2[2(n - k) + 2]$$

（3）合格判据。故障检测率和隔离率指标越高越好，若 $P_L > P_S$（要求值为最低不可接收值）则接收，否则拒收。

在 GJB 1135.3—91、GJB 1770.3—93 中也规定了类似的方法。

2. 确定样本量

（1）GJB 2072—94 中的规定是"样本量参照维修性试验的样本量确定"。

（2）综合 GJB 2072—94、GJB 1135.3—91、GJB 1770.3—93 给出的方法，样本量可用下式计算：

$$n = \frac{(Z_{1-\alpha/2})^2 P_S(1 - P_2)}{\delta^2} \qquad (6 - 11)$$

式中：$Z_{1-\alpha/2}$ 为标准正态分布的第 $100(1 - \alpha/2)$ 百分位；P_S 为检测率或隔离率的要求值；δ 为允许的偏差值（推荐 0.01～0.07）。

规定当计算出的样本量小于 30，则令样本量等于 30。

3. 注意事项

（1）GJB 2072—94 对于不同的 P 值（$0.1 < P < 0.9$；$P \leq 0.1$ 或 $P \geq 0.9$），用不同的公式计算 P_L 值，比美军标 MIL-STD-471A 通告 2 中的方法更准确些。

（2）用 $P_L > P_S$ 作为接收或拒收判据，比美军标 MIL-STD-471A 通告 2 中的方法更合适。

（3）此方案仍然是个近似方法，P_L 的估计值还有较大的误差。

6.1.7　各试验方案的适用条件

1. 估计参数值的方案

适用于有置信水平要求的测试性指标验证，对样本量要求不严格，适用于多

种收集数据方法,也适用于使用阶段测试性评价。

2. 最低可接收值的方案

操作简单方便,适用于内场注入故障试验、验证有置信水平要求的测试性参数的最低可接收值。

3. 考虑双方风险的方案

适用于内场注入故障试验,验证有双方风险要求的测试性参数值。

4. GJB 2072—94 的试验方案

需要用近似公式计算测试性参数值,适用于内场注入故障试验、验证有置信水平要求的参数最低可接收值。只有难以用注入故障方式进行测试性验证试验、收集的有效故障样本数又达不到要求时,经定购方同意可以使用综合分析评价方法替代验证试验。选用测试性验证方案时,可参考表 6-6 给出的各试验方案的特点。

表 6-6 各测试性试验方案特点比较

试验方案	主要特点	适用条件
估计参数值的试验方案 (基于二项分布和检验充分性)	(1) 合格判据合理、准确; (2) 考虑产品组成特点; (3) 给出参数估计值; (4) 可查数据表,方法简单; (5) 分析工作多一些	(1) 适用于有置信水平要求的指标; (2) 不适用于有 α、β 要求的情况
最低可接收值试验方案 (基于二项分布和检验充分性)	(1) 合格判据合理、准确; (2) 考虑产品组成特点; (3) 可查数据表,方法简单	(1) 适用于验证指标的低值; (2) 不适用于有 α 要求的情况
考虑双方风险的试验方案等 (基于二项分布)	(1) 合格判据合理、准确; (2) 明确规定 n 及 C; (3) 可查数据表,相对简单; (4) 未给出参数估计值; (5) 未考虑产品组成特点	(1)要求首先确定鉴别比和 α、β 的量值; (2) 不适用于有置信水平要求的情况
CJB 2072—94 的试验方案	(1) 比美军标 MIL – STD – 471A 通告 2 的方法有改进; (2) 可计算出置信区间下限近似值; (3) P_{U} 和 n 估计准确度低; (4) 未考虑产品组成特点	(1) 适用于验证指标的最低值; (2) 不适用于有 α、β 要求的情况

6.1.8　故障样本的分配

测试性验证试验时,除了需要确定故障样本数、合格判据之外,还应将样本合理地分配给产品各组成部分,尽可能地模拟实际使用时发生故障的分布情况。

故障样本的分配和抽样以试验产品的复杂性和可靠性为基础。采用固定样本试验时,可用按比例分层抽样方法进行样本分配。

1. 按比例分层分配方法

首先分析试验产品构成层次和故障率,按故障相对发生频率 C_p 把确定的样本量 n 分给产品各组成单元;然后用同样方法再把组成单元的样本量 n_i 分配给其组成部件,即

$$n_i = nC_{pi}$$

其中

$$C_{pi} = \frac{Q_i \lambda_i T_i}{\sum_{i=1}^{N} Q_i \lambda_i T_i} \quad\quad\quad (6-12)$$

式中:Q_i 为第 i 个单元的数量;λ_i 为第 i 个单元的故障率;T_i 为第 i 个单元的工作时间系数,它等于该单元工作时间与全程工作时间之比。

样本的分配方法示例见表6-7。

表6-7　样本的分配方法(示例)

雷达组成单元	需要维修的产品	维修作业	故障率(或频率) λ_i(或f_i)/(×10^{-6}h)	产品数量 Q_i	工作时间系数 T_i	样本分组	各组的故障率 $Q_i\lambda_i T_i$	相对发生频率 $C_{pi} = \dfrac{Q_i\lambda_i T_i}{\sum\limits_{i=1}^{n} Q_i\lambda_i T_i}$	固定样本 $n=50$ 分配的预选样本量 $N_i=4nC_{pi}$	分配的验证样本量 $n_i=nC_{pi}$	可变样本 累计范围 $\sum C_{pi}\times 1$
天线	天线	$R/R(A)$	105	1	1.0	1组作业A	105	0.177	35	9	0~17
发射/接收机	$IF-A$、	$R/R(A)$	23	1	1.0	2组作业A、B、C、D、E	106 $A=23$ $B=21$ $C=21$ $D=18$ $E=23$	0.179 $A=0.039$ $B=0.035$ $C=0.035$ $D=0.031$ $E=0.039$	36 $A=8$ $B=7$ $C=7$ $D=6$ $E=8$	9 $A=2$ $B=2$ $C=2$ $D=1$ $E=2$	18~35
	$IF-B$ 放大器 调制器 电源	$R/R(B)$ $R/R(C)$ $R/R(D)$ $R/R(E)$	21 21 18 23	1 1 1 1	1.0 1.0 1.0 1.0						
	发射机	$R/R(F)$	10	1	1.0	3组作业F	10	0.017	3	1	36~37

（续）

雷达组成单元	需要维修的产品	维修作业	故障率（或频率）λ_i（或 f_i）/（$\times 10^{-6}$h）	产品数量 Q_i	工作时间系数 T_i	样本分组	各组的故障率 $Q_i\lambda_i T_i$	相对发生频率 $C_{pi} = \dfrac{Q_i\lambda_i T_i}{\sum\limits_{i=1}^{n} Q_i\lambda_i T_i}$	固定样本 $n=50$		可变样本
									分配的预选样本量 $N_i = 4nC_{pi}$	分配的验证样本量 $n_i = nC_{pi}$	累计范围 $\sum C_{pi} \times 1$
频率跟踪器	频率跟踪器	$R/R(A)$	400	1	1.0	4组作业 A	280	0.472	94	23	38～84
	$R/C(B)$ 晶体		20	4	0.7	5组作业 B	56	0.094	19	5	85～93
雷达位置控制器	雷达位置控制器	$R/R(A)$	35	1	0.8	6组作业 B	28	0.047	10	2	94～97
偏移角显示器	偏移角显示器	$R/R(A)$	10	1	0.8	7组作业 B	8	0.014	3	1	98～99
合计							593	1.00	200	50	

注：1. R/R 表示拆卸和更换；

2. R/C 表示检查和更换；

3. 本表仅供说明，表中数据均为假设；

4. 采用序贯试验法时要删去固定样本分配栏

2. 故障模式的选择

产品备选样本量应是规定试验样本量的 3～4 倍，各组成单元或部件的备选样本量也应如此，即 $N_i = 4n_i$。进行验证试验时，按其各备选故障模式的相对发生频率乘 100 所确定的累积范围，进行随机抽样来选出要注入的故障模式。故障模式选择示例见表 6-8。

表 6-8　故障模式选择示例

单元	故障模式	影响	相对发生频率	累积范围
接收机	元件超差	噪声	0.20	0～19
	元件短路或开路	接收机不工作	0.35	20～54
	调谐失灵	不能改变频率	0.45	55～99

6.2　虚警率的评估验证

6.2.1　虚警验证有关的问题

因为虚警和多种因素有关,受环境条件影响较大,很难人为地在实验室条件下真实地模拟虚警,所以要验证所设计的产品是否达到了虚警率的规定指标也是比较困难的,结果也不准确。收集产品现场运行中有关虚警的足够数据,评估得到的虚警率量值才是比较准确的。

为了评价虚警指标,需要在各项试验中收集自然发生的虚警样本。在非实际使用条件下对虚警指标进行验证,其结果很不准确,认真分析评价防止虚警措施的充分性和有效性是重要的补救措施之一。

如果收集到足够的虚警样本,可以选用的评价虚警指标的方法如下:

(1) GJB 2072—94 附录中给出的虚警率验证方法。

(2) GJB/Z 20045—91 中给出的虚警率的验证方法。

(3) 将规定的 BIT 虚警指标纳入可靠性要求一起验证,可靠性试验通过了,则认为 BIT 虚警对可靠性的影响不大,是可以接收的,不再验证 FAR 值。

(4) 依据收集到的数据,评估虚警率或平均虚警间隔时间的量值。

虚警率验证方法的特点和应用见表 6 – 9。

表 6 – 9　四种虚警率验证方法比较

序号	方法	特点	不足	应用
1	CJB 2072—94 的虚警率验证方法	统计试验时间 T 内发生的虚警数,用作图方法判定是否合格	(1) 没有给出所需要试验时间 T 是多少; (2) 没有估计出虚警率量值大小	适用于虚警率高的系统
2	CJB/Z 20045—91 的虚警率的验证方法	依据 λ_0、λ_1、α、β 确定试验方案	(1) 没有给出单位时间的虚警数 λ 与虚警 FAR 之间的转换关系; (2) 没估计出虚警率量值大小	未确定 λ_0、λ_1 值的不能应用
3	纳入可靠性要求验证方法	简单易行	没估计出虚警率量值大小	推荐应用
4	评估具体参数量值方法	可以给出参数量值	需要足够样本	推荐应用

6.2.2　GJB 2072—94 的虚警率验证方法

GJB 2072—94 中规定的虚警率验证方法与 MIL – STD – 471A 通告 2 中规定的虚警率验证方法相同,虚警率的验证采用试验中统计发生虚警次数的方法。GJB 2072—94 的改进之处是给出了虚警率与预期虚警次数 N_{F_O} 之间的转换关系式,即

$$N_{F_O} = N_{F\gamma_{FAS}} / (1 - \gamma_{FAS}) \qquad (6 - 13)$$

式中:γ_{FAS} 为规定的虚警率;N_F 为试验测得正确故障报警次数。

MIL – STD – 471A 通告 2 中规定的虚警率验证方法是将每 24h 平均虚警数定义为虚警率 λ_{FS},这与国内使用的虚警率(FAR)定义不同。若进行试验或评价的设备(或系统)工作时间积累值为 T,λ_{FS} 为规定的虚警率;则 T 时间内规定虚警数 N_{FO} 可用下式计算:

$$N_{FO} = \lambda_{FS} T / 24 \qquad (6 - 14)$$

图 6 – 3 给出了判定虚警率接收和拒收的近似直线,依据规定虚警数 N_{FO} 和 T 时间内发生的虚警数 N_{FA} 在图上的交点判定接收或拒收,直线右下方为接收区、左上方为拒收区。对应的置信水平 $1 - \alpha$ 为 75% ~ 80%。

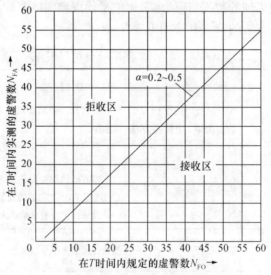

图 6 – 3　虚警率的接收/拒收判别曲线

此虚警的验证方法不适用于虚警率与可靠性要求高的系统,但没有明确规定所需试验时间是多少。

6.2.3 GJB/Z 20045—91 的虚警率验证方法

GJB/Z 20045—91 中虚警率的定义是,在单位时间内 BIT 将系统工作正常判为故障的次数。

虚警率的验证是以泊松分布为基础确定试验方案的,计算公式分别为

$$\sum_{k=0}^{c} \frac{(\lambda_0 T)^k}{K!} e^{-\lambda_0 T} = 1 - \alpha \qquad (6-15)$$

$$\sum_{k=0}^{c} \frac{(\lambda_1 T)^k}{K!} e^{-\lambda_1 T} = \beta \qquad (6-16)$$

式中:λ_0 为接收概率为 $1-\alpha$ 时的单位时间平均虚警数 λ_{FA} 值;λ_1 为接收概率为 β 时的单位时间平均虚警数 λ_{FA} 值;T 为试验总时间;C 为合格判定数;k 为试验中的失败数。

式(6-15)和式(6-16)经简化、计算后给出了试验方案(T_{FA},C_{FA}),见表 6-10。其中 T_{FA} 为系统工作总时间,C_{FA} 为容许虚警次数。

表 6-10 虚警率试验方案表

鉴别比 $D = \lambda_1/\lambda_2$	$\alpha=\beta=0.10$		$\alpha=\beta=0.20$		鉴别比 $D = \lambda_1/\lambda_0$	$\alpha=\beta=0.10$		$\alpha=\beta=0.20$	
	$M = T_{FA}\lambda_1$	C_{FA}	$M = T_{FA}\lambda_1$	C_{FA}		$M = T_{FA}\lambda_1$	C_{FA}	$M = T_{FA}\lambda_1$	C_{FA}
7.25	3.9	1	–	–	3.00	9.3	5	–	–
5.00	5.3	2	–	–	2.75	10.5	6	4.3	2
4.00	6.7	3	–	–	2.50	11.8	7	5.5	3
3.50	–	–	3.0	1	2.25	14.2	9	6.7	4
3.25	8.0	4			2.00	19.0	13	7.9	5

例如,某产品规定 $\lambda_0 = 2 \times 10^{-2}/h$,$\lambda_1 = 10 \times 10^{-2}/h$,$D=5$,$\alpha=\beta=0.10$。

由 $D=5$ 查表 6-10 可知 $M=5.3$,$C_{FA}=2$。$T_{FA} = M/\lambda_1 = 53h$,即产品试验 53h,如虚警次数不大于 2,则为合格,否则为不合格。

该虚警率试验方案表包括 14 个试验方案,可依据 λ_0、λ_1、α、β 选用,克服了 MTL-STD-471A 通告 2 和 GJB 2072—94 的缺点,但限制条件为鉴别比 $D = \lambda_1/\lambda_2 = 2 \sim 7.25$ 及双方风险相等的两个值 $\alpha=\beta=0.1/0.2$。

这种方法没有给出平均单位时间虚警数 λ_{FA} 与虚警率 γ_{FA} 之间的转换关系。此外,由于虚警率常常与使用条件有关,因此在使用虚警率验证公式时,一定要考虑试验环境这个重要因素。

6.2.4 纳入可靠性要求验证

将规定的虚警率要求转换成单位时间内的平均虚警数,纳入系统要求的故障率(或 MTBF)之内,按可靠性要求验证。虚警率与平均单位时间虚警数之间转换关系为

$$\lambda_{FA} = \frac{\gamma_{FD}}{T_{BF}}\left(\frac{\gamma_{FA}}{1 - \gamma_{FA}}\right) \tag{6-17}$$

式中:λ_{FA} 为平均单位时间虚警数;γ_{FA} 为虚警率(虚警数与故障指示总数之比);γ_{FD} 为故障检测率;T_{BF} 为系统的平均故障间隔时间。

在可靠性验证试验中,每个确认的虚警率都作为关联失效对待。就虚警率验证而言,如果统计分析结果满足了可靠性验证规定的接收判据,则系统的虚警率也认为是可以接收的,否则应拒收。

此种方法是比较简单易行的,但是它并没有估计出系统的虚警率的大小。

6.2.5 评估虚警率或平均虚警间隔时间

收集到足够的有关虚警的样本后,依据相关测试性参数定义可以直接计算出虚警率或平均虚警间隔时间的具体量值。

例如,虚警率实际上是故障指示(报警)的失败概率,其允许置信区间上限对应着故障指示的成功率下限,所以有

$$\gamma_{FAU} = 1 - R_L \tag{6-18}$$

式中:R_L 为故障指示成功率下限。

可以用单侧置信区间下限数据表,根据所得试验数据(报警样本数和失败次数)和规定的置信水平查得 R_L 值,从而可得 γ_{FA} 值。例如,如果故障指示次数 $n = 60$,失败次数 $F = 1$,规定置信水平为 80% 的话,则可由表查得单侧置信区间下限 $R_L = 0.951$,所以虚警率为

$$\gamma_{FA} = 1 - 0.951 = 0.049$$

如果此值小于 γ_{FA} 最大可接收值,则接收。

6.3 测试性核查

6.3.1 目的和适用范围

测试性核查主要是通过各种研制试验,对试验过程中自然发生的和注入

的故障检测、隔离结果及虚警情况等进行分析和评价,发现不足采取改进措施,使产品测试性得到持续改进,从而达到规定设计要求。测试性核查是测试性增长的第一阶段,是产品测试性成熟过程的组成部分。同时,测试性核查结果也为测试性分析评价工作提供信息,相当于产品设计定型前的测试性摸底性质的试验。

在产品研制试验阶段,测试性核查工作适用于有测试性要求的所有产品。

6.3.2 核查方法

测试性核查的方法比较灵活,主要是通过各种途径发现产品在测试性方面存在的问题,及时采取改进措施,积累有关测试性数据。

（1）应最大限度地利用研制过程中的各种试验,如利用样机或模型进行的各种研制试验、性能调试、发生故障时的诊断、维修性和可靠性试验、环境试验等。发现测试性方面存在的问题,及时采取改进措施。

（2）研制试验过程中采用注入故障方法,检验 BIT 等测试程序的有效性,测试点的适用性,获取需要的测试性试验数据。

（3）尽可能利用各种成熟的建模与仿真技术,维修性核查资料、相似产品经验教训等,开展测试性核查工作,以便尽早发现设计缺陷,改进测试性设计。

（4）通过对故障模式、影响及测试方法分析、测试性预计等测试性设计与分析资料进行核查,发现问题采取改进措施,提高测试性。

（5）通过相似产品对比分析,发现问题。

（6）在核查过程中积累故障检测、故障隔离与虚警率的信息和数据,估计故障诊断能力与有关虚警问题,为评估产品是否具备设计定型条件提供依据。

6.3.3 核查计划

测试性核查是产品研制试验的组成部分,在产品研制试验过程中,需要反复进行有关测试性核查的工作。应根据产品类型、产品层次、设计要求,确定测试性核查的重点。承制方应制定详细的测试性核查计划,并经过订购方认可。

6.3.4 核查结果

核查工作完成后,应编写出测试性核查报告,其主要内容包括:核查的产品、采用的核查方法、获得到测试性数据、测试性参数估计值、发现的问题及改进设计的结果等。

测试性核查报告应经过订购方认可。

6.4 测试性分析评价

6.4.1 目的和适用范围

测试性分析评价工作是指综合分析产品研制阶段与测试性有关的信息，发现不足改进设计，评价产品是否满足规定测试性要求的过程。其主要目的是在设计定型阶段通过综合利用产品的各种有关信息，评价产品是否满足规定的测试性要求。所以，确定实施测试性验证试验的产品，不需要再进行此项工作。

对于非关键性的产品和确实难以用注入故障方式进行测试性验证试验的产品，经订购方同意，可用综合分析评价的方法替代测试性验证试验，即用分析评价的方法确定产品是否满足规定的测试性要求。

6.4.2 分析评价方法

测试性分析评价的主要工作是收集产品测试性信息、进行综合分析与评价、确认是否达到规定测试性要求、编写产品测试性分析评价报告。

1. 收集有关测试性信息

应有计划地收集所有可以利用的信息，主要包括以下内容：

（1）产品各种试验过程中自然发生故障的检测信息、隔离信息、虚警信息。

（2）研制试验中注入故障的检测信息、隔离信息、虚警信息。

（3）产品试运行中的故障的检测信息、隔离信息、虚警信息。

（4）测试性预计和仿真分析资料及其结果信息。

（5）产品各组成单元的有关测试性信息。

（6）产品测试性设计缺陷分析、改进信息。

（7）同类产品的有关测试性信息。

（8）产品测试性核查资料等。

2. 进行综合分析与评价

（1）综合分析测试性预计信息、仿真分析结果信息、测试性设计缺陷分析与改进信息，确认是否将测试性设计到产品中去了，是否可以达到规定测试性要求。

（2）分析产品各种试验与试运行过程中自然发生故障或注入故障的检测与隔离信息、虚警信息，利用所得样本数据估计故障检测率、隔离率和虚警率的量值。

（3）分析产品各组成单元的有关测试性信息,可以依据组成单元测试性水平估计产品的测试性水平。

（4）对比分析同类产品的有关测试性信息,为评价产品是否达到规定测试性要求提供依据。

（5）分析测试性核查报告,为评价产品是否达到规定的测试性要求提供依据。

（6）综合以上分析结果,评价、确认是否将测试性/BIT 设计到产品中去了,是否可以达到规定的测试性指标。

采用的测试性分析评价的方法、利用的数据、评价准则和评价的结果均应经订购方认可。

6.4.3　分析评价计划

测试性分析评价是有关产品设计定型的一项重要工作,也是一项较繁杂的工作,需要在研制过程中收集积累足够的有关资料和数据,经过综合分析才能得出是否可以达到规定测试性要求的结论。所以,承制方应尽早制定产品的测试性分析评价方案和计划,建立综合分析评价工作组,并应经订购方认可。

6.4.4　分析评价结果

测试性分析评价工作应在产品设计定型阶段完成。完成测试性分析评价后,应编写测试性分析评价报告,并经订购方审定。测试性分析评价结果可为产品设计定型提供支持信息。

6.5　测试性验证试验示例

6.5.1　受试产品说明

本次试验受试产品为×××2,由某厂提供,受试产品与定型状态一致。

1. 组成

×××2 由收发信机和安装架组成,收发信机完成话音接收和发射的功能,安装架起固定收发信机和减振的作用,安装架与收发信机没有电气连接。

2. 功能

×××2 具有常规×××3 通信功能,抗干扰(FH、DS、DS + FH)×××3 通

信功能,可与×××11 等互连互通。电台工作任务主要包括话音通信、参数加载、参数×××4 等。

×××2 的主要功能如下:

(1) 电台具有话音发射功能。

(2) 电台具有话音接收功能。

(3) 电台具有参数可加载功能。

(4) 当飞机的×××4 电压通过×××4 线加到电台后,电台能够对×××进行×××4。

3. 测试性要求

依据发布的《×××2 技术协议书》,×××2 测试性指标要求如下:故障检测率:周期 BIT:90%;周期 BIT + 启动 BIT:95%。

6.5.2　试验方案

试验方案的设计包括确定初步样本量、样本量分配、样本量补充、建立备选样本库、试验样本选取、参数评估六部分内容。

1. 初步样本量

根据受试单位提供的 FMEA 分析报告以及其他文件材料,对故障模式的有效性以及故障模式层次的合理性进行了确认。

该产品为 LRU 级产品,功能电路级故障模式总数 $n_1 = 483$,非电类故障模式总数 $n_2 = 0$,独立的电子类 SRU 故障模式总数 $n_3 = 8$,独立的 LRU 级故障模式总数 $n_4 = 0$,可知 $n_1 + n_2 + n_3 + n_4 = 491$。

本次试验对象是×××2,属于 LRU 级产品,根据指标中"周期 BIT"和"周期 BIT 加启动 BIT"两者中的较大值设计试验方案,选用故障检测率为 95% 设计试验方案。

根据×××1 飞机测试性试验规范版中初步样本量的确定方法,其中,周期 BIT 加启动 BIT 的故障检测率的最低可接收值为 95%,置信水平为 80%,试验方案为(492,20)。

2. 样本量分配

本次试验依据《×××1 飞机测试性试验规范》中规定的样本量分配方法进行分配,针对×××2 的测试性指标,以电子类 SRU 级故障模式的故障率为依据,采用按比例简单随机抽样方法进行抽样,得到各故障模式的样本量。针对491 个故障模式共分配了 492 个样本量,共有 243 个故障模式分配到了样本量。得到 ×××2 相应层的样本量的分配结果,见表 6 – 11。

表6-11 样本量分配表

| 所属单元 | 故障模式 | | | | 分配样本量 | 补充样本量 |
	编码	名称	检测方法	故障率/($\times 10^{-6}$/h)		
正向电源2.7V供电电路	1.1.1a	2.7V电路无输出	系统BIT	0.11087215	1	
反向电源2.7V供电电路	1.1.2a	-2.7V电源供电电路输出错误	启动BIT	0.013363	1	
	1.1.2b	-2.7V电源供电电路无输出	启动BIT	0.18889526	1	
发音频幅度调整电路	1.1.3a	所有发音频信号无输出	人工检查	0.04998939	0	
	1.1.3b	2.7V电源短路	启动BIT	0.01023163	1	
	1.1.3c	-2.7V电源短路	启动BIT	0.01023163	1	
	1.1.3d	所有发音频信号幅度超差	人工检查	0.0262044	0	
收音频幅度调整电路	1.1.4a	收音频通路无音频输出	启动BIT	0.10267653	0	1
	1.1.4b	2.7V电源短路	启动BIT	0.02286298	0	1
	1.1.4c	-2.7V电源短路	启动BIT	0.02286298	1	
	1.1.4d	所有收音频信号幅度超差小于3V	启动BIT	0.05695139	1	
音频开关切换电路	1.1.5a	音频开关切换信号无输出	启动BIT	0.1167661	1	
	1.1.5b	3.3V电源短路	启动BIT	0.04019182	1	
	1.1.5c	音频开关切换信号输出错误	启动BIT	0.2322624	0	1
⋮	⋮	⋮	⋮	⋮	⋮	⋮
1.2.3 数字5V转模拟5V∏型滤波器电路	1.2.3a	无模拟5V供电电源输出	(系统BIT)人工检查	0.75824486	1	
1.2.4 数字-5V转模拟-5V∏型滤波器电路	1.2.4a	无模拟-5V供电电源输出	(系统BIT)人工检查	0.75824486	2	
⋮	⋮	⋮	⋮	⋮	⋮	⋮
样本合计					492+129=621	

3. 补充样本量

根据《×××1飞机测试性试验规范》,对未分配到样本的故障模式按照相应的原则进行样本量的补充,共补充 129 个样本,补充结果见表 6 – 11。

4. 备选故障样本库

×××2 的备选故障样本库中共有 545 个备选故障样本,覆盖了×××2 所有功能电路级和独立的电子类 SRU 级的 491 个故障模式,每个备选故障样本的具体信息详见附录 A 表 A – 1"×××2 备选故障样本库",不可注入故障样本无。

5. 试验样本选取

根据样本量分配结果,在其备选样本库中选取相应数量的备选故障样本作为试验样本,此处的试验样本仅指进行故障注入的样本,不包括不可注入样本以及检测手段为人工的样本,选取结果见附录 A 表 A –1"×××2 备选故障样本库"。

6. 参数评估

在试验结束后,按照《×××1 飞机测试性试验规范》中规定的方法对×××2 的相关测试性指标进行评估,由于本产品为 LRU 级,主要包括:

(1) 使用"周期 BIT"时的故障检测率(点估计值和单侧置信区间下限)。

(2) 使用"BIT"时的故障检测率(点估计值和单侧置信区间下限)。

(3) 故障覆盖率(点估计值)。

6.5.3 试验结论

根据《×××2 测试性研制试验大纲》的要求,结合试验实际情况,评估指标值见表 6 – 12 ~ 表 6 – 17。

表 6 – 12　×××2 故障检测率评估指标值(发状态上报计入成功)

初步样本量	检测成功样本数			故障检测率/%					
	周期 BIT	BIT	BIT 与系统 BIT	周期 BIT		BIT		BIT 与系统 BIT	
				点估计	单侧置信区间下限	点估计	单侧置信区间下限	点估计	单侧置信区间下限
492	233	287	347	47.36	45.37	58.33	56.35	70.53	68.66

表 6 – 13　×××2 故障覆盖率评估指标值(发状态上报计入成功)

故障模式总数	检测成功故障模式数			故障覆盖率/%		
	周期 BIT	BIT	BIT 与系统 BIT	周期 BIT	BIT	BIT 与系统 BIT
×	×	×	×	×	×	×

表6-14　×××2各类BIT故障检测率和故障覆盖率
评估指标值(发状态上报计入成功)

BIT类型	检测成功		故障检测率点估计值/%	故障覆盖率点估计值/%	初步样本量/%	故障模式总数/%
	样本数	故障模式数				
周期BIT	×	×	×	×		
上电BIT	×	×	×	×	×	×
启动BIT	×	×	×	×		

表6-15　×××2故障检测率评估指标值(发状态上报未计入成功)

初步样本量	检测成功样本数			故障检测率/%					
	周期BIT	BIT	BIT与系统BIT	周期BIT		BIT		BIT与系统BIT	
				点估计	单侧置信区间下限	点估计	单侧置信区间下限	点估计	单侧置信区间下限
×	×	×	×	×	×	×	×	×	×

表6-16　×××2故障覆盖率评估指标值(发状态上报未计入成功)

故障模式总数	检测成功故障模式数			故障覆盖率/%		
	周期BIT	BIT	BIT与系统BIT	周期BIT	BIT	BIT与系统BIT
×	×	×	×	×	×	×

表6-17　×××2各类BIT故障检测率和故障覆盖率
评估指标值(发状态上报未计入成功)

BIT类型	检测成功		故障检测率点估计值/%	故障覆盖率点估计值/%	初步样本量/%	故障模式总数/%
	样本数	故障模式数				
周期BIT	×	×	×	×		
上电BIT	×	×	×	×	×	×
启动BIT	×	×	×	×		

结论:本次试验严格按照《×××2测试性研制试验程序》中规定的试验用例(试验用例的样例见附录B的表B-1)执行顺序及每个试验用例的执行步骤执行。经过验证,产品测试性设计指标未达到×××所下发的指标,见表6-18。

表6-18　×××2测试指标验证结果

BIT 类型	技术协议指标值/%	本次试验指标值 （发状态上报计入成功）/%	本次试验指标值 （发状态上报未计入成功）/%
周期 BIT	×	×	×
周期 BIT + 启动 BIT	×	×	×

第7章 综合参数装备固有可用度统计试验

7.1 概 述

7.1.1 装备固有可用度统计试验的作用

装备固有可用度作为最重要的装备保障特性综合要求之一,能够表征装备本身的可靠性、维修性设计水平和固有制造质量,是装备使用和研制部门最关心的参数之一。固有可用度验证是指为判定固有可用度水平是否达到合同指标要求所进行的一系列工作,是装备保障特性验证的重要内容之一。在装备定型阶段,基于实装对装备的固有可用度进行统计试验验证可以为综合衡量装备的保障特性水平提供最具说服力的结果,为装备定型提供最客观的依据。

固有可用度、平均故障间隔时间和平均修复时间存在从属和层次关系,并且独立的固有可用度试验和可靠性维修性试验在试验样本、风险和剖面上也存在密切关系。因此,在装备设计定型阶段,如果固有可用度试验与可靠性维修性试验分别独立进行,数据不相互共享,势必会造成试验资源和费用的浪费,以及试验时间的增加。因此,本书设计可靠性维修性和固有可用度(RMA)综合试验方法,来综合考虑固有可用度 A_i、平均故障间隔时间(MTBF)和平均修复时间(MTTR)的验证问题。相比独立的固有可用度试验、可靠性试验和维修性试验,能够提高试验数据利用率,降低试验费用,缩短试验时间。

7.1.2 相关概念

1. 固有可用度定义

固有可用度是一种稳态可用度,GJB 451A—2005《可靠性维修性保障性术语》将其定义为,仅与寿命和修复性维修时间有关的系统稳态可用度。稳态可用度模型中的不能工作时间的数学期望仅考虑修复性维修因素,而不考虑预防性维修和延误等因素,稳态可用度模型即转化为固有可用度模型,相应表达式为

$$A_i = \frac{T_{BF}}{T_{BF} + M_{CT}} \tag{7-1}$$

式中：A_i 为固有可用度；T_{BF} 为平均故障间隔时间（MTBF）；M_{CT} 为平均修复时间（MTTR），是装备各维修级别平均修复时间的综合体现。

如果将平均修复时间按多维修级别展开，固有可用度模型的表达式可写为

$$A_i = \frac{T_{BF}}{T_{BF} + \sum_{j=1}^{m} \varepsilon_j M_{CTj}} \tag{7-2}$$

式中：M_{CTj} 为第 j 级维修保障系统的平均修复时间；ε_j 为故障后往第 j 级维修保障系统的送修概率；m 为共有 m 级维修保障系统。

一般来说，我军实行的是由基层级、中继级、基地级构成的三级维修保障系统，ε_1、ε_2、ε_3 分别表示装备故障后往基层级、中继级和基地级保障系统送修概率；M_{CTo}、M_{CTi} 和 M_{CTd} 分别表示基层级、中继级和基地级的平均修复时间。

这时，固有可用度模型表达式可写为

$$A_i = \frac{T_{BF}}{T_{BF} + \varepsilon_1 M_{CTo} + \varepsilon_2 M_{CTi} + \varepsilon_3 M_{CTd}} \tag{7-3}$$

2. 固有可用度试验

1）试验对象

在型号研制任务书或合同中，虽然一些装备提出部分功能系统的固有可用度要求，但大部分装备只提出整装的固有可用度要求。本书所研究的固有可用度验证对象仅指型号研制任务书或合同中提出了固有可用度要求的整装。

2）固有可用度试验方法特点和要求

固有可用度验证方法主要包括分析类试验方法和试验类方法。

（1）分析类试验方法一般指针对装备模型或替代品进行工程计算、对比分析、仿真建模等活动来获取验证结果的方法。该方法的特点在于验证结果常用于评审装备早期设计和研制工作是否达到要求，多用于方案和研制阶段。

（2）试验类方法一般指基于实装而进行的统计试验或演示试验方法，常用于装备设计定型阶段。其中，统计试验方法基于统计推断理论，能够在满足承制方和使用方风险的前提下，收集分析处理满足规定要求数量的试验数据，得出接收或拒收结论，并且给出指标参数的估计值，以及给定置信水平下的置信区间。演示试验方法一般仅基于实装进行简单的试验操作，获取一定量的试验数据，给出评价结果，不反映满足试验风险的程度。本书选用统计试验的方法作为固有可用度的验证方法。

3）统计试验的两项基本任务

统计试验是基于统计推断理论进行的试验方法,其两项基本任务包括假设检验和参数估计。

（1）假设检验。假设检验是指在提出关于装备参数指标的某种统计假设（包括原假设和备择假设）的基础上,对这种假设进行统计检验,也就是对装备试验数据信息进行统计分析计算并给出采纳或不采纳原假设的结论。

（2）参数估计。参数估计指依据总体中抽取的样本信息,即利用装备试验中获得的样本数据,对总体分布的未知参数,即对试验样本的总体分布中装备某种未知参数在数值上给出估计。参数估计包括点估计和置信区间估计两个部分。

结合是否利用验前信息,将所研究的统计试验分为现场样本充足条件的试验和现场样本不足条件的试验两类。前者是指在现场条件下进行的经典试验;后者是指在现场条件下进行的贝叶斯(Bayes)试验。

3. 试验剖面

统计试验是按照规定条件进行的试验,即可认为是按照规定的试验剖面下进行的试验,规定的试验剖面决定了试验样本数据的质量是否符合验证工作的要求。目前,只有可靠性试验描述了试验剖面的概念。对于其他参数的试验并没有明确给出试验剖面的概念,本书首先介绍剖面的定义;然后,介绍两类可靠性试验剖面。在此基础上,根据固有可用度与平均故障间隔时间与平均修复时间的密切关系,给出了固有可用度试验剖面的定义。

1）剖面的概念

剖面是对装备所发生的事件、过程、状态、功能及其所处环境的时序描述。

2）可靠性试验剖面的概念

可靠性试验剖面是依据任务剖面设计的,这里按照试验场所分为外场和实验室两类。实验室可靠性试验的对象主要是便于在内场进行验证的设备和系统等。在实验室需要模拟试验全过程的环境条件,就要提供一种供试验用的图示,来描述温度、湿度、压力等环境参数随时间变化的关系,这就是实验室可靠性试验剖面。该剖面是由环境剖面经过工程化处理转化而来,环境剖面设计的依据则是任务剖面。外场可靠性试验的对象主要是难以在内场进行验证的整装和复杂系统等,需要按任务剖面的要求,在外场实际工作条件下进行试验。实际工作条件要描述两个方面的内容:一方面要描述地区、气候等自然环境;另一方面要描述符合任务剖面要求实施试验而激发的工作环境。因此,外场可靠性试验剖面指能直接供现场试验用的任务剖面和自然环境时序描述。

目前,针对各功能系统的可靠性指标,如火力系统的平均故障间隔发射数、底盘系统的平均故障间隔行驶里程、火控系统的平均故障间隔时间等要分别进行外场试验。相应的外场可靠性剖面设计针对功能系统可靠性指标进行。整装平均故障间隔时间是型号进场试验开始,各功能、性能试验中出现的故障数据统计起来,进行的综合试验推断。

3) 固有可用度试验剖面

(1) 固有可用度试验剖面的定义。固有可用度是平均故障间隔时间和平均修复时间的函数,依据剖面定义,本书对固有可用度试验剖面的定义为:对固有可用度试验中运行和修复事件交替出现时序关系、运行事件条件,以及修复事件条件的描述。固有可用度试验剖面构成,如图7-1所示。

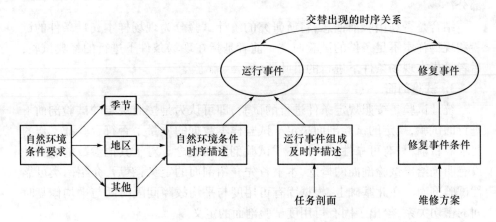

图7-1 固有可用度试验剖面构成

(2) 固有可用度试验剖面的内涵。

① 运行和修复事件的时序描述。固有可用度试验包括运行和修复两类事件。固有可用度试验剖面首先要描述这两个事件的时序关系,运行和修复事件是交替进行的。

② 运行事件条件。运行事件条件指装备在运行过程中所处条件,要描述两个方面内容:一方面是装备在运行状态所处自然环境条件,包括各种地区、气候、昼夜等环境条件所占的比例及时序关系;另一方面是运行事件组成及其时序关系,描述依据是装备任务剖面。

③ 分试验与具体试验。装备由多个功能系统组成,运行事件组成要覆盖典型任务剖面中所有功能系统的组合情况。为方便研究做如下定义:将针对一个或若干功能系统组合进行的试验称为分试验,其中组合方式依据任务剖面确定。

分试验内针对功能系统的某种工作强度进行的试验称为具体试验。

例如,某火炮坚守阵地防御任务剖面由"驻地准备、行军、……战斗、……"等任务阶段组成,其中行军阶段涉及"底盘系统",行军强度分为一级路45km/h、二级路30km/h和三级路20km/h,则分试验指针对底盘系统的"行驶试验",包含一级路行驶试验、二级路行驶试验和三级路行驶试验三项具体试验。战斗阶段涉及"火力系统"和"火控系统",分试验即指针对这两个功能系统组合的"射击试验"。

按照对应的功能系统组合不同,固有可用度试验的运行事件由多个分试验组成,每个分试验占有一定比例,需要保证分试验全集覆盖所有可能的功能系统组合。按照功能系统工作强度组成不同,每个分试验由多个具体试验组成,每个具体试验在分试验中占一定比例,在所有运行事件中也占一定比例,必须保证具体试验全集覆盖所有可能的工作强度组合。固有可用度试验剖面的运行事件组成,如图 7 - 2 所示。

运行事件之间时序关系可以由多个分试验的时序关系,以及每个分试验内部的具体试验之间的时序关系体现。在试验中,不同功能系统运行广义时间的单位量纲不尽相同,需要将其统一折算为日历时间。

③ 修复事件条件描述。修复事件条件一般指修复事件中规定的场所、环境与人员、设备等资源,以及规定的维修程序方法。依据是维修保障方案。

7.1.3　固有可用度试验技术途径

1. 独立的固有可用度试验途径分析

当前,国内外主要是参照美军标 MIL - STD - 781D 给出的独立的固有可用度试验方法进行固有可用度试验的设计。此途径只考虑如何验证固有可用度的问题,不考虑平均故障间隔时间和平均修复时间等与之相关指标参数的试验验证问题。而且,该标准只针对现场样本充足条件下,故障间隔时间和修复时间都服从伽马(Gamma)分布时的试验进行设计,主要分析运行和修复事件之间的时序关系,给出统计试验方案设计方法。

1) 运行和修复事件之间的时序关系

运行和修复事件之间的时序关系具体由试验进程和试验截尾方式描述。美军标 MIL - STD - 781D 提出了试验进程和三种试验截尾方式,比较清晰地给出了在固有可用度试验中运行事件和修复事件的时序描述。这种试验进程可描述为:取一台装备作为试验验证对象,装备只存在交替进行的运行和修复两个状态,运行和修复构成一个工作循环对,不断重复向前推进。固有可用度试验的进程如图 7 - 3 所示。

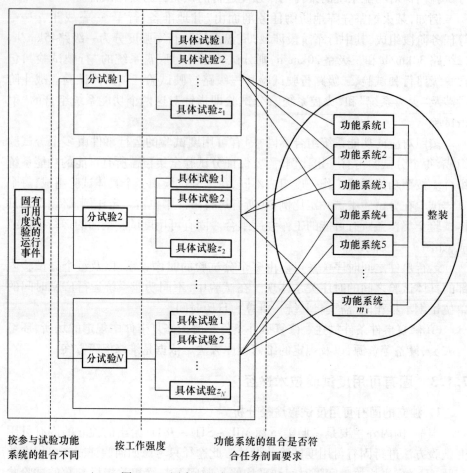

图 7-2　固有可用度试验运行事件组成描述

图 7-3　固有可用度试验进程

随着试验截尾方式的不同,试验进程的表现形式不尽相同。

固有可用度定时截尾试验进程如图 7-4 所示,可描述为按照试验进程及运行和修复事件之间的时序关系,规定累计试验时间到 T_1 时截止,这时系统可能处于运行状态,也可能处于修复状态。

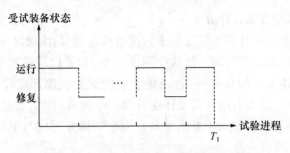

图 7 - 4 固有可用度定时截尾试验进程

固有可用度定数截尾试验进程如图 7 - 5 所示,可描述为装备工作循环对数达到事先规定的数量 n_1 时停止试验。需要统计每个工作循环对中的运行时间和修复时间。试验截尾时,要求预定的最后一个工作循环对完成,即试验截尾时装备刚好修复完成。

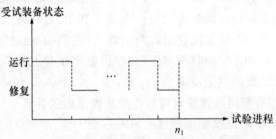

图 7 - 5 固有可用度定数截尾试验进程

固有可用度序贯截尾试验进程如图 7 - 6 所示,可描述为装备发生故障后进行修复并继续运行,从第一次工作循环对完成起,将每次工作循环对完成点作为判定节点,统计每次工作循环对中的运行时间和修复时间,做出接收、拒收、或继续试验的决策。

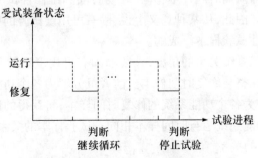

图 7 - 6 固有可用度序贯截尾试验进程

2）统计试验方案设计方法

统计试验方案设计的关键是基于假设检验原理,给出满足 A_i 试验风险要求的最少的样本量或试验时间。从这个角度出发,如果试验过程中获得足够的运行时间和修复作业时间样本数据,满足了 A_i 的试验风险即可停止试验。显然,这些试验样本中,运行时间和修复作业时间样本成对出现。此外,为了更方便确定样本量或试验时间,引入了维修系数 ρ 为平均修复时间与平均故障间隔时间之比,ρ 与 A_i 的关系式为

$$\rho = \frac{1 - A_i}{A_i} \qquad (7 - 4)$$

式中:A_i 为 ρ 的严格单调减函数,对 A_i 的检验可等价的转化为对 ρ 的检验。

按照试验截尾方式的不同,统计试验方案设计分为定时、定数和序贯截尾试验方案设计。美军标 MIL – STD – 781D 给出了故障间隔时间和修复时间都服从 Gamma分布时的三种统计试验方案设计方法。其中,定时截尾试验方案设计的目的是确定累计试验时间和接收拒收判定规则;定数截尾试验方案设计的目的是确定试验样本量和接收拒收判定规则;序贯截尾试验方案设计的目的是确定接收拒收或继续试验的判定规则。

2. 独立的固有可用度试验与可靠性维修性试验的关系

本书从试验样本、试验剖面和试验风险三个方面,对独立的固有可用度试验与可靠性和维修性试验的关系进行分析。

1）试验样本的关系

可靠性试验样本是故障间隔时间;维修性试验样本是修复时间。固有可用度试验样本是试验循环对中的运行时间和修复时间。比较固有可靠度试验样本与可靠性和维修性试验样本之间的关系可知,固有可用度试验中的运行时间和可靠性试验的故障间隔时间样本相同,修复时间和维修性试验中的自然故障修复时间样本相同。因此,从某种意义上说,固有可用度试验的样本是由一定数量的可靠性和维修性试验样本组成的。

从整装和功能系统关系的角度,整装的固有可用度试验获得交替出现的整装运行时间样本和整装修复时间样本。前者可分解为各个功能系统的运行时间样本,后者可分解为各个功能系统的修复时间样本;将获得的试验样本统一转化为日历时间,与功能系统运行时间样本相同。试验样本的关系,如图 7 – 7 所示。

2）试验剖面的关系

固有可用度试验由交替进行的运行和修复两个事件组成,这两个事件交替出现,修复事件只针对自然故障。

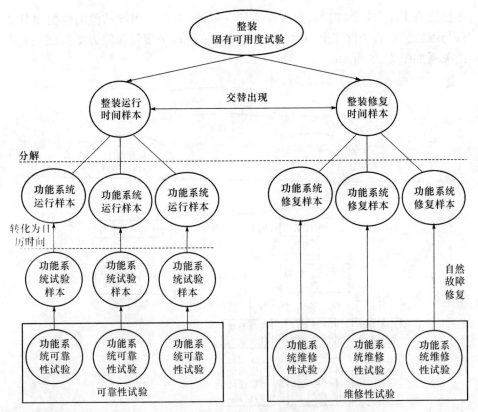

图 7 – 7 试验样本的关系

基于典型任务剖面,装备运行事件,按照整装运行事件条件进行,要覆盖各个功能系统相关的任务剖面,同时满足自然环境要求。如果产生故障,运行中断,修复完成后,继续按照运行事件条件进行。

装备修复事件,要在规定的条件下进行。装备产生故障后,根据故障的特点,按照维修保障方案的规定,进行修复。因此,在保证试验环境真实性的前提下,定型阶段一般按照基层级维修条件的规定,安排试验人员、试验设备和其他资源,确定维修程序和方法。

外场整装可靠性试验剖面同样基于典型任务剖面设计,同样要求覆盖各个功能系统任务要求和所处自然环境,与固有可用度试验剖面中整装运行事件条件要求完全一致。

维修性试验条件内容包括:维修性试验中规定的环境条件,包括与待修故障相对应的维修机构、场所和自然环境;维修性试验中规定的资源条件,包括维修设备、工具、资料和人员等资源;维修性试验中规定的具体工作程序和方法条件,包括维修工作（作业）内容、步骤和方法。因此,固有可用度试验的修复事件条件与维修性试验条件完全一致,条件安排的依据都是维修保障方案。试验剖面的关系如图7-8所示。

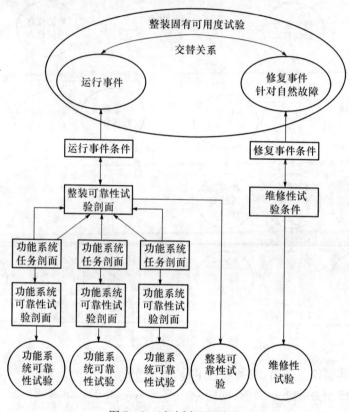

图7-8　试验剖面的关系

3）试验风险的关系

根据统计试验风险的特点,可靠性试验和维修性试验风险都会随试验时间或样本量的增加而降低;固有可用度试验风险会随累计试验时间或试验循环对数的增加而降低。

固有可用度试验,在统计检验固有可用度时,需要保证试验时间或试验循环对数满足固有可用度试验风险要求;可靠性试验和维修性试验,在统计检验平均故障间隔时间和平均修复时间时,需要保证故障间隔时间样本和修复作业时间样本分别达到可靠性试验和维修性试验风险的要求。

根据固有可用度试验和可靠性、维修性试验样本的关系,固有可用度试验风险随着可靠性试验和维修性试验风险的增加而增加。试验风险的关系如图7-9所示。

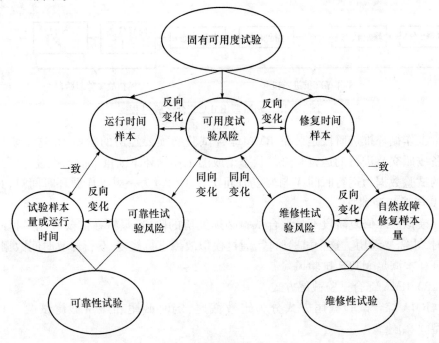

图7-9　试验风险的关系

3. RMA 综合试验途径

依据固有可用度试验与可靠性、维修性试验之间的关系,固有可用度试验中的运行时间与可靠性试验的故障间隔时间样本完全相同,修复时间与维修性试验中的修复时间样本完全相同;固有可用度试验的运行事件条件的描述与整装可靠性试验剖面完全相同,修复事件条件和基层级维修性试验条件完全相同。因此,独立的固有可用度试验和可靠性维修性试验样本数据可以共享。

在装备设计定型阶段,如果固有可用度试验与可靠性、维修性试验分别独立进行,数据不相互共享,显然会造成试验资源和费用的浪费,以及试验时间的增加。因此,本书设计可靠性、维修性和固有可用度(RMA)综合试验方法,来综合考虑 A_i、MTBF、MTTR 的试验问题。与独立的固有可用度试验相比,可靠性试验和维修性试验能够提高试验数据利用率,降低试验费用,缩短试验进度。

1)RMA 综合试验进程

试验分为两个阶段:前阶段为工作循环推进阶段(该阶段的运行和修复事

229

件时序与固有可用度试验相同）；后阶段为模拟故障修复阶段。两阶段 RMA 综合试验进程如图 7 - 10 所示。

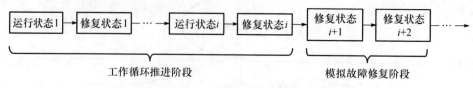

图 7 - 10　两阶段 RMA 综合试验进程

工作循环推进阶段是装备 RMA 综合试验必须要经历的阶段，在这个阶段装备按照交替进行的运行和修复状态组成的工作循环不断重复向前推进。可获得的试验数据为运行时间 X_i 与修复时间 Y_i，(X_i, Y_i) 为一组工作循环时间对，其中 X_i 与 Y_i 相互独立。

模拟故障修复阶段不是综合试验必须经历的阶段，只有在需要补充模拟故障时，才需要经历。这个试验阶段，通过模拟故障进行修复，获得修复时间数据，保证样本满足 MTTR 试验风险。

2）RMA 综合试验截尾方式

RMA 综合试验截尾方式分为定数截尾、定时截尾和序贯截尾试验三种类型。

（1）定数截尾试验。在第一个试验阶段，试验工作循环对数满足要求后停止工作循环的重复推进。如需经历第二个试验阶段，则通过模拟故障进行修复，以保证试验样本数据满足 MTTR 试验风险为止。RMA 综合定数截尾试验方式如图 7 - 11 所示。

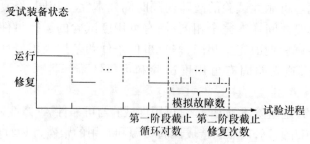

图 7 - 11　RMA 综合定数截尾试验方式

（2）定时截尾试验。在第一个试验阶段，累计试验时间和累计运行时间满足要求后截止。这时装备可能处于运行状态也可能处于修复状态。如需要经历第二个试验阶段，则在运行事件发生的所有故障都修复之后，通过模拟故障进行修复,以保证样本满足 MTTR 试验风险为止。RMA 综合定时截尾试验方式如图 7-12 所示。

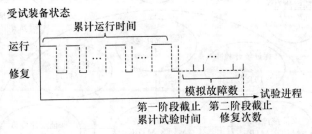

图 7-12　RMA 综合定时截尾试验方式

（3）序贯截尾试验。在第一个试验阶段,从第一次工作循环对完成起,将每次工作循环对完成点作为判定节点,统计每次工作循环对中的运行时间和修复时间,做出接收/拒收或继续试验的决策。在做出接收/拒收决策后第一个阶段试验停止。如需要经历第二个试验阶段,则通过模拟故障进行修复,以保证试验样本数据满足 MTTR 试验风险为止。RMA 综合序贯截尾试验方式如图 7-13 所示。

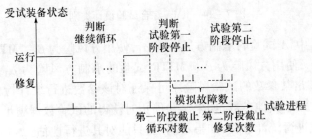

图 7-13　RMA 综合序贯截尾试验方式

4. RMA 综合试验种类分析

（1）按样本条件进行分类,RMA 综合试验分为现场样本充足与不足条件综合试验。

① 现场样本充足条件 RMA 综合试验仅基于总体信息、样本信息,即利用现场试验数据进行试验验证。

② 现场样本不足条件 RMA 综合试验基于总体信息、样本信息和验前信息三类信息,即利用符合可信度要求的验前信息和现场试验数据进行试验。

（2）根据可靠性、维修性和固有可用度指标满足风险要求的优先度,经过组合后,RMA 综合试验设计分为 7 种情况,如图 7-14 所示。

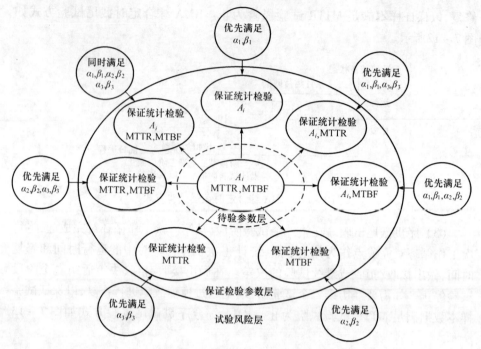

图 7 – 14　RMA 综合试验设计类别

图 7 – 14 中, A_i 试验的承制方风险为 α_1 , 使用方风险为 β_1 。MTBF 试验的承制方风险为 α_2 , 使用方风险为 β_2 。MTTR 试验的承制方风险为 α_3 , 使用方风险为 β_3 。优先满足某参数的试验风险才可保证对该参数进行统计检验, 给出接收与拒收结论。对于其他参数, 如果试验停止时获得的试验数据满足其试验风险, 即可对该参数进行统计检验; 如果不满足, 只能对其进行评估。

（1）优先满足 A_i 风险要求的试验设计。现场样本充足条件, 首先要求现场试验循环数或累计试验时间满足 A_i 风险要求。如果现场试验数据不满足要求, 则要求足够符合可信度要求的 A_i 验前信息, 以满足风险要求。

试验中获取的运行时间和修复时间样本如果满足 MTTR、MTBF 风险要求, 则可对其进行统计检验。否则, 分析是否有足够符合可信度要求的 MTTR、MT-BF 验前信息, 以满足风险要求; 反之只能对其进行评估。

（2）优先满足 A_i 、MTBF 风险要求的试验设计。要求现场试验循环数或累计试验时间满足 A_i 风险要求, 且运行时间样本数或累计运行时间满足 MTBF 风险要求。如果现场试验数据不满足要求, 则要有足够多符合可信度要求的 A_i 、MTBF 验前信息, 以满足风险要求。

试验中获得的现场修复时间样本如果满足 MTTR 风险要求, 则可对其进行统计检验。否则,要有足够多符合可信度要求的 MTTR 验前信息,以满足风险要求;反之只能对其进行评估。

(3) 优先满足 A_i、MTTR 风险要求的试验设计。要求现场试验循环数或累计试验时间满足 A_i 风险要求,且修复时间样本满足 MTTR 风险要求。否则,要求有足够符合可信度要求的 A_i、MTTR 验前信息,以满足风险要求。

试验中获得的现场运行时间样本数或累计运行时间如果满足 MTBF 风险要求,则可以对其进行统计检验。否则,要有足够多符合可信度要求的 MTBF 验前信息,以满足风险要求;反之只能对其进行评估。

(4) 同时满足 A_i、MTTR、MTBF 风险要求的试验设计。现场试验循环数或累计试验时间满足 A_i 风险要求,运行时间样本数或累计运行时间满足 MTBF 风险要求,修复时间样本满足 MTTR 风险要求。如果现场试验数据不满足要求,则要求足够多符合可信度要求的 A_i、MTTR、MTBF 验前信息,以满足风险要求。

(5) 优先满足 MTBF 风险要求的试验设计。现场试验运行时间样本数或累计运行时间满足 MTBF 风险要求。否则,要求足够多符合可信度要求的 MTBF 验前信息,以满足风险要求。

试验中获得的现场试验循数或累计试验时间和修复时间样本如果满足 A_i、MTTR 风险要求,则可以对其进行统计检验。否则,要有足够多符合可信度要求的 A_i、MTTR 验前信息,以满足风险要求;反之,只能对其进行评估。

(6) 优先满足 MTTR 风险要求的试验设计。要求现场试验修复时间样本满足 MTTR 风险要求。否则要求足够多符合可信度要求的 MTTR 验前信息,以满足风险要求。

试验中获得的现场试验循环数或累计试验时间和运行时间样本数或累计运行时间如果满足 A_i、MTBF 风险要求,则可以对其进行统计检验。否则要有足够多符合可信度要求的 A_i、MTBF 验前信息,以满足风险要求;反之只能对其进行评估。

(7) 优先满足 MTBF、MTTR 风险要求的试验设计。要求现场试验运行时间样本数或累计运行时间满足 MTBF 风险要求,修复时间样本满足 MTTR 风险要求。如果现场试验数据不满足要求,则要求足够多符合可信度要求的 MTBF、MTTR 验前信息,以满足风险要求。

试验中获得的现场试验循环数或累计试验时间如果满足 A_i 风险要求,则可以对其进行统计检验。否则要有足够多符合可信度要求的 A_i 验前信息,以满足风险要求;反之只能对其进行评估。

综合以上分析,试验设计中最为核心的是固有可用度试验剖面设计和 RMA 综合统计试验方案设计与参数估计,其中后者又可分为现场样本充足和不足两种情况。本书主要对这三项技术进行探讨。

7.2 装备固有可用度试验剖面设计

作为 RMA 综合试验验证工作首先需要突破的技术,装备固有可用度试验剖面设计主要解决运行事件条件安排问题。

7.2.1 固有可用度试验剖面设计原则与思路

7.2.1.1 设计原则

1. 试验设计符合客观真实

试验设计符合客观真实是指最大程度的还原装备所经历的事件以及其所处的环境。试验剖面设计的真实性程度好坏直接影响装备 RMA 综合试验数据的可信度,进而影响验证结果的客观性和可信性,是进行试验剖面设计首先必须遵循的原则。

由于 RMA 综合试验包括运行和修复两类事件,因此试验剖面的真实性主要体现在两个方面:一是运行事件条件和修复事件条件的真实性;二是运行和修复事件关系的真实性。

1) 运行事件条件和修复事件条件的真实性

对于装备运行事件来说,应基于装备典型的任务剖面,要求覆盖各功能系统的可靠性试验剖面,并保证各功能系统的试验所占比例符合实际。并且,要求所处的综合自然环境(地区、昼夜、季节等)条件尽可能真实地反映产品实际使用所遇到的环境。

对于装备修复事件来说,按照维修性试验规定的条件进行;模拟故障按照维修性试验的规定进行故障分配和设置。

2) 运行和修复事件关系的真实性

运行和修复事件关系的真实性有两个方面的含义:一是运行和修复事件的关系符合实际情况;二是模拟故障的修复事件尽可能的少。

运行和修复事件的关系符合实际情况,是由于基地设计定型受试品数量有限,在各项性能试验、环境试验和可靠性试验中发生自然故障时,不进行修复而用另一台装备进行替换显然是不现实的。因此,运行和自然故障修复事件之间的时序关系应该是交替进行的关系。

模拟故障的修复事件尽可能的少,是由于模拟故障显然不如自然故障能够反映装备产生故障的真实客观性。所以,必须充分利用自然故障进行修复。当自然故障不足,才针对模拟故障进行修复。由于这时装备不产生运行事件,因此这类修复事件是连续发生的。

2. 试验设计便于操作

试验设计便于操作是指通过设计使试验操作方便可行,试验剖面设计是否便于操作对于试验的高效而经济的顺利实施具有重要意义。

固有可用度试验剖面设计的可操作性主要包括三个方面:一是运行事件和修复事件之间的安排便于操作;二是运行事件内部各分试验和具体试验时序关系的安排便于操作;三是综合自然环境条件(地区、昼夜、季节等)的安排便于操作。

1)运行事件和修复事件之间安排的可操作性

运行事件和修复事件安排的可操作性主要包括以下两个方面。

(1)试验截尾方式不同情况下试验剖面的可操作性。这类可操作性指针对不同的试验截尾方式,如何设计试验剖面,使得试验操作方便可行。当试验截尾方式是定数截尾时,A_i、MTBF 以及 MTTR 的试验验证都可表现为定数截尾试验。当试验截尾方式是定时截尾时,A_i、MTBF 的试验验证都可表现为定时截尾试验,然而由于模拟故障只能按照数量分配,即修复作业只能按照数量分配,而不能按照修复时间分配,因此 MTTR 只能表现为定数截尾试验。当试验截尾方式是序贯截尾时,为了操作和研究方便,仅仅对于 A_i 验证采用序贯截尾的方法,对于 MTTR 和 MTBF 的验证仍用定数截尾的方法。

(2)优先满足风险要求的参数不同情况下试验剖面的可操作性。这类可操作性指针对优先满足风险要求的参数不同的综合试验,如何设计试验剖面,使得试验操作方便可行。优先满足风险要求的参数的组合共有 7 种,这里只分析优先满足 A_i、MTTR 风险要求的情况。如果一开始就模拟故障进行修复:一方面不符合维修性试验的要求;另一方面无法确定模拟故障的数量,造成实际上的不可操作性。如果完全不模拟故障,只进行工作循环,可能造成试验经费的大幅增加。因此,应该首先按照交替进行的运行和修复状态组成的工作循环不断重复向前推进,试验样本数据满足 A_i 试验风险后,再模拟故障直到满足 MTTR 试验风险。

2)运行事件内部各分试验和具体试验时序关系安排的可操作性

基于任务剖面和定型试验的条件,安排各分试验和具体试验时序关系:一方面要便于综合试验的实施;另一方面要便于收集各分试验和具体试验的样本数据。

3)综合自然环境条件时序关系安排的可操作性

对于地区和季节等自然条件时序关系安排,根据定型试验总体计划和交付试验时间的不同,灵活掌握,但一般首先进行常温地区和春秋季节试验。

7.2.1.2 设计思路

设计定型阶段修复事件条件一般按照基层级维修规程与条件设计比较明确,本书不予研究,将运行事件条件安排作为固有可用度试验剖面设计最为核心的问题。

运行事件条件安排目的是按各个试验科目等效时间所占比例,将试验运行总日历时间分解为各试验科目内不同功能系统运行的总日历时间,然后转换为相应的广义时间(如底盘系统总行驶里程),再按该时间实施试验。依据统计试验方案设计给出的试验样本量或累计试验时间,可以确定试验运行总日历时间,本书将其称为运行总时间。

由于装备在运行过程中可能是一个功能系统单独工作,也可能是多个功能系统并行工作,功能系统的工作强度的量纲和大小也不尽相同,因此不能直接将试验运行总时间分配到各个运行事件。

将各典型任务剖面各阶段的累计日历工作时间加权求和,得到的工作时间定义为任务剖面加权工作时间。运行总时间与其存在一定的比例关系,不妨设运行总时间是任务剖面加权工作时间的 k 倍。将各典型任务剖面各阶段所有功能系统广义工作时间按工作强度进行折算为日历时间,统一单位后累加并加权求和后得到的时间定义为运行事件等效时间。这个时间扩大 k 倍后的时间定义为运行事件总等效时间。它反映试验按照典型任务剖面经历 k 轮任务循环后的运行事件等效时间总和。因此,运行总时间与任务剖面加权工作时间之比等于运行事件总等效时间与运行事件等效时间之比,即

$$\frac{运行总时间}{任务剖面加权工作时间} = k = \frac{运行事件总等效时间}{运行事件等效时间}$$

至此,已知运行总时间的基础上,运行总时间向运行事件总等效时间转换完成,并可对该时间进行分配。运行总时间向运行事件总等效时间的转换方法,如图 7 - 15 所示。

对运行事件总等效时间进行分配需要确定分试验和具体试验等效时间所占比例。要确定这个比例,先依据装备功能系统组成和任务剖面,确定运行事件组成,即设计分试验和具体试验;再基于任务剖面,将每个具体试验所对应的任务阶段功能系统运行广义时间折算为日历时间,进行加权求和可得具体试验运行过程中所有功能系统的运行日历时间总和,本书称为具体试验等效时间;将分试验内所有具体试验等效时间进行加和定义为分试验等效时间;所有分试验等效

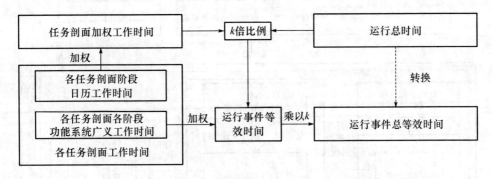

图 7-15　运行总时间向运行事件总等效时间的转换方法

时间的总和就是运行事件等效时间。最后做除法运算确定分试验和具体试验等效时间比例。

　　按照分试验和具体试验等效时间所占比例,对运行事件总等效时间进行分配,可以确定分试验和具体试验总等效时间。在具体试验中,按参与工作的功能系统运行日历时间所占具体试验等效时间比例进行分配,可以确定具体试验内各功能系统运行的总日历时间。再按工作强度分别进行转换可确定具体试验各功能系统运行的总广义时间。在分试验中将每个具体试验各功能系统运行的总广义时间进行加和,可以确定分试验各功能系统运行的总广义时间。

　　依据自然环境要求,分别对分试验和具体试验各功能系统运行总的日历与广义时间进行分配,确定各自然条件下分试验和具体试验各功能系统运行总的日历与广义时间。因此可知固有可用度试验剖面设计的输入和输出如下:

　　输入:试验样本量或累计试验时间、装备功能系统组成、使用需求、典型任务剖面。

　　输出:分试验和具体试验及其等效时间占比例、分试验和具体试验各功能系统运行总日历与广义时间、自然条件下分试验和具体试验各功能系统运行总日历与广义时间。

　　固有可用度试验剖面设计思路如图 7-16 所示。

7.2.1.3　设计步骤

　　根据固有可用度试验剖面设计思路,给出设计步骤如下。

　　步骤1:典型任务剖面权重与任务剖面加权工作时间确定。

　　如果订购方提出的使用需求中,给出了各典型任务所占比例,则不必确定。如果只给出了各典型任务剖面,而没有给出所占比例,则需要进行确定。

237

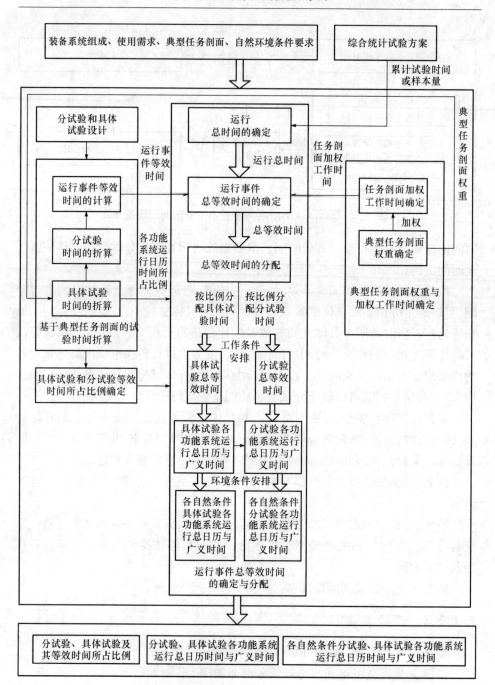

图 7 – 16　固有可用度试验剖面设计思路

一般来说,权重的确定方法有两种:一种是专家经验评价法(如 Delphi 法);另一种是数学原理加权法(如层次分析法(AHP))。在确定权重时,前一种方法主要依据专家的经验和知识,虽具有一定的主观性,但不需要太多的信息数据;后一种方法不需要依靠专家的意见,主要依据客观信息进行判断,科学性更强,但需要更多的客观信息。在确定典型任务剖面权重时,由于装备还处于定型阶段,可以利用的实际任务信息并不充分,因此,本书采用专家经验评价法进行确定。

基于典型任务剖面权重和各任务剖面工作时间,可确定任务剖面加权工作时间。

步骤2:分试验与具体试验设计。

综合试验的运行事件由多个分试验组成。每个分试验由多个具体试验组成。在进行固有可用度试验剖面设计时,应当先设计分试验,再设计具体试验。分试验与具体试验设计如图 7-17 所示。

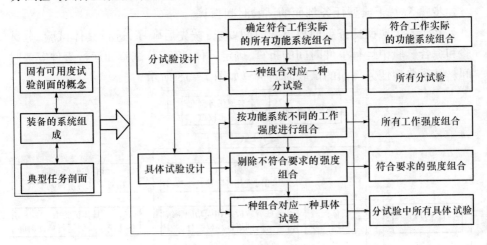

图 7-17　分试验与具体试验设计

(1)分试验设计。按照固有可用度试验剖面的概念,运行事件由多个分试验组成。而且,对于分试验的设计,一方面保证一种分试验对应一种功能系统组合;另一方面要保证综合试验所包含的分试验种类覆盖所有符合实际工作要求的功能系统组合。同时,这种功能系统组合不能违反装备实际工作特点。设计分试验,可分为两步:

① 对各任务剖面进行分析,确定符合装备工作实际要求的所有功能系统组合。

② 依次针对每种符合要求的组合,设计一种仅覆盖该组合工作特点的分

试验。

（2）具体试验设计。针对分试验,基于任务剖面,设计具体试验。一方面,保证一种具体试验对应一种独特的工作强度组合;另一方面,需要保证所设计的具体试验种类覆盖所有符合实际工作要求的工作强度组合。同时,这种工作强度组合不能违反装备的实际工作特点。因此,依次针对每种分试验,设计具体试验,可分为三步:

① 基于任务剖面,分析参与分试验的每个功能系统的所有可能的工作强度,进行排列组合,得出所有可能的工作强度的组合。

② 基于装备的实际工作特点,对这些组合依次分析,剔除不符合要求的组合。

③ 依次针对每种符合要求的组合,设计一种仅覆盖该组合工作特点的具体试验。进而得到所有的具体试验。

步骤3:基于典型任务剖面的试验时间折算。

基于各个典型任务剖面权重和时间要求,按先后顺序,进行具体试验、分试验和综合试验中运行事件时间的折算,确定具体试验、分试验和运行事件等效时间。基于典型任务剖面的试验时间折算如图7-18所示。

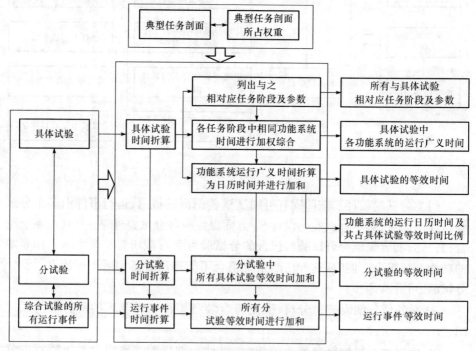

图7-18　基于典型任务剖面的试验时间折算

（1）具体试验的时间折算。一个具体试验是由多个功能系统，分别在一定工作强度下实施的试验。对具体试验的时间折算，可分为三步：

① 分析各个典型任务剖面，列出与具体试验相对应的任务阶段及其任务参数。

② 将各个典型任务剖面中与具体试验相对应的阶段时间数据进行加权综合，得到基于任务剖面的具体试验中各功能系统的运行广义时间。

③ 将具体试验中，各个功能系统的运行广义时间统一都折算为日历时间，并将这些日历时间进行加和，可以得到具体试验等效时间。并确定各功能系统的运行日历时间在具体试验等效时间所占比例。

（2）分试验的时间折算。在得到具体试验的等效时间基础上，将分试验下所有具体试验的等效时间进行加和，得到分试验等效时间。

（3）运行事件的时间折算。在得到分试验的等效时间基础上，将所有分试验的等效时间进行加和，得到运行事件等效时间。

步骤 4：分试验与具体试验等效时间所占比例确定。

在确定具体试验、分试验的等效时间，以及运行事件等效时间的基础上，先确定具体试验等效时间所占比例，再确定分试验等效时间所占比例。

具体试验的所占比例为具体试验等效时间与运行事件等效时间的比值；分试验等效时间所占比例为分试验下所有具体试验等效时间所占比例总和。

步骤 5：运行事件总等效时间的确定与分配。

运行事件总等效时间的确定与分配，首先根据统计试验方案设计结果，确定运行总时间，并转换为运行事件总等效时间。在此基础上，根据分试验与具体试验等效时间所占比例，将运行事件总等效时间按所占比例分配给分试验和具体试验，确定具体试验和分试验总等效时间。根据具体试验中功能系统运行日历时间所占等效时间的比例，将具体试验总等效时间分配给各功能系统，确定各功能系统运行的总日历时间；并按照功能系统工作强度，将其转化为广义时间。分试验的各功能系统运行的总日历时间与广义时间可分别表示为各具体试验的所有功能系统相应运行时间的总和。

依据综合自然环境条件要求，分别对地区、气候、季节等条件进行时序描述。这种描述要具体到运行事件内所有分试验和具体试验，以及具体试验内所有功能系统的运行。

（1）运行事件总等效时间的确定。运行事件总等效时间的确定，可分为三步：

① 根据统计试验方案的结果计算运行总时间。

② 将每个任务剖面的工作时间加权综合，得到任务剖面加权工作时间。

③ 计算运行事件总等效时间,可表示为运行总时间和任务剖面加权工作时间之比与运行事件等效时间乘积。

(2) 具体试验和分试验时间分配。

① 对运行事件总等效时间进行分配,确定具体试验和分试验总等效时间。具体试验总等效时间可表示为运行事件总等效时间与具体试验等效时间所占比例的乘积。分试验总等效时间可表示为分试验下所有具体试验总等效时间的总和。具体试验和分试验总等效时间确定如图 7 – 19 所示。

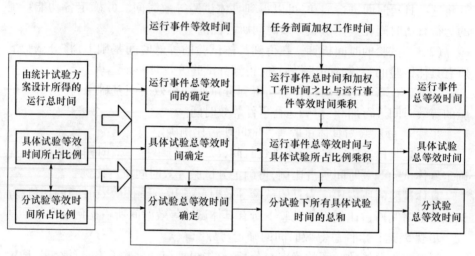

图 7 – 19　具体试验和分试验总等效时间确定

② 对具体试验总等效时间进行分配,确定各功能系统运行的总日历时间,可表示为具体试验等效时间与各功能系统运行的总日历时间所占比例的乘积。按各功能系统工作强度,对日历时间进行转化,可确定各功能系统运行的总广义时间。分别将分试验内所有具体试验的各功能系统运行的总日历时间与广义时间进行加和,分别确定分试验的各功能系统运行的总日历时间与广义时间。

(3) 综合自然环境条件安排。基于地区、气候、昼夜等自然条件要求,综合自然环境条件安排,如图 7 – 20 所示。

在确定分试验和具体试验的各功能系统运行的总日历时间与广义时间后,按照地区、气候、昼夜等自然条件比例分配方案,对综合自然环境条件进行安排,重点确定各自然环境条件下分试验和具体试验的各功能系统运行的总日历时间与广义时间。

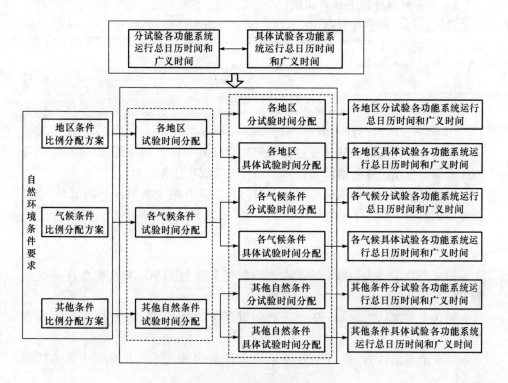

图 7 - 20　综合自然环境条件安排

7.2.2　典型任务剖面权重与任务剖面加权工作时间确定

1. 典型任务剖面权重确定

设装备共有 k_1 个典型任务剖面,有 k_2 个专家参与评价,装备要执行任务总次数为 k_3。设任意一个专家(不妨设第 i 个专家)认为,按照任意一个典型任务剖面(不妨设第 j 个典型任务剖面)执行的任务次数为 a_{ij}。因此按照第 j 个典型任务剖面执行的任务次数的平均值为

$$a_j = \sum_{i=1}^{k_2} (a_{ij}) \Big/ k_2, \sum_{j=1}^{k_1} (a_{ij}) = k_3 \quad j = 1,2,\cdots,k_1 \quad (7-5)$$

因此,第 j 个典型任务剖面的权重为

$$b_j = a_j/k_3, \sum_{j=1}^{k_1} b_j = 1 \quad (7-6)$$

2. 任务剖面加权工作时间确定

设任意一个典型任务剖面(不妨设第 d 个典型任务剖面)中,装备工作时间和为 τ_d^*。因此,任务剖面加权工作时间为

$$\tau^* = \sum_{d=1}^{k_1} b_d \tau_d^* \qquad (7-7)$$

3. 示例分析

1)典型任务剖面权重确定

某型自行火炮的作战任务包括坚守阵地任务和进攻战斗任务。因此,典型的任务剖面包括坚守阵地防御任务剖面和进攻战斗任务剖面。

采用专家经验评价法确定权重。自行火炮共有两个典型任务剖面,要执行任务总次数为100。有 6 个专家参与评价。专家具体意见如下:

第 1 个专家认为,执行坚守阵地防御任务次数为 65,进攻战斗任务次数为 35。

第 2 个专家认为,执行坚守阵地防御任务次数为 70,进攻战斗任务次数为 30。

第 3 个专家认为,执行坚守阵地防御任务次数为 72,进攻战斗任务次数为 28。

第 4 个专家认为,执行坚守阵地防御任务次数为 67,进攻战斗任务次数为 33。

第 5 个专家认为,执行坚守阵地防御任务次数为 73,进攻战斗任务次数为 27。

第 6 个专家认为,执行坚守阵地防御任务次数为 68,进攻战斗任务次数为 32。

因此,执行坚守阵地防御任务次数平均值为 $\alpha_1 = 69.2$,进攻战斗任务次数平均值为 $\alpha_2 = 30.8$。根据式(7-5)可得,坚守阵地防御任务所占比例为 $b_1 = 69.2\%$,进攻战斗任务所占比例为 $b_2 = 30.8\%$。

2)任务剖面加权工作时间确定

通过对任务剖面分析,坚守阵地防御任务剖面的装备工作时间 $\tau_1^* = 21.02\mathrm{h}$;进攻战斗任务剖面 $\tau_2^* = 21.13\mathrm{h}$。根据式(7-7),任务剖面加权工作时间为 $\tau^* = b_1\tau_1^* + b_2\tau_2^* = 21.06\mathrm{h}$。

7.2.3 分试验与具体试验设计

1. 分试验设计

分试验的设计过程如图 7-21 所示。

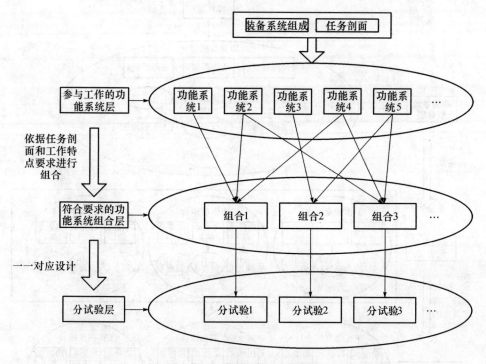

图7-21 分试验的设计过程

（1）依据任务剖面和装备工作特点要求对功能系统进行组合。设通过对装备组织结构和任务剖面分析，可知装备参与工作的功能系统种数为m_1。对其进行排列组合，可获得所有符合要求的组合类型数为m_2。

（2）设计分试验，与功能系统组合一一对应。针对每个符合要求的功能系统组合，设计分试验，与功能系统组合一一对应。因此，分试验的种类数为

$$N = m_2 \qquad (7-8)$$

2. 具体试验设计

针对某分试验的具体试验的设计过程如图7-22所示。

（1）功能系统按工作强度不同进行组合。根据任务剖面的要求，在分试验内部，每个功能系统都有多种工作强度，不同工作强度下功能系统进行组合会得到多种不同的工作组合。因此，设对于任意一个分试验（不妨设第i个分试验），含r_i个功能系统。其中，设对于任意一个功能系统（不妨设第j个功能系统），存在l_j种工作强度，按工作强度不同进行归类，可获得所有的

245

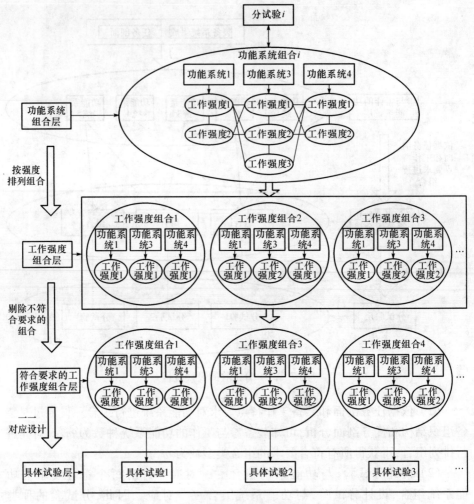

图 7-22　某分试验的具体试验的设计过程

组合类型数为

$$z_i^* = \prod_{j=1}^{r_i} C_{l_j}^1 \tag{7-9}$$

（2）剔除不符合要求的组合。针对功能系统不同工作强度的所有组合进行分析，设剔除不符合装备实际运行要求的组合类型数为 z'_i，得到符合要求的组合类型数为

$$z''_i = z_i^* - z'_i \tag{7-10}$$

（3）设计具体试验，与功能系统不同工作强度的组合一一对应。在分试验中，针对每个符合要求的组合，设计具体试验，与不同工作强度的组合一一对应。因此，设对于任意一个分试验（不妨设第 i 个分试验）中，具体试验类型数为

$$z_i = z''_i \tag{7-11}$$

3. 示例分析

根据某型自行火炮系统组成和典型任务剖面，参与工作的功能系统重点考虑火力系统、火控系统、底盘系统等三种，进行分试验和具体试验设计。

1）分试验设计

某型自行火炮参与工作的功能系统类型数为 $m_1 = 3$，分别是火力系统、火控系统和底盘系统。对于某型自行火炮来说，分析其任务剖面和工作特点，火控和火力系统往往同时工作，而底盘系统一般不与火控和火力系统同时工作，只单独工作，符合要求的组合类型数为 $m_2 = 2$，分别为底盘系统、火力系统和火控系统。针对这两种组合，分别设计分试验，因此，分试验的类型数为 $N = 2$，一般分为以下两种。

（1）行驶试验。对应的功能系统组合为底盘系统。

（2）射击试验。对应的功能系统组合为火力系统、火控系统。

2）具体试验设计

（1）行驶试验。底盘系统有三种工作强度，分别是一级路行驶速度 v_1、二级路行驶速度 v_2 和三级路行驶速度 v_3，单位是 km/h。

（2）射击试验。火力系统有三种工作强度，分别是急袭射 v_4、间歇射 v_5 和等速射 v_6，单位是发/h。火控系统只有一种工作强度 v_7。单位是工作时间/h。

因此，根据式（7-7），行驶试验，可获得所有的组合类型数为

$$z_1^* = C_3^1 = 3$$

行驶试验的类型如下：

（1）一级路行驶试验，速度为 $v_1 = 45$km/h。

（2）二级路行驶试验，速度为 $v_2 = 30$km/h。

（3）三级路行驶试验，速度为 $v_3 = 20$km/h。

射击试验，可获得所有的组合类型数为

$$z_2^* = C_3^1 C_1^1 = 3$$

射击试验的类型如下：

（1）急袭射试验，射速为 $v_4 = 72$ 发/h，火控系统工作强度 $v_7 = 1$ 工作时间/h。

（2）间歇射试验，射速为 $v_5 = 15$ 发/h，火控系统工作强度 $v_7 = 1$ 工作时间/h。

（3）等速射试验，射速为 $v_6 = 36$ 发/h，火控系统工作强度 $v_7 = 1$ 工作时间/h。

从任务剖面中可知，三种行驶试验以及三种射击试验都符合实际。因此，某型自行火炮的综合试验的分试验和具体试验构成，如图 7-23 所示。

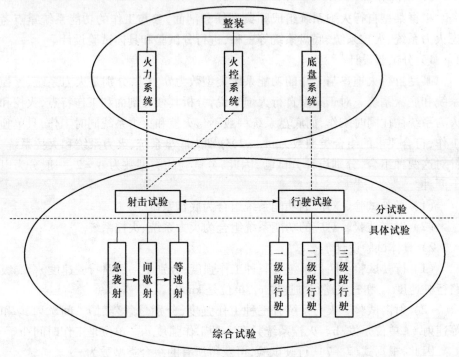

图 7-23　某型自行火炮综合试验的分试验和具体试验构成

7.2.4　基于典型任务剖面的试验时间折算

1. 具体试验时间的折算

1）列出与具体试验相对应的任务阶段及其任务参数

第 i 个分试验，含 r_i 个功能系统；第 j 个功能系统存在 l_j 种工作强度，共有 z_i 种具体试验。对于任意一个具体试验（不妨设第 c 个具体试验），在各个任务剖面中列出与相对应的任务阶段及其任务参数。

2）具体试验中功能系统运行时间的确定

具体试验中功能系统运行时间的确定过程如图 7-24 所示。

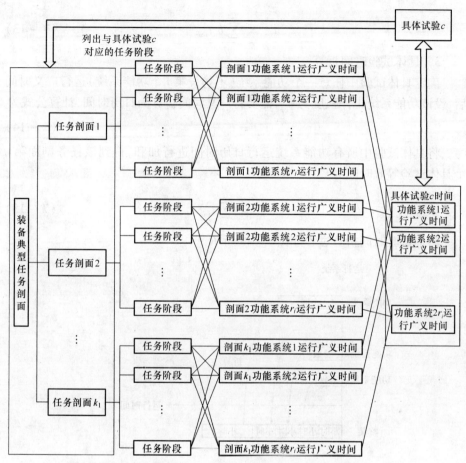

图 7 - 24　具体试验中功能系统广义运行时间的确定过程

设在任意一个任务剖面(不妨设第 d 个任务剖面)中,有 p_d 个任务阶段与第 i 个分试验的具体试验 c 相对应,设任意一个任务阶段(不妨设第 u 个任务阶段)中任意一个功能系统(不妨设第 j 个功能系统)的时间为 t_{icdju}。将每个任务阶段中第 j 个功能系统的时间进行加和,得到该任务剖面中第 j 个功能系统的广义运行时间为

$$t_{icdj} = \sum_{u=1}^{p_d} t_{icdju} \qquad (7-12)$$

将各个典型任务剖面中第 j 个功能系统的运行广义时间进行加权综合,得到基于任务剖面的具体试验中第 j 个功能系统的运行广义时间为

$$t_{icj} = \sum_{d=1}^{k_1} b_d t_{icdj} \tag{7-13}$$

3）具体试验时间折算

确定具体试验中任意一个功能系统（不妨设第 j 个功能系统）运行广义时间后，设该功能系统工作强度为 v_{icj}，需要将广义时间折算为日历时间，计算公式为

$$t_{icj}^* = t_{icj}/v_{icj} \tag{7-14}$$

将具体试验中所有功能系统运行日历时间进行加和，得到该任务剖面第 c 个具体试验等效时间为

$$t_{ic}^* = \sum_{j=1}^{r_i} t_{icj}^* \tag{7-15}$$

具体试验时间折算过程如图 7-25 所示。

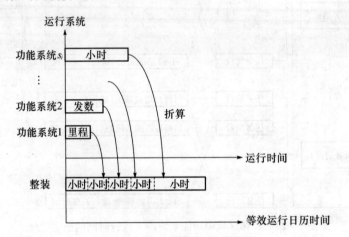

图 7-25　具体试验时间折算过程

4）各功能系统运行日历时间占具体试验等效时间比例的确定

第 i 个分试验的具体试验 c 的第 j 个功能系统的运行日历时间为 t_{icj}^*，具体试验 c 的等效时间为 t_{ic}^*，因此，该功能系统运行日历时间占具体试验等效时间比例为

$$\varphi_{icj} = \frac{t_{icj}^*}{t_{ic}^*} \tag{7-16}$$

2. 分试验时间的折算

在确定第 c 个具体试验等效时间基础上，将第 i 个分试验下所有具体试验的等效时间进行加和，可得到第 i 个分试验等效时间为

250

$$t_i^* = \sum_{c=1}^{z_i} t_{ic}^* \qquad (7-17)$$

3. 运行事件等效时间的确定

运行事件等效时间是所有分试验的等效时间进行加和,因此,运行事件等效时间为

$$t^* = \sum_{i=1}^{N} t_i^* \qquad (7-18)$$

4. 示例分析

1）具体试验的时间折算

（1）列出与具体试验相对应的任务阶段及其任务参数。某型自行火炮坚守阵地防御任务阶段涉及的功能系统,如图 7 – 26 所示。其中,驻地准备和进入阵地战斗准备阶段不涉及火力系统、火控系统和底盘系统,没在图 7 – 26 中标出。

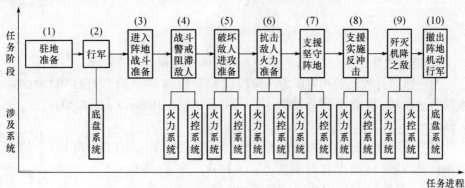

图 7 – 26　坚守阵地防御任务阶段涉及的功能系统

① 坚守阵地防御任务剖面中,列出与各个具体试验相对应的阶段及其任务参数。

与一级路行驶试验相对应的是阶段（2）和阶段（10）中的一级路行驶阶段,行驶里程分别为 $s_{21} = 30\text{km}$ 和 $s_{101} = 5\text{km}$。

与二级路行驶试验相对应的是阶段（2）和阶段（10）中的二级路行驶阶段,行驶里程分别为 $s_{22} = 180\text{km}$ 和 $s_{102} = 30\text{km}$。

与三级路行驶试验相对应的是阶段（2）和阶段（10）中的三级路行驶阶段,行驶里程分别为 $s_{23} = 90\text{km}$ 和 $s_{103} = 15\text{km}$。

与急袭射击试验相对应的是阶段（5）~（9）中的急袭射击阶段,射击发数分别为 $N_5 = 60$ 发、$N_6 = 60$ 发、$N_7 = 180$ 发、$N_{81} = 50$ 发和 $N_9 = 60$ 发。

与间歇射击试验相对应的是阶段(4)和阶段(8)中的间歇射击阶段,射击发数为 $N_4 = 24$ 发、$N_{82} = 10$ 发。

某型自行火炮进攻战斗任务阶段涉及的功能系统,如图 7-27 所示。其中,驻地准备、集结待机和撤出阵地阶段不涉及火力系统、火控系统和底盘系统,没在图中标出。

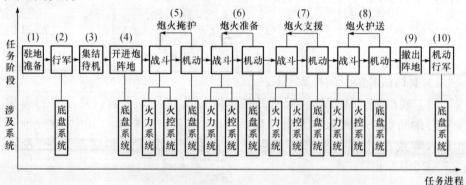

图 7-27　进攻战斗任务阶段涉及的功能系统

② 进攻战斗任务剖面中,列出与各个具体试验相对应的阶段。

与一级路行驶试验相对应的是阶段(2)、阶段(4)~(8)、阶段(10)中的一级路行驶阶段,行驶里程分别为 $s'_{21} = 24km$、$S'_{41} = 10km$、$S'_{51} = 1.5km$、$S'_{61} = 0.5km$、$S'_{71} = 0.2km$、$S'_{81} = 0.3km$、$S'_{101} = 10km$。

与二级路行驶试验相对应的是阶段(2)、阶段(4)~(8)、阶段(10)中的二级路行驶阶段,行驶里程分别为 $S'_{22} = 144km$、$S'_{42} = 60km$、$S'_{52} = 9km$、$S'_{62} = 3km$、$S'_{72} = 1.2km$、$S'_{82} = 1.8km$、$S'_{102} = 60km$。

与三级路行驶试验相对应的是阶段(2)、阶段(4)~(8)、阶段(10)中的三级路行驶阶段,行驶里程分别为 $S'_{23} = 72km$、$S'_{43} = 30km$、$S'_{53} = 4.5km$、$S'_{63} = 1.5km$、$S'_{73} = 0.6km$、$S'_{83} = 0.9km$、$S'_{103} = 30km$。

与急袭射击试验相对应的是阶段(5)和阶段(6)中的急袭射击阶段,射击发数分别为 $N'_5 = 60$ 发、$N'_6 = 48$ 发、$N'_{71} = 20$ 发、$N'_{81} = 30$ 发。

与间歇射击试验相对应的是阶段(7)和阶段(8)中的间歇射击阶段,射击发数分别为 $N'_{72} = 5$ 发、$N'_{82} = 8$ 发。

与等速射击试验相对应的是阶段(7)和阶段(8)中的等速射击阶段,射击发数分别为 $N'_{73} = 11$ 发、$N'_{83} = 16$ 发。

(2) 具体试验中功能系统广义运行时间的确定。

① 一级路行驶试验。一级路行驶试验中,底盘系统行驶里程(广义运行时

间）为

$$S_{111} = b_1(s_{21} + s_{101}) + b_2(s'_{21} + s'_{41} + s'_{51} + s'_{61} + s'_{71} + s'_{81} + s'_{101})$$

$$= 38.45 \text{km}$$

② 二级路行驶试验。二级路行驶试验中，底盘系统行驶里程（广义运行时间）为

$$S_{121} = b_1(s_{22} + s_{102}) + b_2(s'_{22} + s'_{42} + s'_{52} + s'_{62} + s'_{72} + s'_{82} + s'_{102})$$

$$= 230.7 \text{km}$$

③ 三级路行驶试验。三级路行驶试验中，底盘系统行驶里程（广义运行时间）为

$$S_{131} = b_1(s_{23} + s_{103}) + b_2(s'_{23} + s'_{43} + s'_{53} + s'_{63} + s'_{73} + s'_{83} + s'_{103})$$

$$= 115.35 \text{km}$$

④ 急袭射击试验。急袭射击试验中，火力系统发射数（广义运行时间）为

$$N_{211} = b_1(N_5 + N_6 + N_7 + N_{81} + N_9) +$$
$$b_2(N'_5 + N'_6 + N'_{71} + N'_{81}) = 334.4 \text{ 发}$$

火控系统广义运行时间为

$$\tau_{212} = v_7 \frac{b_1(N_5 + N_6 + N_7 + N_{81} + N_9) + b_2(N'_5 + N'_6 + N'_{71} + N'_{81})}{v_4}$$

$$= 4.65 \text{h}$$

⑤ 间歇射击试验。间歇射击试验中，火力系统发射数（广义运行时间）为

$$N_{221} = b_1(N_4 + N_{82}) + b_2(N'_{72} + N'_{82}) = 27.7 \text{ 发}$$

火控系统广义运行时间为

$$\tau_{222} = v_7 \frac{b_1(N_4 + N_{82}) + b_2(N'_{72} + N'_{82})}{v_5} = 1.85 \text{h}$$

⑥ 等速射击试验。等速射击试验中，火力系统发射数（广义运行时间）为

$$N_{231} = b_2(N'_{73} + N'_{83}) = 8.7 \text{ 发}$$

火控系统广义运行时间为

$$\tau_{232} = v_7 \frac{b_2(N'_{73} + N'_{83})}{v_6} = 0.225 \text{h}$$

（3）具体试验时间折算。

① 一级路行驶试验。根据式（7-14），可知一级路行驶试验中，将底盘系统行驶里程（广义运行时间）折算为日历时间为 $t^*_{111} = S_{111}/v_1 = 0.854 \text{h}$。

根据式(7-15),一级路行驶试验的等效时间为 $t_{11}^* = t_{111}^* = 0.854\mathrm{h}$。

② 二级路行驶试验。根据式(7-14),可知二级路行驶试验中,将底盘系统行驶里程(广义运行时间)折算为日历时间为 $t_{121}^* = S_{121}/v_2 = 7.69\mathrm{h}$。

根据式(7-15),二级路行驶试验的等效时间为 $t_{12}^* = t_{121}^* = 7.69\mathrm{h}$。

③ 三级路行驶试验。根据式(7-14),可知三级路行驶试验中,将底盘系统行驶里程(广义运行时间)折算为日历时间为 $t_{131}^* = S_{131}/v_3 = 5.77\mathrm{h}$。

根据式(7-15),三级路行驶试验的等效时间为 $t_{13}^* = t_{131}^* = 5.77\mathrm{h}$。

④ 急袭射击试验。根据式(7-14),可知急袭射击试验中,将火力系统发射数(广义运行时间)折算为日历时间为 $t_{211}^* = N_{211}/v_4 = 4.65\mathrm{h}$;火控系统运行日历时间为 $t_{212}^* = \tau_{212} = 4.65\mathrm{h}$。

根据式(7-15),可知急袭射击试验的等效时间为 $t_{21}^* = t_{211}^* + t_{212}^* = 9.3\mathrm{h}$。

⑤ 间歇射击试验。根据式(7-14),可知间歇射击试验中,将火力系统发射数(广义运行时间)折算为日历时间为 $t_{221}^* = N_{221}/v_5 = 1.85\mathrm{h}$,火控系统运行日历时间为 $t_{222}^* = \tau_{222} = 1.85\mathrm{h}$。

根据式(7-15),可知间歇射击试验的等效时间为 $t_{22}^* = t_{221}^* + t_{222}^* = 3.7\mathrm{h}$。

⑥ 等速射击试验。根据式(7-14),可知等速射击试验中,将火力系统发射数(广义运行时间)折算为日历时间为 $t_{231}^* = N_{231}/v_6 = 0.225\mathrm{h}$;火控系统运行日历时间为 $t_{232}^* = \tau_{232} = 0.225\mathrm{h}$。

根据式(7-15),可知等速射击试验的等效时间为 $t_{23}^* = t_{231}^* + t_{232}^* = 0.45\mathrm{h}$。

2)分试验的时间折算

根据式(7-16),行驶试验的等效试验时间为 $t_1^* = t_{11}^* + t_{12}^* + t_{13}^* = 14.314\mathrm{h}$;射击试验的等效试验时间为 $t_2^* = t_{21}^* + t_{22}^* = 13.45\mathrm{h}$。

3)运行事件时间折算

根据式(7-17),运行事件等效时间为 $t^* = t_1^* + t_2^* = 27.764\mathrm{h}$。

7.2.5 试验等效时间所占比例确定

1. 具体试验等效时间所占比例确定

在确定运行事件等效时间以及第 i 个分试验,第 c 个具体试验等效时间的基础上,可知第 c 个具体试验占运行事件等效时间的比例为

$$q_{ic} = \frac{t_{ic}^*}{t^*} \tag{7-19}$$

2. 分试验等效时间所占比例确定

在确定第 c 个具体试验占综合试验的权重基础上,将第 i 个分试验下所有

254

具体试验的比例进行加和,可得到第 i 个分试验占运行事件等效时间的比例为

$$q_i = \sum_{c=1}^{z_i} q_{ic} \qquad (7-20)$$

3. 示例分析

1) 具体试验等效时间所占比例确定

根据式(7-19),可得各个具体试验等效时间所占比例。

一级路行驶试验所占比例为 $q_{11} = t_{11}^* / (t_1^* + t_2^*) = 3.1\%$ 。

二级路行驶试验所占比例为 $q_{12} = t_{12}^* / (t_1^* + t_2^*) = 27.7\%$ 。

三级路行驶试验所占比例为 $q_{13} = t_{13}^* / (t_1^* + t_2^*) = 20.8\%$ 。

急袭射击试验所占比例为 $q_{21} = t_{21}^* / (t_1^* + t_2^*) = 33.5\%$ 。

间歇射击试验所占比例为 $q_{22} = t_{22}^* / (t_1^* + t_2^*) = 13.3\%$ 。

等速射击试验所占比例为 $q_{23} = t_{23}^* / (t_1^* + t_2^*) = 1.6\%$ 。

2) 分试验等效时间所占比例确定

根据式(7-20),可知行驶试验所占比例为 $q_1 = q_{11} + q_{12} + q_{13} = 51.6\%$;射击试验所占比例为 $q_2 = q_{21} + q_{22} + q_{23} = 48.4\%$ 。

7.2.6　运行事件总等效时间确定与分配

1. 运行事件总等效时间的确定

1) 运行总时间的计算

在试验前,假设可知平均故障间隔时间的估计值为 $\hat{\theta}$,固有可用度的估计值为 $\hat{A}_i$ 。

如果是定数截尾试验,经统计试验方案设计,确定最小试验循环对数为 n_1 。可知,预计固有可用度试验剖面中的运行总时间为

$$T_p^* = n_1 \hat{\theta} \qquad (7-21)$$

如果是定时截尾试验,经统计试验方案设计,确定最小累计试验时间为 T_1 。可知,预计固有可用度试验剖面中的运行总时间为

$$T_p^* = T_1 \hat{A}_i \qquad (7-22)$$

如果是序贯截尾试验,经统计试验方案设计,确定平均最小试验循环对数为 n'_1 。可知,预计固有可用度试验剖面中的运行总时间为

$$T_p^* = n'_1 \hat{\theta} \qquad (7-23)$$

如果是定数截尾试验或序贯截尾试验,按照预计的运行总时间 T_p^* 运行,达到试验预计时间时故障数未达到统计试验方案要求,或序贯试验未达到停止试验的要求时,要继续运行一个任务剖面加权工作时间 τ^*,这个阶段的具体试验和分试验时间确定按照下面描述的具体试验和分试验的分配方法对 τ^* 进行分配。如果运行一个 τ^* 后,仍然未达到要求,继续运行一个 τ^*,不断重复循环,直到满足要求为止。

2）运行事件总等效时间的计算

运行总时间 T_p^* 与任务剖面加权工作时间 τ^* 之比,表示装备在综合试验中运行总时间应该是任务剖面加权工作时间的倍数。因此,运行事件总等效时间可表示为运行事件等效时间 t^* 的倍数,即

$$T^* = \frac{T_p^*}{\tau^*}t^* \qquad (7-24)$$

2. 具体试验和分试验时间分配

1）具体试验总等效时间确定

第 i 个分试验,第 c 个具体试验等效时间所占比例为 q_{ic}。因此,当运行事件总等效时间为 T^* 时,第 c 个具体试验总等效时间为

$$T_{ic}^* = q_{ic}T^* \qquad (7-25)$$

2）具体试验中各功能系统运行的总日历时间确定

第 i 个分试验的具体试验 c 的第 j 个功能系统运行日历时间占具体试验等效时间比例为 φ_{icj},具体试验 c 总等效时间为 T_{ic}^*。因此,该功能系统运行的总日历时间为

$$T_{icj}^* = T_{ic}^* \varphi_{icj} \qquad (7-26)$$

3）具体试验中各功能系统运行的总广义时间确定

第 i 个分试验的具体试验 c 的第 j 个功能系统运行的总日历时间为 T_{icj}^*,该功能系统的工作强度为 v_{icj},将总日历时间转化为总广义时间为

$$T'_{icj} = T_{icj}^* v_{icj} \qquad (7-27)$$

4）分试验总等效时间确定

第 i 个分试验等效时间所占比例为 q_i。因此,当运行总时间为 T^* 时,第 i 个分试验总等效时间为

$$T_i^* = q_i T^* = \sum_{c=1}^{z_i} T_{ic}^* \qquad (7-28)$$

5）分试验中各功能系统运行的总日历时间确定

第 i 个分试验的具体试验 c 的第 j 个功能系统运行的总日历时间为 T_{icj}^*，将该分试验下所有具体试验的第 j 个功能系统运行的总日历时间进行加和，得到该分试验中第 j 个功能系统运行的总日历时间为

$$T_{ij}^* = \sum_{c=1}^{z_i} T_{icj}^* \qquad (7-29)$$

6）分试验中各功能系统运行的总广义时间确定

第 i 个分试验的具体试验 c 的第 j 个功能系统运行的总广义时间为 T'_{icj}，将该分试验下所有具体试验的第 j 个功能系统运行的总广义时间进行加和，得到该分试验中第 j 个功能系统运行的总广义时间为

$$T'_{ij} = \sum_{c=1}^{z_i} T'_{icj} \qquad (7-30)$$

3. 综合自然环境条件安排

综合自然环境条件安排主要是进行地区工作时间分配。其他的环境条件，如气象、昼夜工作时间分配方法与其相似。

1）综合自然环境条件下运行总时间确定

假设装备一般在 e 个地区工作。设任意一个地区（不妨设第 f 个地区）占比例为 γ_f。综合试验在第 f 个地区试验中，总运行时间为

$$T'_f = \gamma_f T_p^* \qquad (7-31)$$

2）综合自然环境条件下具体试验中各功能系统运行的总日历时间确定

装备一般在 e 个地区工作。第 f 个地区占比例为 γ_f。第 i 个分试验的具体试验 c 的第 j 个功能系统运行的总日历时间为 T_{icj}^*。因此，综合试验在第 f 个地区试验中，第 i 个分试验的具体试验 c 的第 j 个功能系统运行的总日历时间为

$$T_{icjf}^* = \gamma_f T_{icj}^* \qquad (7-32)$$

3）综合自然环境条件下具体试验中各功能系统运行的总广义时间确定

装备一般在 e 个地区工作。第 f 个地区占比例为 γ_f。第 i 个分试验的具体试验 c 的第 j 个功能系统运行的总广义时间为 T'_{icj}。因此，综合试验在第 f 个地区试验中，第 i 个分试验的具体试验 c 的第 j 个功能系统运行的总广义时间为

$$T'_{icjf} = \gamma_f T'_{icj} \qquad (7-33)$$

如果是定数截尾试验或序贯截尾试验，按照预计的运行总时间 T_p^* 运行，达到试验预计时间时故障数未达到统计试验方案要求，或序贯试验未达到停止试

验的要求时,要继续运行一个任务剖面加权工作时间 τ^*,这个阶段的综合自然环境条件安排是要采用最主要环境条件进行试验。例如装备主要在春季的常温区试验,这个阶段地区条件全部采用常温区,季节条件全部采用春季。

4. 示例分析

1)运行事件总等效时间的确定

(1)运行总时间的计算。根据统计试验方案,可得运行总时间为 T_p^*。

(2)任务剖面加权工作时间的计算。对于坚守阵地防御任务剖面工作时间 $\tau_1^* = t_2 + t_4 + t_5 + t_6 + t_7 + t_8 + t_9 + t_{10}$;对于进攻战斗任务剖面 $\tau_2^* = t'_2 + t'_4 + t'_5 + t'_6 + t'_7 + t'_8 + t'_{10}$。

根据式(7-7)任务剖面加权工作时间为 $\tau^* = b_1\tau_1^* + b_2\tau_2^*$。

(3)运行事件总等效时间的计算。

根据式(7-24),运行事件总等效时间为 $T^* = \dfrac{T_p^*}{b_1\tau_1^* + b_2\tau_2^*} t^*$。

2)具体试验和分试验时间的分配

按照试验时间分配方法,根据式(7-25)~式(7-30),对某型自行火炮分试验与具体试验时间进行分配,见表7-1。其中,运行事件总等效时间为 T^*,v_1、v_2、v_3、v_4、v_5、v_6 的含义见7.2.3节。

表7-1 某型自行火炮分试验与具体试验时间表

试验项目	所占比例	总等效时间	发射数量/行驶里程
一级路面行驶试验	q_{11}	$q_{11}T^*$	$q_{11}T^*v_1$
二级路面行驶试验	q_{12}	$q_{12}T^*$	$q_{12}T^*v_2$
三级路面行驶试验	q_{13}	$q_{13}T^*$	$q_{13}T^*v_3$
行驶试验	q_1	q_1T^*	$T^*(q_{11}v_1 + q_{12}v_2 + q_{13}v_3)$
急袭射击试验	q_{21}	$q_{21}T^*$	$(q_{21}T^*v_4)/2$
间歇射击试验	q_{22}	$q_{22}T^*$	$(q_{22}T^*v_5)/2$
等速射击试验	q_{23}	$q_{23}T^*$	$(q_{23}T^*v_6)/2$
射击试验	q_2	q_2T^*	$(q_{21}T^*v_4 + q_{22}T^*v_5 + q_{23}T^*v_6)/2$

3)综合自然环境条件安排

按 GJB 848—90《装甲车辆设计定型试验规程》的有关规定确定,自行火炮要考虑的试验地区包括常温区、湿热区、高寒区、高原沙漠区。根据式(7-31)~式(7-33),对某型自行火炮各地区行驶试验时间进行分配,见表7-2。

表 7 - 2　某型自行火炮各地区行驶试验时间分配表

试验地区	所占权重	总等效试验时间	一级路行驶试验里程	二级路行驶试验里程	三级路行驶试验里程
常温区	γ_1	$\gamma_1 T^*$	$\gamma_1 q_{11} T^* v_1$	$\gamma_1 q_{12} T^* v_2$	$\gamma_1 q_{13} T^* v_3$
湿热区	γ_2	$\gamma_2 T^*$	$\gamma_2 q_{11} T^* v_1$	$\gamma_2 q_{12} T^* v_2$	$\gamma_2 q_{13} T^* v_3$
高寒区	γ_3	$\gamma_3 T^*$	$\gamma_3 q_{11} T^* v_1$	$\gamma_3 q_{12} T^* v_2$	$\gamma_3 q_{13} T^* v_3$
高原沙漠区	γ_4	$\gamma_4 T^*$	$\gamma_4 q_{11} T^* v_1$	$\gamma_4 q_{12} T^* v_2$	$\gamma_4 q_{13} T^* v_3$

对某型自行火炮各地区射击试验时间进行分配,见表 7 - 3。

表 7 - 3　某型自行火炮各地区射击试验时间分配表

试验地区	所占比例	总等效试验时间	急袭射击试验发射数量	间歇射击试验发射数量	等速射击试验发射数量
常温区	γ_1	$\gamma_1 T^*$	$\gamma_1 (q_{21} T^* v_4)/2$	$\gamma_1 (q_{22} T^* v_5)/2$	$\gamma_1 (q_{23} T^* v_6)/2$
湿热区	γ_2	$\gamma_2 T^*$	$\gamma_2 (q_{21} T^* v_4)/2$	$\gamma_2 (q_{22} T^* v_5)/2$	$\gamma_2 (q_{23} T^* v_6)/2$
高寒区	γ_3	$\gamma_3 T^*$	$\gamma_3 (q_{21} T^* v_4)/2$	$\gamma_3 (q_{22} T^* v_5)/2$	$\gamma_3 (q_{23} T^* v_6)/2$
高原沙漠区	γ_4	$\gamma_4 T^*$	$\gamma_4 (q_{21} T^* v_4)/2$	$\gamma_4 (q_{22} T^* v_5)/2$	$\gamma_4 (q_{23} T^* v_6)/2$

地区试验时序可描述为:自行火炮春季交付试验后,首先进行常温地区试验;然后在湿热区进行试验;其次在高寒地区进行试验;最后在高原沙漠区进行试验。

其他的环境条件试验时间分配方法与地区试验时间分配方法相似,不再赘述。

7.3　现场样本充足条件统计试验方案设计和参数估计

作为在现场样本充足时,RMA 综合试验验证工作最为关键的支撑技术之一,RMA 综合统计试验方案设计和参数估计问题,需要针对不同的截尾方式,根据优先满足风险的参数不同,展开研究。

7.3.1　现场样本充足条件统计试验方案设计和参数估计目标

1. 统计试验方案设计目标

在现场样本充足条件 RMA 综合统计试验方案设计过程中,主要经历以下三个步骤:各参数的统计试验方案设计、优先满足不同参数风险要求的试验方案设计以及试验方案的选择,前两个步骤的设计工作目标与约束类似。因此,这里只分析优先满足不同参数风险要求的试验方案设计以及试验方案的选择的目标与约束。

1)优先满足不同参数风险要求的统计试验方案设计目标与约束

优先满足不同参数风险要求的统计试验方案设计既要满足试验风险,又要尽可能的降低试验花费和试验时间。从试验承制方和使用方的利益角度出发,统计试验方案设计的目标是以保证满足承制方和使用方风险为约束,使试验费用最小,试验进度最快。

随着试验样本量或累计试验时间的增加,试验承制方和使用方风险会降低。因此,以满足试验风险为约束,针对不同截尾方式类型,优先满足不同参数风险要求的统计试验方案设计的目标转化如下:

(1)定数截尾试验,工作循环对数量以及模拟故障修复作业样本数量最小。

(2)定时截尾试验,累计试验时间和累计运行时间最短。

(3)序贯截尾试验,平均工作循环对数量以及模拟故障修复作业样本数量最小。

2)统计试验方案的选择目标与约束

经过优先满足不同参数风险要求的统计试验方案设计,会产生相应的统计试验方案,给出可统计检验的参数和仅可评估验证的参数。统计试验方案选择的约束是设计定型试验中的试验费用,试验进度限制。目标是可统计检验的参数最多(以检验 A_i 为最高优先度)。

2. 参数估计的目标

参数估计指在确定试验样本量或累计试验时间的基础上,实施试验后进行点估计和置信区间估计。因此,参数估计的目标是以试验样本量或累计试验时间为约束,使点估计的置信水平最高,置信区间的精度最高。

随着采用的试验样本量或累计试验时间的增加,点估计的置信水平和置信区间的精度都会增加。同时,点估计的置信水平,置信区间的精度与点估计量的优良性也有密切关系,即越优良,点估计的置信水平和置信区间的精度越高。因此,以确定的试验样本量或累计试验时间为约束,针对不同截尾方式类型试验,选用优良的点估计量,RMA 综合试验参数估计的目标转化如下:

(1)定数截尾试验,利用工作循环对数量以及模拟故障修复作业样本数量最多。

(2)定时截尾试验,利用累计试验时间和累计运行时间最长。

(3)序贯截尾试验,利用工作循环对数量以及模拟故障修复作业样本数量最多。

7.3.2　试验方案设计思路

1. 相关问题间的关系

RMA综合试验中,由于优先满足风险的参数组合、试验截尾方式与统计试验方案设计和参数估计这两个问题密切的相关。因此,现场样本充足条件RMA综合统计试验方案设计相关问题的关系分析,如图7-28所示。

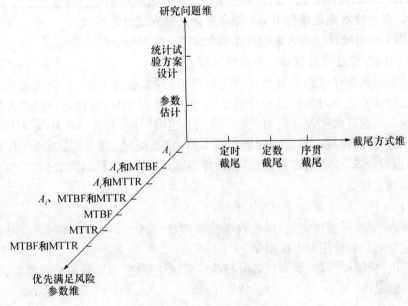

图7-28　关系分析框架

1)优先满足风险参数维与研究问题维的关系

RMA综合试验中,优先满足风险的参数组合有7种。不同的参数组合,统计试验方案和参数估计不尽相同。例如,在定数截尾试验方式下,优先满足 A_i 风险和优先满足MTBF风险的情况相比,在统计试验方案设计方面,一般所需最小试验循环对数(样本量)并不相同。在参数估计方面,前者首先需要依据试验样本量,判断是否满足MTBF和MTTR的风险,如果不满足某参数风险,需要对其进行评估验证,并对三个参数进行点估计和区间估计;后者首先判断是否满足 A_i 和MTTR的风险,如果不满足某参数风险,需要对其进行评估验证,并对三个参数进行点估计和区间估计。因此,不同优先满足风险的参数组合下的试验方案设计和参数估计需要分开研究。

2）截尾方式维与研究问题维的关系

RMA 综合试验中,对于定数、定时和序贯三种截尾方式,统计试验方案设计和参数估计不尽相同。例如,统计试验方案设计方面,对于定数截尾试验来说,主要目的是设计最小试验循环对数(样本量);对于定时截尾试验来说,主要目的是设计最小累计试验时间;对于序贯截尾试验来说,主要目的是设计接收/拒收和继续试验判定规则。在参数估计方面,对于定数截尾试验,是基于定数截尾的试验数据进行估计;对于定时截尾试验,是基于定时截尾的试验数据进行估计。因此,不同截尾方式下的试验方案设计和参数估计需要分开研究。

2. 现场样本充足条件 RMA 综合统计试验方案设计步骤

RMA 综合统计试验方案设计步骤如图 7 – 29 所示。

1）RMA 综合统计试验方案设计的核心问题

根据经典统计试验方案设计所需解决的问题,通过 RMA 综合试验途径和设计定型试验工作对本试验设计的影响分析,可知 RMA 综合统计试验方案设计的核心问题是根据设计定型试验的费用和进度限制,对 A_i、MTBF 和 MTTR 试验风险进行综合权衡,对所需的最小样本量(定数截尾)或最短试验时间(定时截尾)进行计算,或者对序贯试验规则(序贯截尾)进行设计,并给出相应的接收或拒收判定规则。

2）统计试验方案设计的输入和输出

输入:试验的截尾方式、试验数据分布特性、检验上下限值、两类试验风险、设计定型试验的费用和进度限制。

输出:试验样本量、累计试验时间或序贯试验规则、可统计检验的参数、接收拒收判定规则。

3）RMA 综合统计试验方案设计步骤

步骤 1:选择试验截尾方式,各参数的统计试验方案设计。

如果是定数试验,制定各参数的定数截尾试验方案。如果是定时截尾试验,制定 A_i 和 MTBF 定时截尾试验方案,以及 MTTR 定数截尾试验方案。如果是序贯试验,制定 A_i 的序贯截尾试验方案,以及 MTBF 和 MTTR 定数截尾试验方案。

输入:检验上下限值、修复时间分布、寿命分布、试验风险、试验截尾方式。

输出:试验循环对数和接收/拒收判定规则(A_i 的定数截尾试验方案)、累计试验时间和接收/拒收判定规则(A_i 的定时截尾试验方案)、A_i 序贯试验规则(A_i 的序贯截尾试验方案)、运行时间样本量和接收/拒收判定规则(MTBF 的定数截尾试验方案)、累计运行时间和接收/拒收判定规则(MTBF 的定时截尾试验方案)、修复作业样本量和接收/拒收判定规则(MTTR 的定数截尾试验方案)。

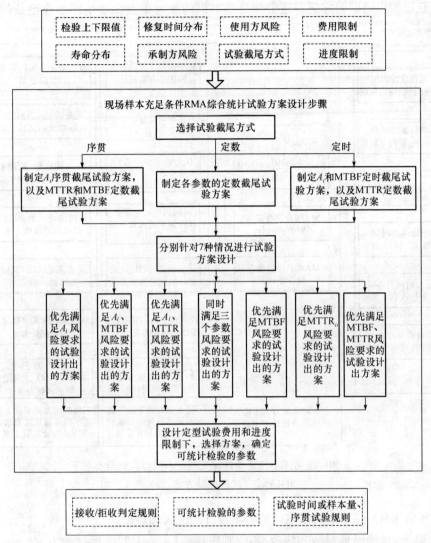

图 7 – 29　现场样本充足条件 RMA 综合统计试验方案设计步骤

由于各参数的统计试验方案设计与当前的可靠性、维修性和固有可用度统计试验方案设计方法无本质区别,因此,这个部分不是本书的研究重点。

步骤 2:优先满足不同参数风险要求下 RMA 综合统计试验方案设计。

在完成各参数的统计试验方案设计工作,获得相应的试验方案,确定试验样本量或累计试验时间或序贯试验规则,以及接收/拒收判定规则后。作为输入,进行不同截尾方式下优先满足不同参数风险要求时 RMA 综合统计试验方案设计,获得相应的试验方案。这个部分是本书的研究重点。现场样本充足条件优先满足不同参数风险要求下 RMA 综合统计试验方案设计,如图 7 – 30 所示。

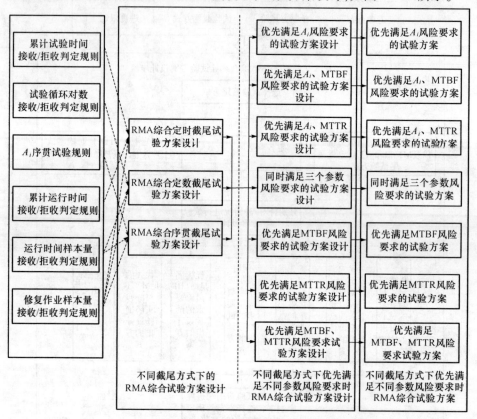

图 7 – 30　现场样本充足条件优先满足不同参数风险要求下
RMA 综合统计试验方案设计

（1）RMA 综合定数截尾试验方案设计的输入和输出。

输入:试验循环对数和接收/拒收判定规则（A_i 的定数截尾试验方案）、运行时间样本量和接收/拒收判定规则（MTBF 的定数截尾试验方案）、修复作业样本量和接收/拒收判定规则（MTTR 的定数截尾试验方案）。

输出:定数截尾条件下优先满足不同参数风险要求时 RMA 综合统计试验方案。

（2）RMA 综合定时截尾试验方案设计的输入和输出。

输入:累计试验时间和接收/拒收判定规则（A_i 的定时截尾试验方案）、累计运行时间和接收/拒收判定规则（MTBF 的定时截尾试验方案）、修复作业样本量和接收/拒收判定规则(MTTR 的定数截尾试验方案)。

输出:定时截尾条件下优先满足不同参数风险要求时 RMA 综合统计试验方案。

(3) RMA 综合序贯截尾试验方案设计的输入和输出。

输入:A_i 序贯试验规则(A_i 的序贯截尾试验方案)、运行时间样本量和接收/拒收判定规则(MTBF 的定数截尾试验方案)、修复作业样本量和接收/拒收判定规则(MTTR 的定数截尾试验方案)。

输出:序贯截尾条件下优先满足不同参数风险要求时 RMA 综合统计试验方案。

步骤 3:依据设计定型试验费用和进度限制,选择方案,确定可统计检验的参数。

在不同截尾方式下,进行 RMA 综合统计试验方案设计,分别获得 7 种试验方案后,要依据定型试验的费用和进度等实际条件,分别选择 RMA 综合统计试验方案,完成 RMA 综合统计试验方案设计的最后一步。

(1) 对于 RMA 综合定数截尾试验方案选择。

输入:定数截尾条件下优先满足不同参数风险要求时 RMA 综合统计试验方案,定型试验的费用和进度限制。

输出:选定的 RMA 综合定数截尾试验方案,可统计检验的参数。

(2) RMA 综合定时截尾试验方案选择。

输入:定时截尾条件下优先满足不同参数风险要求时 RMA 综合统计试验方案,定型试验的费用和进度限制。

输出:选定的 RMA 综合定时截尾试验方案,可统计检验的参数。

(3) 对于 RMA 综合序贯截尾试验方案设计。

输入:序贯截尾条件下优先满足不同参数风险要求时 RMA 综合统计试验方案,定型试验的费用和进度限制。

输出:选定的 RMA 综合序贯截尾试验方案,可统计检验的参数。

3) 参数估计的问题分析

(1) 参数估计的核心问题。参数估计主要包括点估计和置信区间估计。此外,如果样本量或试验时间不能满足某参数的试验风险要求,不能统计检验该参数,应该对其进行评估验证。

(2) 点估计。点估计是指通过试验,获得参数对应的试验值,再用这些值估计参数值。点估计的置信水平指点估计的可信程度。点估计置信水平随试验样本量或累计试验时间的增大而增大。

(3) 置信区间估计。置信区间估计指在给定的置信水平下根据试验数据,对总体参数真值所处的区间进行估计,包括单侧置信区间下限和双侧置信区间。

当置信水平一定时,随着累计试验时间或试验样本量的增大,置信区间会变小,估计的精度更高。当累计试验时间或试验样本量一定时,随着置信水平的增加,置信区间变大,估计精度降低。

（4）置信区间估计的输入和输出。

输入:试验的截尾方式、试验数据分布特性、验证对象、试验样本数据、置信水平。

输出:单侧置信区间下限和双侧置信区间。

（5）评估验证。给定参数最低可接收值,确定点估计值、单侧置信区间下限和双侧置信区间的基础上,分三个步骤进行评估验证:

步骤1:将单侧置信区间下限与参数最低可接收值做比较,如果单侧置信区间下限大于等于最低可接收值,则判定通过评估验证。如果单侧置信区间下限小于最低可接收值,不做判定,进行步骤2。

步骤2:把双侧置信区间的上限与参数最低可接收值做比较,如果双侧置信区间的上限小于等于最低可接收值,则判定不通过验证。如果双侧置信区间的上限大于最低可接收值,不做判定,进行步骤3。

步骤3:把点估计值与参数最低可接收值做比较,如果点估计值小于最低可接收值,适当增加试验样本量或累计试验时间,进一步获得试验数据,再次把点估计值与最低可接收值做比较,如果仍然小于最低可接收值,则判定不通过验证。相对应的是,如果最初的点估计值大于最低可接收值,适当增加试验样本量或累计试验时间,进一步获得试验数据,再次把点估计值与最低可接收值做比较,如果仍然大于最低可接收值,则判定通过验证。

7.3.3　定数截尾试验方案设计和参数估计

1. 相关假设

1）固有可用度试验相关假设

（1）给定试验风险:承制方风险为 α_1,使用方风险为 β_1。

（2）给定 A_i 检验上下限分别为 $A_{iU} = A_0$,$A_{iL} = A_1$;$A_0 > A_1$。

（3）A_i 点估计量为 $\hat{A}_{n,n}$,第一个 n 指运行时间样本量,第二个 n 指修复作业样本量。

（4）给定置信区间估计的置信水平为 δ_1,判定临界值为 C_1。

（5）原假设和备择假设:$H_{10}:A_{iU} = A_0$;$H_{11}:A_{iL} = A_1$。

（6）接收与拒收规则为:$\hat{A}_{n,n} \geq C_1$,接收 H_{10};$\hat{A}_{n,n} < C_1$,拒收 H_{10}。

（7）统计检验 A_i 最小样本量为 n_1。

2）可靠性试验相关假设

（1）给定试验风险：承制方风险为 α_2，使用方风险为 β_2。

（2）给定 T_{BF} 检验上下限分别为：$T_{BF} = \theta_0$，$T_{BF} = \theta_1$；$\theta_0 > \theta_1$；T_{BF} 的点估计量为 $\hat{\theta}_n$，其中 n 为运行时间样本量。

（3）给定置信区间估计的置信水平为 δ_2，判定临界值为 C_2。

（4）原假设和备择假设：$H_{20}: T_{BF} = \theta_0$；$H_{21}: T_{BF} = \theta_1$。

（5）接收与拒收规则为：$\hat{\theta}_n \geq C_2$，接收 H_{20}；$\hat{\theta}_n < C_2$，拒收 H_{20}。

（6）统计检验 MTBF 最小样本量为 n_2。

3）维修性试验相关假设

（1）给定试验风险：承制方风险为 α_3，使用方风险为 β_3。

（2）给定 M_{CT} 检验下上限分别为 $M_{CT,U} = \xi_0$，$M_{CT,L} = \xi_1$，$\xi_0 < \xi_1$。

（3）M_{CT} 的点估计量为 $\hat{\xi}_n$，其中 n 为修复作业样本量。

（4）给定置信区间估计的置信水平为 δ_3，判定临界值为 C_3。

（5）原假设和备择假设：$H_{30}: M_{CT,U} = \xi_0$，$H_{31}: M_{CT,L} = \xi_1$。

（6）接收与拒收规则：$\hat{\xi}_n \leq C_3$，接收 H_{30}；$\hat{\xi}_n > C_3$，拒收 H_{30}。

（7）统计检验 MTTR 最小样本量为 n_3。

4）RMA 综合定数截尾试验方案

为了使试验方案简洁明了，本书规定 RMA 综合定数截尾试验方案为

（定数，整装试验工作循环对数，整装模拟故障修复作业数）

2. 各参数的统计试验方案设计

对于定数截尾试验，在检验上下限不变的前提下，随着试验样本量的增大，试验的承制方和使用方风险都会下降，要满足承制方和使用方风险，等价于试验获得试验样本数量不低于最小要求。

1）固有可用度统计试验方案设计

统计检验 A_i 需要满足的方程为

$$
\begin{cases}
P(\hat{A}_{n,n} \geq C_1 \,|\, A_i = A_0) \geq 1 - \alpha_1 \\
P(\hat{A}_{n,n} \geq C_1 \,|\, A_i = A_1) \leq \beta_1
\end{cases}
\tag{7-34}
$$

根据式（7-34）可得统计检验 A_i 最小样本量（工作循环对数）为 n_1 和判定临界值为 C_1。

目前,在故障间隔时间服从指数分布,修复时间服从指数分布或对数正态分布,以及故障间隔时间和修复时间分布未知时的情况下,对于固有可用度统计试验方案设计已有比较完整的描述。其他分布模型下的统计试验方案设计步骤并无本质区别,本书不再赘述。

值得注意的是,为了更方便确定最小样本量,一般的做法是将对 A_i 的检验可等价的转化为对为维修系数 $\rho = M_{CT}/T_{BF}$ 的检验;对于 ρ,试验方案中所选用作为检验的统计量的估计量一般通过极大似然估计法求得,并通常要求是 ρ 无偏估计量。本书以故障间隔时间服从指数分布或 Weibull 分布,修复时间服从指数分布或对数正态分布的这几种常见的情况为例,分析 ρ 检验统计量的确定过程。对于其他分布的情况,确定过程类似。其中,故障间隔时间服从 Weibull 分布,修复时间服从对数正态分布的试验方案国内没有相关研究,这里将做重点分析。

在指数分布模型下,一般选用 ρ 的极大似然估计量 $\hat{\rho}_{n,n}$ 作为检验统计量,其中,$\hat{\rho}_{n,n}$ 的计算公式为

$$\hat{\rho}_{n,n} = \sum_{i=1}^{n} Y_i \Big/ \sum_{i=1}^{n} X_i$$

显然,$E(\hat{\rho}_{n,n}) = \rho$,$\hat{\rho}_{n,n}$ 为 ρ 无偏估计。

当故障间隔时间服从指数分布,$X_i \sim E(\lambda)$,$E(X_i) = T_{BF} = 1/\lambda$;修复时间服从对数正态分布,$\ln Y_i \sim N(\mu, \sigma^2)$,$M_{CT} = \exp(\mu + \sigma^2/2)$。$\sigma^2$ 已知时,T_{BF} 极大似然估计量为 $\sum_{i=1}^{n} X_i \Big/ n$。

μ 的极大似然估计量为 $\ln \left(\prod_{i=1}^{n} Y_i \right)^{1/n}$,即可得 M_{CT} 极大似然估计量为 $\exp \Big(\ln \left(\prod_{i=1}^{n} Y_i \right)^{1/n} + \sigma^2/2 \Big)$。

用 $\exp \Big(\ln \left(\prod_{i=1}^{n} Y_i \right)^{1/n} + \sigma^2/2 \Big)$ 替换 M_{CT},$\sum_{i=1}^{n} X_i \Big/ n$ 替换 T_{BF},得到 ρ 的点估计为

$$\hat{\rho}_{n,n} = \frac{\exp \Big(\ln \left(\prod_{i=1}^{n} Y_i \right)^{1/n} + \sigma^2/2 \Big)}{\sum_{i=1}^{n} X_i \Big/ n}$$

因此,ρ 的检验统计量可取 $\hat{\rho}_{n,n}$。

当故障间隔时间服从 Weibull 分布,$X_i \sim W(\gamma, \lambda)$,$\gamma > 0$,$\lambda > 0$,$E(X_i) = (1/\lambda) \Gamma((1/\gamma) + 1)$。$\gamma$ 已知时,修复时间服从对数正态分布,$\ln Y_i \sim N(\mu, \sigma^2)$,$M_{CT} = \exp(\mu + \sigma^2/2)$;$\sigma^2$ 已知时,$1/\lambda$ 的极大似然估计量为 $\left(\sum_{i=1}^{n} (X_i)^{\gamma} \Big/ n \right)^{1/\gamma}$,

并可得到 T_{BF} 的极大似然估计量为 $\left(\sum\limits_{i=1}^{n} (X_i)^{\gamma} \Big/ n \right)^{1/\gamma} \Gamma((1/\gamma) + 1)$ ，并即可得

M_{CT} 极大似然估计量为 $\exp\left(\ln \left(\prod\limits_{i=1}^{n} Y_i \right)^{1/n} + \sigma^2/2 \right)$ 。

用 $\exp\left(\ln \left(\prod\limits_{i=1}^{n} Y_i \right)^{1/n} + \sigma^2/2 \right)$ 替换 M_{CT}，$\left(\sum\limits_{i=1}^{n} (X_i)^{\gamma} \Big/ n \right)^{1/\gamma} \Gamma((1/\gamma) + 1)$

替换 T_{BF}，得 ρ 的点估计为

$$\hat{\rho}_{n,n} = \frac{\exp\left(\ln \left(\prod\limits_{i=1}^{n} Y_i \right)^{1/n} + \sigma^2/2 \right)}{\left(\sum\limits_{i=1}^{n} (X_i)^{\gamma} \Big/ n \right)^{1/\gamma} \Gamma((1/\gamma) + 1)}$$

因此，ρ 的检验统计量可取 $\hat{\rho}_{n,n}$。

令 $G = \left(\prod\limits_{i=1}^{n} Y_i \right)^{1/n} \Big/ \exp(\mu)$，$U = 2\lambda^{\gamma} \sum\limits_{i=1}^{n} (X_i)^{\gamma}$，可得 $\ln G \sim N(0, \sigma^2/n)$、

$U \sim \chi^2_{2n}$，以及

$$P(\hat{\rho}_{n,n} \leqslant C_4) = P\left(\frac{G^{\gamma}}{U} \leqslant \frac{1}{2n} \left(C_4 \frac{E(X_i)}{E(Y_i)} \right)^{\gamma} \right) = P\left(\frac{G^{\gamma}}{U} \leqslant \frac{1}{2n} \left(\frac{C_4}{\rho} \right)^{\gamma} \right)$$

G^{γ}/U 为分布与未知参数无关，分布完全已知的枢轴量。因此统计检验 ρ 需要满足的方程为

$$\begin{cases} P(\hat{\rho}_{n,n} \leqslant C_4 \,|\, \rho = \rho_0) = P\left(\frac{G^{\gamma}}{U} \leqslant \frac{1}{2n} \left(\frac{C_4}{\rho} \right)^{\gamma} \,\Big|\, \rho = \rho_0 \right) \geqslant 1 - \alpha_1 \\ P(\hat{\rho}_{n,n} \leqslant C_4 \,|\, \rho = \rho_1) = P\left(\frac{G^{\gamma}}{U} \leqslant \frac{1}{2n} \left(\frac{C_4}{\rho} \right)^{\gamma} \,\Big|\, \rho = \rho_1 \right) \leqslant \beta_1 \end{cases}$$

根据上式可求得最小样本量为 n_1 和统计检验 ρ 的判定临界值 C_4。

2）可靠性统计试验方案设计

统计检验 MTBF 需要满足的方程为

$$\begin{cases} P(\hat{\theta}_n \geqslant C_2 \,|\, T_{BF} = \theta_0) \geqslant 1 - \alpha_2 \\ P(\hat{\theta}_n \geqslant C_2 \,|\, T_{BF} = \theta_1) \leqslant \beta_2 \end{cases} \tag{7-35}$$

根据式（7-35）可求得统计检验 MTBF 最小样本量为 n_2 和判定临界值为 C_2。

3）维修性统计试验方案设计

统计检验 MTTR 需要满足的方程为

$$\begin{cases} P(\hat{\xi}_n \leqslant C_3 \mid M_{CT} = \xi_0) \geqslant 1 - \alpha_3 \\ P(\hat{\xi}_n \leqslant C_3 \mid M_{CT} = \xi_1) \leqslant \beta_3 \end{cases} \quad (7-36)$$

根据式(7-36)可求得统计检验 MTTR 最小样本量为 n_3 和判定临界值为 C_3。

3. 优先满足不同参数风险要求下 RMA 综合统计试验方案设计

为减少不必要的重复性,本书仅针对优先满足 A_i 风险要求和同时满足 A_i、MTBF 和 MTTR 风险要求这两种比较有代表性的情况,进行 RMA 综合统计试验方案设计。其他五种情况的试验设计按照上述两种试验方案设计方法和过程进行即可。

1)优先满足 A_i 风险要求

如果优先满足 A_i 风险要求,最小工作循环对数满足式(7-35)即可。装备只存在交替进行的运行和修复两个状态,运行和修复构成一个工作循环对,不断重复向前推进。要求在试验中获得满足统计检验 A_i 试验风险的试验样本,这些试验样本中,运行时间和修复作业时间样本成对出现。装备工作循环对数达到事先规定的数量 n_1 时停止试验。

优先满足 A_i 风险要求的 RMA 综合定数截尾试验进程,如图7-31所示。

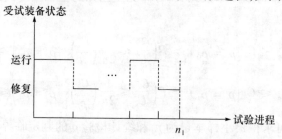

图7-31　优先满足 A_i 风险要求的 RMA 综合定数截尾试验进程

经设计,可知试验方案为(定数, n_1、0)。

做以下判断,分析能否对 MTTR、MTBF 进行统计检验:

如果 $n_1 \geqslant n_2$,即可对 MTBF 进行统计检验;如果 $n_1 < n_2$,不能对其进行统计检验,只能进行评估验证。

如果 $n_1 \geqslant n_3$,即可对 MTTR 进行统计检验;如果 $n_1 < n_3$,不能对其进行统计检验,只能进行评估验证。

2)同时满足 A_i、MTBF 和 MTTR 风险要求

同时满足 A_i、MTBF 和 MTTR 风险要求,需要满足的方程为

$$\begin{cases} P(\hat{A}_{n,n} \geqslant C_1 \,|\, A_i = A_0) \geqslant 1 - \alpha_1 \\ P(\hat{A}_{n,n} \geqslant C_1 \,|\, A_i = A_1) \leqslant \beta_1 \\ P(\hat{\theta}_n \geqslant C_2 \,|\, T_{\mathrm{BF}} = \theta_0) \geqslant 1 - \alpha_2 \\ P(\hat{\theta}_n \geqslant C_2 \,|\, T_{\mathrm{BF}} = \theta_1) \leqslant \beta_2 \\ P(\hat{\xi}_n \leqslant C_3 \,|\, M_{\mathrm{CT}} = \xi_0) \geqslant 1 - \alpha_3 \\ P(\hat{\xi}_n \leqslant C_3 \,|\, M_{\mathrm{CT}} = \xi_1) \leqslant \beta_3 \end{cases} \tag{7-37}$$

试验按两阶段试验进程向前推进。在第一个试验阶段,首先装备按照交替进行的运行和修复状态组成的工作循环不断重复向前推进,试验样本数据满足 A_i 和 MTBF 试验风险,即装备工作循环对数达到下式的要求时停止工作循环的重复推进:

$$\begin{cases} P(\hat{A}_{n,n} \geqslant C_1 \,|\, A_i = A_0) \geqslant 1 - \alpha_1 \\ P(\hat{A}_{n,n} \geqslant C_1 \,|\, A_i = A_1) \leqslant \beta_1 \\ P(\hat{\theta}_n \geqslant C_2 \,|\, T_{\mathrm{BF}} = \theta_0) \geqslant 1 - \alpha_2 \\ P(\hat{\theta}_n \geqslant C_2 \,|\, T_{\mathrm{BF}} = \theta_1) \leqslant \beta_2 \end{cases}$$

这时工作循环对数为 $n = \max[n_1, n_2]$。

做以下判断,分析第二个阶段是否进行:

如果 $\max[n_1, n_2] \geqslant n_3$,获得的试验数据满足 MTTR 试验风险的要求,不进行第二个试验阶段,试验停止。

如果 $\max[n_1, n_2] < n_3$,获得的试验数据不满足 MTTR 试验风险的要求,进行第二个阶段。

在第二个阶段,规定模拟故障修复作业次数为 n_6 时截止,以保证试验样本数据满足 MTTR 试验风险的要求为止。显然,$n_6 = n_3 - \max[n_1, n_2]$。

同时满足 A_i、MTBF 和 MTTR 风险要求综合定数截尾试验进程,如图 7 - 32 所示。

试验方案可描述为如下:

如果 $\max[n_1, n_2] \geqslant n_3$,试验停止,不进行故障模拟;试验方案为

$$(\text{定数}, \max[n_1, n_2], 0)$$

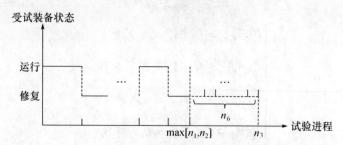

图 7 – 32　同时满足 A_i、MTBF 和 MTTR 风险要求的 RMA 综合定数截尾试验进程

如果 $\max[n_1, n_2] < n_3$，规定模拟故障修复作业次数为 n_6 时截止，$n_6 = n_3 - \max[n_1, n_2]$；试验方案为

$$(定数, \max[n_1, n_2], n_3 - \max[n_1, n_2])$$

4. RMA 综合统计试验方案的选择

RMA 综合定数截尾试验方案为

(定数,整装试验工作循环对数,整装模拟故障修复作业数)

依据 RMA 综合统计试验方案的选择的目标和约束，以统计检验 A_i 为最高优先度，为了获得尽可能多的可统计检验参数，针对 7 种情况设计得到定数截尾试验方案，进行 RMA 综合统计试验方案选择。得到可统计检验参数组合为以下 7 种：A_i，A_i、MTBF，A_i、MTTR；A_i、MTBF 和 MTTR；MTBF；MTTR，MTBF 和 MTTR。由于统计检验 MTBF 需要产生成对的运行时间和修复时间样本，而统计检验 MTTR 只需利用模拟故障获取修复时间样本。因此。一般来说，统计检验 A_i、MTBF 比统计检验 A_i、MTTR 需求更多的费用和时间；统计检验 MTBF 比统计检验 MTTR 需求更多的费用和时间。所以，统计检验参数组合的考查优先度顺序为

A_i、MTBF 和 MTTR→A_i、MTBF→A_i、MTBF→A_i→MTBF、MTTR→MTBF→MTTR

RMA 综合统计试验方案的选择步骤如下：

步骤 1：如果定型工作的费用和进度限制达到同时满足 A_i、MTBF 和 MTTR 风险的试验方案设计要求，即达到该试验方案设计的工作循环对数和模拟故障修复作业数，就选择这种情况下设计的试验方案。如果不满足，进行步骤 2。

步骤 2：如果定型工作的费用和进度限制达到优先满足 A_i、MTBF 风险的试验方案设计要求，即达到该试验方案设计的工作循环对数和模拟故障修复作业数，就选择这种情况下设计的试验方案。如果不满足，进行步骤 3。

步骤 3：如果定型工作的费用和进度限制达到优先满足 A_i、MTTR 风险的试验方案设计要求，即达到该试验方案设计的工作循环对数和模拟故障修复作业

数,就选择这种情况下设计的试验方案。如果不满足,进行步骤 4。

步骤 4:如果定型工作的费用和进度限制达到优先满足 A_i 风险的试验方案设计要求,即达到该试验方案设计的工作循环对数,就选择这种情况下设计的试验方案。如果不满足,进行步骤 5。

步骤 5:如果定型工作的费用和进度限制达到优先满足 MTBF、MTTR 风险的试验方案设计要求,即达到该试验方案设计的工作循环对数和模拟故障修复作业数,就选择这种情况下设计的试验方案。如果不满足,进行步骤 6。

步骤 6:如果定型工作的费用和进度限制达到优先满足 MTBF 风险的试验方案设计要求,即达到该试验方案设计的工作循环对数,就选择这种情况下设计的试验方案。如果不满足,进行步骤 7。

步骤 7:如果定型工作的费用和进度限制达到优先满足 MTTR 风险的试验方案设计要求,即达到该试验方案设计的工作循环对数和模拟故障修复作业数,就选择这种情况下设计的试验方案。如果不满足,只能对利用现场试验获得数据的对 A_i、MTBF 和 MTTR 进行评估验证。

5. 参数估计

为了进行参数估计,不失普遍性,假设选择同时满足 A_i、MTBF 和 MTTR 风险设计的试验方案为

$$(\text{定数}, \max[n_1, n_2], n_3 - \max[n_1, n_2])$$

上面对各种重要分布模型下 ρ 的检验统计量的确定过程进行了分析。显然,检验统计量的运行时间(故障间隔时间)和修复时间样本数量相同。由于检验统计量一般是 ρ 较优良(无偏)估计。因此,为了尽可能利用最多的样本数据,在试验结束后对 ρ 进行估计,虽然运行时间和修复时间样本数量不相同。仍然可参考该统计量来构造 ρ 的点估计和区间估计,进而确定 A_i 的点估计和区间估计。

试验后,获得 $\max[n_1, n_2]$ 个运行时间样本,n_3 个修复时间样本。其中,模拟故障修复时间样本数为 $n_3 - \max[n_1, n_2]$。不失普遍性,本书以故障间隔时间服从指数分布;修复时间服从对数正态分布的情况为例,对参数估计进行分析。其他分布下的估计过程与其类似,不再赘述。

1)对于 A_i 的估计

ρ 的点估计为

$$\hat{\rho}_{\max[n_1, n_2], n_3} = \frac{\exp\left(\ln\left(\prod\limits_{i=1}^{n_3} Y_i\right)^{1/n_3} + \sigma^2/2\right)}{\sum\limits_{i=1}^{\max[n_1, n_2]} X_i \Big/ \max[n_1, n_2]}$$

A_i 的点估计为

$$\hat{A}_{\max[n_1,n_2],n_3} = \frac{1}{\hat{\rho}_{\max[n_1,n_2],n_3} + 1} \quad (7-38)$$

A_i 的点估计的置信水平为

$$C_{A_i,\max[n_1,n_2],n_3} = 1 - \lim_{N \to \infty} \frac{1}{N} \sum_{j=1}^{N} \frac{|\hat{A}_{\max[n_1,n_2],n_3,j} - A_i|}{A_i} \quad (7-39)$$

令

$$G = \left(\prod_{i=1}^{n_3} Y_i \right)^{1/n_3} \Big/ \exp(\mu),$$

$$U = 2\lambda \sum_{i=1}^{\max[n_1,n_2]} X_i, Q_{\max[n_1,n_2],n_3} = \frac{U}{G}$$

可知,$\ln G \sim N(0, \sigma^2/n_3)$,$U \sim \chi^2_{2\max[n_1,n_2]}$,$Q_{\max[n_1,n_2],n_3} \sim W(2\max[n_1,n_2], 2n_3)$ 分布。Weibull 分布的分位数表,可查阅 GJB 1288—91。

给定置信水平 δ_1,ρ 的单侧置信区间上限为

$$\hat{\rho}_{U} = \left(2\max[n_1,n_2]\hat{\rho}_{\max[n_1,n_2],n_3} \right) \Big/ W_{\delta_1}(2\max[n_1,n_2], 2n_3)$$

A_i 的单侧置信区间下限为

$$\hat{A}_{L} = 1 \Big/ (1 + \hat{\rho}_{U}) \quad (7-40)$$

ρ 的双侧置信区间估计 $(\hat{\rho}_{L}, \hat{\rho}_{U})$ 的计算公式为

$$\begin{cases} \hat{\rho}_{L} = \left(2\max[n_1,n_2]\hat{\rho}_{\max[n_1,n_2],n_3} \right) \Big/ W_{\frac{1+\delta_1}{2}}(2\max[n_1,n_2], 2n_3) \\ \hat{\rho}_{U} = \left(2\max[n_1,n_2]\hat{\rho}_{\max[n_1,n_2],n_3} \right) \Big/ W_{\frac{1-\delta_1}{2}}(2\max[n_1,n_2], 2n_3) \end{cases}$$

A_i 的双侧置信区间估计 $(\hat{A}_{L}, \hat{A}_{U})$ 的计算公式为

$$\begin{cases} \hat{A}_{L} = 1 \Big/ (1 + \hat{\rho}_{U}) \\ \hat{A}_{U} = 1 \Big/ (1 + \hat{\rho}_{L}) \end{cases} \quad (7-41)$$

需要指出的是,在运行时间和修复时间服从任何分布情况下,$E(Y_i)$ 的矩估计量为 $\sum_{i=1}^{n_3} Y_i \Big/ n_3$。$E(X_i)$ 的矩估计量为 $\sum_{i=1}^{\max[n_1,n_2]} X_i \Big/ \max[n_1,n_2]$,因此 ρ 的点估计为

$$\hat{\rho}_{\max[n_1,n_2],n_3} = \frac{\max[n_1,n_2]}{n_3} \left(\sum_{i=1}^{n_3} Y_i \Big/ \sum_{i=1}^{\max[n_1,n_2]} X_i \right)$$

2) 对于 T_{BF} 的估计

T_{BF} 的点估计为

$$\hat{\theta}_{\max[n_1,n_2]} = \sum_{i=1}^{\max[n_1,n_2]} X_i \Big/ \max[n_1,n_2] \qquad (7-42)$$

T_{BF} 的点估计的置信水平为

$$C_{T_{BF},\max[n_1,n_2]} = 1 - \lim_{N\to\infty} \frac{1}{N} \sum_{j=1}^{N} \frac{\left| \hat{\theta}_{\max[n_1,n_2],j} - T_{BF} \right|}{T_{BF}} \qquad (7-43)$$

给定置信水平 δ_2，当运行时间服从指数分布时，T_{BF} 的单侧置信区间下限为

$$\hat{\theta}_L = \frac{2 \sum\limits_{i=1}^{\max[n_1,n_2]} X_i}{\chi^2_{1-\delta_2(2\max[n_1,n_2])}} \qquad (7-44)$$

双侧置信区间估计 $(\hat{\theta}_L, \hat{\theta}_U)$ 的计算公式为

$$\begin{cases} \hat{\theta}_U = \left(2 \sum\limits_{i=1}^{\max[n_1,n_2]} X_i\right) \Big/ \chi^2_{\frac{1-\delta_2}{2}(2\max[n_1,n_2])} \\ \hat{\theta}_U = \left(2 \sum\limits_{i=1}^{\max[n_1,n_2]} X_i\right) \Big/ \chi^2_{\frac{1+\delta_2}{2}(2\max[n_1,n_2])} \end{cases} \qquad (7-45)$$

3) 对于 M_{CT} 的估计

M_{CT} 的点估计为

$$\hat{\xi}_{n_1} = \sum_{i=1}^{n_3} Y_i \Big/ n_3 \qquad (7-46)$$

M_{CT} 的点估计的置信水平为

$$C_{M_{CT},n_3} = 1 - \lim_{N\to\infty} \frac{1}{N} \sum_{j=1}^{N} \frac{\left| \hat{\xi}_{n_3,j} - M_{CT} \right|}{M_{CT}} \qquad (7-47)$$

给定置信水平 δ_3，当修复时间服从对数正态分布时，令 $H = \dfrac{\dfrac{1}{n}\sum\limits_{i=1}^{n} \ln Y_i - \mu}{\sigma/\sqrt{n}}$，$H \sim N(0,1)$。$M_{CT}$ 的单侧置信区间上限为

$$\hat{\xi}_U = \exp\left(\frac{1}{n_3}\sum_{i=1}^{n_3} \ln Y_i + (\sigma/\sqrt{n_3})u_{\delta_3}\right) \qquad (7-48)$$

双侧置信区间估计 $(\hat{\xi}_L, \hat{\xi}_U)$ 的计算公式为

$$\begin{cases} \hat{\xi}_L = \exp\left(\dfrac{1}{n_3}\sum_{i=1}^{n_3}\ln Y_i - (\sigma/\sqrt{n_3})u_{\frac{1-\delta_3}{2}}\right) \\[3mm] \hat{\xi}_U = \exp\left(\dfrac{1}{n_3}\sum_{i=1}^{n_3}\ln Y_i + (\sigma/\sqrt{n_3})u_{\frac{1-\delta_3}{2}}\right) \end{cases} \tag{7-49}$$

7.3.4 定时截尾试验方案设计和参数估计

1. 相关假设

1）固有可用度试验相关假设

（1）给定试验风险。承制方风险为 α_1，使用方风险为 β_1。给定 A_i 检验上下限之分别为 $A_{iU}=A_0$，$A_{iL}=A_1$，$A_0>A_1$。

（2）A_i 的点估计量为

$$\hat{A}_T = \frac{T'}{T} \tag{7-50}$$

式中：T 为累计试验时间；T' 为累计运行时间。

（3）给定置信区间估计的置信水平为 δ_1，判定临界值为 C_1。

（4）原假设和备择假设：$H_{10}:A_{iU}=A_0$；$H_{11}:A_{iL}=A_1$。

（5）接收与拒收规则：$\hat{A}_T \geqslant C_1$，接收 H_{10}；$\hat{A}_T < C_1$，拒收 H_{10}。

（6）统计检验 A_i 最小试验时间 T_1。

2）可靠性试验相关假设

（1）给定试验风险。承制方风险为 α_2，使用方风险为 β_2。给定 T_{BF} 检验上下限之分别为 $T_{BF,U}=\theta_0$，$T_{BF,L}=\theta_1$；$\theta_0>\theta_1$。

（2）T_{BF} 的点估计量为

$$\hat{\theta}_T = \frac{T'}{n'} \tag{7-51}$$

式中：T' 为累计运行时间；n' 为 T 内发生故障的次数。

（3）给定置信区间估计的置信水平为 δ_2，判定临界值为 C_2。

（4）原假设和备择假设：$H_{20}:T_{BF,U}=\theta_0$；$H_{21}:T_{BF,L}=\theta_1$。

（5）接收与拒收规则：$\hat{\theta}_T \geqslant C_2$，接收 H_{20}；$\hat{\theta}_T < C_2$，拒收 H_{20}。

（6）统计检验最小运行时间为 T_2。

3）维修性试验相关假设

（1）给定试验风险。承制方风险为 α_3，使用方风险为 β_3。给定 M_{CT} 检验下

上限之分别为 $M_{\mathrm{CT,U}} = \xi_0$，$M_{\mathrm{CT,L}} = \xi_1$；$\xi_0 < \xi_1$。

（2）M_{CT} 的点估计为

$$\hat{\xi}_{n''} = \frac{1}{n''} \sum_{i=1}^{n''} Y_i \qquad (7-52)$$

式中：n'' 为 T 内的修复作业次数。

（3）给定置信区间估计的置信水平为 δ_3。判定临界值为 C_3。

（4）原假设和备择假设：$H_{30} : M_{\mathrm{CT,U}} = \xi_0$；$H_{31} : M_{\mathrm{CT,L}} = \xi_1$。

（5）接收与拒收规则：$\hat{\xi}_{n''} \leqslant C_3$，接收 H_{30}；$\hat{\xi}_{n''} > C_3$，拒收 H_{30}。

（6）统计检验 MTTR 最小样本量为 n_3。

4）RMA 综合定数截尾试验方案

为了使试验方案简洁明了，本书规定 RMA 综合定时截尾试验方案为

（定时，整装试验工作循环推进时间、整装模拟故障修复作业数）

2. 各参数的统计试验方案设计

对于定时截尾试验，在检验上下限不变的前提下，随着累计试验时间的增大，试验的承制方和使用方风险都会下降。要满足承制方和使用方风险，等价于获得试验时间不低于最小要求。同时，由于国军标中未给出维修性定时截尾试验的方案，因此对于 A_i 和 MTBF 的验证，用定时截尾的方法；对于 MTTR 的验证，仍然用定数截尾的方法。

1）固有可用度统计试验方案设计

统计检验 A_i 需要满足的方程为

$$\begin{cases} P(\hat{A}_T \geqslant C_1 \mid A_i = A_0) \geqslant 1 - \alpha_1 \\ P(\hat{A}_T \geqslant C_1 \mid A_i = A_1) \leqslant \beta_1 \end{cases} \qquad (7-53)$$

根据式（7-53）可求得统计检验 A_i 最小累计试验时间 T_1。故障间隔时间和修复时间服从任何分布时，$\hat{A}_T = T'/T$ 都是 A_i 的无偏估计。并且，在现场样本充足条件下，$\hat{A}_T$ 近似服从正态分布。$E(\hat{A}_T) = A_i$，$D(\hat{A}_T)$ 可以由估计值近似替换；同时，故障间隔时间和修复时间服从指数分布或 Gamma 分布时，$D(\hat{A}_T)$ 可以精确计算。

2）可靠性统计试验方案设计

统计检验 MTBF 需要满足的方程为

$$\begin{cases} P(\hat{\theta}_{T'} \geqslant C_2 \mid T_{BF} = \theta_0) \geqslant 1 - \alpha_2 \\ P(\hat{\theta}_{T'} \geqslant C_2 \mid T_{BF} = \theta_1) \leqslant \beta_2 \end{cases} \qquad (7-54)$$

根据式 $(7-54)$ 可求得检验 T_{BF} 最小累计运行时间为 T_2。

3）维修性统计试验方案设计

统计检验 MTTR 需要满足的方程为

$$\begin{cases} P(\hat{\xi}_{n''} \leqslant C_3 \mid M_{CT} = \xi_0) \geqslant 1 - \alpha_3 \\ P(\hat{\xi}_{n''} \leqslant C_3 \mid M_{CT} = \xi_1) \leqslant \beta_3 \end{cases} \qquad (7-55)$$

根据式 $(7-58)$ 可求得统计检验 M_{CT} 最小样本量为 n_3。

3. 优先满足不同参数风险要求下 RMA 综合统计试验方案设计

和定数截尾试验方案设计相同，为减少不必要的重复性，本书仅针对优先满足 A_i 风险要求和同时满足 A_i、MTBF 和 MTTR 风险要求这两种比较有代表性的情况，进行 RMA 综合统计试验方案设计。其他五种情况设计按上述试验方案设计方法进行即可。

1）优先满足 A_i 风险要求

如果优先满足 A_i 风险要求，要求在试验中获得满足统计检验 A_i 试验风险的累计试验时间，即满足式 $(7-53)$ 即可。按照试验进程及运行和修复事件之间的交替时序关系，规定累计试验时间到 T_1 时截止，这时系统可能处于运行状态，也可能处于修复状态（此后一般完成修复作业，但这段时间不计入 T_1）。这时，装备累计运行时间为 T_3，发生故障而进行修复作业次数为 n_{10}。

优先满足 A_i 风险要求的 RMA 综合定时截尾试验进程，如图 $7-33$ 所示。

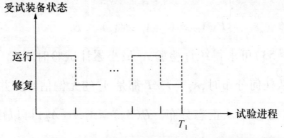

图 $7-33$　优先满足 A_i 风险要求的 RMA 综合定时截尾试验进程

经设计，可知试验方案为（定时，T_1,0）。

如果 $T_3 \geqslant T_2$，即可对 MTBF 进行统计检验；如果 $T_3 < T_2$，不能对其进行统计

检验,只能进行评估验证。

如果 $n_{10} \geqslant n_3$,即可对 MTTR 进行统计检验;如果 $n_{10} < n_3$,不能对其进行统计检验,只能进行评估验证。

2)同时满足 A_i、MTBF 和 MTTR 风险要求

同时满足 A_i、MTBF 和 MTTR 风险要求,需要满足的方程为

$$
\begin{cases}
P(\hat{A}_T \geqslant C_1 \mid A_i = A_0) \geqslant 1 - \alpha_1 \\
P(\hat{A}_T \geqslant C_1 \mid A_i = A_1) \leqslant \beta_1 \\
P(\hat{\theta}_{T'} \geqslant C_2 \mid T_{BF} = \theta_0) \geqslant 1 - \alpha_2 \\
P(\hat{\theta}_{T'} \geqslant C_2 \mid T_{BF} = \theta_1) \leqslant \beta_2 \\
P(\hat{\xi}_{n''} \leqslant C_3 \mid M_{CT} = \xi_0) \geqslant 1 - \alpha_3 \\
P(\hat{\xi}_{n''} \leqslant C_3 \mid M_{CT} = \xi_1) \leqslant \beta_3
\end{cases}
\tag{7-56}
$$

如果要满足 A_i、MTBF 和 MTTR 风险要求,试验按两阶段试验进程向前推进。在第一个试验阶段,装备首先按照交替进行的运行和修复状态组成的工作循环不断重复向前推进,试验样本数据满足 A_i 和 MTBF 试验风险,即装备累计试验时间 T 和累计运行时间 T' 达到下式的要求时停止工作循环的重复推进:

$$
\begin{cases}
P(\hat{A}_T \geqslant C_1 \mid A_i = A_0) \geqslant 1 - \alpha_1 \\
P(\hat{A}_T \geqslant C_1 \mid A_i = A_1) \leqslant \beta_1 \\
P(\hat{\theta}_{T'} \geqslant C_2 \mid T_{BF} = \theta_0) \geqslant 1 - \alpha_2 \\
P(\hat{\theta}_{T'} \geqslant C_2 \mid T_{BF} = \theta_1) \leqslant \beta_2
\end{cases}
$$

这个阶段试验又可以分为两个分阶段。

第一个分阶段进行到累计试验时间 T_1,工作循环暂时停止,这时累计运行时间为 T_3,产生故障数为 n_{10}。做以下分析判断,判断是否需要进行第二个分阶段。

如果 $T_3 \geqslant T_2$,获得试验数据满足 MTBF 试验风险要求,不进行第二个分阶段,工作循环停止。

如果 $T_3 < T_2$，获得试验数据不满足 MTBF 试验风险要求，进行第二个试验分阶段。

在第二个分阶段，按照试验进程，继续推进工作循环到累计运行时间为 T_2 时截止。这时累计试验时间为 T_4，共产生故障数为 n_{11}，第二个分阶段的试验时间为 $T_5 = T_4 - T_1$。

第一个试验阶段停止后，做以下判断，分析第二个阶段是否进行。

当第一个试验阶段只进行了一个分阶段，对于是否进行第二个试验阶段，进行分析：

如果 $n_{10} \geq n_3$，获得的试验数据满足 MTTR 试验风险的要求，完成运行事件中所发生的未修复故障的修复，试验停止，不进行第二个试验阶段。

如果 $n_{10} < n_3$，获得的试验数据不满足 MTTR 试验风险的要求，先完成运行事件中所发生的未修复故障的修复后，进行第二个阶段。

在第二个试验阶段，规定模拟故障修复作业次数为 n_{13} 时截止，以保证试验样本数据满足 MTTR 试验风险的要求为止。显然，$n_{13} = n_3 - n_{10}$。

这种情况下，同时满足 A_i、MTBF 和 MTTR 风险要求的 RMA 综合定时截尾试验进程，如图 7 - 34(a) 所示。

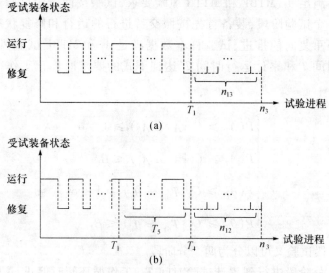

图 7 - 34　同时满足 A_i、MTBF 和 MTTR 风险要求的
RMA 综合定时截尾试验进程

当第一个试验阶段进行了两个分阶段，对于是否进行第二个试验阶段，进行如下分析：

如果 $n_{11} \geq n_3$，获得的试验数据满足 MTTR 试验风险的要求，完成运行事件中所发生的未修复故障的修复，试验停止，不进行第二个试验阶段。

如果 $n_{11} < n_3$，获得的试验数据不满足 MTTR 试验风险的要求，先完成运行事件中所发生的未修复故障的修复后，进行第二个阶段。

在第二个试验阶段，规定模拟故障修复作业次数为 n_{12} 时截止，以保证试验样本数据满足 MTTR 试验风险的要求为止。显然，$n_{12} = n_3 - n_{11}$。

这种情况下，同时满足 A_i、MTBF 和 MTTR 风险要求的 RMA 综合定时截尾试验进程，如图 7 – 34(b)所示。

经设计，可得试验方案可描述如下：

如果 $T_3 \geq T_2, n_{10} \geq n_3$，试验方案为

$$（定时，T_1，0）$$

如果 $T_3 \geq T_2, n_{10} < n_3$，规定模拟故障修复作业次数为 n_{13} 时截止，$n_{13} = n_3 - n_{10}$，试验方案为

$$（定时，T_1，n_3 - n_{10}）$$

如果 $T_3 < T_2, n_{11} \geq n_3$，试验方案为

$$（定时，T_4，0）$$

如果 $T_3 < T_2, n_{11} < n_3$，规定模拟故障修复作业次数为 n_{12} 时截止，$n_{12} = n_3 - n_{11}$，试验方案为

$$（定时，T_4，n_3 - n_{11}）$$

3）RMA 综合统计试验方案的选择

RMA 综合定时截尾试验方案为

（定时，整装试验工作循环推进时间，整装模拟故障修复作业数）

与定数截尾试验方案类似，针对 7 种情况进行统计试验方案设计，可得可统计检验参数组合为以下 7 种：A_i；A_i、MTBF；A_i、MTTR；A_i、MTBF 和 MTTR；MTBF；MTTR；MTBF 和 MTTR。由于统计检验 MTBF 需要产生运行时间和修复时间样本组成的累计试验时间，而统计检验 MTTR 只需利用模拟故障获取修复时间样本。一般来说，运行时间远大于修复时间，因此，统计检验 A_i、MTBF 比统计检验 A_i、MTTR 需求更多的费用和时间；统计检验 MTBF 比统计检验 MTTR 需求更多的费用和时间。所以，与定数截尾试验方案类似，统计检验参数组合的考查优先度顺序为

A_i、MTBF 和 MTTR→A_i、MTBF→A_i、MTTR→A_i→MTBF、MTTR→MTBF→MTTR

4）设计 RMA 综合统计试验方案的选择步骤

步骤1：如果定型工作的费用和进度限制达到同时满足 A_i、MTBF 和 MTTR 风险的试验方案设计要求，即达到该试验方案设计的累计试验时间、累计运行时间和模拟故障修复作业数，就选择这种情况下设计的试验方案；如果不满足，进行步骤2。

步骤2：如果定型工作的费用和进度限制达到优先满足 A_i、MTBF 风险的试验方案设计要求，即达到该试验方案设计的累计试验时间、累计运行时间，就选择这种情况下设计的试验方案；如果不满足，进行步骤3。

步骤3：如果定型工作的费用和进度限制达到优先满足 A_i、MTTR 风险的试验方案设计要求，即达到该试验方案设计的累计试验时间和模拟故障修复作业数，就选择这种情况下设计的试验方案；如果不满足，进行步骤4。

步骤4：如果定型工作的费用和进度限制达到优先满足 A_i 风险的试验方案设计要求，即达到该试验方案设计的累计试验时间，就选择这种情况下设计的试验方案；如果不满足，进行步骤5。

步骤5：如果定型工作的费用和进度限制达到优先满足 MTBF、MTTR 风险的试验方案设计要求，即达到该试验方案设计的累计运行时间和模拟故障修复作业数，就选择这种情况下设计的试验方案；如果不满足，进行步骤6。

步骤6：如果定型工作的费用和进度限制达到优先满足 MTBF 风险的试验方案设计要求，即达到该试验方案设计的累计运行时间，就选择这种情况下设计的试验方案；如果不满足，进行步骤7。

步骤7：如果定型工作的费用和进度限制达到优先满足 MTTR 风险的试验方案设计要求，即达到该试验方案设计的累计试验时间和模拟故障修复作业数，就选择这种情况下设计的试验方案；如果不满足，只能对利用现场试验获得数据的对 A_i、MTBF 和 MTTR 进行评估验证。

5）参数估计

为了进行参数估计，不失普遍性，假设选择同时满足 A_i、MTBF 和 MTTR 风险设计的试验方案为

$$(定时, T_1, n_3 - n_{10})$$

（1）对于 A_i 的估计。A_i 的点估计为

$$\hat{A}_{T_1} = \frac{T_3}{T_1} \tag{7-57}$$

A_i 的点估计的置信水平为

$$C_{A_i, T_1} = 1 - \lim_{N \to \infty} \frac{1}{N} \sum_{j=1}^{N} \frac{|\hat{A}_{T_1, j} - A_i|}{A_i} \tag{7-58}$$

给定置信水平 δ_1，不失普遍性，以 X_i 和 Y_i 都服从指数分布为例，得到 $Q = (\hat{A}_{T_1} - A_i) \Big/ \sqrt{\dfrac{2A_i^2(1-A_i)}{T_1}}$，$Q \sim N(0,1)$。$A_i$ 的单侧置信区间下限为

$$\hat{A}_{\mathrm{L}} = \frac{T_3}{T_1} - u_{1-\delta_1} \sqrt{\frac{2A_i^2(1-A_i)}{T_1}} \tag{7-59}$$

双侧置信区间估计 $(\hat{A}_{\mathrm{L}}, \hat{A}_{\mathrm{U}})$ 的计算公式为

$$\begin{cases} \hat{A}_{\mathrm{L}} = \dfrac{T_3}{T_1} - u_{\frac{1-\delta_1}{2}} \sqrt{\dfrac{2A_i^2(1-A_i)}{T_1}} \\[4mm] \hat{A}_{\mathrm{U}} = \dfrac{T_3}{T_1} + u_{\frac{1-\delta_1}{2}} \sqrt{\dfrac{2A_i^2(1-A_i)}{T_1}} \end{cases} \tag{7-60}$$

（2）对于 T_{BF} 的估计 T_{BF} 的点估计为

$$\hat{\theta}_{T_3} = \frac{T_3}{n_{12}} \tag{7-61}$$

T_{BF} 的点估计的置信水平为

$$C_{T_{\mathrm{BF}}, T_3} = 1 - \lim_{N \to \infty} \frac{1}{N} \sum_{j=1}^{N} \frac{|\hat{\theta}_{T_3, j} - T_{\mathrm{BF}}|}{T_{\mathrm{BF}}} \tag{7-62}$$

给定置信水平 δ_2，T_{BF} 的单侧置信区间下限为

$$\hat{\theta}_{\mathrm{L}} = \frac{2T_3}{\chi^2_{1-\delta_2(2n_{12}+2)}} \tag{7-63}$$

双侧置信区间估计 $(\hat{\theta}_{\mathrm{L}}, \hat{\theta}_{\mathrm{U}})$ 的计算公式为

$$\begin{cases} \hat{\theta}_{\mathrm{L}} = \dfrac{2T_3}{\chi^2_{(1-\delta_2)/2\ (2n_{12}+2)}} \\[4mm] \hat{\theta}_{\mathrm{U}} = \dfrac{2T_3}{\chi^2_{(1+\delta_2)/2(2n_{12})}} \end{cases} \tag{7-64}$$

（3）对于 M_{CT} 的估计。M_{CT} 的点估计为

$$\hat{\xi}_{n_1} = \frac{1}{n_3} \sum_{i=1}^{n_3} Y_i \tag{7-65}$$

M_{CT}的点估计的置信水平为

$$C_{M_{\mathrm{CT}},n_3} = 1 - \lim_{N \to \infty} \frac{1}{N} \sum_{j=1}^{N} \frac{|\hat{\xi}_{n_3,j} - M_{\mathrm{CT}}|}{M_{\mathrm{CT}}} \qquad (7-66)$$

给定置信水平δ_3,M_{CT}的单侧置信区间上限为

$$\hat{\xi}_{\mathrm{U}} = \frac{2 \sum_{i=1}^{n_3} Y_i}{\chi^2_{\delta_3(2n_3)}} \qquad (7-67)$$

双侧置信区间估计$(\hat{\xi}_{\mathrm{L}},\hat{\xi}_{\mathrm{U}})$的计算公式为

$$\begin{cases} \hat{\xi}_{\mathrm{L}} = \left(2 \sum_{i=1}^{n_3} Y_i \right) \Big/ \chi^2_{\frac{1-\delta_3}{2}(2n_3)} \\[4mm] \hat{\xi}_{\mathrm{U}} = \left(2 \sum_{i=1}^{n_3} Y_i \right) \Big/ \chi^2_{\frac{1+\delta_3}{2}(2n_3)} \end{cases} \qquad (7-68)$$

7.3.5 序贯截尾试验方案设计和参数估计

1. 相关假设

1）固有可用度试验相关假设

（1）给定试验风险：承制方风险为α_1,使用方风险为β_1;

（2）给定A_i检验上下限之分别为：$A_{i\mathrm{U}} = A_0$,$A_{i\mathrm{L}} = A_1$;$A_0 > A_1$;

（3）进行第n次试验循环,A_i的点估计量为$\hat{A}_{n,n}$,概率密度为$f(\hat{A}_{n,n},A_i)$,计算A_i估计量序贯概率比为

$$L_n = \frac{f(\hat{A}_{n,n},A_1)}{f(\hat{A}_{n,n},A_0)}$$

（4）给定置信区间估计的置信水平为δ_1。

（5）原假设和备择假设:$H_{10}:A_{i\mathrm{U}} = A_0$;$H_{11}:A_{i\mathrm{L}} = A_1$。

2）可靠性试验相关假设

（1）给定试验风险：承制方风险为α_2,使用方风险为β_2。

（2）给定T_{BF}检验上下限之分别为:$T_{\mathrm{BF,U}} = \theta_0$,$T_{\mathrm{BF,L}} = \theta_1$;$\theta_0 > \theta_1$。

（3）T_{BF}的点估计量为$\hat{\theta}_n$,其中n为运行时间样本量。

（4）给定置信区间估计的置信水平为δ_2,判定临界值为C_2。

（5）原假设和备择假设：$H_{20}:T_{BF,U}=\theta_0$；$H_{21}:T_{BF,L}=\theta_1$。

（6）接收与拒收规则：$\hat{\theta}_n \geqslant C_2$，接收 H_{20}；$\hat{\theta}_n < C_2$，拒收 H_{20}。

（7）统计检验 MTBF 最小样本量为 n_2。

3）维修性试验相关假设

（1）给定试验风险：承制方风险为 α_3，使用方风险为 β_3。

（2）给定 M_{CT} 检验下上限之分别为：$M_{CT,U}=\xi_0$，$M_{CT,L}=\xi_1$；$\xi_0 < \xi_1$。

（3）M_{CT} 的点估计量为 $\hat{\xi}_n$，其中 n 为运行作业样本量。

（4）给定置信区间估计的置信水平为 δ_3，判定临界值为 C_3。

（5）原假设和备择假设：$H_{30}:M_{CT,U}=\xi_0$；$H_{31}:M_{CT,L}=\xi_1$。

（6）接收与拒收规则：$\hat{\xi}_n \leqslant C_3$，接收 H_{30}；$\hat{\xi}_n > C_3$，拒收 H_{30}。

（7）统计检验 MTTR 最小样本量为 n_3。

4）RMA 综合序贯截尾试验方案

为了使试验方案简洁明了，本书规定 RMA 综合序贯截尾试验方案为
（序贯，整装序贯试验条件、整装试验工作循环对数、整装模拟故障修复作业数）

2. 各参数的统计试验方案设计

1）固有可用度统计试验方案设计

对于 A_i 序贯试验来说，继续试验的条件为

$$\beta_1/(1-\alpha_1) < \frac{f(\hat{A}_{n,n},A_1)}{f(\hat{A}_{n,n},A_0)} < (1-\beta_1)/\alpha_1 \qquad (7-69)$$

接收判定的条件为

$$\frac{f(\hat{A}_{n,n},A_1)}{f(\hat{A}_{n,n},A_0)} \leqslant \beta_1/(1-\alpha_1) \qquad (7-70)$$

拒收判定的条件为

$$\frac{f(\hat{A}_{n,n},A_1)}{f(\hat{A}_{n,n},A_0)} \geqslant (1-\beta_1)/\alpha_1 \qquad (7-71)$$

确定第 n 次试验循环，A_i 的点估计量 $\hat{A}_{n,n}$。在这个基础上可求得 $\hat{A}_{n,n}$ 的概率密度 $f(\hat{A}_{n,n},A_i)$。具体过程不进行描述。

2）可靠性统计试验方案设计

根据式(7-35)可求得统计检验 MTBF 最小样本量 n_2 和判定临界值为 C_2。

3）维修性统计试验方案设计

根据式(7-36)可求得统计检验 MTTR 最小样本量 n_3 和判定临界值为 C_3。

3. 优先满足不同参数风险要求下 *RMA* 综合统计试验方案设计

同样,为减少不必要的重复性,本书仅针对优先满足 A_i 风险要求和同时满足 A_i、MTBF 和 MTTR 风险要求这两种比较有代表性的情况,进行 RMA 综合统计试验方案设计。其他五种情况的试验设计按照上述两种试验方案设计方法和过程即可。

1）优先满足 A_i 风险要求

如果优先满足 A_i 风险要求,装备只存在交替进行的运行和修复两个状态,运行和修复构成一个工作循环对,不断重复向前推进。从第一次工作循环对完成起,将每次工作循环对完成点作为判定节点,统计每次工作循环对中的故障间隔时间和修复性维修时间,分别依据式(7-69)~式(7-71),针对 A_i 做出接收/拒收或继续试验的决策。在做出接收/拒收决策后试验停止。停止时的工作循环对数为 n_{19}。

优先满足 A_i 风险要求的 RMA 综合序贯截尾试验进程,如图7-35 所示。

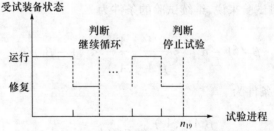

图7-35　优先满足 A_i 风险要求的 RMA 综合序贯截尾试验进程

经设计,可知试验方案为

$$（序贯,整装序贯试验条件,n_{19},0）$$

做以下判断,分析能否对 MTTR、MTBF 进行统计检验:

如果 $n_{19} \geq n_2$,即可对 MTBF 进行统计检验;如果 $n_{19} < n_2$,不能对其进行统计检验,只能对其进行评估验证。

如果 $n_{19} \geq n_3$,即可对 MTTR 进行统计检验;如果 $n_{19} < n_3$,不能对其进行统计检验,只能对其进行评估验证。

2）同时满足 A_i、MTBF 和 MTTR 风险要求

同时满足 A_i、MTBF 和 MTTR 风险要求，需要满足的方程为

$$\begin{cases} f(\hat{A}_{n,n}, A_1)/f(\hat{A}_{n,n}, A_0) \geqslant (1 - \beta_1)/\alpha_1 \\ \text{or } f(\hat{A}_{n,n}, A_1)/f(\hat{A}_{n,n}, A_0) \leqslant \beta_1/(1 - \alpha_1) \\ P(\hat{\theta}_n \geqslant C_2 \mid T_{\mathrm{BF}} = \theta_0) \geqslant 1 - \alpha_2 \\ P(\hat{\theta}_n \geqslant C_2 \mid T_{\mathrm{BF}} = \theta_1) \leqslant \beta_2 \\ P(\hat{\xi}_n \leqslant C_3 \mid M_{\mathrm{CT}} = \xi_0) \geqslant 1 - \alpha_3 \\ P(\hat{\xi}_n \leqslant C_3 \mid M_{\mathrm{CT}} = \xi_1) \leqslant \beta_3 \end{cases} \quad (7-72)$$

如果要同时满足 A_i、MTBF 和 MTTR 风险要求，试验按两个阶段试验进程向前推进。

（1）第一个阶段分为两个分阶段。在第一个分阶段，装备按照交替进行的运行和修复状态组成的工作循环不断重复向前推进，从第一次工作循环对完成起，将每次工作循环对完成点作为判定节点，统计每次工作循环对中的故障间隔时间和修复性维修时间，分别依据式（7-69）~式（7-71），针对 A_i 做出接收/拒收或继续试验的决策。在做出接收/拒收决策后第一个分阶段试验停止，停止时的工作循环对数为 n_{19}。

做以下判断，分析第二个分阶段是否进行：如果 $n_{19} \geqslant n_2$，不进行第二个分阶段；如果 $n_{19} < n_2$，进行第二个分阶段。

（2）第二个分阶段，继续进行工作循环，在所得试验样本数据满足验证 MTBF 的试验风险，即工作循环对数为 n_2 时，第二个分阶段试验停止。需要进行判断，分析第二个阶段是否进行。

① 当不进行第二个分阶段，进行判断，分析第二个阶段是否进行：

如果 $n_{19} < n_3$，进行第二个阶段；规定模拟故障修复作业次数为 n_{20} 时截止，以保证试验样本数据满足 MTTR 试验风险的要求为止。显然，$n_{20} = n_3 - n_{19}$。

如果 $n_{19} \geqslant n_3$，不进行第二个阶段。

这种情况下，同时满足 A_i、MTBF 和 MTTR 风险要求的综合序贯截尾试验进程，如图 7-36（a）所示。

② 当进行第二个分阶段，分析第二个阶段是否进行：

如果 $n_2 < n_3$，进行第二个阶段；规定模拟故障修复作业次数为 n_{21} 时截止，以保证试验样本数据满足 MTTR 试验风险的要求为止。显然，$n_{21} = n_3 - n_2$。

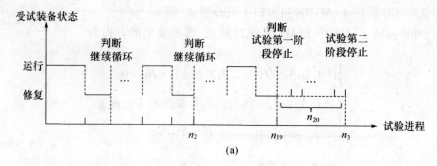

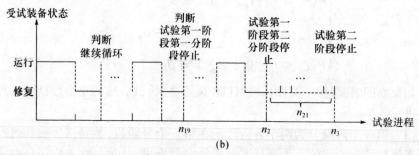

图 7 – 36　同时满足 A_i、MTBF 和 MTTR 风险要求的 RMA 综合序贯截尾试验进程

如果 $n_2 \geqslant n_3$，不进行第二个阶段。

这种情况下，同时满足 A_i、MTBF 和 MTTR 风险要求的综合序贯截尾试验进程，如图 7 – 36(b) 所示。

经设计，可得试验方案可描述如下：

如果 $\max[n_{19}, n_2] \geqslant n_3$，试验停止，不进行故障模拟；试验方案为

$$（序贯，整装序贯试验条件，\max[n_{19}, n_2], 0）$$

如果 $\max[n_{19}, n_2] < n_3$，规定模拟故障修复作业次数为 n_{20} 时截止，$n_{20} = n_3 - \max[n_{19}, n_2]$；试验方案为

$$（序贯，整装序贯试验条件，\max[n_{19}, n_2], n_3 - \max[n_{19}, n_2]）$$

3）RMA 综合统计试验方案的选择

RMA 综合序贯截尾试验方案为

（序贯，整装序贯试验条件、整装试验工作循环对数、整装模拟故障修复作业数）

依据 RMA 综合统计试验方案的选择的目标和约束，针对 7 种情况设计而得到的序贯截尾试验方案，按照与定数截尾试验方案选择类似的过程，得到统计检验参数组合的考查优先度顺序为

A_i、MTBF 和 MTTR→A_i、MTBF→A_i、MTBF→A_i→MTBF、MTTR→MTBF→MT-TR

此外,由于统计检验 MTBF 和 MTTR 都采用定数截尾方法,试验样本量确定;而统计检验 A_i 采用序贯方法,试验样本量并未确定,因此在选择试验方案时考虑的是试验平均样本量(平均工作循环对数)。

因此,设计 RMA 综合统计试验方案的选择步骤如下:

步骤 1:如果定型工作的费用和进度限制满足统计检验 A_i 的平均工作循环对数、统计检验 MTBF 的工作循环对数和统计检验 MTTR 的模拟故障修复作业数的要求,就选择同时满足 A_i、MTBF 和 MTTR 风险情况下设计的试验方案;如果不满足,进行步骤 2。

步骤 2:如果定型工作的费用和进度限制满足统计检验 A_i 的平均工作循环对数、统计检验 MTBF 的工作循环对数的要求,就选择优先满足 A_i、MTBF 风险情况下设计的试验方案;如果不满足,进行步骤 3。

步骤 3:如果定型工作的费用和进度限制满足统计检验 A_i 的平均工作循环对数、统计检验 MTTR 的模拟故障修复作业数的要求,就选择优先满足 A_i、MTTR 风险情况下设计的试验方案;如果不满足,进行步骤 4。

步骤 4:如果定型工作的费用和进度限制满足统计检验 A_i 的平均工作循环对数的要求,就选择优先满足 A_i 风险情况下设计的试验方案;如果不满足,进行步骤 5。

步骤 5:如果定型工作的费用和进度限制满足统计检验 MTBF 的工作循环对数和统计检验 MTTR 的模拟故障修复作业数的要求,就选择优先满足 MTBF 和 MTTR 风险情况下设计的试验方案;如果不满足,进行步骤 6。

步骤 6:如果定型工作的费用和进度限制满足统计检验 MTBF 的工作循环对数的要求,就选择优先满足 MTBF 风险情况下设计的试验方案;如果不满足,进行步骤 7。

步骤 7:如果定型工作的费用和进度限制满足统计检验 MTTR 的模拟故障修复作业数的要求,就选择优先满足 MTTR 风险情况下设计的试验方案;如果不满足,只能对利用现场试验获得数据的对 A_i、MTBF 和 MTTR 进行评估验证。

4)参数估计

为了进行参数估计,不失一般性,假设选择同时满足 A_i、MTBF 和 MTTR 风险情况下设计的试验方案为

$$(序贯,整装序贯试验条件,\max[n_{19},n_2],n_3 - \max[n_{19},n_2])$$

这种情况下,获得 $\max[n_{19},n_2]$ 个运行时间样本,n_3 个修复时间样本。其中,模拟故障修复时间样本数为 $n_3-\max[n_{19},n_2]$,进行参数估计。显然,与定数截尾试验的参数估计无本质区别。

不失普遍性,这里以故障间隔时间服从指数分布;修复时间服从对数正态分布的情况为例,对参数估计进行分析。其他分布下的估计过程与其类似,不再赘述。

(1) 对于 A_i 的估计。ρ 的点估计为

$$\hat{\rho}_{\max[n_{19},n_2],n_3} = \frac{\exp\left(\ln\left(\prod_{i=1}^{n_3}Y_i\right)^{1/n_3} + \sigma^2/2\right)}{\sum_{i=1}^{\max[n_{19},n_2]}X_i\Big/\max[n_{19},n_2]}$$

A_i 的点估计为

$$\hat{A}_{\max[n_{19},n_2],n_3} = \frac{1}{\hat{\rho}_{\max[n_{19},n_2],n_3}+1} \tag{7-73}$$

A_i 的点估计的置信水平为

$$C_{A_i,\max[n_1,n_2],n_3} = 1 - \lim_{N\to\infty}\frac{1}{N}\sum_{j=1}^{N}\frac{\left|\hat{A}_{\max[n_1,n_2],n_3,j}-A_i\right|}{A_i} \tag{7-74}$$

给定置信水平 δ_1,ρ 的单侧置信区间上限为

$$\hat{\rho}_{\mathrm{U}} = \left(2\max[n_{19},n_2]\hat{\rho}_{\max[n_{19},n_2],n_3}\right)/W_{\delta_1}(2\max[n_1,n_2],2n_3)$$

A_i 的单侧置信区间下限为

$$\hat{A}_{\mathrm{L}} = 1\Big/\left(1+\hat{\rho}_{\mathrm{U}}\right) \tag{7-75}$$

ρ 的双侧置信区间估计 $(\hat{\rho}_{\mathrm{L}},\hat{\rho}_{\mathrm{U}})$ 的计算公式为

$$\begin{cases}\hat{\rho}_{\mathrm{L}} = \left(2\max[n_{19},n_2]\hat{\rho}_{\max[n_{19},n_2],n_3}\right)\Big/W_{\frac{1+\delta_1}{2}}(2\max[n_{19},n_2],2n_3)\\[2mm]\hat{\rho}_{\mathrm{U}} = \left(2\max[n_{19},n_2]\hat{\rho}_{\max[n_{19},n_2],n_3}\right)\Big/W_{\frac{1-\delta_1}{2}}(2\max[n_{19},n_2],2n_3)\end{cases}$$

A_i 的双侧置信区间估计 $(\hat{A}_{\mathrm{L}},\hat{A}_{\mathrm{U}})$ 的计算公式为

$$\begin{cases}\hat{A}_{\mathrm{L}} = 1\Big/\left(1+\hat{\rho}_{\mathrm{U}}\right)\\[2mm]\hat{A}_{\mathrm{U}} = 1\Big/\left(1+\hat{\rho}_{\mathrm{L}}\right)\end{cases} \tag{7-76}$$

（2）对于 T_{BF} 的估计。T_{BF} 的点估计为

$$\hat{\theta}_{\max[n_{19},n_2]} = \sum_{i=1}^{\max[n_{19},n_2]} X_i \Big/ \max[n_{19},n_2] \qquad (7-77)$$

T_{BF} 的点估计的置信水平为

$$C_{T_{BF},\max[n_{19},n_2]} = 1 - \lim_{N\to\infty} \frac{1}{N} \sum_{j=1}^{N} \frac{\left|\hat{\theta}_{\max[n_{19},n_2],j} - T_{BF}\right|}{T_{BF}} \qquad (7-78)$$

给定置信水平 δ_2，当运行时间服从指数分布时，T_{BF} 的单侧置信区间下限为

$$\hat{\theta}_{L} = \frac{2\sum_{i=1}^{\max[n_{19},n_2]} X_i}{\chi^2_{1-\delta_2(2\max[n_{19},n_2])}} \qquad (7-79)$$

双侧置信区间估计 $(\hat{\theta}_{L},\hat{\theta}_{U})$ 的计算公式为

$$\begin{cases} \hat{\theta}_{L} = \left(2\sum_{i=1}^{\max[n_{19},n_2]} X_i\right)\Big/ \chi^2_{\frac{1-\delta_2}{2}(2\max[n_{19},n_2])} \\ \hat{\theta}_{U} = \left(2\sum_{i=1}^{\max[n_{19},n_2]} X_i\right)\Big/ \chi^2_{\frac{1+\delta_2}{2}(2\max[n_{19},n_2])} \end{cases} \qquad (7-80)$$

（3）对于 M_{CT} 的估计。对比序贯试验和定数截尾试验，修复时间样本量相同。在修复时间分布相同的前提下，序贯试验对 M_{CT} 的点估计和区间估计与 4.2.5 节定数截尾试验对 M_{CT} 的点估计和区间估计模型相同。

7.4 现场样本不足条件统计试验
方案设计和参数估计

与样本充足条件的综合试验相对应，现场样本不足条件下综合统计试验方案设计和参数估计同样是 RMA 试验验证工作最为重要的支撑技术之一。本章基于 Bayes 理论，在分析验前信息采用原则的基础上，针对三种不同试验截尾方式，对如何确定三个参数的验前与验后分布进行探讨。随后，基于验前与验后分布，对统计试验方案设计和参数估计问题做进一步阐释。

7.4.1 验前信息采用原则

进行现场样本不足条件 RMA 综合统计试验方案设计和参数估计，所要达到的目标与 7.3 节目标类似。然而，由于在现场样本不足条件下，需要采用验前

信息进行验证,因此需要遵循一些特有的原则。

1. 试验信息分清主次

现场样本不足条件 RMA 综合试验需利用验前和现场试验两类数据信息。与现场试验数据信息相比,验前信息量较大。对于这两类信息,如果不分主次,同等对待,必将大大降低现场试验数据对于 RMA 综合试验的作用,导致验证结果置信水平不高。因此,对于验前和现场试验这两类数据信息,要分清主次,以现场试验数据为主,将验前信息作为必要的补充。

2. 验前信息符合可信度要求

验前信息符合可信度要求是利用 Bayes 理论的重要前提,因此对待各类验前信息,不能一视同仁,要逐个进行分析,确保验前信息的可信度符合要求。一般来说,对于不符合要求的验前信息数据可以直接放弃不利用。

3. A_i、MTBF、MTTR 试验共享验前信息

对 A_i、MTBF、MTTR 三个指标参数验证,在选用验前信息方面,应该保证信息可以共享,不能利用不能共享的验前信息。具体来讲,一般选用成对的验前运行时间和修复时间数据,保证综合试验的可信性和经济性。

7.4.2 现场样本不足条件综合统计试验方案设计问题分析

现场样本不足条件 RMA 综合统计试验方案设计和参数估计包括两个核心问题:RMA 验前分布与验后分布确定、基于 Bayes 理论的 RMA 综合统计试验方案设计和参数估计。前者是后者的研究基础。

1. RMA 验前分布与验后分布确定问题

1)核心问题

RMA 验前分布与验后分布确定问题的核心是:验前信息的分析与选择、验前分布的确定与验后分布的确定。其中,验前信息的分析与选择是验前分布的基础。验前分布是验后分布确定的基础。

2)问题的输入和输出

输入:试验的截尾方式、试验数据分布特性、所选验前信息。

输出:验前分布与验后分布。

3)RMA 验前分布与验后分布确定问题研究框架

在现场样本不足条件 RMA 综合统计试验方案设计中,只有验前分布与验后分布确定了,才能设计基于 Bayes 理论的 RMA 综合统计试验方案,并进行 Bayes 参数估计,这是整个问题的基础。RMA 验前分布与验后分布确定研究框架,如图 7 - 37 所示。首先,在明确验前信息采用原则的基础上,进行 RMA 验前信息分析与选择,为确定验前分布与验后分布做好准备;然后,基于 Bayes 理论,按照试验截尾方式、样本分布特性确定验前分布;最后,基于验前分布确定验后分布。

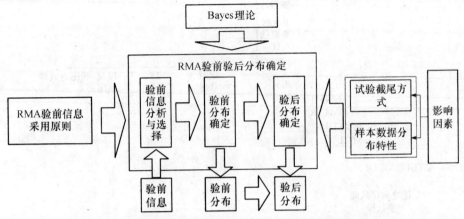

图 7 - 37　RMA 验前分布与验后分布确定研究框架

2. 基于 Bayes 理论的 RMA 综合统计试验方案设计和参数估计

1）核心问题

在 RMA 验前分布与验后分布确定的基础上,基于 Bayes 理论进行 RMA 综合统计试验方案设计和参数估计的核心问题是进行固有可用度 Bayes 试验方案设计和 Bayes 参数估计。

2）研究框架构建

与现场样本充足条件 RMA 综合统计试验方案设计和参数估计研究框架类似,构建基于 Bayes 理论的 RMA 综合统计试验方案设计和参数估计研究框架,如图 7 - 38 所示。

3）基于 Bayes 理论的 RMA 综合统计试验方案设计

（1）Bayes 统计试验方案设计的核心问题。Bayes 统计试验方案设计的核心问题是进行固有可用度的 Bayes 试验方案设计。

（2）Bayes 统计试验方案的分类。按照现场试验截尾方式的不同,Bayes 试验方案分为定时截尾、定数截尾和序贯截尾试验方案三种类型。

（3）Bayes 统计试验方案设计的输入和输出。

输入:试验的截尾方式、试验数据分布特性、检验指标、检验上下限值、两类试验风险、所选的验前信息、验前和验后分布、设计定型试验的费用和进度限制。

输出:现场试验样本量、试验时间、序贯试验规则、可统计检验的参数、接收/拒收判定规则。

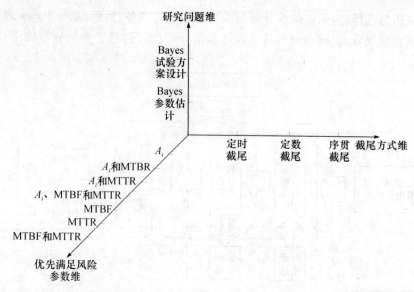

图 7-38　基于 Bayes 理论的 RMA 综合统计试验方案设计和参数估计研究框架

（4）Bayes 统计试验方案设计步骤。基于 Bayes 理论的 RMA 综合统计试验方案设计步骤，如图 7-39 所示。

Bayes 统计试验设计可分为三步。

步骤 1：选择试验截尾方式，设计不同截尾方式下各个参数的 Bayes 试验方案。如果是定数试验，制定各参数的定数截尾试验方案。如果是定时截尾试验，制定 A_i 和 MTBF 的 Bayes 定时截尾试验方案，以及 MTTR 的 Bayes 定数截尾试验方案。如果是序贯试验，制定 A_i 的 Bayes 序贯截尾试验方案，以及 MTBF 和 MTTR 的 Bayes 定数截尾试验方案。

目前，MTTR 或 MTBF 的 Bayes 试验方案设计的研究则相对较多，不做重点研究；然而，A_i 的 Bayes 试验方案设计的相关研究非常少，是本书的重点研究内容。按照不同的截尾方式，主要研究定数、定时和序贯 A_i 的 Bayes 试验方案设计方法。

步骤 2：分别针对优先满足不同参数风险组合的 7 种情况进行试验方案设计，设计出相应的综合试验方案。这个部分是现场样本充足条件 RMA 综合统计试验方案设计研究的重点。由于设计方法类似，不做重点研究。

步骤 3：依据设计定型试验费用和进度限制，选择方案，确定可统计检验的参数。

在现场样本不足条件下，依据定型试验的费用和进度，并考虑 7 种试验方案所要求的现场试验样本量或累计试验时间对待验装备来说是否现实，对 RMA

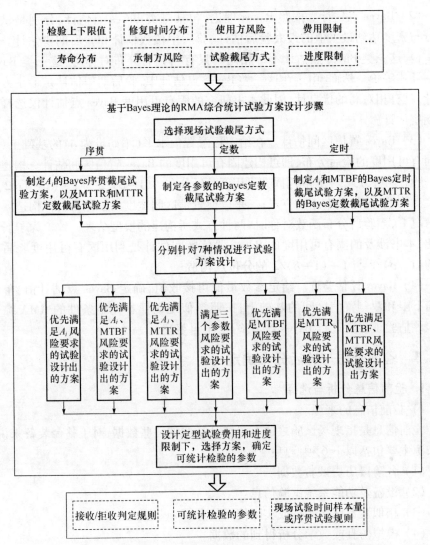

图 7-39 基于 Bayes 理论的 RMA 综合统计试验方案设计步骤

综合统计试验方案进行选择。与现场样本充足条件下 RMA 综合统计试验方案的选择方法没有本质区别,因此本书不做专门地研究。

4)Bayes 参数估计问题

(1)核心问题。参数估计主要包括 Bayes 点估计和置信区间估计。而且如果现场样本量或试验时间不能满足参数指标的试验风险要求,不能统计检验该参数指标,只能对其进行评估验证。

295

（2）Bayes 点估计。按照 Bayes 理论,包括三类 Bayes 点估计,分别是试验后分布密度达到最大值的最大验后估计、验后中位数估计和验后期望估计。一般来说,这三类 Bayes 点估计不尽相同。只有当验后分布对称时,这三类 Bayes 点估计才等价。然而,由于在这三类 Bayes 点估计中,验后期望估计是最小方差估计,具有相对高的优良性,因此本书研究的固有可用度 Bayes 点估计仅选择验后期望估计。

（3）Bayes 置信区间估计。在给定任意置信水平(不妨设为 δ)的基础上,依据固有可用度的验后分布,即可构建固有可用度的 Bayes 置信区间估计。构建区间一般有两种方式:一是利用固有可用度验后分布的 $(1-\delta)/2$ 与 $1-(1-\delta)/2$ 的分位点构造,这是最常用的方式;二是以使置信区间宽度最短化为目标构造。一般情况下,当验后分布函数对称时,两种方式所构建的模型结果一致。为了研究方便,本书涉及的固有可用度的 Bayes 置信区间估计是利用固有可用度验后分布的 $(1-\delta)/2$ 与 $1-(1-\delta)/2$ 的分位点构造。

（4）Bayes 评估验证。给定参数最低可接收值,确定 Bayes 点估计值、单侧置信下限和双侧置信区间的基础上,按照类似现场样本充足条件的 RMA 综合试验评估验证步骤进行 Bayes 评估验证,不再赘述。

7.4.3　验前分布与验后分布确定

1. 验前信息分析与选择

1）验前信息的来源

验前信息是指现场试验之前有关统计试验的一些数据,对于整台装备来说,其来源主要包括以下 6 种信息:

（1）各阶段历史试验数据。

（2）设备及功能系统试验信息。

（3）相似装备试验数据或实际使用信息。

（4）模拟仿真或数学分析得到的数据。

（5）专家意见及工程上的经验数据。

（6）整装在各种其他不同环境条件下进行试验的数据。

2）验前信息的选择

上述 6 种信息,信息来源途径不同,其可信度不尽相同。只有可信度达到规定要求,才可作为整装 RMA 试验的验前信息使用。对比上述 6 种验前信息,历史试验数据作为装备在不同阶段的试验信息,是最为直接、最为客观的验前信息,具有相对较高的可信度,是验前信息的主要来源。然而,在装备设计定型阶段,有时在现场试验前难以获得装备固有可用度的历史试验数据。

在其他 5 种信息中,可信度较高,信息量较大的是相似装备信息,而其他 4 种信息往往难以满足定型试验对于验前信息的可信度要求。因此,这里选择 RMA 验前信息的步骤如下:

步骤 1:依据相似装备分析和专家经验,设定新研装备 RMA 验前信息可信度最低要求。

步骤 2:如果在设计定型阶段可以获得足够多的装备固有可用度的历史试验数据,将历史试验数据作为 RMA 的验前信息;如果难以获得历史试验数据,进行步骤 3。

步骤 3:如果在设计定型阶段可以获得足够多的相似装备固有可用度的部队使用和试验数据,而且这些数据符合可信度最低要求,将相似装备的数据作为 RMA 的验前信息;如果难以获得,进行步骤 4。

步骤 4:如果在设计定型阶段可以获得足够多的其他四种信息,而且这些数据符合可信度最低要求。将这些信息进行融合作为 RMA 的验前信息;如果信息不符合可信度要求,则确定不能利用 Bayes 理论对 RMA 进行综合验证。

由于篇幅有限,这里仅讨论可获得足够多符合可信度要求的历史试验数据条件的 RMA 验前和验后分布确定方法。

2. 验前和验后分布确定

在确定验前和验后分布时,历史试验数据信息为 A_i、MTBF、MTTR 三个参数验证所共用。本章根据定数、定时和序贯三种试验的不同,对 A_i、MTBF、MTTR 三个参数验前和验后分布确定方法分别进行讨论。

1) 定数截尾试验

(1) 背景分析。假设进行 $k+1$ 次试验,前 k 次试验为现场试验前的历史试验,第 $k+1$ 次试验为现场试验。对于第 i 次试验,获得成对出现试验数据运行时间 $X_j^{(i)}$ 与修复时间 $Y_j^{(i)}$,$(X_j^{(i)}, Y_j^{(i)})$ 为一组工作循环时间对。

前 k 次试验,循环 r 次结束。$X_j^{(i)}$ 与 $Y_j^{(i)}$ 服从任何分布下,获得固有可用度 A_i 的点估计为

$$\hat{A}_{r,r}^{(i)} = \frac{\sum_{j=1}^{r} X_j^{(i)} \Big/ r}{\sum_{j=1}^{r} X_j^{(i)} \Big/ r + \sum_{j=1}^{r} Y_j^{(i)} \Big/ r} \quad i = 1,2,\cdots,k \quad (7-81)$$

对于第 $k+1$ 次试验(现场试验),获得试验数据为运行时间 $X_j^{(k+1)}$ 与修复时间 $Y_j^{(k+1)}$,$(X_j^{(k+1)}, Y(k+1)_j)$ 为一组工作循环时间对,循环 n 次后结束试验。

297

令

$$a_{n,s} = \sum_{j=1}^{s} Y_j^{(k+1)} \Big/ \sum_{j=1}^{n} X_j^{(k+1)}$$

因此

$$a_{n,n} = \sum_{j=1}^{n} Y_j^{(k+1)} \Big/ \sum_{j=1}^{n} X_j^{(k+1)} \qquad (7-82)$$

（2）A_i 的验前和验后分布。① 验前分布。根据历史试验数据，获得固有可用度验前试验样本 $\hat{A}_{r,r}^{(1)}, \hat{A}_{r,r}^{(2)}, \cdots, \hat{A}_{r,r}^{(k)}$。可利用非参数多项式密度估计 $\hat{h}_{t,k}(A_i)$ 估计固有可用度 A_i 的验前分布 $\pi(A_i)$，t 为自由度。以 $X_j^{(i)}$ 与 $Y_j^{(i)}$ 服从指数分布为例，即 $X_j^{(i)} \sim E(\lambda)$，$Y_j^{(i)} \sim E(\mu)$，$(j=1,2,\cdots,r)$。在 $k \geq 5$ 的条件下，当 $t \geq 40$ 时，A_i 的 Bayes 估计误差小于 0.6%，保证了精确度。并且，固有可用度 A_i 验前分布为

$$\pi(A_i) \approx \hat{h}_{t,k}(A_i) = \sum_{i=0}^{t} b_{i,k} A_i^i (1-A_i)^{t-i} \qquad (7-83)$$

其中

$$b_{i,k} = \frac{(t+1)!\, t!}{k\,(k!\,(t-k)!)^2} \sum_{j=1}^{k} (\hat{A}_{r,r}^{(j)})^i (1-\hat{A}_{r,r}^{(j)})^{t-i}$$

② 验后分布。基于 A_i 的验前分布 $\pi(A_i)$，在进行 $k+1$ 次试验（现场试验）后，A_i 的验后分布为

$$\pi(A_i \mid a_{n,n}) = \frac{1}{L^{(0)}} A_i^{n+1} (1-A_i)^{n-1} ((a_{n,n}-1)A_i + 1)^{-2n}$$

$$\sum_{i=0}^{t} b_{i,k} A_i^i (1-A_i)^{t-i} \qquad (7-84)$$

其中

$$\pi(A_i \mid a_{n,n}) = \frac{1}{L^{(0)}} A_i^{n+1} (1-A_i)^{n-1} ((a_{n,n}-1)A_i + 1)^{-2n}$$

$$\sum_{i=0}^{t} b_{i,k} A_i^i (1-A_i)^{t-i}$$

（3）MTBF 的验前和验后分布。

① 验前分布。现场试验前获得的历史数据为 k 次试验的运行时间样本数据，每次为 r 个。第 i 次数据为 $(X_1^{(i)}, X_2^{(i)}, \cdots, X_r^{(i)})$。以指数分布为例，$X_j^{(i)} \sim E(\lambda)$。依据共轭分布特点，MTBF 的验前分布服从逆 Gamma 分布，即 $\Gamma(\phi_\pi, \psi_\pi)$，其中 ϕ_π 和 ψ_π 为超参数，验前分布为

$$\pi(T_{BF}) = \frac{(\psi_\pi)^{\phi_\pi}}{\Gamma(\phi_\pi)}(T_{BF})^{-(\phi_\pi-1)}e^{-(\psi_\pi/T_{BF})} \qquad (7-85)$$

利用超参数的工程意义，ϕ_π 为前 k 次试验发生的故障总数，即 $\phi_\pi = kr$；ψ_π 为前 k 次试验总运行时间，即 $\psi_\pi = \sum\limits_{i=1}^{k}\sum\limits_{j=1}^{r}X_j^{(i)}$。

② 验后分布。现场试验数据为第 $k+1$ 次试验的运行时间 $(X_1^{(k+1)}, X_2^{(k+1)}, \cdots, X_n^{(k+1)})$。根据共轭分布的性质，MTBF 的验后分布也服从逆 Gamma 分布，即 $\Gamma\left(\phi_\pi + n, \psi_\pi + \sum\limits_{j=1}^{n}X_j^{(k+1)}\right)$，其中 $\phi_\pi + n$ 和 $\psi_\pi + \sum\limits_{j=1}^{n}X_j^{(k+1)}$ 为超参数，基于 MTBF 的验前分布 $\pi(T_{BF})$，验后分布为

$$\pi(T_{BF}|X_1^{(k+1)}, \cdots, X_n^{(k+1)})$$

$$= \frac{\left(\psi_\pi + \sum\limits_{j=1}^{n}X_j^{(k+1)}\right)^{\phi_\pi+n}}{\Gamma(\phi_\pi + n)}(T_{BF})^{-(\phi_\pi+n-1)}e^{-\left(\psi_\pi+\sum\limits_{j=1}^{n}X_j^{(k+1)}\right)/T_{BF}} \qquad (7-86)$$

（4）MTTR 的验前和验后分布。

① 验前分布。现场试验前获得的历史数据为 k 次试验的修复时间样本数据 $(Y_1^{(i)}, Y_2^{(i)}, \cdots, Y_r^{(i)})$，每次为 r 个。以指数分布为例，$Y_j^{(i)} \sim E(\mu)$，依据共轭分布特点，MTTR 的验前分布服从逆 Gamma 分布，即 $\Gamma(\phi'_\pi, \psi'_\pi)$，其中 ϕ'_π 和 ψ'_π 为超参数，验前分布为

$$\pi(M_{CT}) = \frac{(\psi'_\pi)^{\phi'_\pi}}{\Gamma(\phi'_\pi)}(M_{CT})^{-(\phi'_\pi+1)}e^{-(\phi'_\pi/M_{CT})} \qquad (7-87)$$

超参数 ϕ'_π, ψ'_π 的确定方法与 ϕ_π, ψ_π 的确定方法相同。利用超参数的工程意义，ϕ'_π 为前 k 次试验修复作业总数，即 $\phi'_\pi = kr$；ψ'_π 为前 k 次试验总修复时间，即 $\psi'_\pi = \sum\limits_{i=1}^{k}\sum\limits_{j=1}^{r}Y_j^{(i)}$。

② 验后分布。现场试验数据为修复时间 $(Y_1^{(k+1)}, Y_2^{(k+1)}, \cdots, Y_n^{(k+1)})$。根据共轭分布的性质，MTTR 的验后分布也服从逆 Gamma 分布，即 $\Gamma\left(\phi'_\pi + n, \psi'_\pi + \sum\limits_{j=1}^{n}Y_j^{(k+1)}\right)$，其中 $\phi'_\pi + n$ 和 $\psi'_\pi + \sum\limits_{j=1}^{n}Y_j^{(k+1)}$ 为超参数，验后分布为

$$\pi(M_{CT}|Y_1^{(k+1)}, \cdots, Y_n^{(k+1)})$$

$$= \frac{\left(\psi'_\pi + \sum\limits_{j=1}^{n}Y_j^{(k+1)}\right)^{\phi'_\pi+n}}{\Gamma(\phi'_\pi + n)}(M_{CT})^{-(\phi'_\pi+n+1)}e^{-\left(\psi'_\pi+\sum\limits_{j=1}^{n}Y_j^{(k+1)}\right)/M_{CT}} \qquad (7-88)$$

2）定时截尾试验

（1）背景分析。假设进行 $k+1$ 次试验，前 k 次试验为现场试验前的试验，第 $k+1$ 次开始试验为现场试验，对于前 k 次试验，试验都进行到累计时间 T_p 时终止试验，其中能工作时间为 $U_{T_p}^{(i)}$，不能工作时间为 $D_{T_p}^{(i)}$，得固有可用度 A_i 的估计量为

$$\hat{A}_{T_p}^{(i)} = \frac{U_{T_p}^{(i)}}{U_{T_p}^{(i)} + D_{T_p}^{(i)}} \qquad (7-89)$$

对于第 $k+1$ 次试验，试验进行到累计时间 T 时终止试验，将其分为 n 个累计时间为 T_p 的分段试验，显然

$$T = nT_p$$

每个分段试验的数据为（$U_{j,T_p}^{(k+1)}$, $D_{j,T_p}^{(k+1)}$）（$j=1,2,\cdots,n$）。$U_{j,T_p}^{(k+1)}$ 为第 j 个分段试验中能工作时间，$D_{j,T_p}^{(k+1)}$ 第 j 个分段试验中不能工作时间。得固有可用度 A_i 的估计量为

$$\hat{A}_{j,T_p}^{(k+1)} = \frac{U_{j,T_p}^{(k+1)}}{U_{j,T_p}^{(k+1)} + D_{j,T_p}^{(k+1)}} \qquad (7-90)$$

易知 $\hat{A}_{T_p}^{(i)}$ 和 $\hat{A}_{j,T_p}^{(k+1)}$ 近似服从正态分布，且 $\hat{A}_{T_p}^{(i)}$ 和 $\hat{A}_{j,T_p}^{(k+1)}$ 是 A_i 的无偏估计。

（2）A_i 的验前和验后分布。

① 验前分布。现场试验前获得历史数据为 k 次试验的固有可用度估计（$\hat{A}_{T_p}^{(1)}$, $\hat{A}_{T_p}^{(2)}$, $\cdots$, $\hat{A}_{T_p}^{(k)}$）。$\hat{A}_{T_p}^{(i)}$ 近似服从正态分布，且是 A_i 的无偏估计。依据共轭分布特点，A_i 的验前分布服从正态分布，即 $N(\phi_p, \psi_p)$，其中 ϕ_p 和 ψ_p 为超参数，验前分布为

$$\pi(A_i) = \frac{1}{\sqrt{2\pi\psi_p^2}} e^{\frac{-(\phi_p - A_i)^2}{2\psi_p^2}} \qquad (7-91)$$

利用超参数的工程意义，进行计算可得

$$\phi_p = \frac{1}{k}\sum_{i=1}^{k}\hat{A}_{T_p}^{(i)}, \psi_p = \frac{1}{k(k-1)}\sum_{i=1}^{k}\left(\hat{A}_{T_p}^{(i)} - \frac{1}{k}\sum_{i=1}^{k}\hat{A}_{T_p}^{(i)}\right)^2$$

② 验后分布。现场试验数据为 n 个固有可用度估计（$\hat{A}_{1,T_p}^{(k+1)}$, $\hat{A}_{2,T_p}^{(k+1)}$, $\cdots$, $\hat{A}_{n,T_p}^{(k+1)}$）。基于共轭分布的性质，A_i 的验后分布也服从正态分布，即 $N(\phi'_p, \psi'_p)$，其中 ϕ'_p 和 ψ'_p 为超参数，其计算公式为

$$
\begin{cases}
\phi'_p = \dfrac{\psi_p \sum\limits_{j=1}^{n} \hat{A}_{j,T_p}^{(k+1)} + \phi_p D(\hat{A}_{j,T_p}^{(k+1)})}{n\psi_p + D(\hat{A}_{j,T_p}^{(k+1)})} \\[4mm]
\psi'_p = \dfrac{\psi_p D(\hat{A}_{j,T_p}^{(k+1)})}{n\psi_p + D(\hat{A}_{j,T_p}^{(k+1)})}
\end{cases}
$$

验后分布为

$$
\pi(A_i \mid \hat{A}_{1,T_p}^{(k+1)}, \cdots, \hat{A}_{n,T_p}^{(k+1)}) = \frac{1}{\sqrt{2\pi\psi'^2_p}} e^{\frac{-(\phi'_p - A_i)^2}{2\psi'^2_\beta}} \tag{7-92}
$$

（3）MTBF 的验前和验后分布。由于 T_{BF} 与故障率 λ 的关系为 $T_{BF} = 1/\lambda$，因此求 T_{BF} 的验前和验后分布可通过求 λ 的验前和验后分布确定。

① 验前分布。验前 k 次试验，累积运行时间 $T_0 = \sum\limits_{i=1}^{k} U_{T_p}^{(i)}$ 时，装备故障数为 r_0；以运行时间服从指数分布为例，r_0 服从泊松分布，即 $r_0 \sim P(\lambda T_0)$，r_0 的概率分布为

$$
P(r_0 \mid \lambda T_0) = \frac{(\lambda T_0)^{r_0} e^{-\lambda T_0}}{r_0!}
$$

根据共轭分布特点以及超参数的工程意义，λ 的验前分布 $\pi(\lambda)$ 服从 $G(r_0, T_0)$。

② 验后分布。现场试验，累积运行时间 $T = \sum\limits_{j=1}^{n} U_{j,T_p}^{(k+1)}$ 时，系统发生 r 次故障。r 服从泊松分布，即 $r \sim P(\lambda T)$。根据共轭分布的性质，λ 的验后分布为

$$
\pi(\lambda \mid r) = \frac{P(r \mid \lambda T)\pi(\lambda)}{\int_0^\infty P(r \mid \lambda T)\pi(\lambda)\,d\lambda} = \frac{(T_0 + T)^{r_0 + r}}{\Gamma(r_0 + r)} \lambda^{r_0 + r - 1} e^{-(T_0 + T)\lambda}
$$

即 λ 的验后分布服从 $G(r_0 + r, T_0 + T)$。MTBF 的验后分布为

$$
\pi(T_{BF} \mid r) = \frac{(T_0 + T)^{r_0 + r}}{\Gamma(r_0 + r)} T_{BF}^{-(r_0 + r + 1)} e^{-(T_0 + T)/T_{BF}} \tag{7-93}
$$

（4）MTTR 的验前和验后分布。在 RMA 综合定时截尾试验里，MTTR 试验部分仍按定数试验的要求进行验证。因此，MTTR 的验前和后分布均服从逆 Gamma 分布，与定数截尾试验一致，不再赘述。

3）序贯截尾试验

（1）背景分析。假设现场试验前进行 k 次验前试验。对于第 i 次验前试

验,可获得试验数据为运行时间 $X_j^{(i)}$ 与修复时间 $Y_j^{(i)}$,$(X_j^{(i)}, Y_j^{(i)})$ 为第 j 次工作循环时间对,试验中工作循环推进到 r 次时,固有可用度 A_i 的估计量见式(7-81)。

对于现场试验,获得试验数据为运行时间 X_j 与修复时间 Y_j,(X_j, Y_j) 为第 j 次工作循环时间对令 $e_j = Y_j / X_j$。

(2) A_i 的验前分布和验后加权比。

① 验前分布。基于验前样本 $\hat{A}_{r,r}^{(1)}, \hat{A}_{r,r}^{(2)}, \cdots, \hat{A}_{r,r}^{(k)}$,利用非参数多项式密度估计 $\hat{h}_{t,k}(A_i)$ 估计固有可用度 A_i 的验前分布 $\pi(A_i)$,其中 t 为自由度。显然,在指数分布模型下,即 $X_j^{(i)} \sim E(\lambda)$,$Y_j^{(i)} \sim E(\mu)$($j = 1, 2, \cdots$),固有可用度 A_i 的验前分布表达式为式(7-83)。

② 验后加权比。e_j 的概率密度为 $f(e_j | A_i)$。每一次循环后都依据验后加权比进行判断试验继续进行与否,以及产品接收与否。第 n 次循环后的验后加权比为 $\lambda_{B,n}$,现场试验的 A_i 检验上限为 A_0,检验下限为 A_1,似然函数为

$$L(e_j | A_i) = \prod_{j=1}^{n} f(e_j | A_i) \tag{7-94}$$

由于 $(A_i^{-1} - 1)\dfrac{X_j}{Y_j} = \dfrac{2\lambda X_j}{2\mu Y_j}$,因此,$(A_i^{-1} - 1)\dfrac{X_j}{Y_j} \sim F(2,2)$,则

$$f(e_j | A_i) = \frac{\Gamma(2) e_j^2}{[\Gamma(1)]^2} A_i^2 \, ((e_j - 1) A_i + 1)^{-2} \tag{7-95}$$

第 n 次循环后的 A_i 的验后分布为

$$\pi(A_i | a_{n,n}) = \frac{L(e_j | A_i) \pi(A_i)}{\int_0^1 L(e_j | A_i) \pi(A_i) \, \mathrm{d}A_i} = \frac{\prod_{j=1}^{n} f(e_j | A_i) \pi(A_i)}{\int_0^1 \prod_{j=1}^{n} f(e_j | A_i) \pi(A_i) \, \mathrm{d}A_i}$$

$$\tag{7-96}$$

给定 A_i 的检验上下限分别为:$A_{iU} = A_0$,$A_{iL} = A_1$;$A_0 > A_1$。原假设和备择假设:$H_{10}: A_{iU} = A_0$;$H_{11}: A_{iL} = A_1$。

进行第 n 次试验循环,计算 A_i 的验后加权比为

$$\lambda_{B,n} = \frac{P(H_{11}) \prod_{j=1}^{n} f(e_j | A_1)}{P(H_{10}) \prod_{j=1}^{n} f(e_j | A_0)} = \frac{A_1^2 P(H_{11})}{A_0^2 P(H_{10})} \prod_{j=1}^{n} \left(\frac{(e_j - 1) A_1 + 1}{(e_j - 1) A_0 + 1} \right)^{-2}$$

$$\tag{7-97}$$

（3）MTBF 和 MTTR 的验前和验后分布。在 RMA 综合序贯试验里，MTBF 和 MTTR 试验仍按定数试验的要求进行验证。因此，MTBF 和 MTTR 的验前和后分布均服从逆 Gamma 分布，与定数截尾试验一致，不再赘述。

7.4.4　RMA 综合统计试验方案设计和参数估计

在验后分布确定的基础上，以历史试验数据信息为 A_i、MTBF、MTTR 三个指标验证所共用为原则，进行整装 RMA 综合统计试验方案设计和参数估计。

1. 定数截尾试验方案设计和参数 Bayes 估计

1）相关假设

（1）固有可用度 Bayes 试验相关假设。

① 给定试验风险：承制方风险为 α_1，使用方风险为 β_1。

② 给定 A_i 检验上下限之分别为：$A_{iU} = A_0$，$A_{iL} = A_1$；$A_0 > A_1$。

③ A_i 的 Bayes 点估计为 $\hat{A}_{B,n,m}$，其中 n 为运行时间样本量，m 为修复作业样本量。

④ 给定置信区间估计的置信水平为 δ_1。

⑤ 判定临界值为 C_1。

⑥ 原假设和备择假设：$H_{10} : A_{iU} = A_0$；$H_{10} : A_{iL} = A_1$。

⑦ 接收与拒收规则：

$$\begin{cases} \dfrac{P(H_{11} \mid a_{n,n})}{P(H_{10} \mid a_{n,n})} < C_1，接收 H_{10} \\[3mm] \dfrac{P(H_1 \mid a_{n,n})}{P(H_0 \mid a_{n,n})} \geqslant C_1，拒收 H_{10} \end{cases}$$

⑧ 统计检验 A_i 现场最小样本量为 n_1。

（2）可靠性 Bayes 试验相关假设。

① 给定试验风险：承制方风险为 α_2，使用方风险为 β_2。

② 给定 T_{BF} 检验上下限之分别为：$T_{BF,U} = \theta_0$，$T_{BF,L} = \theta_1$；$\theta_0 > \theta_1$。

③ T_{BF} 的 Bayes 点估计为 $\hat{\theta}_{B,n}$，其中 n 为运行时间样本量。

④ 给定置信区间估计的置信水平为 δ_2。

⑤ 判定临界值为 C_2。

⑥ 原假设和备择假设：$H_{20} : T_{BF,U} = \theta_0$；$H_{21} : T_{BF,L} = \theta_1$。

⑦ 接收与拒收规则：

$$\begin{cases} \dfrac{P(H_{21} \mid X_1^{(k+1)}, \cdots, X_n^{(k+1)})}{P(H_{20} \mid X_1^{(k+1)}, \cdots, X_n^{(k+1)})} < C_2, \text{接收 } H_{20} \\[4mm] \dfrac{P(H_{21} \mid X_1^{(k+1)}, \cdots, X_n^{(k+1)})}{P(H_{20} \mid X_1^{(k+1)}, \cdots, X_n^{(k+1)})} \geqslant C_2, \text{拒收 } H_{20} \end{cases}$$

⑧ 统计检验 MTBF 现场最小样本量为 n_2。

（3）维修性 Bayes 试验相关假设。

① 给定试验风险：承制方风险为 α_3，使用方风险为 β_3。

② 给定 M_{CT} 检验下上限之分别为：$M_{CT,U} = \xi_0$，$M_{CT,L} = \xi_1$；$\xi_0 < \xi_1$。

③ M_{CT} 的 Bayes 点估计为 $\hat{\xi}_{B,n}$，其中 n 为修复作业时间样本量。

④ 给定置信区间估计的置信水平为 δ_3。

⑤ 判定临界值为 C_3。

⑥ 原假设和备择假设：$H_{30}: M_{CT,U} = \xi_0$；$H_{31}: M_{CT,L} = \xi_1$。

⑦ 接收与拒收规则：

$$\begin{cases} \dfrac{P(H_{31} \mid Y_1^{(k+1)}, \cdots, Y_n^{(k+1)})}{P(H_{30} \mid Y_1^{(k+1)}, \cdots, Y_n^{(k+1)})} < C_3, \text{接收 } H_{30} \\[4mm] \dfrac{P(H_{31} \mid Y_1^{(k+1)}, \cdots, Y_n^{(k+1)})}{P(H_{30} \mid Y_1^{(k+1)}, \cdots, Y_n^{(k+1)})} \geqslant C_3, \text{拒收 } H_{30} \end{cases}$$

⑧ 统计检验 MTTR 现场最小样本量为 n_3。

（4）RMA 综合定数截尾 Bayes 试验方案。为了使试验方案简洁明了，本书规定 RMA 综合定数截尾 Bayes 试验方案为

（定数，验前试验工作循环对数，现场试验工作循环对数，模拟故障修复作业数）

2）各参数的统计试验方案设计

（1）固有可用度 Bayes 定数截尾试验方案设计。统计检验 A_i 需要满足的方程为

$$\begin{cases} P(H_{10}) P\left(\dfrac{P(H_{11} \mid a_{n,n})}{P(H_{10} \mid a_{n,n})} \geqslant C_1 \mid A_i = A_0 \right) \leqslant \alpha_1 \\[4mm] P(H_{11}) P\left(\dfrac{P(H_{11} \mid a_{n,n})}{P(H_{10} \mid a_{n,n})} < C_1 \mid A_i = A_1 \right) \leqslant \beta_1 \end{cases} \tag{7 - 98}$$

根据式（7-98）可求得统计检验 A_i 现场最小样本量（工作循环对数）为 n_1 和判定临界值为 C_1。

以运行时间和修复时间服从指数分布为例，进行分析，即

$$\frac{P(H_{11} \mid a_{n,n})}{P(H_{10} \mid a_{n,n})} = \frac{\int_{A_i = A_1} \pi(A_i \mid a_{n,n}) \, dA_i}{\int_{A = A_0} \pi(A_i \mid a_{n,n}) \, dA_i} = \frac{\pi(A_1 \mid a_{n,n})}{\pi(A_0 \mid a_{n,n})}$$

$$= h_{t,k} \left(\frac{A_1}{A_0}\right)^{n+1} \left(\frac{1 - A_1}{1 - A_0}\right)^{n-1} \left(\frac{(a_{n,n} - 1)A_1 + 1}{(a_{n,n} - 1)A_0 + 1}\right)^{-2n}$$

其中

$$h_{t,k} = \frac{\sum_{i=0}^{t} b_{i,k} A_1^{\ i} (1 - A_1)^{t-i}}{\sum_{i=0}^{t} b_{i,k} A_0^{\ i} (1 - A_0)^{t-i}}$$

因此，A_i 的判定准则可以等价转换为

$$\begin{cases} \left(\dfrac{A_1}{A_0}\right)^{n+1} \left(\dfrac{1 - A_1}{1 - A_0}\right)^{n-1} \left(\dfrac{(a_{n,n} - 1)A_1 + 1}{(a_{n,n} - 1)A_0 + 1}\right)^{-2n} < C_1^*, 接收 H_{10} \\[3mm] \left(\dfrac{A_1}{A_0}\right)^{n+1} \left(\dfrac{1 - A_1}{1 - A_0}\right)^{n-1} \left(\dfrac{(a_{n,n} - 1)A_1 + 1}{(a_{n,n} - 1)A_0 + 1}\right)^{-2n} \geqslant C_1^*, 拒收 H_{10} \end{cases}$$

其中

$$C_1^* = C_1 / h_{t,k}$$

因此，式(7-98)可转化为

$$\begin{cases} \alpha_1 \geqslant P(H_{10}) P\left(\left(\dfrac{A_1}{A_0}\right)^{n+1} \left(\dfrac{1 - A_1}{1 - A_0}\right)^{n-1} \left(\dfrac{(a_{n,n} - 1)A_1 + 1}{(a_{n,n} - 1)A_0 + 1}\right)^{-2n} \geqslant C_1^* \mid A_i = A_0\right) \\[3mm] \beta_1 \geqslant P(H_{11}) P\left(\left(\dfrac{A_1}{A_0}\right)^{n+1} \left(\dfrac{1 - A_1}{1 - A_0}\right)^{n-1} \left(\dfrac{(a_{n,n} - 1)A_1 + 1}{(a_{u,n} - 1)A_0 + 1}\right)^{-2n} < C_1^* \mid A_i = A_1\right) \end{cases}$$

$$(7-99)$$

即

$$\begin{cases} \dfrac{\alpha_1}{P(H_{10})} \geqslant P\left(F \leqslant \left(\dfrac{1 - A_0}{A_0}\right) \dfrac{A_1 - C_n A_0}{C_n(1 - A_0) - (1 - A_1)}\right) \\[3mm] \dfrac{\beta_1}{P(H_{11})} \geqslant P\left(F > \left(\dfrac{1 - A_1}{A_1}\right) \dfrac{A_1 - C_n A_0}{C_n(1 - A_0) - (1 - A_1)}\right) \end{cases} \qquad (7-100)$$

其中

$$C_n = \left(C_1^* \left(\frac{A_1}{A_0}\right)^{-n-1} \left(\frac{1 - A_1}{1 - A_0}\right)^{1-n}\right)^{-\frac{1}{2n}}$$

$$F = \left(\frac{1 - A_i}{A_i}\right)\frac{1}{a_{n,n}} \sim F(2n, 2n)$$

而且，$P(H_{1j})$ 为 H_{1j} 成立的概率（$j = 0, 1$），可根据各种经验或装备已知的信息确定。

根据式（7-100），可知现场最小试验样本量 n_1 由下式计算：

$$F_{\frac{\alpha_1}{P(H_{10})}}(2n, 2n) F_{\frac{\beta_1}{P(H_{11})}}(2n, 2n) = \left(\frac{1 - A_1}{A_1}\right)\left(\frac{A_0}{1 - A_0}\right) \qquad (7-101)$$

求得 n_1 后，可求得临界值 C_1。

在保证 A_0、A_1、α_1、β_1 相同的前提下，现场样本充足条件下，不使用 Bayes 理论设计试验方案的样本量 n_1^* 由下式计算：

$$F_{\alpha_1}(2n^*, 2n^*) F_{\beta_1}(2n^*, 2n^*) = \left(\frac{1 - A_1}{A_1}\right)\left(\frac{A_0}{1 - A_0}\right) \qquad (7-102)$$

由于 $0 < P(H_{1j}) < 1 (j = 0, 1)$，则

$$\frac{\alpha_1}{P(H_{10})} > \alpha_1, \qquad \frac{\beta_1}{P(H_{11})} > \beta_1$$

可知，$n_1 < n_1^*$。因此，利用 Bayes 理论设计试验方案，结合验前试验信息可以降低 A_i 现场试验的样本量。

（2）可靠性 Bayes 定数截尾试验方案设计。统计检验 MTBF 需要满足的方程为

$$\begin{cases} P(H_{20}) P(P(H_{21} \mid X_1^{(k+1)}, \cdots, X_n^{(k+1)})/P(H_{20} \mid X_1^{(k+1)}, \cdots, X_n^{(k+1)}) \\ \quad \geqslant C_2 \mid T_{BF} = \theta_0) \leqslant \alpha_2 \\ P(H_{21}) P(P(H_{21} \mid X_1^{(k+1)}, \cdots, X_n^{(k+1)})/P(H_{20} \mid X_1^{(k+1)}, \cdots, X_n^{(k+1)}) \\ \quad < C_2 \mid T_{BF} = \theta_1) \leqslant \beta_2 \end{cases}$$

$$(7-103)$$

根据式（7-103）可求得统计检验 MTBF 现场最小样本量为 n_2 和判定临界值为 C_2。

（3）维修性 Bayes 定数截尾试验方案设计。统计检验 MTBF 需要满足的方程为

$$\begin{cases} P(H_{30}) P(P(H_{31} \mid Y_1^{(k+1)}, \cdots, Y_n^{(k+1)})/P(H_{30} \mid Y_1^{(k+1)}, \cdots, Y_n^{(k+1)}) \\ \quad \geqslant C_3 \mid M_{CT} = \xi_0) \leqslant \alpha_3 \\ P(H_{31}) P(P(H_{31} \mid Y_1^{(k+1)}, \cdots, Y_n^{(k+1)})/P(H_{30} \mid Y_1^{(k+1)}, \cdots, Y_n^{(k+1)}) \\ \quad < C_3 \mid M_{CT} = \xi_1) \leqslant \beta_3 \end{cases}$$

$$(7-104)$$

根据式(7 - 104)可求得统计检验 MTTR 现场最小样本量 n_3，临界值 C_3。

3）优先满足不同参数风险要求下 RMA 综合统计试验方案设计

为了减少不必要的重复性，本书仅针对优先满足 A_i 和同时满足 A_i、MTBF 和 MTTR 风险这两种比较有代表性的情况，进行试验方案设计。

（1）优先满足 A_i 的试验风险要求。显然，优先满足 A_i 的试验风险要求，现场最小工作循环对数满足式(7 - 98)即可。保证检验 A_i 试验方案为（定数，kr，n_1，0）。

做以下判断，分析能否对 MTTR、MTBF 进行统计检验。

如果 $n_1 \geqslant n_2$，即可对 MTBF 进行统计检验；如果 $n_1 < n_2$，不能对其进行统计检验，只能进行评估验证。

如果 $n_1 \geqslant n_3$，即可对 MTTR 进行统计检验；如果 $n_1 < n_3$，不能对其进行统计检验，只能进行评估验证。

（2）同时满足 A_i、MTBF、MTTR 的试验风险要求。满足 A_i、MTBF、MTTR 的试验风险要求，需要满足的方程为

$$
\begin{cases}
P(H_{10})P(P(H_{11}|a_{n,n})/P(H_{10}|a_{n,n}) \geqslant C_1 | A_i = A_0) \leqslant \alpha_1 \\
P(H_{11})P(P(H_{11}|a_{n,n})/P(H_{10}|a_{n,n}) < C_1 | A_i = A_1) \leqslant \beta_1 \\
P(H_{20})P(P(H_{21}|X_1^{(k+1)},\cdots,X_n^{(k+1)})/P(H_{20}|X_1^{(k+1)},\cdots,X_n^{(k+1)}) \\
\quad \geqslant C_2 | T_{BF} = \theta_0) \leqslant \alpha_2 \\
P(H_{21})P(P(H_{21}|X_1^{(k+1)},\cdots,X_n^{(k+1)})/P(H_{20}|X_1^{(k+1)},\cdots,X_n^{(k+1)}) \\
\quad < C_2 | T_{BF} = \theta_1) \leqslant \beta_2 \\
P(H_{30})P(P(H_{31}|Y_1^{(k+1)},\cdots,Y_n^{(k+1)})/P(H_{30}|Y_1^{(k+1)},\cdots,Y_n^{(k+1)}) \\
\quad \geqslant C_3 | M_{CT} = \xi_0) \leqslant \alpha_3 \\
P(H_{31})P(P(H_{31}|Y_1^{(k+1)},\cdots,Y_n^{(k+1)})/P(H_{30}|Y_1^{(k+1)},\cdots,Y_n^{(k+1)}) \\
\quad < C_3 | M_{CT} = \xi_1) \leqslant \beta_3
\end{cases}
$$

$$(7 - 105)$$

如果 $\max[n_1,n_2] \geqslant n_3$，现场试验停止，不进行故障模拟；试验方案为

$$（定数，kr，\max[n_1,n_2]，0）$$

如果 $\max[n_1,n_2] < n_3$，规定模拟故障修复作业次数为 n_6 时，现场试验停止。显然 $n_6 = n_3 - \max[n_1,n_2]$；试验方案为

$$（定数，kr，\max[n_1,n_2]，n_3 - \max[n_1,n_2]）$$

4）参数的 Bayes 估计

依据定型试验的费用和进度，进行统计试验方案的选择。不失普遍性，本书仅分析选择同时满足 A_i、MTBF 和 MTTR 风险设计的试验方案的情况。试验方案为

$$(定数, kr, \max[n_1, n_2], n_3 - \max[n_1, n_2])$$

进行试验后，获得 $\max[n_1, n_2]$ 个运行时间样本，n_3 个修复时间样本。对 A_i、T_{BF}、M_{CT} 进行 Bayes 估计的情况。

（1）对于 A_i 的 Bayes 估计。T_{BF} 的 Bayes 点估计为

$$\hat{A}_{B,\max[n_1,n_2],n_3} = E(A_i \,|\, a_{\max[n_1,n_2],n_3})$$

$$= \int_0^1 A_i \pi(A_i \,|\, a_{\max[n_1,n_2],n_3}) \mathrm{d}A_i \qquad (7-106)$$

A_i 的 Bayes 点估计的置信水平为

$$C_{A_i,\max[n_1,n_2],n_3} = 1 - \lim_{N \to \infty} \frac{1}{N} \sum_{j=1}^{N} \frac{|\hat{A}_{B,\max[n_1,n_2],n_3,j} - A_i|}{A_i} \qquad (7-107)$$

给定置信水平 δ_1，A_i 的 Bayes 单侧置信区间下限 $\hat{A}_{B,L}$ 可由下式计算，即

$$\int_{\hat{A}_{B,L}}^{1} \pi(A_i \,|\, a_{\max[n_1,n_2],n_3}) \mathrm{d}A_i = \delta_1 \qquad (7-108)$$

Bayes 双侧置信区间估计 $(\hat{A}_{B,L}、\hat{A}_{B,U})$ 可由下式计算，即

$$\int_{\hat{A}_{B,L}}^{\hat{A}_{B,U}} \pi(A_i \,|\, a_{\max[n_1,n_2],n_3}) \mathrm{d}A_i = \delta_1 \qquad (7-109)$$

以运行时间和修复时间服从指数分布为例，A_i 的验后分布为

$$\pi(A_i \,|\, a_{\max[n_1,n_2],n_3}) = \frac{1}{L^{(1)}} A_i^{n+1} (1-A_i)^{n-1} ((a_{\max[n_1,n_2],n_3} - 1)A_i + 1)^{-2n} \cdot$$

$$\sum_{i=0}^{t} b_{i,k} A_i^{\,i} (1-A_i)^{t-i}$$

其中

$$L^{(1)} = \sum_{i=0}^{t} b_{i,k} \int_0^1 A_i^{n+i+1} (1-A_i)^{n-i-t-1} ((a_{\max[n_1,n_2],n_3} - 1)A_i + 1)^{-2n} \mathrm{d}A_i$$

（2）对于 T_{BF} 的 Bayes 估计。T_{BF} 的 Bayes 点估计为

$$\hat{\theta}_{B,\max[n_1,n_2]} = E(T_{BF} \,|\, X_1^{(k+1)}, \cdots, X_{\max[n_1,n_2]}^{(k+1)}) \qquad (7-110)$$

T_{BF}的 Bayes 点估计的置信水平为

$$C_{T_{BF},\max[n_1,n_2],n_3} = 1 - \lim_{N\to\infty}\frac{1}{N}\sum_{j=1}^{N}\frac{|\hat{\theta}_{B,\max[n_1,n_2],j} - T_{BF}|}{T_{BF}} \qquad (7-111)$$

给定置信水平 δ_2，T_{BF} 的 Bayes 单侧置信区间下限 $\hat{\theta}_{B,L}$ 可由下式计算，即

$$\int_{\hat{\theta}_{B,L}}^{\infty}\pi(T_{BF}|X_1^{(k+1)},\cdots,X_{\max[n_1,n_2]}^{(k+1)})\,\mathrm{d}T_{BF} = \delta_2 \qquad (7-112)$$

Bayes 双侧置信区间估计 $(\hat{\theta}_{B,L},\hat{\theta}_{B,U})$ 可由下式计算，即

$$\int_{\hat{\theta}_{B,L}}^{\hat{\theta}_{B,U}}\pi(T_{BF}|X_1^{(k+1)},\cdots,X_{\max[n_1,n_2]}^{(k+1)})\,\mathrm{d}T_{BF} = \delta_2 \qquad (7-113)$$

(3) 对于 M_{CT} 的 Bayes 估计。M_{CT} 的 Bayes 点估计为

$$\hat{\xi}_{B,n_3} = E(M_{CT}|Y_1^{(k+1)},\cdots,Y_{n_3}^{(k+1)}) \qquad (7-114)$$

M_{CT} 的 Bayes 点估计的置信水平为

$$C_{M_{CT},n_3} = 1 - \lim_{N\to\infty}\frac{1}{N}\sum_{j=1}^{N}\frac{|\hat{\xi}_{B,n_3,j} - M_{CT}|}{M_{CT}} \qquad (7-115)$$

给定置信水平 δ_3，M_{CT} 的 Bayes 单侧置信区间下限 $\hat{\xi}_{B,L}$ 可由下式计算，即

$$\int_{\hat{\xi}_{B,L}}^{\infty}\pi(M_{CT}|Y_1^{(k+1)},\cdots,Y_{n_3}^{(k+1)})\,\mathrm{d}M_{CT} = \delta_3 \qquad (7-116)$$

Bayes 双侧置信区间估计 $(\hat{\xi}_{B,L},\hat{\xi}_{B,U})$ 可由下式计算，即

$$\int_{\hat{\xi}_{B,L}}^{\hat{\xi}_{B,U}}\pi(M_{CT}|Y_1^{(k+1)},\cdots,Y_{n_3}^{(k+1)})\,\mathrm{d}M_{CT} = \delta_3 \qquad (7-117)$$

2. 定时截尾试验方案设计和参数 Bayes 估计

1）相关假设

（1）固有可用度 Bayes 试验相关假设。

① 给定试验风险：承制方风险为 α_1，使用方风险为 β_1。

② 给定 A_i 检验上下限之分别为：$A_{i,U} = A_0$，$A_{i,L} = A_1$；$A_0 > A_1$。

③ A_i 的 Bayes 点估计为 $\hat{A}_{B,T}$，其中 T 为累计试验时间。

④ 给定置信区间估计的置信水平为 δ_1。

⑤ 判定临界值为 C_1。

⑥ 原假设和备择假设：$H_{10}:A_{i,U} = A_0$；$H_{11}:A_{i,L} = A_1$。

⑦ 接收与拒收规则:

$$
\begin{cases}
\dfrac{P\left(H_{11}\mid\hat{A}_{1,T_p}^{(k+1)},\cdots,\hat{A}_{n,T_p}^{(k+1)}\right)}{P\left(H_{10}\mid\hat{A}_{1,T_p}^{(k+1)},\cdots,\hat{A}_{n,T_p}^{(k+1)}\right)} < C_1,\text{接收 } H_{10} \\[4mm]
\dfrac{P\left(H_{11}\mid\hat{A}_{1,T_p}^{(k+1)},\cdots,\hat{A}_{n,T_p}^{(k+1)}\right)}{P\left(H_{10}\mid\hat{A}_{1,T_p}^{(k+1)},\cdots,\hat{A}_{n,T_p}^{(k+1)}\right)} \geqslant C_1,\text{拒收 } H_{10}
\end{cases}
$$

⑧ 统计检验 A_i 现场最小累计试验时间为 T_1。

（2）可靠性 Bayes 试验相关假设。

① 给定试验风险:承制方风险为 α_2,使用方风险为 β_2。

② 给定 T_{BF} 检验上下限之分别为: $T_{BF,U}=\theta_0$,$T_{BF,L}=\theta_1$;$\theta_0 > \theta_1$。

③ 给定置信区间估计的置信水平为 δ_2。

④ 判定临界值为 C_2。

⑤ 原假设和备择假设: $H_{20}:T_{BF,U}=\theta_0$;$H_{21}:T_{BF,U}=\theta_1$。

⑥ 接收与拒收规则:

$$
\begin{cases}
\dfrac{P(H_{21}\mid r)}{P(H_{20}\mid r)} < C_2,\text{接收 } H_{20} \\[4mm]
\dfrac{P(H_{21}\mid r)}{P(H_{20}\mid r)} \geqslant C_2,\text{拒收 } H_{20}
\end{cases}
$$

⑦ 统计检验 MTBF 现场最小累计运行时间为 T_2。

（3）维修性 Bayes 试验相关假设。

① 给定试验风险:承制方风险为 α_3,使用方风险为 β_3。

② 给定 M_{CT} 检验下上限之分别为:$M_{CT,U}=\xi_0$,$M_{CT,L}=\xi_1$;$\xi_0 < \xi_1$。

③ 给定置信区间估计的置信水平为 δ_3。

④ 判定临界值为 C_3。

⑤ 原假设和备择假设: $H_{30}:M_{CT,U}=\xi_0$;$H_{31}:M_{CT,L}=\xi_1$。

⑥ 接收与拒收规则:

$$
\begin{cases}
\dfrac{P(H_{31}\mid Y_1^{(k+1)},\cdots,Y_n^{(k+1)})}{P(H_{30}\mid Y_1^{(k+1)},\cdots,Y_n^{(k+1)})} < C_3,\text{接收 } H_{30} \\[4mm]
\dfrac{P(H_{31}\mid Y_1^{(k+1)},\cdots,Y_n^{(k+1)})}{P(H_{30}\mid Y_1^{(k+1)},\cdots,Y_n^{(k+1)})} \geqslant C_3,\text{拒收 } H_{30}
\end{cases}
$$

⑦ 统计检验 MTTR 现场最小样本量为 n_3。

（4）RMA 综合定数截尾 Bayes 试验方案。为了使试验方案简洁明了,本书

规定整装 RMA 综合定时截尾试验方案为

（定时，验前工作循环推进时间，现场试验工作循环推进时间，模拟故障修复作业数）

2）各参数的统计试验方案设计

（1）固有可用度 Bayes 定时截尾试验方案设计。统计检验 A_i 需要满足的方程为

$$
\begin{cases}
P(H_{10})P\left(P\left(H_{11}\mid \hat{A}_{1,T_p}^{(k+1)},\cdots,\hat{A}_{n,T_p}^{(k+1)}\right)\right/ \\
\quad P\left(H_{10}\mid \hat{A}_{1,T_p}^{(k+1)},\cdots,\hat{A}_{n,T_p}^{(k+1)}\right)\geqslant C_1\mid A_i=A_0\right)\leqslant \alpha_1 \\
P(H_{11})P\left(P\left(H_{11}\mid \hat{A}_{1,T_p}^{(k+1)},\cdots,\hat{A}_{n,T_p}^{(k+1)}\right)\right/ \\
\quad P\left(H_{10}\mid \hat{A}_{1,T_p}^{(k+1)},\cdots,\hat{A}_{n,T_p}^{(k+1)}\right)< C_1\mid A_i=A_1\right)\leqslant \beta_1
\end{cases}
\tag{7-118}
$$

根据式（7-118）可求得统计检验 A_i 现场最小累计试验时间为 T_1 和判定临界值为 C_1。

由于

$$
\frac{P\left(H_{11}\mid \hat{A}_{1,T_p}^{(k+1)},\cdots,\hat{A}_{n,T_p}^{(k+1)}\right)}{P\left(H_{10}\mid \hat{A}_{1,T_p}^{(k+1)},\cdots,\hat{A}_{n,T_p}^{(k+1)}\right)}=\frac{\int_{A_i=A_1}\pi\left(A_i\mid \hat{A}_{1,T_p}^{(k+1)},\cdots,\hat{A}_{n,T_p}^{(k+1)}\right)\mathrm{d}A_i}{\int_{A=A_0}\pi\left(A_i\mid \hat{A}_{1,T_p}^{(k+1)},\cdots,\hat{A}_{n,T_p}^{(k+1)}\right)\mathrm{d}A_i}
$$

$$
=\frac{\pi\left(A_1\mid \hat{A}_{1,T_p}^{(k+1)},\cdots,\hat{A}_{n,T_p}^{(k+1)}\right)}{\pi\left(A_0\mid \hat{A}_{1,T_p}^{(k+1)},\cdots,\hat{A}_{n,T_p}^{(k+1)}\right)}
$$

因此，判定准则可以等价转换为

$$
\begin{cases}
\dfrac{\pi\left(A_1\mid \sum\limits_{j=1}^{n}\hat{A}_{j,T_\mu}^{(k+1)}\right)}{\pi\left(A_0\mid \sum\limits_{j=1}^{n}\hat{A}_{j,T_p}^{(k+1)}\right)}< C_1,H_{10}\ 接收 \\[4mm]
\dfrac{\pi\left(A_1\mid \sum\limits_{j=1}^{n}\hat{A}_{j,T_p}^{(k+1)}\right)}{\pi\left(A_0\mid \sum\limits_{j=1}^{n}\hat{A}_{j,T_p}^{(k+1)}\right)}\geqslant C_1,拒收\ H_{10}
\end{cases}
$$

式（7-118）可转化为

$$
\begin{cases}
P(H_{10})P\left(\pi\left(A_1\mid \sum\limits_{j=1}^{n}\hat{A}_{j,T_p}^{(k+1)}\right)\right/\left.\pi\left(A_0\mid \sum\limits_{j=1}^{n}\hat{A}_{j,T_p}^{(k+1)}\right)\geqslant C_1\mid A_i=A_0\right)\leqslant \alpha_1 \\
P(H_{11})P\left(\pi\left(A_1\mid \sum\limits_{j=1}^{n}\hat{A}_{j,T_p}^{(k+1)}\right)\right/\left.\pi\left(A_0\mid \sum\limits_{j=1}^{n}\hat{A}_{j,T_p}^{(k+1)}\right)< C_1\mid A_i=A_1\right)\leqslant \beta_1
\end{cases}
$$

$$
\tag{7-119}
$$

利用式(7-119)可求得 n_1 和 C_1。并根据式 $T_1 = n_1 T_p$ 确定 T_1。

(2)可靠性 Bayes 定时截尾试验方案设计。统计检验 T_{BF} 需要满足的方程为

$$
\begin{cases}
P(H_{20})P(P(H_{21}\,|\,r)/P(H_{20}\,|\,r) \geqslant C_2\,|\,T_{BF}=\theta_0) \leqslant \alpha_2 \\
P(H_{21})P(P(H_{21}\,|\,r)/P(H_{20}\,|\,r) < C_2\,|\,T_{BF}=\theta_1) \leqslant \beta_2
\end{cases}
\qquad (7-120)
$$

根据式(7-117)可求得统计检验 T_{BF} 最小累积运行时间为 T_2 和判定临界值为 C_2。

(3)维修性 Bayes 定数截尾试验方案设计。根据式(7-104)可求得统计检验 M_{CT} 现场最小样本量 n_3,临界值 C_3。

3)优先满足不同参数风险要求下 RMA 综合统计试验方案设计

本书仅针对优先满足 A_i 和同时满足 A_i、MTBF、MTTR 这两种比较有代表性的情况,进行试验方案设计。

(1)优先满足 A_i 的试验风险要求。如果优先满足 A_i 风险要求,要求在现场试验中获得满足统计检验 A_i 试验风险的累计试验时间,即满足式(7-118)即可。按照试验进程及运行和修复事件之间的时序关系,规定累计试验时间到 T_1 时截止,这时系统可能处于运行状态,也可能处于修复状态。这时,装备累计运行时间为 T_3,产生故障进行修复作业次数为 n_{10}。

试验方案为(定时,kT_p,T_1,0)。

如果 $T_3 \geqslant T_2$,即可对 MTBF 进行统计检验;如果 $T_3 < T_2$,不能对其进行统计检验。

如果 $n_{10} \geqslant n_3$,即可对 MTTR 进行统计检验;如果 $n_{10} < n_3$,不能对其进行统计检验。

(2)同时满足 A_i、MTBF、MTTR 的试验风险要求。需要满足的方程为

$$
\begin{cases}
P(H_{10})P(P(H_{11}\,|\,\hat{A}_{1,T_p}^{(k+1)},\cdots,\hat{A}_{n,T_p}^{(k+1)})/P(H_{10}\,|\,\hat{A}_{1,T_p}^{(k+1)},\cdots,\hat{A}_{n,T_p}^{(k+1)}) \\
\qquad \geqslant C_1\,|\,A_i=A_0) \leqslant \alpha_1 \\
P(H_{11})P(P(H_{11}\,|\,\hat{A}_{1,T_p}^{(k+1)},\cdots,\hat{A}_{n,T_p}^{(k+1)})/P(H_{10}\,|\,\hat{A}_{1,T_p}^{(k+1)},\cdots,\hat{A}_{n,T_p}^{(k+1)}) \\
\qquad < C_1\,|\,A_i=A_1) \leqslant \beta_1 \\
P(H_{20})P(P(H_{21}\,|\,r)/P(H_{20}\,|\,r) \geqslant C_2\,|\,T_{BF}=\theta_0) \leqslant \alpha_2 \\
P(H_{21})P(P(H_{21}\,|\,r)/P(H_{20}\,|\,r) < C_2\,|\,T_{BF}=\theta_1) \leqslant \beta_2 \\
P(H_{30})P(P(H_{31}\,|\,Y_j^{(k+1)})/P(H_{30}\,|\,Y_j^{(k+1)}) \geqslant C_3\,|\,M_{CT}=\xi_0) \leqslant \alpha_3 \\
P(H_{31})P(P(H_{31}\,|\,Y_j^{(k+1)})/P(H_{30}\,|\,Y_j^{(k+1)}) < C_3\,|\,M_{CT}=\xi_1) \leqslant \beta_3
\end{cases}
$$

$$(7-121)$$

按照类似现场样本充足条件同时满足 A_i、MTBF、MTTR 风险要求的定时截尾试验进程进行试验,试验方案描述如下:

如果 $T_3 \geq T_2$,$n_{10} \geq n_3$,试验方案为

$$(定时,kT_p,T_1,0)$$

如果 $T_3 \geq T_2$,$n_{10} < n_3$,规定模拟故障修复作业次数为 n_{13} 时截止,$n_{13} = n_3 - n_{10}$,试验方案为

$$(定时,kT_p,T_1,n_3 - n_{10})$$

如果 $T_3 < T_2$,$n_{11} \geq n_3$,试验方案为

$$(定时,kT_p,T_4,0)$$

在第一个试验阶段的第二个分阶段,按照试验进程,继续试验到累计运行时间为 T_2 时工作循环截止。这时累计试验时间为 T_4,产生故障数为 n_{11}。

如果 $T_3 < T_2$,$n_{11} \geq n_3$,规定模拟故障修复作业次数为 n_{12} 时截止,$n_{12} = n_3 - n_{11}$,试验方案为

$$(定时,kT_p,T_4,n_3 - n_{11})$$

4)参数的 Bayes 估计

依据定型试验的费用和进度,进行统计试验方案的选择。不失普遍性,本书仅分析选择同时满足 A_i、MTBF 和 MTTR 风险设计的试验方案的情况,试验方案为

$$(定时,kT_p,T_1,n_3 - n_{10})$$

进行试验后,累计试验时间为 T_1,累计运行时间为 T_3,获得 n_3 个修复时间样本。对 A_i、MTBF、MTTR 进行 Bayes 估计的情况。

(1)对于 A_i 的 Bayes 估计。根据式(7−92),A_i 的验后分布为

$$\pi(A_i \mid \hat{A}_{1,T_p}^{(k+1)}, \cdots, \hat{A}_{T_3/T_p,T_p}^{\ (k+1)}) = \frac{1}{\sqrt{2\pi\psi_p'^2}} e^{\frac{-(\phi_p' - A_i)^2}{2\psi_p'^2}}$$

A_i 的 Bayes 点估计为

$$\begin{aligned}
\hat{A}_{B,T_1} &= E(A_i \mid \hat{A}_{1,T_p}^{(k+1)}, \cdots, \hat{A}_{T_3/T_p,T_p}^{\ (k+1)}) \\
&= \int_0^1 A_i \pi(A_i \mid \hat{A}_{1,T_p}^{(k+1)}, \cdots, \hat{A}_{T_3/T_p,T_p}^{\ (k+1)}) \mathrm{d}A_i \\
&= \int_0^1 A_i \frac{1}{\sqrt{2\pi\psi_p'^2}} e^{\frac{-(\phi_p' - A_i)^2}{2\psi_p'^2}} \mathrm{d}A_i
\end{aligned} \qquad (7-122)$$

A_i 的 Bayes 点估计的置信水平为

$$C_{A_i,T_1} = 1 - \lim_{N \to \infty} \frac{1}{N} \sum_{j=1}^{N} \frac{|\hat{A}_{B,T_1,j} - A_i|}{A_i} \qquad (7-123)$$

给定置信水平 δ_1，A_i 的 Bayes 单侧置信区间下限 $\hat{A}_{B,L}$ 可由下式计算，即

$$\int_{\hat{A}_{B,L}}^{1} \pi(A_i \mid \hat{A}_{1,T_p}^{(k+1)}, \cdots, \hat{A}_{T_3/T_p, T_p^{(k+1)}}) dA_i = \delta_1 \qquad (7-124)$$

Bayes 双侧置信区间估计 $(\hat{A}_{B,L}, \hat{A}_{B,U})$ 可由下式计算，即

$$\int_{\hat{A}_{B,L}}^{\hat{A}_{B,U}} \pi(A_i \mid \hat{A}_{1,T_p}^{(k+1)}, \cdots, \hat{A}_{T_3/T_p, T_p}^{(k+1)}) dA_i = \delta_1 \qquad (7-125)$$

（2）对于 T_{BF} 的 Bayes 估计。T_{BF} 的 Bayes 点估计为

$$\hat{\theta}_{B,T_3,n_{10}} = E(T_{BF} \mid n_{10}) \qquad (7-126)$$

T_{BF} 的 Bayes 点估计的置信水平为

$$C_{T_{BF},T_3,n_{10}} = 1 - \lim_{N \to \infty} \frac{1}{N} \sum_{j=1}^{N} \frac{|\hat{\theta}_{B,T_3,n_{10},j} - T_{BF}|}{T_{BF}} \qquad (7-127)$$

给定置信水平 δ_2，T_{BF} 的 Bayes 单侧置信区间下限 $\hat{\theta}_{B,L}$ 可由下式计算，即

$$\int_{\hat{\theta}_{BL}}^{\infty} \pi(T_{BF} \mid n_{10}) dT_{BF} = \delta_2 \qquad (7-128)$$

Bayes 双侧置信区间估计 $(\hat{\theta}_{B,L}、\hat{\theta}_{BU})$ 可由下式计算，即

$$\int_{\hat{\theta}_{B,L}}^{\hat{\theta}_{B,U}} \pi(T_{BF} \mid n_{10}) dT_{BF} = \delta_2 \qquad (7-129)$$

（3）对于 M_{CT} 的 Bayes 估计。RMA 定时截尾试验对 M_{CT} 的试验仍采用定数截尾方式，应此对 M_{CT} 的估计与 RMA 定数截尾试验后对 M_{CT} 的估计完全一致，不再赘述。

3. 序贯截尾试验方案设计和参数 Bayes 估计

1）相关假设

（1）固有可用度 Bayes 试验相关假设。

① 给定试验风险：承制方风险为 α_1，使用方风险为 β_1。

② 给定 A_i 检验上下限之分别为：$A_{i,U} = A_0$，$A_{i,L} = A_1$；$A_0 > A_1$。

③ 原假设和备择假设：$H_{10}: A_{i,U} = A_0$；$H_{11}: A_{i,L} = A_1$。

④ A_i 的 Bayes 点估计为 $\hat{A}_{B,n,m}$，其中 n 为运行时间样本量，m 为修复作业样本量。

⑤ 进行第 n 次试验循环,计算 A_i 估计量序贯概率比为

$$\lambda_{\mathrm{B},n} = \frac{P(H_{11}) \prod\limits_{j=1}^{n} f(e_j | A_1)}{P(H_{10}) \prod\limits_{j=1}^{n} f(e_j | A_0)}$$

⑥ 给定置信区间估计的置信水平为 δ_1。

⑦ 现场试验样本量最大值 $\max(n) = N$,截尾序贯门限值为 Z。

⑧ 与非截尾序贯试验方案相比,截尾序贯试验方案承制方风险增量为 $\Delta \overline{\alpha}_{N\pi_0}$,使用方风险增量为 $\Delta \overline{\beta}_{N\pi_1}$。相应的承制方风险增量上限 $\Delta \overline{\alpha}$,使用方风险增量上限 $\Delta \overline{\beta}$。

（2）可靠性 Bayes 试验相关假设。

① 给定试验风险:承制方风险为 α_2,使用方风险为 β_2。

② 给定 T_{BF} 检验上下限之分别为:$T_{\mathrm{BF,U}} = \theta_0$,$T_{\mathrm{BF,L}} = \theta_1$；$\theta_0 > \theta_1$。

③ T_{BF} 的 Bayes 点估计为 $\hat{\theta}_{\mathrm{B},n}$,其中 n 为运行时间样本量。

④ 给定置信区间估计的置信水平为 δ_2。

⑤ 判定临界值为 C_2。

⑥ 原假设和备择假设:$H_{20} : T_{\mathrm{BF,U}} = \theta_0$；$H_{21} : T_{\mathrm{BF,L}} = \theta_1$。

⑦ 接收与拒收规则:

$$\begin{cases} \dfrac{P(H_{21} | X_1^{(k+1)}, \cdots, X_n^{(k+1)})}{P(H_{20} | X_1^{(k+1)}, \cdots, X_n^{(k+1)})} < C_2,\text{接收 } H_{20} \\[4mm] \dfrac{P(H_{21} | X_1^{(k+1)}, \cdots, X_n^{(k+1)})}{P(H_{20} | X_1^{(k+1)}, \cdots, X_n^{(k+1)})} \geqslant C_2,\text{拒收 } H_{20} \end{cases}$$

⑧ 统计检验 MTBF 现场最小样本量为 n_2。

（3）维修性 Bayes 试验相关假设。

① 给定试验风险:承制方风险为 α_3,使用方风险为 β_3。

② 给定 M_{CT} 检验下上限之分别为:$M_{\mathrm{CT,U}} = \xi_0$,$M_{\mathrm{CT,L}} = \xi_1$；$\xi_0 < \xi_1$。

③ M_{CT} 的 Bayes 点估计为 $\hat{\xi}_{\mathrm{B},n}$,其中 n 为修复作业时间样本量。

④ 给定置信区间估计的置信水平为 δ_3。

⑤ 判定临界值为 C_3。

⑥ 原假设和备择假设:$H_{30} : M_{\mathrm{CT,U}} = \xi_0$；$H_{31} : M_{\mathrm{CT,L}} = \xi_1$。

⑦ 接收与拒收规则:

$$\begin{cases} \dfrac{P(H_{31} \mid Y_1^{(k+1)}, \cdots, Y_n^{(k+1)})}{P(H_{30} \mid Y_1^{(k+1)}, \cdots, Y_n^{(k+1)})} < C_3, \text{接收 } H_{30} \\[3mm] \dfrac{P(H_{31} \mid Y_1^{(k+1)}, \cdots, Y_n^{(k+1)})}{P(H_{30} \mid Y_1^{(k+1)}, \cdots, Y_n^{(k+1)})} \geqslant C_3, \text{拒收 } H_{30} \end{cases}$$

⑧ 统计检验 MTTR 现场最小样本量为 n_3。

（4）RMA 综合序贯截尾试验方案格式。为了使试验方案简洁明了,本书规定 RMA 综合序贯截尾试验方案格式为

（序贯,验前试验工作循环对数,序贯试验条件,现场试验工作循环对数,模拟故障修复作业数）

2）各参数的统计试验方案设计

（1）固有可用度 Bayes 序贯试验方案设计。第 n 次循环后进行判定 ($n = 1, 2, \cdots$)非截尾序贯试验方案判定准则如下:

① 如果 $\lambda_{B,n} \leqslant R$,试验停止,接收 H_{10}。

② 如果 $\lambda_{B,n} \geqslant S$,试验停止,拒收 H_{10}。

③ 如果 $R < \lambda_{B,n} < S$,试验继续,不做决策。

$$R = \frac{\beta_1}{P(H_{10}) - \alpha_1}, S = \frac{P(H_{11}) - \beta_1}{\alpha_1}$$

$$\lambda_{B,n} = \frac{P(H_{11}) \displaystyle\prod_{j=1}^{n} f(e_j \mid A_1)}{P(H_{10}) \displaystyle\prod_{j=1}^{n} f(e_j \mid A_0)}$$

式中:$P(H_{1j})$ 为 H_j 成立的概率($j = 0, 1$)。

以运行时间和修复时间服从指数分布为例,进行试验方案设计。

令

$$f(e_j \mid A_i) = \frac{\Gamma(2) e_j^2}{[\Gamma(1)]^2} A_i^2 ((e_j - 1) A_i + 1)^{-2}$$

$$\lambda_{B,n} = \frac{A_1^2 P(H_{11})}{A_0^2 P(H_{10})} \prod_{j=1}^{n} \left(\frac{(e_j - 1) A_1 + 1}{(e_j - 1) A_0 + 1} \right)^{-2}$$

根据专家经验,$P(H_{10})$、$P(H_{11})$ 的计算公式为

$$P(H_{11}) = \int_{-\infty}^{A_1} \pi(A_i) \, \mathrm{d}A_i \tag{7 – 130}$$

$$P(H_{10}) = 1 - P(H_{11}) \tag{7 – 131}$$

为简化判定准则,令

$$U = \left(\frac{P(H_{10})\beta_1 A_0^2}{P(H_{11})(P(H_{10}) - \alpha_1)A_1^2} \right)^{-\frac{1}{2}}$$

$$V = \left(\frac{P(H_{10})(P(H_{11}) - \beta_1)A_0^2}{P(H_{11})\alpha_1 A_1^2} \right)^{-\frac{1}{2}}$$

$$\lambda_n = \prod_{j=1}^{n} \frac{(e_j - 1)A_1 + 1}{(e_j - 1)A_0 + 1}$$

显然 U 和 V 为已知。判定准则可等价简化如下:

① 如果 $\lambda_n \geq U$,试验停止,接收 H_{10};如果 $\lambda_n \leq V$,试验停止,拒收 H_{10}。

② 如果 $V < \lambda_n < U$,试验继续,不做决策。

在现场试验假设不变的前提下,规定现场试验样本量最大值为 N。N 可以依据有关文献给出的方法确定。当现场试验进行到 $N-1$ 时,仍然没有做出决策。这时在第 N 次试验后终止试验,并做出判断。截尾序贯试验方案判定准则如下:

① 当 $n \leq N-1$ 时,如果 $\lambda_{B,n} \leq R$,试验停止,接收 H_{10};如果 $\lambda_{B,n} \geq S$,试验停止,拒收 H_{10};如果 $R < \lambda_{B,n} < S$,试验继续,不做决策。

② 当 $n = N$ 时,如果 $R < \lambda_{B,N} < Z$,试验停止,接收 H_{10};如果 $Z \leq \lambda_{B,N} < S$,试验停止,拒收 H_{10}。

要求 $\Delta \bar{\alpha}_{N\pi_0} \leq \Delta \bar{\alpha}, \Delta \bar{\beta}_{N\pi_1} \leq \Delta \bar{\beta}$。

$$\Delta \bar{\alpha}_{N\pi_0} = P(H_{10})P(Z \leq \lambda_{B,N} < S | A_i = A_0)$$

$$\Delta \bar{\beta}_{N\pi_1} = P(H_{11})P(R < \lambda_{B,N} < Z | A_i = A_1)$$

利用文献给出的方法确定序贯试验截尾门限值 Z,步骤如下:

步骤1:给定选择 Z 的误差 $\varepsilon(\varepsilon > 0)$。

步骤2:取 $Z = (R + S)/2$,计算 $\Delta \bar{\alpha}_{N\pi_0}(Z)$。

步骤3:分情况讨论,选择 Z。

① 如果 $\Delta \bar{\alpha}_{N\pi_0}(Z) \leq \Delta \bar{\alpha}, \Delta \bar{\beta}_{N\pi_1}(Z) \leq \Delta \bar{\beta}$,选择 $Z = (R + S)/2$。

② 如果 $\Delta \bar{\alpha}_{N\pi_0}(Z) \leq \Delta \bar{\alpha}, \Delta \bar{\alpha}_{N\pi_0}(Z - \varepsilon) > \Delta \bar{\alpha}, \Delta \bar{\beta}_{N\pi_1}(Z) > \Delta \bar{\beta}$,选择 $Z = (R + S)/2$。

③ 如果 $\Delta \bar{\alpha}_{N\pi_0}(Z) \leq \Delta \bar{\alpha}, \Delta \bar{\alpha}_{N\pi_0}(Z - \varepsilon) \leq \Delta \bar{\alpha}, \Delta \bar{\beta}_{N\pi_1}(Z) > \Delta \bar{\beta}$,选择 $Z = S$。

④ 如果 $\Delta \bar{\alpha}_{N\pi_0}(Z) > \Delta \bar{\alpha}$,如 $Z = R$,转到步骤2。

对 $\Delta\bar{\alpha}_{N\pi_0}(Z)$、$\Delta\bar{\beta}_{N\pi_1}(Z)$,一般按以下方法计算。

当 $n = N$ 时,$e_1, e_2, \cdots, e_N$ 联合概率密度为

$$f(e_1, e_2, \cdots, e_N | A_i) = \prod_{j=1}^{N} f(e_j | A_i)$$

$$= \left(\frac{\Gamma(2) e_j}{(\Gamma(1))^2} A_i \right)^{2N} \prod_{j=1}^{N} ((e_j - 1) A_i + 1)^{-2}$$

$\Delta\bar{\alpha}_{N\pi_0}(Z)$ 由式(7 – 132)计算,$\Delta\bar{\beta}_{N\pi_1}(Z)$ 由式(7 – 133)计算。显然,当 $N \geqslant 4$ 时,计算十分复杂。因此,可依据式(7 – 97),并利用插值法近似表示 $\lambda_{B,N}$ 的概率密度 $g(\lambda_{B,N} | A_i)$,具体过程不再赘述。计算 $\Delta\alpha_{N\pi_0}(Z)$ 和 $\Delta\bar{\beta}_{N\pi_1}(Z)$ 分别为

$$\Delta\bar{\alpha}_{N\pi_0}(Z) = P(H_{10}) \int_Z^S g(\lambda_{BN} | A_0) \mathrm{d}\lambda_{BN} \qquad (7 – 132)$$

$$\Delta\bar{\beta}_{N\pi_1}(Z) = P(H_{11}) \int_R^Z g(\lambda_{BN} | A_1) \mathrm{d}\lambda_{BN} \qquad (7 – 133)$$

令

$$W = \left(\frac{A_0{}^2 P(H_{10})}{A_1{}^2 P(H_{11})} Z \right)^{-\frac{1}{2}}$$

当 $n \leqslant N – 1$ 时,截尾序贯试验和非截尾序贯试验的简化判定准则相同。

当 $n = N$ 时,判定准则简化如下:

① 如果 $W < \lambda_N < U$,试验停止,接收产品;如果 $V < \lambda_N \leqslant W$,试验停止,拒收产品。

截尾序贯试验方案判定准则图如图 7 – 40 所示。

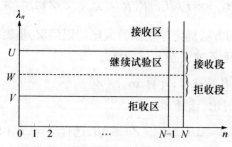

图 7 – 40 截尾序贯试验方案判定准则图

② 在做出接收、拒收决策后试验停止。停止时的工作循环对数为 n_{19}。

(2)可靠性 Bayes 定数截尾试验方案设计。根据式(7 – 103)可求得统计检验 MTBF 现场最小样本量 n_2 和判定临界值为 C_2。

（3）维修性 Bayes 定数截尾试验方案设计。根据式(7 - 104)可求得统计检验 MTTR 现场最小样本量 n_3 和判定临界值为 C_3。

3）优先满足不同参数风险要求下 RMA 综合统计试验方案设计

本书仅针对优先满足 A_i 和同时满足 A_i、MTBF、MTTR 这两种比较有代表性的情况，进行试验方案设计。

（1）优先满足 A_i 的试验风险要求。按照类似现场样本充足条件优先满足 A_i 风险要求的序贯试验进程进行试验，试验方案为

$$（序贯, kr, 整装序贯试验条件, n_{19}, 0）$$

做以下判断，分析能否对 MTBF、MTTR 进行统计检验：

如果 $n_{19} \geqslant n_2$，即可对 MTBF 进行统计检验；如果 $n_{19} < n_2$，不能对其进行统计检验。

如果 $n_{19} \geqslant n_3$，即可对 MTTR 进行统计检验；如果 $n_{19} < n_3$，不能对其进行统计检验。

（2）同时满足 A_i、MTBF、MTTR 的试验风险要求。需要满足的方程为

$$\begin{cases} \lambda_n \geqslant U \quad 或 \quad \lambda_n \leqslant V \\[2mm] P(H_{20})P\left(\dfrac{P(H_{21} \mid X_j^{(k+1)})}{P(H_{20} \mid X_j^{(k+1)})} \geqslant C_2 \mid T_{BF} = \theta_0\right) \leqslant \alpha_2 \\[2mm] P(H_{21})P\left(\dfrac{P(H_{21} \mid X_j^{(k+1)})}{P(H_{20} \mid X_j^{(k+1)})} < C_2 \mid T_{BF} = \theta_1\right) \leqslant \beta_2 \\[2mm] P(H_{30})P\left(\dfrac{P(H_{31} \mid Y_j^{(k+1)})}{P(H_{30} \mid Y_j^{(k+1)})} \geqslant C_3 \mid M_{CT} = \xi_0\right) \leqslant \alpha_3 \\[2mm] P(H_{31})P\left(\dfrac{P(H_{31} \mid Y_j^{(k+1)})}{P(H_{30} \mid Y_j^{(k+1)})} < C_3 \mid M_{CT} = \xi_1\right) \leqslant \beta_3 \end{cases}$$

按照类似现场样本充足条件同时满足 A_i、MTBF、MTTR 风险要求的序贯试验进程进行试验，试验方案描述如下：

如果 $\max[n_{19}, n_2] \geqslant n_3$，不进行故障模拟；试验方案为

$$（序贯, kr, 整装序贯试验条件, \max[n_{19}, n_2], 0）$$

如果 $\max[n_{19}, n_2] < n_3$，规定模拟故障修复作业次数 n_{20} 时截止，$n_{20} = n_3 - \max[n_{19}, n_2]$；试验方案为

$$（序贯, kr, 整装序贯试验条件, \max[n_{19}, n_2], n_3 - \max[n_{19}, n_2]）$$

4）参数 Bayes 估计

依据定型试验的费用和进度，进行统计试验方案的选择。假设选择同时满足 A_i、MTBF 和 MTTR 风险设计的试验方案为

$$(序贯, kr, 整装序贯试验条件, \max[n_{19}, n_2], n_3 - \max[n_{19}, n_2])$$

进行试验后，获得 kr 个验前试验和 $\max[n_{19}, n_2]$ 个现场试验的故障间隔时间样本和 n_3 个修复时间样本，对 A_i、T_{BF}、M_{CT} 进行 Bayes 估计，与以试验方案为（定数，$kr, \max[n_1, n_2], n_3 - \max[n_1, n_2]$）进行试验后的参数估计过程类似，将 $\max[n_{19}, n_2]$ 替换 $\max[n_1, n_2]$ 即可。

7.5　某型自行火炮 RMA 综合试验示例分析

本章采用 RMA 综合试验途径，基于上述剖面和方案设计方法，针对某型自行火炮，设计综合统计试验方案和固有可用度试验剖面，对 A_i、MTBF、MTTR 等三个参数进行综合试验验证，给出参数估计和判定结论，并与各参数独立试验作对比，分析 RMA 综合试验途径的优势。

7.5.1　背景

某型自行火炮是一种以直接攻击歼灭敌火炮、坦克、装甲车，并破坏敌交通枢纽、防御工事和指挥部为主要目标的装备。

在某型自行火炮设计定型阶段，按照型号研制任务书提出的指标要求，需要对 A_i、MTBF、MTTR 进行试验验证。某型自行火炮进行试验符合现场样本充足条件的要求。

按照以往的试验途径，虽然维修性试验利用可靠性试验的故障作为自然故障，但仍然是分别单独考虑可靠性和维修性试验的问题统计检验 MTBF 和 MTTR。试验结束后，通过收集可靠性和维修性试验数据评估验证 A_i。不能给出满足试验风险的接收和拒收验证结论。本书不采用这种试验途径，也不另外采用独立的固有可用度试验途径统计检验 A_i，而采用 RMA 综合试验途径，综合考虑 A_i、MTBF、MTTR 的试验风险验证这三个指标参数。

试验样车数为 1 台。经拟合优度检验，试验样车的故障间隔时间服从指数分布，修复时间服从对数正态分布。经检验，试验样车故障间隔时间分布不拒收指数分布假设，修复时间不拒收对数正态分布假设。

按照 RMA 综合试验进程，采用定数截尾方式，进行统计试验方案设计，描述运行事件和修复事件的时序关系，确定试验循环对和模拟故障数量，在此基础

上,进行具体的固有可用度试验剖面设计。按试验设计实施试验后,获得数据进行参数估计和接收或拒收判定。

7.5.2　统计试验方案设计

1. 给定条件

1) 给定参数

（1）A_i 检验上下限之分别为 $A_0 = 90\%$, $A_1 = 80\%$ 。

（2）给定 T_{BF} 检验上下限分别为 $\theta_0 = 12\mathrm{h}$, $\theta_1 = 8\mathrm{h}$ 。

（3）给定 M_{CT} 检验下上限分别为 $\xi_0 = 1.1\mathrm{h}$, $\xi_1 = 1.5\mathrm{h}$ 。

（4）A_i 试验承制方风险为 $\alpha_1 = 10\%$,使用方风险为 $\beta_1 = 5\%$ 。

（5）T_{BF} 试验承制方风险为 $\alpha_2 = 10\%$,使用方风险为 $\beta_2 = 10\%$ 。

（6）M_{CT} 试验承制方风险为 $\alpha_3 = 10\%$,使用方风险为 $\beta_3 = 10\%$ 。

（7）A_i 、T_{BF} 、M_{CT} 给定置信区间估计的置信水平分别为 $\delta_1 = 80\%$ 、$\delta_2 = 80\%$ 、$\delta_3 = 80\%$ 。

2) 数据特性分布

（1）运行时间 X_i 服从指数分布, $X_i \sim E(\lambda)$, $E(X_i) = T_{BF} = 1/\lambda$ 。X_i 的概率密度为

$$f(x_i) = \lambda \mathrm{e}^{-\lambda x_i}, x_i > 0, \lambda > 0$$

（2）修复时间 Y_i 服从对数正态分布, $\ln Y_i \sim N(\mu, \sigma^2)$, $\sigma^2 = 0.6$, $E(Y_i) = M_{CT} = \exp(\mu + \sigma^2/2)$ 。Y_i 的概率密度为

$$g(y_i) = \frac{1}{\sqrt{2\pi}\sigma y_i}\exp\left(-\frac{(\ln y_i - \mu)}{2\sigma^2}\right), y_i > 0$$

2. 各参数的统计试验方案设计

1) 固有可用度统计试验方案设计

A_i 是维修系数 ρ 的严格单调减函数,对 A_i 的检验可等价的转化为对 ρ 的检验。根据式(7-4),得到 ρ 的检验下限和上限分别为

$$\rho_0 = \frac{1 - A_0}{A_0}, \rho_1 = \frac{1 - A_1}{A_1}$$

ρ 的判定临界值为 C_4 。

由 $A_0 = 90\%$, $A_1 = 80\%$,得 $\rho_0 = 1/9$, $\rho_1 = 1/4$ 。

提出原假设和备择假设:

$$H_{10}: \rho_0 = 1/9, H_{11}: \rho_1 = 1/4$$

$$H_{20} : T_{\mathrm{BF}} = 12\mathrm{h}, H_{21} : T_{\mathrm{BF}} = 8\mathrm{h}$$

$$H_{30} : M_{\mathrm{CT}} = 1.1\mathrm{h}, H_{31} : M_{\mathrm{CT}} = 1.5\mathrm{h}$$

ρ 的检验统计量可取点估计为

$$\hat{\rho}_{n,n} = \frac{\exp\left(\ln\left(\prod_{i=1}^{n} Y_i\right)^{1/n} + \sigma^2/2\right)}{\frac{1}{n}\sum_{i=1}^{n} X_i} \qquad (7-134)$$

判定准则：

$$\begin{cases} \hat{\rho}_{n,n} > C_4 & \text{拒收 } H_{10} \\ \hat{\rho}_{n,n} \leqslant C_4 & \text{接收 } H_{10} \end{cases}$$

接收概率函数为

$$P(\hat{\rho}_{n,n} \leqslant C_4) = P\left(\frac{\exp\left(\ln\left(\prod_{i=1}^{n} Y_i\right)^{1/n} + \sigma^2/2\right)}{\frac{1}{n}\sum_{i=1}^{n} X_i} \leqslant C_4\right)$$

$$= P\left(\frac{\left(\prod_{i=1}^{n} Y_i\right)^{1/n} \Big/ \exp(\mu)}{2\lambda \sum_{i=1}^{n} X_i} \leqslant \frac{1}{2n}\left(\frac{C_4}{\lambda \exp(\mu + \sigma^2/2)}\right)\right)$$

令

$$Q = \frac{2\lambda \sum_{i=1}^{n} X_i}{\left(\prod_{i=1}^{n} Y_i\right)^{1/n} \Big/ \exp(\mu)}$$

可知 $Q \sim W(2n, 2n)$ 分布。Weibull 分布的分位数表,可查阅 GJB 1288—91。

接收概率函数为

$$P(\hat{\rho}_{n,n} \leqslant C_4) = P\left(\frac{1}{Q} \leqslant \frac{1}{2n} C_4 \frac{E(X_i)}{E(Y_i)}\right) = P\left(Q \geqslant \frac{2n\rho}{C_4}\right)$$

因此统计检验 A_i 最小试验循环对 n_1,临界值 C_4 可由下式计算,即

$$\begin{cases} P\left(Q \geqslant \dfrac{2n\rho}{C_4} \Big| \rho = 1/9\right) \geqslant 0.9 \\ P\left(Q \geqslant \dfrac{2n\rho}{C_4} \Big| \rho = 1/4\right) \leqslant 0.05 \end{cases} \qquad (7-135)$$

可知 $n_1 = 8$，$C_4 = 0.18$。

2）可靠性统计试验方案设计

判定准则：

$$\begin{cases} \hat{\theta}_n \geqslant C_2, 接收 H_{20} \\ \hat{\theta}_n < C_2, 拒收 H_{20} \end{cases}$$

令 $V = 2\lambda \sum\limits_{i=1}^{n} X_i$，$V \sim \chi_{2n}^2$。统计检验 T_{BF} 最小样本量 n_2，临界值 C_2 可由下式计算，即

$$\begin{cases} P(V \geqslant 2n\lambda C_2 \mid T_{BF} = 40) \geqslant 0.9 \\ P(V \geqslant 2n\lambda C_2 \mid T_{BF} = 30) \leqslant 0.1 \end{cases} \tag{7-136}$$

可知 $n_2 = 5$，$C_2 = 11.5\text{h}$。

3）维修性统计试验方案设计

判定准则：

$$\begin{cases} \hat{\delta}_n = \dfrac{1}{n} \sum\limits_{i=1}^{n} \ln Y_i \leqslant C_3, 接收 H_{30} \\ \hat{\delta}_n = \dfrac{1}{n} \sum\limits_{i=1}^{n} \ln Y_i > C_3, 拒收 H_{30} \end{cases}$$

令

$$H = \frac{\dfrac{1}{n} \sum\limits_{i=1}^{n} \ln Y_i - \mu}{\sigma / \sqrt{n}} \quad H \sim N(0,1)$$

统计检验 M_{CT} 最小样本量 n_3，临界值 C_3 可由下式计算，即

$$\begin{cases} P\left(H \leqslant \dfrac{C_3 - \mu}{\sigma / \sqrt{n}} \mid M_{CT} = 1.1 \right) \geqslant 0.9 \\ P\left(H \leqslant \dfrac{C_3 - \mu}{\sigma / \sqrt{n}} \mid M_{CT} = 1.5 \right) \leqslant 0.1 \end{cases} \tag{7-137}$$

可知 $n_3 = 31$，$C_3 = 0.35\text{h}$。

3. 优先满足不同参数风险要求的试验方案设计

根据 4.2.3 节的描述，对优先满足不同参数风险要求的试验方案设计。

1）优先满足 A_i 风险要求

如果优先满足 A_i 风险要求,只存在交替进行的运行和修复两个状态,运行和修复构成一个工作循环对,不断重复向前推进。火炮工作循环对数达到事先规定的数量 8 时,停止试验。

优先满足 A_i 风险要求的自行火炮 RMA 综合定数截尾试验进程,如图 7 – 41 所示。

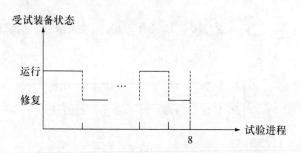

图 7 – 41　优先满足 A_i 风险要求的自行火炮 RMA 综合定数截尾试验进程

试验方案为(定数,8,0)。

由于 $n_1 \geqslant n_2$,$n_1 < n_3$,满足 MTBF 风险要求,可对 MTBF 进行统计检验,不满足 MTTR 风险要求,不能对 MTTR 进行统计检验,只能进行参数评估验证。

2）优先满足 A_i、MTBF 风险要求

优先满足 A_i、MTBF 风险要求,需要满足的方程为

$$\begin{cases} P\left(Q \geqslant \dfrac{2n\rho}{C_4} \,|\, \rho = 1/9\right) \geqslant 0.9 \\[2mm] P\left(Q \geqslant \dfrac{2n\rho}{C_4} \,|\, \rho = 1/4\right) \leqslant 0.05 \\[2mm] P(V \geqslant 2n\lambda C_2 \,|\, T_{\mathrm{BF}} = 40) \geqslant 0.9 \\[2mm] P(V \geqslant 2n\lambda C_2 \,|\, T_{\mathrm{BF}} = 30) \leqslant 0.1 \end{cases} \qquad (7 - 138)$$

优先满足 A_i、MTBF 风险要求的自行火炮 RMA 综合定数截尾试验进程,如图 7 – 42 所示。

由于 $n_1 \geqslant n_2$,试验方案为(定数,8,0)。

由于 $\max[n_1, n_2] < n_3$,不满足 MTTR 风险要求,不能对 MTTR 进行统计检验,只能进行参数评估验证。

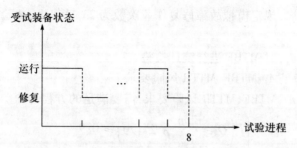

图 7 – 42　优先满足 A_i、MTBF 风险要求的自行火炮 RMA 综合定数截尾试验进程

3）优先满足 A_i、MTTR 风险要求

优先满足 A_i、MTTR 风险要求,需要满足的方程为

$$\begin{cases} P\left(Q \geqslant \dfrac{2n\rho}{C_4} \middle| \rho = 1/9 \right) \geqslant 0.9 \\[2ex] P\left(Q \geqslant \dfrac{2n\rho}{C_4} \middle| \rho = 1/4 \right) \leqslant 0.05 \\[2ex] P\left(W \leqslant \dfrac{C_3 - \mu}{\sigma/\sqrt{n}} \middle| M_{\mathrm{CT}} = 1.1 \right) \geqslant 0.9 \\[2ex] P\left(W \leqslant \dfrac{C_3 - \mu}{\sigma/\sqrt{n}} \middle| M_{\mathrm{CT}} = 1.5 \right) \leqslant 0.1 \end{cases} \tag{7 – 139}$$

试验按两阶段试验进程向前推进。在第一个试验阶段,装备首先按照交替进行的运行和修复状态组成的工作循环不断重复向前推进,到工作循环对数为 8 时停止推进,进行第二个阶段。

在第二个阶段,通过模拟故障,继续进行试验获得修复作业时间数据,规定模拟故障修复作业次数为 23 时截止。优先满足 A_i、MTTR 风险要求的自行火炮 RMA 综合定数截尾试验进程,如图 7 – 43 所示。

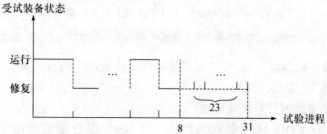

图 7 – 43　优先满足 A_i、MTTR 风险要求的自行火炮 RMA 综合定数截尾试验进程

由于 $n_1 < n_3$，规定模拟故障修复作业次数为 23 时截止，试验方案为（定数，8，23）。

由于 $n_1 \geqslant n_2$，对 MTBF 进行统计检验。

4）同时满足 A_i、MTBF、MTTR 风险要求

同时满足 A_i、MTBF、MTTR 风险要求，需要满足的方程为

$$\begin{cases} P\left(Q \geqslant \dfrac{2n\rho}{C_4} \Big| \rho = 1/9\right) \geqslant 0.9 \\[2ex] P\left(Q \geqslant \dfrac{2n\rho}{C_4} \Big| \rho = 1/4\right) \leqslant 0.05 \\[2ex] P(V \geqslant 2n\lambda C_2 \,|\, T_{BF} = 12) \geqslant 0.9 \\[2ex] P(V \geqslant 2n\lambda C_2 \,|\, T_{BF} = 8) \leqslant 0.1 \\[2ex] P\left(W \leqslant \dfrac{C_3 - \mu}{\sigma/\sqrt{n}} \Big| M_{CT} = 1.1\right) \geqslant 0.9 \\[2ex] P\left(W \leqslant \dfrac{C_3 - \mu}{\sigma/\sqrt{n}} \Big| M_{CT} = 1.5\right) \leqslant 0.1 \end{cases} \tag{7-140}$$

同时满足 A_i、MTBF、MTTR 风险要求的自行火炮 RMA 综合定数截尾试验进程，如图 7-44 所示。

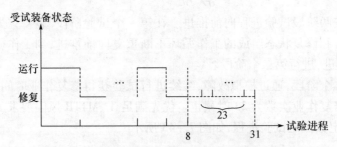

图 7-44 同时满足 A_i、MTBF、MTTR 风险要求的

自行火炮 RMA 综合定数截尾试验进程

由于 $\max[n_1, n_2] < n_3$，规定模拟故障修复作业次数为 $n_3 - \max[n_1, n_2]$ 时截止，试验方案为（定数，8，23）。

5）优先满足 MTBF 风险要求

优先满足 MTBF 风险要求的自行火炮 RMA 综合定数截尾试验进程，如图 7-45所示。

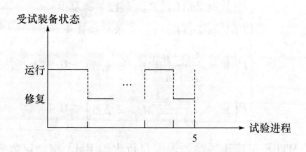

图 7 - 45　优先满足 MTBF 风险要求的自行火炮
RMA 综合定数截尾试验进程

优先满足 MTBF 风险要求,试验方案为(定数,5,0)。

由于 $n_1 > n_2$,不满足 A_i 风险要求,不能对 A_i 进行统计检验,只能进行评估验证。

由于 $n_2 < n_3$,不满足 MTTR 风险要求,不能对 MTTR 进行统计检验,只能进行评估验证。

6) 优先满足 MTTR 风险要求

依据定型试验其他性能试验的实际,先行进行试验推进工作循环对数为 4。

优先满足 MTTR 风险要求的自行火炮 RMA 综合定数截尾试验进程,如图 7 - 46所示。

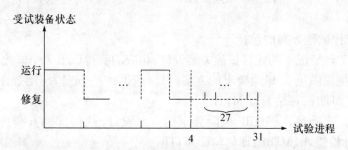

图 7 - 46　优先满足 MTTR 风险要求的自行火炮 RMA 综合定数截尾试验进程

由于 $4 < n_3$,可得试验方案为(定数,4,27)。

由于 $4 < n_1$,$4 < n_2$,不满足 A_i 风险要求,不能对 A_i 进行统计检验,不满足 MTBF 风险要求,不能对 MTTR 进行统计检验,只能进行参数评估验证。

7) 优先满足 MTBF、MTTR 风险要求

优先满足 MTBF、MTTR 风险要求,需要满足的方程为

$$\begin{cases} P(V \geqslant 2n\lambda C_2 \mid T_{BF} = 12) \geqslant 0.9 \\ P(V \geqslant 2n\lambda C_2 \mid T_{BF} = 8) \leqslant 0.1 \\ P\left(W \leqslant \dfrac{C_3 - \mu}{\sigma / \sqrt{n}} \mid M_{CT} = 1.5\right) \geqslant 0.9 \\ P\left(W \leqslant \dfrac{C_3 - \mu}{\sigma / \sqrt{n}} \mid M_{CT} = 2.5\right) \leqslant 0.1 \end{cases} \qquad (7-141)$$

优先满足 MTBF、MTTR 风险要求的自行火炮 RMA 综合定数截尾试验进程，如图 7-47 所示。

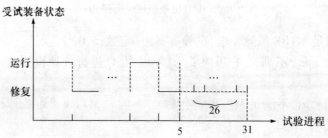

图 7-47　优先满足 MTBF、MTTR 风险要求的自行火炮 RMA 综合定数截尾试验进程

由于 $n_2 < n_3$，规定模拟故障修复作业次数为 26 时截止，试验方案为（定数，5，26）。

由于 $n_2 < n_1$，不满足 A_i 风险要求，不能对 A_i 进行统计检验，只能进行参数评估验证。

4. 统计试验方案的选择

根据 7 种情况下的统计试验方案设计，相应的获得以下 7 个试验方案：

（1）优先满足 A_i 风险要求的方案设计，获得试验方案为（定数，8，0），可统计检验 A_i、MTBF，评估验证 MTTR。

（2）优先满足 A_i、MTBF 风险要求的方案设计，获得试验方案为（定数，8，0），可统计检验 A_i、MTBF，评估验证 MTTR。

（3）优先满足 A_i、MTTR 风险要求的方案设计，获得试验方案为（定数，8，23），可统计检验 A_i、MTBF、MTTR。

（4）优先满足 A_i、MTBF、MTTR 风险要求的方案设计，获得试验方案为（定数，8，23），可统计检验 A_i、MTBF、MTTR。

（5）同时满足 MTBF 风险要求的方案设计，获得试验方案为（定数，5，0），可统计检验 MTBF，评估验证 A_i、MTTR。

（6）优先满足 MTTR 风险要求的方案设计，获得试验方案为（定数，4，27），可统计检验 MTTR，评估验证 A_i、MTBF。

（7）优先满足 MTBF、MTTR 风险要求的方案设计，获得试验方案为（定数，5,26），可统计检验 MTBF、MTTR，评估验证 A_i。

根据定型试验的经费和进度安排，选择第（4）种情况设计的试验方案为（定数，8,23），统计检验 A_i、MTBF、MTTR。

已知试验前平均故障时间预计值为 11.7h。根据式（7-21），运行总时间为 $T_p^* = 93.6h$。

7.5.3　固有可用度试验剖面设计

固有可用度试验剖面设计主要解决运行事件条件安排的问题。对于某型自行火炮，在前面进行了固有可用度试验剖面设计的示例分析。由于此前并没有进行统计试验方案设计方法研究，也没有确定运行总时间 T_p^* 的具体数值；因此，分试验与具体试验时间分配和综合自然环境条件安排部分没有进行具体计算，下面将完成这项工作。

1. 运行事件总等效时间的确定

运行总时间为 $T_p^* = 93.6h$，任务剖面加权工作时间为 $\tau^* = 21.06h$。根据式（7-24），运行事件总等效时间为 $T^* = 123.46h$。

2. 具体试验和分试验时间分配

根据式（7-25）～式（7-30），可得行驶试验所占比例及具体时间，见表 7-4；并可得射击试验所占比例及具体时间，见表 7-5。

表 7-4　某型自行火炮行驶试验所占比例及具体时间表

试验项目	所占比例/%	等效时间/h	行驶里程/km
一级路面行驶试验	3.1	3.82	172.2
二级路面行驶试验	27.7	34.20	1026.0
三级路面行驶试验	20.8	25.68	513.6
行驶试验	51.6	63.71	1711.8

表 7-5　某型自行火炮射击试验所占比例及具体时间表

试验项目	所占比例/%	等效时间/h	射击数量/发
急袭射击试验	33.5	41.36	1350
间歇射击试验	13.3	16.42	112
等速射击试验	1.6	1.98	32
射击试验	48.4	59.76	1494

3. 综合自然环境条件安排

对于某型自行火炮,根据 GJB 848—99《装甲车辆设计定型试验规程》给出的综合自然环境条件要求,根据式(3-26)~式(3-28),进行各地区行驶试验时间分配(表7-6),并对某型自行火炮各地区射击试验时间进行分配(表7-7)。

表7-6 某型自行火炮各地区行驶试验时间分配表

试验地区	所占 比例/%	等效试验 时间/h	一级路行驶 试验里程/km	二级路行驶 试验里程/km	三级路行驶 试验里程/km
常温区	65	41.41	111.93	666.9	333.8
湿热区	10	6.37	17.22	102.6	51.4
高寒区	10	6.37	17.22	102.6	51.4
高原沙漠区	15	9.56	25.83	153.9	77.1

表7-7 某型自行火炮各地区射击试验时间分配表

试验地区	所占 比例/%	等效试验 时间/h	急袭射击试验 发射数量/发	间歇射击试验 发射数量/发	等速射击试验 发射数量/发
常温区	65	38.84	878	73	22
湿热区	10	5.98	135	12	4
高寒区	10	5.98	135	12	4
高原沙漠区	15	8.96	203	17	5

春季交付试验后,按照常温区→湿热区→高寒区→高原沙漠区的顺序进行试验。地区试验时序,如图7-48所示。

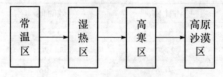

图7-48 某型自行火炮地区试验时序

其他的环境条件,如季节、昼夜等条件试验时间分配与地区试验时间分配过程类似,限于篇幅原因,本书不再介绍。

4. 试验剖面确定

结合修复时间条件,得到某型自行火炮固有可用度试验剖面,如图7-49所示。在进行试验时,装备运行实质上是具体试验(工作条件)的循环实施。一个试验循环可表示为:一级路面行驶试验→二级路面行驶试验→三级路面行驶试验→急袭射击试验→间歇射击试验→等速射击试验。环境条件安排为:第一个

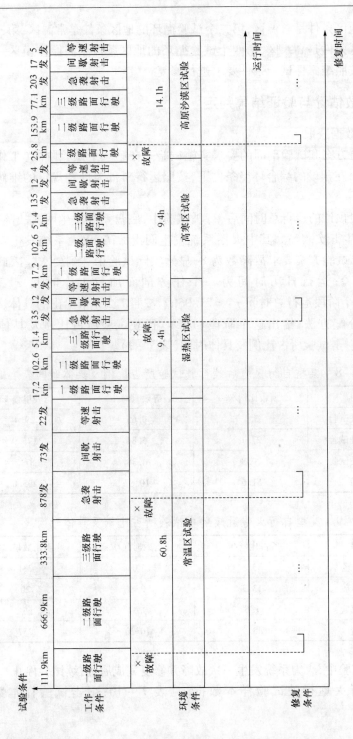

图 7-49　某型自行火炮固有可用度试验剖面

试验循环的地区条件是常温区,第二个试验循环的地区条件是常温区,第三个试验循环的地区条件是高寒区,第四个试验循环的地区条件是高原沙漠区。运行中发生故障按照维修性试验条件要求进行修复。

7.5.4 参数估计与验证结果判定

1. 试验数据获取

按照试验方案和试验剖面的要求实施试验。在第一个试验阶段(工作循环对推进阶段),在预设的综合环境条件下,按照运行事件条件和规定的维修条件要求实施。

到达试验预计的运行总时间后,行驶试验中,底盘系统发生两次故障;射击试验中,共发生五次故障。其中火控系统发生两次故障,火力系统发生三次故障。由于统计试验方案要求故障数为8,显然实际试验未达到要求。因此在常温区继续试验,运行日历时间为一个任务剖面加权工作时间 τ^*,根据式(7-7),这个阶段运行总时间 $\tau^* = 21.06h$。按照7.2.4节给出的具体试验和分试验时间分配方法,给出这个阶段(后续)行驶试验所占比例及具体时间(表7-8)和射击试验所占比例及具体时间(表7-9)。

表7-8　某型自行火炮后续行驶试验所占比例及具体时间表

试验项目	所占比例/%	等效时间/h	行驶里程/km
一级路面行驶试验	3.1	0.65	29.4
二级路面行驶试验	27.7	5.84	175.9
三级路面行驶试验	20.8	4.38	87.7
行驶试验	51.6	10.87	293.0

表7-9　某型自行火炮后续射击试验所占比例及具体时间表

试验项目	所占比例/%	等效时间/h	射击数量/发
急袭射击试验	33.5	7.06	231
间歇射击试验	13.3	2.8	20
等速射击试验	1.6	0.34	6
射击试验	48.4	10.20	257

在后续试验中,火力系统发生一次故障并修复完成后,后续试验停止。

某型自行火炮行驶试验样本数据,见表7-10;射击试验样本数据,见表7-11。

表 7 - 10 某型自行火炮行驶试验样本数据表

类　别	试验数据/h	
	1	2
X_i	30.2	29.1
Y_i	1.7	2.0
行驶路面	二级路	三级路

表 7 - 11 某型自行火炮射击试验样本数据表

类别	试验数据/h					
	3	4	5	6	7	8
X_i	10.1	6.1	4.6	2.4	2.7	8.3
Y_i	0.22	0.18	0.14	0.17	0.24	0.19
故障系统	火力	火力	火控	火力	火控	火力
射击方式	急袭	急袭	急袭	急袭	等速	间歇

在模拟故障修复阶段,按照规定的维修条件实施,共模拟 23 次故障。按照比例分层抽样法,将模拟故障进行分配。

对模拟故障进行修复作业,获得试验数据。模拟故障修复时间试验数据见表 7 - 12。

表 7 - 12 某型自行火炮模拟故障修复时间试验数据

类别	试验数据/h											
	9	10	11	12	13	14	15	16	17	18	19	20
Y_i	1.9	2.4	2.5	1.6	2.0	1.5	0.16	0.18	0.20	0.16	0.22	0.19
故障系统	底盘	底盘	底盘	底盘	底盘	底盘	火力	火力	火力	火力	火力	火力

类别	试验数据/h										
	21	22	23	24	25	26	27	28	29	30	31
Y_i	0.15	0.17	0.21	025	0.19	0.17	0.15	0.13	0.11	0.12	0.16
故障系统	火力	火力	火力	火力	火力	火力	火控	火控	火控	火控	火控

2. 参数估计

根据式(7 - 38),A_i 的点估计为

$$\hat{A}_{8,31} = \frac{1}{\hat{\rho}_{8,31} + 1}$$

$$= \frac{1}{\left(8\exp\left(\ln\left(\prod_{i=1}^{31} Y_i\right)^{1/31} + 0.36/2\right)\bigg/31\sum_{i=1}^{8} X_i\right) + 1} = 0.873$$

根据式(7-39)，A_i 的点估计的置信水平为

$$C_{A_i,14,32} = 1 - \lim_{N\to\infty}\frac{1}{N}\sum_{j=1}^{N}\frac{\left|\hat{A}_{14,32,j} - A_i\right|}{A_i}$$

根据式(7-40)，给定置信水平 $\delta_1 = 90\%$，由于 $Q\sim W$ 分布，A_i 单侧置信区间下限 $\hat{A}_L = 0.851$。

根据式(7-41)，双侧置信区间估计为(0.836,0.912)。

根据式(7-42)，T_{BF} 的点估计为

$$\hat{\theta}_8 = \frac{1}{8}\sum_{i=1}^{8} X_i = 11.69\text{h}$$

根据式(7-43)，T_{BF} 的点估计的置信水平为

$$C_{T_{BF},8} = 1 - \lim_{N\to\infty}\frac{1}{N}\sum_{j=1}^{N}\frac{\left|\hat{\theta}_{8,j} - T_{BF}\right|}{T_{BF}}$$

根据式(7-44)，给定置信水平 $\delta_2 = 80\%$，由于 $V = 2\lambda\sum_{i=1}^{8} X_i = 2\lambda 8\hat{\theta}_8 \sim \chi_{16}^2$，$T_{BF}$ 的单侧置信区间下限 $\hat{\theta}_L = 10.72\text{h}$。根据式(7-45)，双侧置信区间估计为(10.89h,13.34h)。

根据式(7-46)，M_{CT} 的点估计为

$$\hat{\xi}_{31} = \frac{1}{31}\sum_{i=1}^{31} Y_i = 0.67\text{h}$$

根据式(7-47)，M_{CT} 的点估计的置信水平为

$$C_{M_{CT},31} = 1 - \lim_{N\to\infty}\frac{1}{N}\sum_{j=1}^{N}\frac{\left|\hat{\xi}_{31,j} - M_{CT}\right|}{M_{CT}}$$

根据式(7-48)，给定置信水平 δ_3，M_{CT} 的单侧置信区间上限 $\hat{\xi}_U = 0.81\text{h}$。

根据式(7-49)，双侧置信区间估计为(0.62h,0.81h)。

3. 验证结果判定

根据式(7-134)，可得

$$\hat{\rho}_{8,8} = \frac{\exp\left(\ln\left(\prod_{i=1}^{8} Y_i\right)^{1/8} + 0.36/2\right)}{\frac{1}{8}\sum_{i=1}^{8} X_i} = 0.136$$

显然

$$\hat{\theta}_8 = \frac{1}{8}\sum_{i=1}^{8} X_i = 11.69\text{h}; \frac{1}{31}\sum_{i=1}^{31} \ln Y_i = 0.12\text{h}$$

验证判定准则为

$$\hat{\rho}_{8,8} < C_4, 接收 H_{10}; \hat{\theta}_8 > C_2, 接收 H_{20}; \frac{1}{31}\sum_{i=1}^{31} \ln Y_i < C_3, 接收 H_{30}$$

4. 验证方法途径的对比分析

本书从统计检验置信水平、点估计置信水平、区间估计精度、试验总费用以及试验总进度等五个方面将 RMA 综合试验途径与独立进行的各参数验证试验途径进行比较。验证方法途径的对比分析表,见表 7 – 13。

表 7 – 13　验证方法途径的对比分析表

试验途径 项目	独立进行的各参数验证试验			RMA 综合试验		
	A_i	MTBF	MTTR	A_i	MTBF	MTTR
统计检验置信水平	相同	低	低	相同	高	高
点估计置信水平	低	低	低	高	高	高
区间估计精度	低	低	低	高	高	高
试验总费用	高			低		
试验总进度	慢			快		

5. 各参数统计检验置信水平对比

1) A_i 统计检验置信水平对比

对于 A_i 统计检验,RMA 综合试验途径与独立进行的固有可用度试验途径相比,在试验样本量方面完全一致,因此置信水平相同。

2) MTBF 统计检验置信水平对比

对于 MTBF 统计检验,RMA 综合试验途径获得的运行时间样本量为 8,独立进行的可靠性试验途径获得的运行时间样本量为 5。相比之下,RMA 综合试验途径获得的样本量更大。在判定临界值相同的条件下,相当于降低了承制方和使用方试验风险,提高了 MTBF 统计检验置信水平。

3）MTTR 统计检验置信水平对比

对于 MTTR 统计检验，RMA 综合试验途径获得的修复时间样本，针对自然故障的数量为 8，针对模拟故障的数量为 23。独立进行的维修性试验途径获得的修复时间样本，针对自然故障的数量为 5，针对模拟故障的数量为 26。虽然修复时间样本量相同，但是 RMA 综合试验途径中针对自然故障进行修复的样本所占比例更大，因此 MTTR 统计检验置信水平更高。

6. 各参数点估计置信水平对比

1）A_i 点估计置信水平对比

对于 A_i 点估计，RMA 综合试验途径获得的运行时间样本量为 8，修复时间样本量为 31，独立进行的固有可用度试验途径获得的运行时间和修复时间样本量均为 8。因此，与独立进行的固有可用度试验途径相比，RMA 综合试验途径 A_i 点估计置信水平更高。

2）MTBF 点估计置信水平对比

对于 MTBF 点估计，RMA 综合试验途径获得的运行时间样本量为 8，与独立进行的可靠性试验途径相比，可以利用的样本更多，MTBF 点估计置信水平更高。

3）MTTR 点估计置信水平对比

对于 MTTR 点估计，虽然修复时间样本量相同，但是 RMA 综合试验途径中针对自然故障的样本所占比例更大，因此 MTTR 点估计置信水平更高。

7. 各参数区间估计精度对比

1）A_i 区间估计精度对比

对于 A_i 区间估计，RMA 综合试验途径获得的运行时间样本量为 8，修复时间样本量为 31，独立进行的固有可用度试验途径获得的运行时间和修复时间样本量均为 8。因此，与独立进行的固有可用度试验途径相比，RMA 综合试验途径 A_i 区间估计精度更高。

2）MTBF 区间估计精度对比

对于 MTBF 区间估计，RMA 综合试验途径获得的运行时间样本量为 8，与独立进行的可靠性试验途径相比，可以利用的样本更多，MTBF 区间估计精度更高。

3）MTTR 区间估计精度对比

对于 MTTR 区间估计精度，虽然修复时间样本量相同，但是 RMA 综合试验途径中针对自然故障的样本所占比例更大，因此 MTTR 区间估计精度更高。

8. 试验总费用与进度对比

在都要求满足 A_i、MTBF、MTTR 风险的前提下，RMA 综合试验与独立进行的各参数验证试验相比,在试验资源、人员、样本数据共享方面都有优势;而且 RMA 综合试验在固有可用度试验剖面设计方面,具有更强的可操作性,便于定型试验进度的总体规划。因此,RMA 综合试验与独立进行的各参数验证试验相比总费用更低,进度更快。

附　录

附录A　××2 备选故障样本库

根据样本量分配结果,在其备选样本库中选取相应数量的备选故障样本作为试验样本,此处的试验样本仅指进行故障注入的样本,不包括不可注入样本以及检测手段为人工的样本,选取结果见表 A－1。

表 A－1　××2 备选故障样本库

序号	备选故障样本编码	故障模式		故障原因	故障注入类型	试验手段	故障注入成功判据	检测方法	BIT检测指示/判据	不可注入原因	预计执行次数		备注
		编码	名称								初始样本	补充样本	
	BY－(1.1.1a)－01	1.1.1a	2.7V电路无输出	电感L3开路	拔插式故障注入	将电感L3两端开路	用万用表测量C147的正端电压为0(−0.5~0.5V)	BIT	0XF0 11 00 08 00 09			1	
	BY－(1.1.2a)－01	1.1.2a	−2.7V电源供电电路输出错误	电阻R57开路	拔插式故障注入	将电阻R57两端开路	用万用表测量 N21 的 5 引脚电压为	启动BIT	0XF0 11 00 08 00 09			1	
	BY－(1.1.2b)－01	1.1.2b	−2.7V电源供电电路无输出	电感L6开路	拔插式故障注入	将电感L6两端开路	用万用表测量C148的负端电压为0(−0.5~0.5V)	启动BIT	0XF0 11 00 08 0C 09			1	
	BY－(1.1.3a)－01	1.1.3a	所有发音频信号无输出					人工检查			0		
	BY－(1.1.3b)－01	1.1.3b	2.7V电源短路					启动BIT	0XF0 11 00 08 00 09	易对受试产品产生破坏		1	
	BY－(1.1.3c)－01	1.1.3c	−2.7V电源短路					启动BIT	0XF0 11 00 08 00 09	易对受试产品产生破坏		1	
	BY－(1.1.3d)－01	1.1.3d	所有发音频信号幅度超差					人工检查			0		

（续）

序号	备选故障样本编码	故障模式 编码	故障模式 名称	故障原因	故障注人类型	试验手段	故障注人成功判据	检测方法	BIT检测指示/判据	不可注人原因	预计执行次数 初步样本	预计执行次数 补充样本	备注
	BY-(1.1.4a)-01	1.1.4a	收音频通路无音频输出	集成电路N9A开路	拔插式故障注人	将电阻R32端开路	用示波器测量N8A的1引脚无音频信号输出	启动BIT	0XF0 11 00 08 00 09		0	1	
	BY-(1.1.4b)-01	1.1.4b	2.7V电源短路					启动BIT	0XF0 11 00 08 00 09	易对受试产品产生破坏	0	1	
	BY-(1.1.4c)-01	1.1.4c	-2.7V电源短路					启动BIT	0XF0 11 00 08 00 09	易对受试产品产生破坏	1		
	BY-(1.1.4d)-01	1.1.4d	所有收音信号幅度相差小于3V	集成电路N9A输出错误	软件故障注人	在测试盒控制界面收通道对应数值设置为2	用示波器测量R32的1引脚电压为(2±0.5)V	启动BIT	0XF0 11 00 08 00 09		1		
	BY-(1.1.5a)-01	1.1.5a	音频开关切换信号无输出	N20无输出	拔插式故障注人	将N20焊接下来	用数字示波器测量N3的6引脚电压为0(-0.5~0.5V)	启动BIT	0XF0 11 00 08 00 09		1		
	BY-(1.1.5b)-01	1.1.5b	3.3V电源短路					启动BIT	0XF0 11 00 08 00 09	易对受试产品产生破坏	1		
	BY-(1.1.5c)-01	1.1.5c	音频开关切换信号错误	集成电路N20输出错误	基于探针的故障注人	集成电路N20的6引脚开路后,注人3.3V高电平	用示波器测量N3的6引脚电压为0(-0.5~0.5V)	启动BIT	0XF0 11 00 08 00 09		0	1	
	BY-(1.1.6a)-01	1.1.6a	音频数据存储电路接口写功能失效	电阻R82开路	拔插式故障注人	将电阻R82两端开路	用万用表测量N19的2引脚电压为0(-0.5~0.5V)	启动BIT	0XF0 11 00 08 00 09		1		
	BY-(1.1.6b)-01	1.1.6b	3.3V电源短路					启动BIT	0XF0 11 00 08 00 09	易对受试产品产生破坏	1		
	BY-(1.1.6c)-01	1.1.6c	音频数据存储电路读/写数据错误					人工检查			0		
	BY-(1.1.7a)-01	1.1.7a	发单音通路无输出	电阻R52开路	拔插式故障注人	将电阻R52两端开路	用示波器测量N17的2引脚电压为0(-0.5~0.5V)	启动BIT	0XF0 11 00 08 00 09		0	1	
	BY-(1.1.7a)-02	1.1.7a	发单音通路无输出	电阻R43开路	拔插式故障注人	将电阻R43两端开路	用示波器测量C26的1引脚电压为0(-0.5~0.5V)	启动BIT	0XF0 11 00 08 00 09		1		

（续）

序号	备选故障样本编码	故障模式		故障原因	故障注入类型	试验手段	故障注入成功判据	检测方法	BIT检测指示判据	不可注入原因	预计执行次数		备注
		编码	名称								初步样本	补充样本	
	BY－(1.1.7b)-01	1.1.7b	15V电源短路					周期BIT 启动BIT	0XF0 11 0C 08 00 09	易对受试产品产生破坏	1		
	BY－(1.1.7c)-01	1.1.7c	-15V电源短路					周期BIT 启动BIT	0XF0 11 00 08 00 09	易对受试产品产生破坏	0	1	
	BY－(1.1.7d)-01	1.1.7d	5V电源短路					周期BIT 启动BIT	0XF0 11 00 08 00 09	易对受试产品产生破坏	1		
	BY－(1.1.7e)-01	1.1.7e	发单音通路输出波形粗差					人工检查			0		
	BY－(1.1.7f)-01	1.1.7f	发单音信号幅度粗差					人工检查			0		
	BY－(1.1.8a)-01	1.1.8a	音频自检结果不正确	电阻R79开路	拔插式故障注入	将电阻R79两端开路	用示波器测量N16C的8引脚电压为(15±0.2)V	周期BIT 启动BIT	0XF0 11 00 08 00 09		1		
	BY－(1.1.8b)-01	1.1.8b	15V电源短路					周期BIT 启动BIT	0XF0 11 00 08 00 05	易对受试产品产生破坏	1		
	BY－(1.1.8c)-01	1.1.8c	5V电源短路					周期BIT 启动BIT	0XF0 11 00 08 00 05	易对受试产品产生破坏	1		
	BY－(1.1.8d)-01	1.1.8d	-15V电源短路					周期BIT 启动BIT	0XF0 11 00 08 00 05	易对受试产品产生破坏	1		
	BY－(1.1.9a)-01	1.1.9a	无12V电压输出	电感L5开路	拔插式故障注入	将电感L5两端开路	用万用表测量N23的2引脚电压0(-0.5~0.5V)	周期BIT 启动BIT	0XF0 11 00 08 00 05		3		
	BY－(1.1.9a)-02	1.1.9a	无12V电压输出	电感L2开路	拔插式故障注入	将电感L2两端开路	用万用表测量VD9的1引脚电压0(-0.5~0.5V)	周期BIT 启动BIT	0XF0 11 00 08 00 05		3		

340

（续）

序号	备选故障样本编码	故障模式		故障原因	故障注入类型	试验手段	故障注入成功判据	检测方法	BIT检测指示/判据	不可注入原因	预计执行次数		备注
		编码	名称								初步样本	补充样本	
	BY-(1.1.9a)-03	1.1.9a	无12V电压输出	电容C69短路	基于探针的故障注入	将电容C69正端对地短路	用万用表测量N23的4引脚电压为0(-0.5~0.5V)	周期BIT 启动BIT	0XF0 11 00 08 00 05		3		
	BY-(1.1.9a)-04	1.1.9a	无12V电压输出	电容C56短路	基于探针的故障注入	将电容C56正端对地短路	用万用表测量N23的4引脚输出端电压为0(-0.5~0.5V)	周期BIT 启动BIT	0XF0 11 00 08 00 05		3		
	BY-(1.1.9b)-01	1.1.9b	12V电源供电电路带载能力不足	集成电路N23带载能力不足	基于探针的故障注入	12开路在1引脚注入5V电压	用万用表测量R72的1引脚电压不大于5V	周期BIT 启动BIT	0XF0 11 00 08 00 05		4		
	BY-(1.1.10a)-01	1.1.10a	12V电压检测结果错误	电阻R75短路	基于探针的故障注入	将电阻R75两端短路	用万用表测量N16D的11引脚电压为(12±0.5)V	周期BIT 启动BIT	0XF0 11 00 08 00 05		1		
	BY-(1.1.10a)-02	1.1.10a	12V电压检测结果错误	电阻R74开路	拔插式故障注入	将电阻R74两端开路	用万用表测量N16D的10引脚压为0(-0.5~0.5V)	周期BIT 启动BIT	0XF0 11 00 08 00 05		1		
	BY-(1.1.11a)-01	1.1.11a	变钥不成功					人工检查			0		
	BY-(1.1.11b)-01	1.1.11b	存储器加不上电					人工检查			0		
	BY-(1.1.12a)-01	1.1.12a	28V电压无输出	二极管VD29开路	拔插式故障注入	将二极管VD29两端开路	用万用表测量C44的1引脚电压为0(-0.5~0.5V)	（系统BIT） 人工检查			0	1	产品离线
	BY-(1.1.12b)-01	1.1.12b	28V无法给电容C95充电					人工检查			0		

（续）

序号	备选故障样本编码	故障模式 编码	故障模式 名称	故障原因	故障注入类型	试验手段	故障注入成功判据	检测方法	BIT检测省示/判据	不可注入原因	预计执行次数 初步样本	预计执行次数 补充样本	备注
	BY－（1.1.12c）-01	1.1.12c	28V电压无输入	电感L1开路	拔插式故障注入	将电感L1两端开路	用万用表测量C68的1引脚电压为0(-0.5~0.5V)	（系统BIT）人工检查			1		产品离线
	BY－（1.1.12c）-02	1.1.12c	28V电压无输入	二极管VD4开路	拔插式故障注入	将二极管VD4两端开路	用万用表测量FU1的1引脚电压为0(-0.5~0.5V)	（系统BIT）人工检查			1		产品离线
	BY－（1.1.12c）-03	1.1.12c	28V电压无输入	熔断器FU1开路	拔插式故障注入	将熔断器FU1两端开路	用万用表测量L1的1引脚电压为0(-0.5~0.5V)	（系统BIT）人工检查			1		产品离线
	BY－（1.1.12d）-01	1.1.12d	28V电压充电后无法满足50ms断电不重启的要求					人工检查			1		
	BY－（1.1.13a）-01	1.1.13a	音量检测信号无输入到采样芯片					人工检查			0		
	BY－（1.1.13b）-01	1.1.13b	12V电源短路					周期BIT 启动BIT	0XF0 11 00 08 00 05	易对受试产品产生破坏		2	
	BY－（1.1.13c）-01	1.1.13c	5V电源短路					周期BIT 启动BIT	0XF0 11 00 08 00 05	易对受试产品产生破坏	0	1	
	BY－（1.1.13d）-01	1.1.13d	-5V电源短路					周期BIT 启动BIT	0XF0 11 00 08 00 05	易对受试产品产生破坏	0	1	
	BY－（1.1.13e）-01	1.1.13e	音量检测信号输出异常					人工检查			0		
	BY－（1.1.14a）-01	1.1.14a	风扇供电信号无输出					人工检查			1		
	BY－（1.1.14b）-01	1.1.14b	风扇检测信号输出错误					人工检查			1		

附录B 试 验 用 例

表 B-1 试验用例示例

	试验用例编号	SY-[BY-(1.1.33b)-01]-001
故障样本	对应样本说明	XP4 的 2、7、14、18 引脚同时开路
	所属组成单元	前面板单元
	所属故障模式名称及编码	1.1.33b/多路电源模块电路无+5V 电压输出
	故障注入方法	□外部总线 ■转接板 □探针 □软件 □插拔 □其他
	检测方法	■周期 BIT □上电 BIT □启动 BIT □飞行前 BIT □维护 BIT □人工检查 □测试设备 □其他
判据	注入成功判据	用数字多用表测量 XP3 的 85 引脚电压为 0V(-0.5~0.5V)
	检测判据/指示	通过测试盒上报故障码 0XF0 11 00 08 00 05
	隔离判据	
故障注入	实现方法	用转接板控制 XP4 的 2、7、14、18 引脚开路
	执行步骤	(1) 打开产品上盖,取下前面板单元,用转接板连接前面板单元和底板,并将转接板用引线接入测试性验证评估系统;将数字多用表测量端和参考端分别接入 XP3 的 85 引脚和对应地端; (2) 启动受试产品; (3) 使用测试性验证评估系统将 XP4 的 2、7、14、18 引脚对应的开关断开,用数字多用表测量 XP3 的 85 脚,依据故障注入成功判据,判断故障注入是否成功; (4) 如果故障注入成功,观测 BIT 显示界面上报的 BIT 测试结果,并填写注入故障数据记录表;如果注入不成功则终止该用例,填写注入故障数据记录表,并按要求进行试验例更改; (5) 停止受试产品运行,恢复产品正常状态; (6) 按照受试产品完好状态检查进行性能检测,填写功能性能检测表,若受试产品状态正常,进行下一个用例,若受试产品状态异常,按收试产品故障处理程序执行
试验条件	试验设备	测试性验证评估系统,数字多用表,测试盒,综合测试仪,转接板
	试验件数量	1
备注:		

附录 C 测试性验证数据表

C.1 数据表说明

本节给出了几个用于测试性验证试验的数据表,以方便查询。

1. 单侧置信下限估计数据表

(1) 该数据表(表 C-1)用于根据试验数据,以二项式分布模型估计 FDR,FIR 的单侧置信下限量值。

(2) 表的第 1 列是故障样本数 n,第 1 行是检测或隔离失败次数 F。

(3) 查表示例。如试验的故障样本是 $n=40$,BIT 检测的失败次数为 $F=2$。则查表可知,BIT 的检测检测率为 $0.896(89.6\%)$,为单侧置信区间下限值,置信水平为 80%。

2. 最低可接收值验证方案数据表

(1) 该数据表(表 C-2)用于根据要求的最低可接收值(单侧置信区间下限)R_L 和订购方风险 β,确定验证试验方案。

(2) 表中的数据对应订购方风险 $\beta=0.2$。该表的第 1 列是最低可接收值 R_L,第 1 行是合格判定数(允许失败次数)c,表中的数据是试验样本数 n;

(3) 查表示例。例如,当要求 FDR 的最低可接收值为 0.90 和 $\beta=0.2$ 时,查此数据表可知,对应 $R_L=90$ 的一行即是可用的一组验证方案:

C: 0   1   2   3   …

N: 16   29   42   54   …

再考虑最小样本的限制(不小于 30 个),可确定 $N=42,C=2$ 为试验方案。

3. 考虑双方风险的验证方案数据表

(1) 该数据表(表 C-3)用于依据故障检测率(或隔离率)要求值、承制方风险和订购方风险,确定验证试验方案。

(2) 表中 R_0 是接收概率为 $1-\alpha$ 时的故障检测率(或隔离率)要求值,α 为承制方风险,β 为订购方风险,鉴别比为 $D=(1-R_1)/(1-R_0)$。

(3) 查表示例。例如,故障检测率要求值为 0.95、鉴别比 $D=3$、$\alpha=\beta=0.1$ 时,查此表格,可得验证方案:$n=60,c=5n$,其中 n 为验证试验用样本数,c 为合格判定数。

4. 最小样本量数据表(表 C-4)

(1) 此表用于依据最低可接收值和置信水平要求,确定所需最小样本量。

(2) 表中 R_L 是最低可接收值,C 为置信水平;表中的数据是所需最小样本

量 n。如样本量再少,即使全部检测成功也达不到要求的最低可接收值、

（3）查表示例。例如,要求的故障检测率 $R_L = 0.85$、$C = 0.90$。查表可知所需最小样本量 $n = 15$。

C.2　单侧置信区间下限数据表

单侧置信区间下限数据表见表 C-1。

表 C-1　单侧置信区间下限数据表
（置信水平 $C = 80\%$,n—样本数,F—失败次数）

n/F	0	1	2	3	4	5	6	7	8	9	10
22	0.929	0.870	0.815	0.763	0.713	0.664	0.617	0.570	0.524	0.479	0.434
23	0.932	0.875	0.823	0.773	0.725	0.678	0.632	0.587	0.543	0.499	0.456
24	0.935	0.880	0.830	0.782	0.736	0.691	0.646	0.603	0.560	0.518	0.477
25	0.938	0.885	0.837	0.790	0.746	0.702	0.660	0.618	0.576	0.536	0.496
26	0.940	0.889	0.843	0.798	0.755	0.713	0.672	0.631	0.592	0.552	0.514
27	0.942	0.893	0.848	0.805	0.764	0.723	0.683	0.644	0.606	0.568	0.530
28	0.944	0.897	0.853	0.812	0.772	0.732	0.694	0.656	0.619	0.582	0.546
29	0.946	0.900	0.858	0.818	0.779	0.741	0.704	0.667	0.631	0.595	0.560
30	0.948	0.903	0.863	0.824	0.786	0.749	0.713	0.678	0.643	0.608	0.574
31	0.949	0.906	0.867	0.829	0.793	0.757	0.722	0.687	0.653	0.620	0.587
32	0.951	0.909	0.871	0.834	0.799	0.764	0.730	0.697	0.664	0.631	0.599
33	0.952	0.912	0.875	0.839	0.805	0.771	0.738	0.705	0.673	0.641	0.610
34	0.954	0.914	0.878	0.844	0.810	0.777	0.745	0.714	0.682	0.651	0.621
35	0.955	0.917	0.882	0.848	0.815	0.784	0.752	0.721	0.691	0.661	0.631
36	0.956	0.919	0.885	0.852	0.820	0.789	0.759	0.729	0.699	0.670	0.641
37	0.957	0.921	0.888	0.856	0.825	0.795	0.765	0.736	0.707	0.678	0.650
38	0.959	0.923	0.891	0.860	0.829	0.800	0.771	0.742	0.714	0.686	0.659
39	0.960	0.925	0.893	0.863	0.834	0.805	0.777	0.749	0.721	0.694	0.667
40	0.961	0.927	0.896	0.866	0.838	0.810	0.782	0.755	0.728	0.701	0.675
41	0.962	0.929	0.899	0.870	0.841	0.814	0.787	0.760	0.734	0.708	0.682
42	0.962	0.930	0.901	0.873	0.845	0.818	0.792	0.766	0.740	0.715	0.689
43	0.963	0.932	0.903	0.875	0.849	0.822	0.797	0.771	0.746	0.721	0.696
科	0.964	0.933	0.905	0.878	0.852	0.826	0.801	0.776	0.751	0.727	0.703

（续）

n/F	0	1	2	3	4	5	6	7	8	9	10
45	0.965	0.935	0.907	0.881	0.855	0.830	0.805	0.781	0.757	0.733	0.709
46	0.966	0.936	0.909	0.883	0.858	0.834	0.809	0.785	0.762	0.738	0.715
47	0.966	0.938	0.911	0.886	0.861	0.837	0.813	0.790	0.767	0.744	0.721
48	0.967	0.939	0.913	0.888	0.864	0.840	0.817	0.794	0.771	0.749	0.727
49	0.968	0.940	0.915	0.890	0.867	0.843	0.821	0.798	0.776	0.754	0.732
50	0.968	0.941	0.916	0.892	0.869	0.846	0.824	0.802	0.780	0.759	0.737
51	0.969	0.942	0.918	0.895	0.872	0.849	0.827	0.806	0.784	0.763	0.742
52	0.970	0.944	0.920	0.896	0.874	0.852	0.831	0.809	0.788	0.768	0.747
53	0.970	0.945	0.921	0.898	0.876	0.855	0.834	0.813	0.792	0.772	0.751
54	0.971	0.946	0.922	0.900	0.879	0.858	0.837	0.816	0.796	0.776	0.756
55	0.971	0.947	0.924	0.902	0.881	0.860	0.840	0.819	0.800	0.780	0.760
56	0.972	0.947	0.925	0.904	0.883	0.862	0.842	0.823	0.803	0.784	0.764
57	0.972	0.948	0.926	0.905	0.885	0.865	0.845	0.826	0.806	0.787	0.768
58	0.973	0.949	0.928	0.907	0.887	0.867	0.848	0.829	0.810	0.791	0.772
59	0.973	0.950	0.929	0.909	0.889	0.869	0.850	0.831	0.813	0.794	0.776
60	0.974	0.951	0.930	0.910	0.891	0.871	0.853	0.834	0.816	0.798	0.780
61	0.974	0.952	0.931	0.911	0.892	0.873	0.855	0.837	0.819	0.801	0.783
62	0.974	0.952	0.932	0.913	0.894	0.875	0.857	0.839	0.822	0.804	0.786
63	0.975	0.953	0.933	0.914	0.896	0.877	0.859	0.842	0.824	0.807	0.790
64	0.975	0.954	0.934	0.916	0.897	0.879	0.862	0.844	0.827	0.810	0.793
65	0.976	0.955	0.935	0.917	0.899	0.881	0.864	0.847	0.830	0.813	0.796
66	0.976	0.955	0.936	0.918	0.900	0.883	0.866	0.849	0.832	0.815	0.799
67	0.976	0.956	0.937	0.919	0.902	0.885	0.868	0.851	0.834	0.818	0.802
68	0.977	0.957	0.938	0.920	0.903	0.886	0.870	0.853	0.837	0.821	0.805
69	0.977	0.957	0.939	0.922	0.905	0.888	0.871	0.855	0.839	0.823	0.807
70	0.977	0.958	0.940	0.923	0.906	0.889	0.873	0.857	0.841	0.826	0.810
71	0.978	0.958	0.941	0.924	0.907	0.891	0.875	0.859	0.844	0.828	0.813
72	0.978	0.959	0.942	0.925	0.908	0.892	0.877	0.861	0.846	0.830	0.815
73	0.978	0.960	0.942	0.926	0.910	0.894	0.878	0.863	0.848	0.833	0.818
74	0.978	0.960	0.943	0.927	0.911	0.895	0.880	0.865	0.850	0.835	0.820
75	0.979	0.961	0.944	0.928	0.912	0.897	0.881	0.867	0.852	0.837	0.822

注：更多数据详见 GB 4087.3—85

C.3　最低可接收值验证方案

最低可接收值验证方案数据表见表 C-2,用于依据 β 和 R_L 确定测试性验证试验方案。

表 C-2　最低可接收值验证方案数据表

R_L \ c \ n	0	1	2	3	4	5	6	7	8	9	10	11	12	13	14	15
0.60	4	7	10	13	16	19	22	24	27	30	33	35	38	41	44	46
0.61	4	7	10	13	16	19	22	25	28	31	34	36	39	42	45	47
0.62	4	7	11	14	17	20	23	26	29	32	34	37	40	43	46	49
0.63	4	8	11	14	17	20	23	26	29	32	35	38	41	44	47	50
0.64	4	8	11	14	18	21	24	27	30	33	36	39	43	46	49	52
0.65	4	8	12	15	18	22	25	28	31	34	38	41	44	47	50	53
0.66	4	8	12	15	19	22	26	29	32	35	39	42	45	48	52	55
0.67	5	9	12	16	19	23	26	30	33	37	40	43	47	50	53	56
0.68	5	9	13	16	20	24	27	31	34	38	41	45	48	52	55	58
0.69	5	9	13	17	21	24	28	32	35	39	43	46	50	53	57	60
0.70	5	9	14	18	21	25	29	33	37	40	44	48	51	55	59	62
0.71	5	10	14	18	22	26	30	34	38	42	46	49	53	57	61	65
0.72	5	10	15	19	23	27	31	35	39	43	47	51	55	59	63	67
0.73	6	11	15	20	24	28	32	37	41	45	49	53	57	61	65	69
0.74	6	11	16	20	25	29	34	38	42	47	51	55	60	64	68	72
0.75	6	11	16	21	26	31	35	40	44	49	53	58	62	66	71	75
0.76	6	12	17	22	27	32	37	41	46	51	55	60	65	69	74	78
0.77	7	12	18	23	28	33	38	43	48	53	58	63	68	72	77	82
0.78	7	13	19	24	30	35	40	45	50	56	61	66	71	76	81	86
0.79	7	14	20	25	31	37	42	48	53	58	64	69	74	79	85	90
0.80	8	14	21	27	33	39	44	50	56	61	67	72	78	83	89	94
0.81	8	15	22	28	34	41	47	53	59	65	70	76	82	88	94	100
0.82	9	16	23	30	36	43	49	56	62	68	74	81	87	93	99	105
0.83	9	17	24	32	39	46	52	59	66	72	79	85	92	98	105	111
0.84	10	18	26	34	41	48	56	63	70	77	84	91	98	105	112	119
0.85	10	19	28	36	44	52	59	67	75	82	90	97	104	112	119	127
0.86	11	21	30	39	47	55	64	72	80	88	96	104	112	120	128	136
0.87	12	23	32	42	51	60	69	78	86	95	104	112	121	129	138	146

（续）

R_L \ c	0	1	2	3	4	5	6	7	8	9	10	11	12	13	14	15
0.88	13	24	35	45	55	65	75	84	94	103	112	122	131	140	149	159
0.89	14	27	38	49	60	71	81	92	102	113	123	133	143	153	163	173
0.90	16	29	42	54	66	78	90	101	113	124	135	146	157	169	180	191
0.91	18	33	47	60	74	87	100	113	125	138	150	163	175	187	200	212
0.92	20	37	53	68	83	98	112	127	141	155	169	183	197	211	225	239
0.93	23	42	60	78	95	112	129	145	161	178	194	210	226	242	257	273
0.94	27	49	71	91	111	131	150	169	188	207	226	245	263	282	300	319
0.95	32	59	85	110	134	157	180	204	226	249	272	294	316	339	361	383
0.96	40	74	106	137	167	197	226	255	283	312	340	368	396	424	452	479
0.97	53	99	142	183	223	263	301	340	378	416	454	491	528	566	603	639
0.98	80	149	213	275	335	394	453	511	568	625	681	737	793	849	905	960
0.99	161	299	427	551	671	790	906									

注：$\beta = 0.2$，R_L 为最低可接收值，n 为样本数，c 为合格判定数（允许失败次数）

C.4 考虑双方风险的验证方案数据表

考虑双方风险的验证方案数据表见表 C-3，用于依据故障检测率（或隔离率）要求值和以方风险确定验证度验方案。

表 C-3 考虑双方风险的验证方案数据表

R_0	D	$\alpha = \beta = 0.05$		$\alpha = \beta = 0.1$		$\alpha = \beta = 0.2$		$\alpha = \beta = 0.3$	
		n	c	n	c	n	c	n	c
0.995	1.5	10647	65	6581	40	2857	17	1081	6
	1.75	5168	34	3218	21	1429	9	544	3
	2	3137	22	1893	13	906	6	361	2
	3	1044	9	617	5	285	2	162	1
0.990	1.5	5320	65	3215	39	1428	17	540	6
	1.75	2581	34	1607	21	714	9	272	3
	2	1567	22	945	13	453	6	180	2
	3	521	9	308	5	142	2	81	1

（续）

R_0	D	$\alpha = \beta = 0.05$		$\alpha = \beta = 0.1$		$\alpha = \beta = 0.2$		$\alpha = \beta = 0.3$	
		n	c	n	c	n	c	n	c
0.980	1.5	2620	64	1605	39	713	17	270	6
	1.75	1288	34	770	20	356	9	136	3
	2	781	22	471	13	226	6	90	2
	3	259	9	53	5	71	2	40	1
0.970	1.5	1720	63	1044	38	450	16	180	6
	1.75	835	33	512	20	237	9	90	3
	2	519	22	313	13	150	6	60	2
	3	158	8	101	5	47	2	27	1
0.960	1.5	1288	63	782	38	337	16	135	6
	1.75	625	33	383	20	161	8	68	3
	2	374	21	234	13	98	5	45	2
	3	117	8	76	5	35	2	20	1
0.950	1.5	1014	62	610	37	269	16	108	6
	1.75	486	32	306	20	129	8	54	3
	2	298	21	187	13	78	5	36	2
	3	93	8	60	5	28	2	16	1
0.940	1.5	832	61	508	37	224	16	90	6
	1.75	404	32	244	19	107	8	45	3
	2	248	21	155	13	65	5	30	2
	3	77	8	50	5	23	2	13	1
0.930	1.5	702	60	424	36	192	16	77	6
	1.75	336	31	208	19	92	8	38	3
	2	203	20	125	12	55	5	25	2
	3	66	8	42	5	20	2	11	1
0.920	1.5	613	60	371	36	168	16	67	6
	1.75	294	31	182	19	80	8	34	3
	2	177	20	109	12	48	5	22	2
	3	57	8	37	5	17	2	10	1
0.910	1.5	536	59	329	36	149	16	60	6
	1.75	253	30	154	18	71	8	30	3
	2	157	20	96	12	43	5	20	2
	3	51	8	33	5	15	2	9	1

（续）

R_0	D	$\alpha = \beta = 0.05$		$\alpha = \beta = 0.1$		$\alpha = \beta = 0.2$		$\alpha = \beta = 0.3$	
		n	c	n	c	n	c	n	c
0.900	1.5	474	58	288	35	134	16	53	6
	1.75	227	30	138	18	64	8	27	3
	2	135	19	86	12	39	5	18	2
	3	41	7	25	4	14	2	8	1
0.850	1.5	294	54	181	33	79	14	3	6
	1.75	141	28	87	17	42	8	18	3
	2	85	18	53	11	21	4	12	2
	3	26	7	16	4	9	2	5	1
0.800	1.5	204	50	127	31	55	13	26	6
	1.75	98	26	61	16	28	7	13	3
	2	60	17	36	10	19	5	9	2
	3	17	6	9	3	4	1	4	1

注：R_L 为要求值，α 为承制方风险，β 为订购方风险，D 为鉴别比，n 为样本数，c 为合格判定数

C.5 最小样本量数据表

最小样本量数据表见表 C-4，用于依据最低可接收值 R_L 和置信水平 C 要求，确定所需最小样本量。

表 C-4 最小样本量数据表

R_L \ n \ c	0.50	0.60	0.70	0.75	0.80	0.85	0.90	0.95	0.99
0.50	1	2	2	2	3	3	4	5	7
0.55	2	2	2	3	3	4	4	5	8
0.60	2	2	3	3	4	4	5	6	9
0.65	2	3	3	4	4	5	6	7	11
0.70	2	3	4	4	5	6	7	9	13
0.75	3	4	5	5	6	7	8	11	16
0.80	4	5	6	7	8	9	11	14	21
0.81	4	5	6	7	8	9	11	15	22

（续）

c n R_L	0.50	0.60	0.70	0.75	0.80	0.85	0.90	0.95	0.99
0.82	4	5	7	7	9	10	12	16	24
0.83	4	5	7	8	9	11	13	17	25
0.84	4	6	7	8	10	11	14	18	27
0.85	5	6	8	9	10	12	15	19	29
0.86	5	7	8	10	11	13	16	20	31
0.87	5	7	9	10	12	14	17	22	34
0.88	6	8	10	11	13	15	18	24	36
0.89	6	8	11	12	14	17	20	26	40
0.90	7	9	12	14	16	18	22	29	44
0.91	8	10	13	15	18	21	25	32	49
0.92	9	11	15	17	20	23	28	36	56
0.93	10	13	17	20	23	27	32	42	64
0.94	12	15	20	23	27	31	38	49	75
0.95	14	18	24	28	32	37	45	59	90
0.96	17	23	30	34	40	47	57	74	113
0.97	23	31	40	46	53	63	76	99	152
0.98	35	46	60	67	80	94	114	149	228
0.99	69	95	120	138	161	189	230	299	459

参 考 文 献

[1] 康锐. 可靠性维修性保障性工程基础[M]. 北京:国防工业出版社,2012.

[2] 马麟,郭霖瀚,肖波平,等. 保障性设计分析与评价[M]. 北京:国防工业出版社, 2012.

[3] 郭齐胜. 武器装备试验理论与检验方法[M]. 北京:国防工业出版社,2013.

[4] 姜同敏. 可靠性与寿命试验[M]. 北京:国防工业出版社,2012.

[5] MIL – STD – 781D. Reliability Test for Engineering Development,Dualification and Acceptance[S]. US: 1987.06.

[6] 何国伟,戴慈庄. 可靠性试验技术[M]. 北京:国防工业出版社,1995.

[7] 田仲,石君友. 系统测试性设计分析与验证[M]. 北京:北京航天航空大学出版社,2003.

[8] 康锐,石荣德,肖波平,等. 型号可靠性维修性保障性技术规范[M]. 北京:国防工业出版社,2010.

[9] Kececioglu, B. Dimitri. Maintainability, Availability, & Operational Readiness Engineering[M]. New Jersey 07632:PTR Prentice – Hall。Inc. Englewood Cliffs, 1995,1: 639 – 642.

[10] 王玲玲. 可用度的序贯验证试验方案[J]. 华东师范大学学报:自然科学版,1992,17(2): 22 – 30.

[11] 周正伐. 可靠性工程基础[M]. 北京:中国宇航出版社,2009.

[12] 孙祝岭. 系统稳态可用度抽样检验方案[J]. 中国空间科学技术,1996,16(3): 35 – 38.

[13] 赵琳. 刀切贝叶斯估计方法[D]. 长春:吉林大学, 2008.

[14] 普雷斯. 贝叶斯统计学:原理、模型及应用[M].廖文,译. 北京:中国统计出版社. 1992.

[15] 梅联珍. 指数分布模型下稳态可用度的经验 Bayes 估计及不完全修复次数为 h 时定期监控系统的可用度[D]. 杭州. 浙江大学. 2006.

[16] 邢云燕. 小子样条件下武器装备可靠性与维修性指标验证方法[D]. 长沙:国防科学技术大学,2005.

[17] 杨榜林,岳全发,金振中.军事装备试验学[M].北京:国防工业出版社,2002.

[18] 武小悦,刘琦. 装备验证[M]. 北京:国防工业出版社, 2008.

[19] 赵全仁,邱志明. 保障性论证[M]. 北京:海潮出版社, 2006.

[20] 曹晋华,程侃. 可靠性数学引论[M]. 北京:高等教育出版社,2006.

[21] 闫志强. 装备试验评估中的变动统计方法研究[D]. 长沙:国防科学技术大学,2010.

[22] 常显奇,程永生.常规武器装备试验学[M].北京:国防工业出版社,2007.

[23] 赵新国,等. 装备试验指挥[M].北京:国防工业出版社,2010.

[24] 于永利,郝建平,杜小明,等.维修性工程理论与方法[M].北京:国防工业出版社,2007.

[25] 甘茂治,吴真真. 维修性设计与验证[M]. 北京:国防工业出版社, 1995.

[26] 曹小平. 保障性论证[M].北京:海潮出版社,2007.

[27] 单志伟. 装备综合保障工程[M].北京:国防工业出版社,2007.

内 容 简 介

　　本书主要阐述装备保障特性验证的基本理论与技术方法,可以为型号研制、装备试验等单位的技术人员提供参考,也可为研究生的教学提供服务。

　　本书首先对装备验证的相关概念进行了总结和比较,对装备保障特性要求的分类和典型参数模型进行了描述,同时分析了装备保障特性验证工作系统的功能、组织结构和主要工作流程,以期对装备保障特性验证进行全寿命、多视角的描述。

　　然后,从试验技术和分析技术两个角度分别对可靠性、维修性、保障性、测试性等装备保障特性验证技术进行了阐述,内容涉及环境应力筛选试验、可靠性研制试验、可靠性增长试验、可靠性分析评价方法;基于试验的维修性验证技术、基于分析的维修性验证技术;保障活动演示试验、保障活动分析评价、保障资源评价;测试性验证试验技术、测试性核查、测试性分析评价等具体技术方法和相关示例。

　　最后,对装备保障特性综合参数——装备固有可用度的试验验证技术进行了探讨。分析了固有可用度试验的运行机理,从试验样本、剖面、风险三个方面,剖析了固有可用度试验与可靠性和维修性试验的关系,重点讨论了固有可用度试验剖面设计,现场样本充足与不足条件可靠性维修性和固有可用度(RMA)综合统计试验方案设计问题。通过某型自行火炮定型阶段的 RMA 综合试验验证示例证明了试验设计方法的有效性、可行性,明确了 RMA 综合试验途径的优势,为定型阶段固有可用度试验验证工作提供了技术支持。

　　本书可作为部队院校武器装备研制、装备试验验证专业的高年级学生和研究生的教材,也可作为部队从事武器装备研发、设计、试验与生产的工程技术人员的学习参考书。